本书受到华东政法大学司法鉴定中心资助出版

走私禁限类货物、物品犯罪研究

何萍◎著

上海人民出版社

目 录
CONTENTS

引　言

　　本书以走私国家禁止、限制进出口货物、物品犯罪研究为主题,寻求走私国家禁止、限制进出口货物、物品犯罪定性问题的解决方案,并将该问题细分为走私国家禁止进出口货物、物品犯罪的性质认定与走私国家限制进出口货物、物品犯罪的性质认定两个部分,探讨犯罪对象的不同所引起刑法规制的效果差异。与此同时,本书结合走私犯罪的刑事违法性及行政从属性的特点,通过对刑法溯及力从旧兼从轻原则的细致分析,厘定前置法变更的性质;借助走私国家禁止、限制进出口货物、物品犯罪的犯罪故意内容,界分行为人产生认识错误的原因及错误类型;依据走私国家禁止、限制进出口货物、物品犯罪的行为方式划分,讨论犯罪既未遂形态的认定。具体而言,本书的主要内容包括:

　　厘定国家禁止、限制进出口货物、物品的范围。我国对于禁止、限制进出口货物、物品的规定,散见于众多法律、行政法规以及国务院有关部门发布的进出口管理目录中,尚未形成统一的具有层次的关于禁止、限制进出口货物、物品管理的规范性文件。本书通过整合多部法律、行政法规以及国务院有关部门发布的进出口管理目录,对国家禁止、限制进出口货物、物品的管理模式架构进行了梳理,划清刑事法律与行政规范性文件对国家禁止、限制进出口货物、物品的管理范围,并比较国家禁止、限制进出口货物、物品管理模式的异同,从而使国家禁止、限制进出口货物、物品的范围界限更为清晰。

　　辨析走私国家禁止、限制进出口货物、物品犯罪的法律属性。明确走私国家禁止、限制进出口货物、物品犯罪具有刑事违法性以及行政从属性。结合走私犯罪中犯罪对象的范围及特征,对刑法所规定的走私犯罪的罪种作出细致划分,进而为刑法规制走私国家禁止、限制进出口货物、物品犯罪提供理论基础。作为典型的行政犯,走私国家禁止、限制进出口货物、物品犯罪的刑法规制离不开前置法的规定。借助罪名中空白罪状的适用,廓清行政犯二次违法性的认定步骤,对相关涉证行为的违法性进行辨析。

　　探讨走私国家禁止、限制进出口货物、物品犯罪的溯及力问题。讨论从旧兼从轻的溯及力原则是否适用于刑法司法解释的变更以及前置法变更的问题。分别结合相关刑法司法解释及前置法出台的目的及效力地位进行探讨，肯定溯及力原则的适用范围，继而判断走私国家禁止、限制进出口货物、物品犯罪的具体罪名适用。

分析走私国家禁止进出口货物、物品犯罪的刑法规制。讨论走私国家禁止进出口的货物、物品罪以及其他走私特定货物、物品犯罪罪名的理解与适用问题。结合相关司法解释，对走私国家禁止进出口的货物、物品罪进行司法解读，明确《关于办理走私刑事案件适用法律若干问题的解释》第 11 条第 1 款第 6 项的"或者其他禁止进出口的货物、物品"的适用范围。围绕立法原意，判断其他走私特定货物、物品犯罪与走私国家禁止进出口的货物、物品罪之间的关系，以准确适用走私国家禁止进出口的货物、物品罪。

分析走私国家限制进出口货物、物品犯罪的刑法规制。讨论走私国家禁止进出口的货物、物品罪与走私普通货物、物品罪之间的适用关系。从对具体走私对象的管制目的、管制程度以及发布管制规定的规范性文件的层级等角度，分析逃避许可证走私行为的社会危害性以及刑法性质，对刑法规制限制进出口货物、物品行为的合理性进行考察。结合相关司法解释，对走私国家限制进出口物品犯罪的社会危害程度进行划分，明确租用、借用或者使用购买的他人许可证进出口国家限制进出口的货物、物品的刑法定性，进而准确适用相关罪名。

辨析走私国家禁止、限制进出口货物、物品犯罪中的认识错误。论述行为人产生的认识错误对构成犯罪的影响。走私国家禁止、限制进出口货物、物品犯罪中的事实认识错误，包括对走私行为产生的认识错误以及对货物、物品性质产生的认识错误。走私国家禁止、限制进出口货物、物品犯罪中的法律认识错误则细分为可避免的认识错误与不可避免的认识错误。结合走私国家禁止、限制进出口货物、物品犯罪的故意内容，评价行为人产生认识错误的类型。

判断走私国家禁止、限制进出口货物、物品犯罪的犯罪形态认定。旨在化解走私国家禁止、限制进出口货物、物品犯罪的犯罪形态争议。通过将走私犯罪的行为方式细化为通关走私、绕关走私以及后续走私、间接走私等，对走私国家禁止、限制进出口货物、物品犯罪的犯罪形态划分提供可行的方案，进而具体认定走私国家禁止、限制进出口货物、物品犯罪既未遂的判断标准。

第一章
国家禁止、限制进出口货物、
物品的范围厘定

在认定走私国家禁止、限制进出口货物、物品犯罪的过程中,不仅对走私行为的认定需要参照前置法的规定,对于国家禁止、限制进出口货物、物品的认定也需要参照前置法的具体规定。因此,在对走私国家禁止、限制进出口货物、物品犯罪进行探讨之前有必要厘清前置法中有关禁止、限制进出口货物、物品的范围。

第一节　国家禁止、限制进出口货物、物品的管理模式

我国对于禁止、限制进出口货物、物品的规定,散见于众多法律、行政法规以及国务院有关部门发布的目录中。行政规范性文件对国家禁止、限制进出口货物、物品的规定是理解刑法规制走私国家禁止、限制进出口货物、物品犯罪的重要前提。因此,有必要对国家禁止、限制进出口货物、物品的管理模式进行梳理,进而根据走私对象的管制目的、管制程度以及发布管制规定的规范性文件的层级等角度,具体分析走私国家禁止、限制进出口货物、物品犯罪的有效规制路径。

一、国家禁止、限制进出口货物、物品管理模式构架

为维护国家安全和社会公共利益,保护人民群众的生命健康,履行我国所缔结或者参加的国际条约和协定,我国在进出口环节对于货物实施了不同的分类管理方式。根据《货物进出口管理条例》的规定,我国将进口货物的管理分为禁止进口、限制进口、自由进口以及关税配额四种管理方式;将出口货物的管理分为禁止出口和限制出口两种管理方式。

《货物进出口管理条例》第 11 条规定:"国家规定有数量限制的限制进口货物,实行配额管理;其他限制进口货物,实行许可证管理。"第 36 条规定:"国家规

定有数量限制的限制出口货物,实行配额管理;其他限制出口货物,实行许可证管理。"由此可见,对于限制进出口的货物、物品共同适用许可证管理和配额管理两种管理制度。而对于自由进口的货物则适用自动进口许可证,《货物进出口管理条例》第22条规定:"基于监测货物进口情况的需要,国务院外经贸主管部门和国务院有关经济管理部门可以按照国务院规定的职责划分,对部分属于自由进口的货物实行自动进口许可管理。"从字面含义来看,国家似乎对于禁止进出口、限制进出口以及自由进出口的货物、物品均实施行政管制,但是应当看到对于均可进出口的限制进出口货物、物品与自由进出口货物、物品国家所实施的管制程度完全不同,这就决定了走私不同货物、物品的违法性上的差异。

自动进口许可证与限制进出口货物、物品所适用的进出口许可证有着本质上的差别。后者是基于国家对于进出口企业资质的认可,同时出于对进出口货物的监管目的而设置的许可,只有具备一定资质的企业才能经营该类进出口货物、物品;而自动进口许可证则无需企业具备特殊资质,一般企业都可以对自由进口货物进行贸易往来,国家只是出于对该类物品的进口流量监控的目的而要求进口企业进行报备而已。自动进口许可证并不具有否定或者肯定进出口货物、物品性质的权力,虽然从理论上可以将其视为许可证管理制度的组成部分,但在实践中不能将自动进口许可证与限制进出口货物、物品的进出口许可证混为一谈。同样,对于进出口的配额管理与进口货物关税配额亦可以在学理上视为配额管理制度,对此将在下文进行说明。这样,我们就可以在宏观上构建起国家对于进出口物品的管理架构。

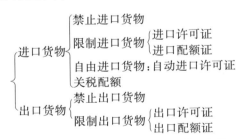

图 1.1　国家对于进出口货物的管理架构

许可证管理制度 $\begin{cases}$ 限制进出口货物、物品 $\begin{cases}$ 进口许可证 \\ 出口许可证 $\end{cases}$ \\ 自由进出口货物、物品:自动进口许可证 $\end{cases}$

图 1.2　理论中对许可证的分类

配额管理制度 $\begin{cases}$ 限制进出口货物、物品 $\begin{cases}$ 进口配额证 \\ 出口配额证 $\end{cases}$ \\ 进口货物(不包括出口货物):关税配额 $\end{cases}$

图 1.3　理论中对配额管理制度的分类

通过上图可以看出国家对于进出口货物管理的基本模式。在此行政管理构架下,需要对禁止进出口货物、物品与限制进出口货物、物品的范围予以厘定。同时,对于同为适用于限制进出口货物、物品中的许可证管理制度与配额管理制度之间的异同亦需要予以理顺。

二、国家限制进出口货物、物品管理模式的异同比较

根据海关颁布的《海关实行许可证件管理目录》,原则上我国对20类物品实施许可证件管理,其中包括:(1)进出口许可证;(2)重要工业品进口登记证明;(3)外商投资企业特定商品进口登记证明;(4)自动登记进口证明;(5)机电产品进口证明;(6)机电产品进口登记表;(7)有毒化学品环境管理放行通知单;(8)进出口农药登记证明;(9)进口废物批准证书;(10)濒危物种进出口允许证;(11)金银产品进口批件或金产品出口准许证;(12)外币进出口准许证;(13)音像制品发行许可证或样片提取单;(14)精神药物进出口准许证;(15)麻醉药品进出口准许证;(16)非军事枪药进出口批件;(17)无线电设备进关审查批件;(18)保密机进口许可证;(19)文物出口证书;(20)其他国家限制进出口的批准件、证明和凭照。

但是,由于上述物品中,第2项重要工业品进口登记证明、第3项外商投资企业特定商品进口登记证明、第4项自动登记进口证明以及第6项机电产品进口登记表的行政管理模式已经变更为自动进口许可证,这也就意味着这些物品目前已经不属于限制进出口的货物物品。

由于国家对限制进出口货物、物品的管制模式分为进出口许可证与进出口配额证两种管理模式,这两种管理模式的区别与范围则需进一步予以说明。

所谓进出口许可证制度,是指根据国家的法律、政策、对外贸易计划和国内外市场的需求,以及承担有关国际公约义务,对进出口经营权、经营范围、贸易国别、进出口商品品种及数量等实行的制度。许可证件管理分为进口许可证及出口许可证(其中,根据《货物进出口管理条例》第21条的规定,进口属于自由进口的货物,不受限制)。通过签发出口许可证,可以有效把控国内生产所需的原材料、半制成品以及国内供不应求的紧俏物资,从而供应国内市场,便利企业生产经营,满足居民消费需求。为了加强许可证进出口监督管理,只有国务院商务主管部门或者国务院有关部门能够在各自的职责范围内,根据国家有关法律、行政法规的规定签发上述各项管理所涉及的各类许可证件,由海关凭相关许可证件验放。通过实行进出口许可证制度,可以发挥以下作用:第一,有效地贯彻一国对外经济贸易政策,对平衡国际收支起重要的调节作用。第二,保护和促进本国的生产发展。第三,维持本国进出口秩序,减少同外国贸易的矛盾和国际贸易往来中不必要的损失,稳定国内市场的供求关系。第四,借以进行进出口统计。第

五,为各国的外交政策服务。

进出口配额证制度是指一国政府在一定时期内对某些敏感商品的进口或出口进行数量或金额上的控制,其目的旨在调整国际收支和保护国内工农业生产,是非关税壁垒措施之一。进口数量配额管理指一国政府在一定时期内对某些商品的进口数量采取直接限制的方式,是世界各国管理对外贸易的一种非关税措施。①依据我国《货物进出口管理条例》及相关法律、法规的规定,进口数量配额管理主要由配额货物、配额总量、配额申请、配额分配、配额使用等部分构成。国家规定有数量限制的限制进口货物,实行配额管理。在此基础上,进口配额管理部门在每年 7 月 31 日前公布下一年度进口配额总量。根据相应的配额总量,各配额申请人在每年 8 月 1 日至 8 月 31 日向进口配额管理部门提出下一年度进口配额的申请。进口配额管理部门在每年 10 月 31 日前将下一年度的配额分配给配额申请人。进口配额管理部门可以根据需要对年度配额总量进行调整,并在实施前 21 天予以公布。②

配额可分为进口配额和出口配额两大类。在进口配额管理中包括绝对配额和关税配额。绝对配额是指在一定时期内,对某些商品规定一个最高进口数量或金额,一旦达到这个最高数量或金额就不准进口。绝对配额又分两种形式:其一,采取"全球配额",它适用于来自任何国家或地区的商品。主管当局按进口商申请先后或按过去某一时期的进口实绩,批给一定的额度,直到总配额发放完为止。其二,采取"国别配额",这是在总配额中按国别和地区分配配额。不同国家和地区如果超过所规定的配额,就不准进口。关税配额不绝对限制商品的进口数量,而是在一定时期内对一定数量的进口商品给予低税、减税或免税的待遇,对超过此配额的进口商品,则征收较高的关税或附加税和罚款。

在出口配额管理环节可以分为"自动"出口配额(被动配额)和主动配额。其中"自动"出口配额是指出口国家或地区在进口国家的要求或压力下,"自动"规定某一时期内(一般为 3 年)某些商品对该国出口的限制额。在限制的配额内自行控制出口,超过限制额即不准出口。从实质上讲这是不得不实行的被动配额,故在"自动"两字上加上引号。主动配额是指出口国根据国外市场容量和某种情况对某些商品的出口规定限额。③分配配额时主要考虑下列因素:申请人的进口实绩;以往分配的配额是否得到充分使用;申请人的生产能力、经营规模、销售状况;新的进口申请者的申请情况;申请配额的数量情况等。

进口配额管理部门在进行评估审核后,将向进口经营者发放进口配额证明,

---

① 陈晖主编:《比较海关法》,中国海关出版社 2012 年版。
② 龙晓柏、赵玉敏:《世界稀土供求形势与中国应对策略》,载《国际贸易》2013 年第 3 期。
③ 张海鸥:《世界贸易组织下的数量限制原则》,载《国际法学论丛》2007 年第 1 期。

进口经营者凭进口配额管理部门发放的进口配额证明,到进口许可证发证机构申领进口许可证,向海关办理报关验放手续。配额持有者未使用完其持有的年度配额的,应当在当年 9 月 1 日(关税配额为 9 月 15 日)前将未使用的配额交还进口配额管理部门。未按期交还并且在当年年底前未使用完的,进口配额管理部门可以在下一年度对其扣减相应的配额。

　　上述货物进出口管理方式的主要目的在于维护国家在一定时期内的政治、工业、农业、商业、军事、技术、卫生、环保、资源保护等领域的需要。上述领域或关乎国计民生,或关乎国家宏观经济政策,若放开监管不加以控制,会给国民经济、居民生活带来不良影响。①走私不同货物、物品均会对国家宏观社会监督管理秩序造成损害,但由于各走私行为涉及的内容不同,其对国家海关监督管理秩序、社会主义市场经济管理秩序以及其他秩序侵害的切入点是不同的。因此,与其说有权机关每年更新的是限制进出口货物、物品目录,不如说更新的是限定侵害不同规范管理秩序的客体与行为。②

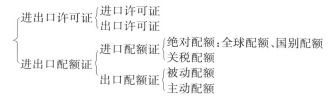

图 1.4　进出口许可证、配额证管理模式异同比较

　　从图 1.4 可以看出,从宏观层面而言,对于限制进出口的货物、物品的两种管制措施均有保护和促进本国的生产发展、维持本国进出口秩序的目的。但是两种管制措施在手段上存在较大差异,③进口配额中的绝对配额管制措施主要通过数量限制对于进出口的货物、物品的绝对进口数量进行控制,而进出口许可证制度属于多功能的管制手段,其不仅是其本来意义上限制商品数量的方法,而且有时对商品的价格、支付方式、贸易方式、进出口的国别地区等方面的管制也起着重要作用。

　　从微观层面而言,对于限制进出口货物、物品的两种管制措施的关系主要体现在:首先,两种证件管理物品的范围是相互排斥的,并不存在交叉或者重合关

---

　　①　周宝根:《出口管制:中国参与经济全球化面临的困境》,载《亚太经济》2005 年第 6 期。
　　②　石静霞:《"同类产品"判定中的文化因素考量与中国文化贸易发展》,载《中国法学》2012 年第 3 期。
　　③　这里对于进口配额管理的探讨主要集中于绝对配额管制措施,因为从严格意义上而言,关税配额更多的是发挥市场的作用对进口货物、物品进行调节,而非动用行政管制的直接干涉以起到管制效果。对此问题后文还会专门论述。

系,因此对于两种管制措施的具体适用物品范围需要单独进行梳理、归纳;其次,由于进出口许可证和配额证所适用对象均属于限制进出口货物、物品,两种证件在管制属性上具有同质性。且根据立法目的,对于实施配额管理的货物、物品而言,进出口许可证管理其实是配额管理的前置程序。这一点从商务部、海关总署2020年12月31日公布的关于《2021年出口许可证管理货物目录》的公告,对出口配额管理的规定中可见一斑:"出口活牛(对港澳)、活猪(对港澳)、活鸡(对香港)、小麦、玉米、大米、小麦粉、玉米粉、大米粉、药料用麻黄草(人工种植)、煤炭、原油、成品油(不含润滑油、润滑脂、润滑油基础油)、锯材、棉花的,凭配额证明文件申领出口许可证;出口甘草及甘草制品、蔺草及蔺草制品的,凭配额招标中标证明文件申领出口许可证。"由此可见,对于实施配额管理的物品并非不需要许可证管理,而是有着更为严格的要求,一方面要求企业先行申请配额证,另一方面在获得配额证的基础上才能申请出口许可证进行出口贸易。应当看到,配额管理与许可证管理的设立目的其实是不同的,配额管理的实质是国家基于对某一类物品出口数量的限制而实施的管制政策,其不仅要求企业具有一定的资质,更对企业对外出口的数量进行严格控制,因此,配额管理是"数量＋资质"的双重限制。而出口许可证则是基于对企业出口资质的限制实施的管制政策,其核心在于对经营者主体身份的限制,因此,许可证管理是一种"资质"的限制。

两种管制措施虽然在目的和手段上存在一定的差异,但是应当看到两种管制措施均是国家基于对进出口货物、物品的限制而实施的直接行政管制,因此对于逃证走私限制进出口货物、物品的行为应当受到行政处罚甚至刑事处罚,前置法中对于进出口货物、物品的范围因与刑法对于走私犯罪罪名的具体规定并不完全一致,两法如何衔接亦成为下文探讨的重点。

第二节　国家禁止、限制进出口货物、物品的范围及管制目的

国家禁止进出口货物、物品与国家限制进出口货物、物品的范围显然有所区别,而且行政法与刑事法律对于国家禁止、限制进出口货物、物品的规定也并不相同。因此,有必要分情况讨论国家禁止进出口货物、物品及国家限制进出口货物、物品的范围。

一、行政法中有关国家禁止、限制进出口货物、物品范围的规定

《对外贸易法》对于禁止进出口货物、物品和限制进出口货物、物品进行了原则性说明。该法第16条规定:"国家基于下列原因,可以限制或者禁止有关货

物、技术的进口或者出口：(一)为维护国家安全、社会公共利益或者公共道德,需要限制或者禁止进口或者出口的;(二)为保护人的健康或者安全,保护动物、植物的生命或者健康,保护环境,需要限制或者禁止进口或者出口的;(三)为实施与黄金或者白银进出口有关的措施,需要限制或者禁止进口或者出口的;(四)国内供应短缺或者为有效保护可能用竭的自然资源,需要限制或者禁止出口的;(五)输往国家或者地区的市场容量有限,需要限制出口的;(六)出口经营秩序出现严重混乱,需要限制出口的;(七)为建立或者加快建立国内特定产业,需要限制进口的;(八)对任何形式的农业、牧业、渔业产品有必要限制进口的;(九)为保障国家国际金融地位和国际收支平衡,需要限制进口的;(十)依照法律、行政法规的规定,其他需要限制或者禁止进口或者出口的;(十一)根据我国缔结或者参加的国际条约、协定的规定,其他需要限制或者禁止进口或者出口的。”

(一)行政法对国家禁止、限制进出口货物、物品的细化规定

国务院颁布的《货物进出口管理条例》在《对外贸易法》原则性规定的基础上又进行了细化规定。《货物进出口管理条例》第8条规定:“有对外贸易法第十七条规定情形之一的货物,禁止进口。其他法律、行政法规规定禁止进口的,依照其规定。禁止进口的货物目录由国务院外经贸主管部门会同国务院有关部门制定、调整并公布。”同时,《货物进出口管理条例》第33条规定:“有对外贸易法第十七条规定情形之一的货物,禁止出口。其他法律、行政法规规定禁止出口的,依照其规定。禁止出口的货物目录由国务院外经贸主管部门会同国务院有关部门制定、调整并公布。”所谓《对外贸易法》第17条的规定是指,“国家对与裂变、聚变物质或者衍生此类物质的物质有关的货物、技术进出口,以及与武器、弹药或者其他军用物资有关的进出口,可以采取任何必要的措施,维护国家安全。在战时或者为维护国际和平与安全,国家在货物、技术进出口方面可以采取任何必要的措施”。由此,两法在适用原则上对于禁止进出口货物、物品范围进行了限制。

那么,限制进出口的货物、物品是如何规定的呢? 同样,《货物进出口管理条例》亦是将货物、物品分为进口和出口两个环节予以规定的。

针对限制进口的货物、物品,《货物进出口管理条例》第10条第1款规定:“有对外贸易法第十六条第(一)、(四)、(五)、(六)、(七)项规定情形之一的货物,限制进口。其他法律、行政法规规定限制进口的,依照其规定。”第10条第2款规定:“限制进口的货物目录由国务院外经贸主管部门会同国务院有关部门制定、调整并公布。”对于限制出口的货物、物品,《货物进出口管理条例》第35条第1款规定:“有对外贸易法第十六条第(一)、(二)、(三)、(七)项规定情形之一的货物,限制出口。其他法律、行政法规规定限制出口的,依照其规定。”第35条第

2 款规定:"限制出口的货物目录由国务院外经贸主管部门会同国务院有关部门制定、调整并公布。"从中可以看出,《货物进出口管理条例》是在《对外贸易法》的基础上对限制进出口货物的范围进行了细化,同时,针对限制进出口的货物、物品,该条例授权国务院相关部门制定具体的"负面清单",对于限制进出口货物、物品的范围予以明确。

表 1.1　禁止进出口、限制进出口货物适用原则规定

禁止进出口货物、物品适用原则	1. 国家对与裂变、聚变物质或者衍生此类物质的物质有关的货物、技术进口,以及与武器、弹药或者其它军用物资有关的进出口,可以采取任何必要的措施,维护国家安全。
	2. 在战时或者为维护国际和平与安全,国家在货物、技术进出口方面可以采取任何必要的措施。
限制进口货物适用原则	1. 为维护国家安全、社会公共利益或者公共道德,需要限制或者禁止进口或者出口的。
	2. 国内供应短缺或者为有效保护可能用竭的自然资源,需要限制或者禁止出口的。
	3. 输往国家或者地区的市场容量有限,需要限制出口的。
	4. 出口经营秩序出现严重混乱,需要限制出口的。
	5. 为建立或者加快建立国内特定产业,需要限制进口的。
限制出口货物适用原则	1. 为维护国家安全、社会公共利益或者公共道德,需要限制或者禁止进口或者出口的。
	2. 为保护人的健康或者安全,保护动物、植物的生命或者健康,保护环境,需要限制或者禁止进口或者出口的。
	3. 为实施与黄金或者白银进出口有关的措施,需要限制或者禁止进口或者出口的。
	4. 为建立或者加快建立国内特定产业,需要限制进口的。

　　从上表中可以看出,虽然《货物进出口管理条例》是在《对外贸易法》的基础上对禁止进出口和限制进出口货物、物品予以细化规定,但是由于《对外贸易法》是 2004 年进行修订的,而《货物进出口管理条例》则是 2001 年发布、2002 年生效的,在被引用法律已经发生变动的前提下,而引用法律仍旧生效,且未进行相应的修改,这就不可避免地导致被引用法与引用法之间的矛盾。例如,《货物进出口管理条例》关于限制进口货物适用原则所引用的《对外贸易法》第 16 条第(六)项是针对限制出口的原则性规定,而非限制进口的原则性规定。而《货物进出口管理条例》关于限制出口货物适用原则所引用的《对外贸易法》第 16 条第(七)项的内容是针对限制进口的原则性规定,而非限制出口的原则性规定。在两法全部有效的前提下,对此矛盾冲突该如何解决呢? 根据《货物进出口管理条例》第 10 条第 2 款规定:"限制进口的货物目录由国务院外经贸主管部门会同国务院有关部门制定、调整并公布。"第 35 条第 2 款规定:"限制出口的货物目录由

国务院外经贸主管部门会同国务院有关部门制定、调整并公布。"因此,应当从上述两项规定的授权性文件中寻找具体的限制物品名录。《货物进出口管理条例》其实还是对进出口贸易进行的原则性规定,在适用中还是要回归到对具体限制进出口货物、物品的"负面清单"的认定中,对于两法之间的矛盾亦可从授权性法规中得到认定。

于是,问题就回归到对于授权性法规的寻找之中。海关总署于 1993 年发布并实施的《禁止进出境物品表》《限制进出境物品表》对于禁止进出口和限制进出口的货物、物品作了一定的具体规定。

表 1.2　禁止和限制进出境物品名单

一、禁止进境物品	1. 各种武器、仿真武器、弹药及爆炸物品。
	2. 伪造的货币及伪造的有价证券。
	3. 对中国政治、经济、文化、道德有害的印刷品、胶卷、照片、唱片、影片、录音带、录像带、激光视盘、计算机存储介质及其它物品。
	4. 各种烈性毒药。
	5. 鸦片、吗啡、海洛英、大麻以及其它能使人成瘾的麻醉品、精神药物。
	6. 带有危险性病菌、害虫及其它有害生物的动物、植物及其产品。
	7. 有碍人畜健康的、来自疫区的以及其它能传播疾病的食品、药品或其它物品。
二、禁止出境物品	1. 列入禁止进境范围的所有物品。
	2. 内容涉及国家秘密的手稿、印刷品、胶卷、照片、唱片、影片、录音带、录像带、激光视盘、计算机存储介质及其它物品。
	3. 珍贵文物及其它禁止出境的文体。
	4. 濒危的和珍贵的动物、植物(均含标本)及其种子和繁殖材料。
三、限制进境物品	1. 无线电收发信机、通信保密机。
	2. 烟、酒。
	3. 濒危的和珍贵的动物、植物(均含标本)及其种子和繁殖材料。
	4. 国家货币。
	5. 海关限制进境的其它物品。
四、限制出境物品	1. 金银等贵重金属及其制品。
	2. 国家货币。
	3. 外币及其有价证券。
	4. 无线电收发信机、通信保密机。
	5. 贵重中药材。
	6. 一般文物。
	7. 海关限制出境的其它物品。

对于该法令的内容需要一分为二进行分析。首先,从积极意义上而言,该法令的公布对于明确禁止和限制进出境物品的范围具有积极意义。因为,在该法令公布的同时,海关总署对于上述物品亦作出限制性解释。其中包括,《禁止出境物品表》第 2、3、4 项所列各项物品,在特殊情况下,按照有关规定经国家主管部门批准并发给证明,可以放行;由此在禁止与限制物品之间打开一道沟通的桥梁,也说明即便禁止进出口的货物,在实践中也非绝对不能进出口,只是需要比限制进出口货物的进出口更加严格的限制条件。同时,解释将"珍贵文物"限定为国家馆藏一、二、三级文物;其他禁止出境的文物,指有损国家荣誉、有碍民族团结、易引起边界争端,在政治上有不良影响的文物;"一般文物",指1795 年(乾隆六十年)以后的,可以在文物商店出售的文物;在违法性上对文物进行了区分。

其次,由于该法令是 1993 年制定的,随着中国加入世界贸易组织以及国家对于经济领域的行政干预逐步减少,禁止进出境货物与限制进出境货物的目录亦在随之改变。同时,上述法令对于限制进出境物品最后都规定了"兜底条款",对于何谓海关限制进出境的"其他物品",仍需海关会同有关部门进行具体目录的制定。因此,即便法令至今仍未失效,但是对于具体限制和禁止进出境物品名单的找寻仍应当依据海关每年公布的具体名录。对于禁止进出口的货物需要参见海关总署下发的《禁止进口货物目录》共计七批以及《禁止出口货物目录》共计六批来对禁止进出口货物进行认定。而限制进出口的货物、物品亦需通过《限制进出口货物目录》予以准确厘定,对此将在本书附录中进行展示。

(二)我国禁止、限制进出口货物、物品的管制目的

判断国家禁止进出口货物、物品及国家限制进出口货物、物品之间的关系,离不开对规范性文件实施禁止、限制性进出口管理规定的规范保护目的的探讨。对管制目的的探讨离不开经济、政治等多个方面。

1. 禁止、限制进出口货物、物品管制的经济目的[①]

第一,确保国内供应。从宏观角度出发,禁止、限制进出口货物、物品管制的经济目的主要在于创造良好的经济发展环境,其主要通过控制国内外市场需求实现这一目的。一般来讲,商品需求主要包括国内需求与国外需求,当国外市场需求剧增时,商品可能会大规模走出国内,大量流出,长此以往势必造成国内市场供应不足、短缺,甚至可能出现国内市场的中断,此时应当适当禁止、限制出口;当国外市场需求剧减时,商品只能依靠国内需求实现产营销,如果生产力过于旺盛,极易导致商品过量,商品价格大幅度下降,严重影响生产者的经济利益,

———————————

[①]   魏浩:《中国对外贸易出口结构研究》,人民出版社 2010 年版。

从而导致生产消费的恶性循环。此时应当禁止、限制进口,为民族工业提供喘息的机会。通过禁止、限制进出口货物、物品管制制度能够合理调整商品(尤其需求变化大的商品及生活必需品)国内外市场分配,从而既保证国内市场供应充足,又能长久促进进出口贸易平衡,使国内市场、民族工业免受外部市场冲击。

许多国家限制本国急需的原材料、半成品及国内供应明显不足的商品出口,原因在于这些商品在国内本来就比较短缺,如果允许自由销往国外,必然加剧国内市场供求关系的畸形,长久失衡必然导致本国经济受损。通过禁止、限制出口管制,可以避免商品过度外销造成的负面影响,实现国内市场的正常供应。

第二,稳定商品价格。通过禁止、限制进出口货物、物品管制在一定程度上能够稳定商品价格。世界市场上商品价格的任何波动都会导致国内价格不稳定,并存在通货膨胀或通货紧缩的潜在风险。因此许多国家会采取禁止、限制进出口的措施来减轻国外价格波动对国内价格的影响,维持物价稳定。同样的道理,通过合理的计划与调整,各国也可以通过限制进口来控制商品价格,稳定国内市场,以限制进出口的方式为本国加工及制造业提供一种隐性的"补贴",从而为国内生产加工企业创造更多福利,提供更多的就业机会。[1]

与此同时,对需求和供给缺乏弹性的商品的进出口也需要进行适当的限制管制,目的在于调整总体需求与总体供给对商品价格的影响。如果某种商品的需求弹性低,则总供给较小的变化幅度也会给市场价格带来较大的波动;如果某种商品的供给弹性低,则总需求的微小变动同样会带来市场价格的剧烈变动。通过适当限制进出口数量能够有效防止价格波动,防止国内外某种商品的市场混乱。

第三,增加政府收益。通过适当的禁止、限制进出口货物、物品种类与数量能够增加本国收益。对配额进出口商品征收进出口税及超额税率,能够合理增加一国财政收入。[2]限制出口的目的在于维持本国的垄断地位,从而源源不断获得垄断性收入;而限制进口的目的在于维护本国商品的国内代谢率,从而不断增进国内企业的市场竞争力,在综合考虑国内外市场代谢水平的情况下,适当限制进出口贸易,对国家宏观经济的增长及税收财政收入的增长有着积极影响。

第四,规范进出口管理秩序。进出口贸易应当在健康有序的条件下进行,进出口经营管理秩序的混乱会导致进出口企业缺乏行业自律、产生恶性竞争、争相囤积居奇、哄抬物价,从而使得国家及企业经济利益遭受损失。而通过审核进出口企业的经营权限与经营活动来增强进出口管制,既能限制不具备进出口经营

---

① 张继民:《美国对华贸易政策的决定——政治经济视角下的均衡》,复旦大学出版社 2009 年版。
② 军事科学院世界军事研究部:《战后世界局部战争史》(第 2 卷),军事科学出版社 2008 年版。

权的企业从事相关贸易活动,又能对进出口企业间的不正当竞争行为予以及时查处与纠正,间接提高企业产品质量,从而提高我国企业与产品的国际声誉,有利于建立和维持正常的出口秩序。

第五,优化进出口结构。进出口结构优化既包括进出口商品结构优化也包括进出口地区结构优化。进出口商品结构指不同商品进出口配额在进出口贸易总额中的总体比重。只有当高附加值、高技术含量、高利润率产品在出口中占据主导地位,同时总体进口份额比例逐渐缩小时,一国才能在进出口贸易中获取更多的贸易利益。

我国长期以来出口初级产品,而发达国家是工业制成品的主要供应者。由于低附加值、低技术含量的初级产品价格被出口指向国家人为压低,而进口工业制品的价格被不断抬高,从而导致一段时间内我国对外贸易总体环境不断恶化。通过限制进出口配额,有助于宏观管控进出口贸易结构,从而实现从出口资源密集型、劳动密集型产品到主要出口资本密集型、技术密集型产品的结构转变,降低不利进口结构给我国国内生产者与消费市场带来的负面影响,从而形成合理的进出口结构,改善我国对外贸易条件。

第六,减少贸易摩擦。采取限制进出口管制措施还能起到缓和与进出口国家贸易摩擦的作用。受多种原因限制,我国可能在其他进出口国家的高压下,为缓和贸易摩擦被动采取限制管控措施。通过此类限制进出口管制手段,能够为我国对外贸易争取更多福利与优势,从而客观上从中获取经济利益。

2. 禁止、限制进出口货物、物品管制的政治目的

政府在制定和实施进出口管制政策时会充分考虑政治因素,因此在某种程度上,进出口管制是一种政治行为,能够侧面反映出政府的政治倾向。

第一,维护国家政治利益与安全利益。出口国限制或禁止战略物资和敏感物资及其相关技术出口到敌对国家或目标国家,进口国限制或禁止国外高新技术产品、食品原材料及其他初级产品进入本国市场,看似单纯地出于经济利益的考虑,实际上其目的在于削弱对手在经济和政治领域对本国的影响,遏制其政治影响力及经济实力。一般来讲,一国政治方针首先会体现在经济政策及对外态度上,限制进出口货物、物品的管制可以从宏观经济角度及微观经济领域为本国政治主张提供有力支持,逐步减轻海外国家在经济上对本国的影响,降低本国经济的对外依赖,从而进一步增进本国经济优势,维护本国政治利益与国家安全。

出于保护民族工业的考虑,各国均会对从国外进口的相关商品进行评估、调研,在确定其不会危害民族工业、不会打压国内商品市场价格的基础上才可能正式确认其进口进程。通常而言,政府会以限制进口数量、限制进口门类的方式尽可能为本国商品提供合理保护。在对外出口时,一国政府主要考虑的是出口产

品、出口技术是否具有核心竞争力;是否泄漏本国科技核心技术;是否会对本国安全造成不良影响。如果会造成上述问题,则政府监督管理部门通常会强制出台配额及许可证制度,以合理限制某类商品或技术的出口外流。

近年来,我国始终将提升综合国力、增强科技实力作为发展计划的重要组成部分。在这样的大环境下,我国研发、掌握了诸多领域的核心科技与敏感技术。对外出口贸易中如果将该类核心技术外流,则会对我国国家安全造成巨大的威胁。这就要求我国海关等监管部门需要合理细致地对出口货物进行评估,制作评估报告,从而有效指引国家出口业务有序进展。①

第二,推行本国外交政策。一国的经济实力往往决定了其在政治领域的话语权。对进出口贸易的国内管制一定程度上是推行本国的外交政策。面对他国在经贸领域有求于己,一国在对外政策及外交活动中才会更为硬气,从而保持主动地位。以美国为例,其进出口管制的基本原则之一是对外政策管制原则。根据美国《1979 年出口管理法》,为了显著加强美国对外政策或履行美国国际义务,必须实施基于外交政策的出口管制。在决定是否采取外交政策管制时总统被赋予完全的自由裁量权,但需要全面考虑以下因素:(1)管制实现预期目标的可能性;(2)管制与美国其他外交政策的兼容性;(3)其他国家的反应;(4)对美国经济可能产生的影响;(5)美国实施管制的能力;(6)不实施管制的外交政策后果。②

限制进出口货物、物品的数量及种类,看似与一国政治外交并不相干,实则对一国的外交政策与对外姿态有极为重要的影响。限制进出口的管制手段,一旦与对外方针、外交政策交融后,就不仅仅是经济调节的手段,也是争夺全球政治话语权、建立政治优势的重要方式。利用限制进出口管制手段对进出口国施加经济压力,能够强迫其调整或改变政治行为。

3. 限制进出口管制的其他目的

除了上述的经济及政治目的,限制进出口的管制措施还能够起到对文化、生态、环境治理等多方面的良性作用。为了弘扬民族文化、保存历史,国家可以限制历史文物、艺术珍品的出口;为了保护生态环境,减少环境污染,国家可以限制废弃物的进口;为了保护生物多样性,拯救濒危野生动植物,国家对外来物种及潜在污染产品的进出口也可以进行严格的管制等。

二、刑法中有关国家禁止、限制进出口货物、物品范围的规定

刑法中的国家禁止进出口货物、物品的范围与行政法中关于国家禁止进出

---

① 李根信、孙晋忠:《论中国的出口管制政策》,载《国际问题研究》2007 年第 3 期。

② 刘运顶:《美国出口管制政策、对华出口管制及其发展趋势研判》,载全国美国经济学会、浦东美国经济研究中心编:《美国经济走势与中美经贸关系》,上海社会科学出版社 2006 年版。

口货物、物品的范围并不完全一致,国家限制进出口货物、物品的范围也是如此。刑法对于禁止进出口货物、物品与限制进出口货物、物品的范围界定并没有遵照《对外贸易法》等相关规定。

（一）禁止走私的货物、物品包含了限制走私的货物、物品

《对外贸易法》是国家规范进出口货物、物品管理秩序的基本法。《对外贸易法》通过原则性规定的方式对禁止和限制进出口货物、物品的范围予以区分,并且将禁止进出口货物与限制进出口货物并列进行规定。这主要是考虑到无论是禁止进出口货物、物品还是限制进出口货物、物品都需要国家实施管制。从这点而言,这两类对象与普通货物、物品(在市场上自由流通,并无限制)存在本质差别。立法机关基于这两类对象管制的同质性以及立法便宜性考虑而将其并行规定。同时,将具体货物、物品的管制措施授权其他法律、法规、规章予以规定。

国务院颁布的《货物进出口管理条例》在上位法《对外贸易法》的基础上又进行了细化规定。《货物进出口管理条例》将进出口货物具体划分为禁止进出口货物、限制进出口货物和自由进出口货物,使得三种货物、物品在行政管理的性质上存在了明显的差异,亦存在明确的划分界限。应当看到这种区分主要是基于管理的便宜性而提出的区分模式,当行为涉及犯罪时对于适用刑法中关于走私犯罪的条文并不具有最直接的指导意义,因为刑法中除了列明的特殊走私犯罪罪名之外,只有走私国家禁止进出口的货物、物品罪和走私普通货物、物品罪之规定,并未明确规定走私限制进出口货物、物品的具体罪名。在对走私限制进出口货物、物品行为进行刑法上的评价时,理应将限制进出口的货物、物品归属于禁止进出口的货物、物品。

首先,即便是《货物进出口管理条例》所规定的禁止进出口的货物、物品在事实上也并非绝对禁止进出口。《货物进出口管理条例》第8条第1款对于禁止进口货物、物品进行了明确的规定:"有对外贸易法第十七条规定情形之一的货物,禁止进口。其他法律、行政法规规定禁止进口的,依照其规定。"同时,该《货物进出口管理条例》第33条第1款亦规定:"有对外贸易法第十七条规定情形之一的货物,禁止出口。其他法律、行政法规规定禁止出口的,依照其规定。"但是,《对外贸易法》第17条所规定的并非绝对禁止进出口的物品。对于武器、弹药和军用物资我国长期以来都与国外存在贸易往来,只是由于该类物品涉及国家安全,国家对该类物品实施的是特许经营的制度,只有国家指定的企业才能代理军用物品的进出口,一般进出口企业不能经营此类项目。从这个意义上而言,国家禁止进出口的货物、物品也并非绝对禁止的货物、物品,还应当包括相对禁止的货物、物品。

其次,《货物进出口管理条例》第8条第2款和第33条第2款将制定禁止进出口货物目录的权力授权给国务院对外经贸主管部门及有关部门。从商务部颁

布的《禁止进口货物目录》和《禁止出口货物目录》可以看出,所禁止进出口的货物、物品并非其自身性质存在非法性,只是国家基于管制之需要而以行政命令之方式否定了其在进出口贸易中的合法性。但随着政治、经济形势的变化,这些物品极有可能被解除管制命令,而被划归限制进出口的货物、物品目录中。例如第五批列入《禁止进口货物目录》的货物中包括了空调、电冰箱、微波炉等日用产品,随着经济的转型升级完成,这些物品极有可能被移出该《禁止进口货物目录》。从这个层面而言,禁止进出口货物与限制进出口货物只是在管制程度上存在差异,但就国家统一实施管制这一方面而言是存在同质性的。因而,在理论和实践中可以将国家禁止进出口的货物、物品分为绝对禁止进出口的货物、物品(即物品本身性质存在违法性和列入《禁止进出口货物目录》的物品)和相对禁止进出口的货物、物品(即实行许可管理的特许经营物品和限制经营的物品,前者例如军用物资,后者例如可用作生产原料的固体废弃物)。

最后,从刑法关于走私犯罪的具体规定中可以看出,禁止进出口的货物、物品与限制进出口的货物、物品亦是在同一条文和相邻条文之中进行规定的。对此,应当从两个层面进行理解:其一,禁止进出口的货物、物品在管制方面具有同质性,因而可以在刑法法条的排列中呈现并列状态;其二,对于禁止进出口和限制进出口货物、物品的列明是为了显示两种货物、物品与普通货物、物品之间的区分,以体现不同物品之间的不同属性。刑法中涉及走私的犯罪主要集中在第三章第三节关于走私犯罪的规定和第六章第七节关于毒品犯罪的规定中。

表 1.3　刑法中关于走私犯罪的具体规定

具体列明特殊走私犯罪之罪名	走私武器、弹药罪
	走私核材料罪
	走私假币罪
	走私文物罪
	走私贵重金属罪
	走私珍贵动物、珍贵动物制品罪
	走私国家禁止进出口的货物、物品罪
	走私淫秽物品罪
	走私废物罪
	走私毒品罪
	走私制毒物品罪
普通货物、物品	走私普通货物、物品罪

上述关于走私犯罪在罪状的描述中具体列明"国家禁止"字样的罪名只有走

私文物罪、走私贵重金属罪、走私珍贵动物、珍贵动物制品罪以及走私国家禁止进出口的货物、物品罪,而其他已列明物品属于禁止进出口货物、物品的则由相关法律、法规予以明确规定。即便是上述已列明"国家禁止"字样的物品,也并非绝对禁止,例如,对于走私珍贵动物、珍贵动物制品罪,虽然也将珍贵动物、珍贵动物制品定性为"国家禁止进出口",但是《野生动物保护法》第22条规定,驯养繁殖的野生动物及其制品,在取得国务院行政主管部门发放的许可证明的情况下,可以合法地进出口。因此,不仅在行政法规的评价中禁止进出口货物、物品与限制进出口货物、物品存在着交叉关系,在刑法的评价中禁止进出口货物、物品与限制进出口货物、物品也呈现出交叉和包容的关系。综上所述,在刑法的评价中将禁止进出口货物、物品与限制进出口货物、物品同作为禁止进出口的货物、物品(只是区分绝对禁止和相对禁止)并无问题,刑法在这里所提的"禁止"应当理解为一种行为上的禁止(即不能未经许可擅自实施进出口国家限制进出口的货物),而非法律上的绝对禁止。

关于刑法中国家禁止进出口的货物、物品的范围,有一种意见认为,国家禁止进出口的货物、物品的范围应限于2001年以来,海关总署、原外经贸部等部委陆续发布的七批《禁止进口货物目录》和六批《禁止出口货物目录》,上述目录中所列明的货物均属于《刑法》第153条第3款所规定的犯罪对象。另外,一些行政法规中亦规定了禁止进出口的货物、物品,如《古生物化石保护条例》中规定的古无脊椎动物和古植物化石等。2014年8月12日最高人民法院、最高人民检察院颁布的《关于办理走私刑事案件适用法律若干问题的解释》(以下简称《解释》)第11条列举了走私国家禁止进出口的货物物品,包括野生植物、古生物化石、有毒物质、来自境外疫区的动植物及其产品、木炭、硅砂等妨害环境、资源保护的货物、物品、旧机动车、切割车、旧机电产品或者其他禁止进出口的货物、物品,并具体规定走私的数量标准。因此,以上这些组成了国家禁止进出口的货物、物品的范围。另一种意见则认为,未经许可的限制进出口的货物、物品也是刑法中的禁止进出口的货物、物品。海关法是从走私的对象上来区分哪些是禁止、哪些是限制进出口货物,而刑法是从走私的行为上,即是否经过国家有关部门批准来区分,后者的范围要大于前者规定的范围。所以,未经许可的限制进出口的货物、物品也是刑法中的禁止进出口的货物、物品。

(二)探究限制进出口货物、物品用刑法规制的可能性

1. 从行政法与刑法的关系角度探究

行政法是我国重要的部门法,主要用于对行政权的规范和控制,避免出现滥用行政权的现象,避免行政主体违法行使行政权对行政相对人造成不必要的侵害,从而有效保障行政相对人的合法权益不受侵犯,同时,对于行政相对人的违

法行为，行政主体依据行政法的规定给予行政相对人相应的处罚。刑法也是我国重要的部门法，是规定犯罪、刑事责任和刑罚的法律。刑法调整的社会关系具有广泛性，当其他法律不能够充分保护合法权益时就需要刑法保护，再加上刑法的制裁手段最为严厉，这就使得刑法成为其他法律的重要保障。

行政法与刑法具有一定的关联性。行政法与刑法的关联性主要指的是行政法与刑法在具体对象以及处理程序方面存在的交叉、借鉴、冲突和衔接等关系的集合。①行政法与刑法的关联性主要有广泛存在性、相互转化、互为前提这三个特征。第一，关联广泛存在。行政法所适用范围与其他法律相比较为广泛，所以其和刑法所产生的交叉领域比其他法律与刑法的交叉领域更为广泛。行政法的适用范围包括国防、税收、外交等领域及公民日常生活中的医疗、劳动、工商等基本权益领域。而刑法是其他部门法律的保障法，用于处理可能涉嫌犯罪的行为，因此刑法涉及的领域也十分广泛。综合两者，行政法和刑法的关联广泛存在。第二，关联相互转化。行政法和刑法在调整对象及调整内容上都具有广泛性，许多行为有可能从行政违法行为转成刑事犯罪行为。这种相互转化有两个方面：一是由原本的行政违法行为随着犯罪圈的扩大转变为刑事犯罪；二是从原本的刑事犯罪由于犯罪圈的缩小转变为行政违法行为。第三，关联互为前提。行政法与刑法关联互为前提是指，处理行政和刑事法律行为问题的时候，行政诉讼所产生的结果可能是刑事诉讼的审判前提和依据，或者刑事诉讼所产生的结果是行政诉讼的审判前提和依据。②

行政法与刑法本身所具有的关联性决定了刑法在一定程度上依赖于行政法。尤其是走私犯罪属于典型的法定犯，走私犯罪的认定很大程度上依赖于前置性法律的规定。从这一角度而言，对于走私犯罪中法律概念的理解应该在法律的整体框架内具有统一性和体系性。但是，刑事法律关系又不同于行政法调整的法律关系，刑法的目的和任务也不同于行政法的目的和任务。刑法是用最严厉的制裁手段打击犯罪，维护社会秩序，防卫社会。刑法关注的是行为的社会危害性是否需要以刑事手段介入，而行政法更为关注如何以恰当妥善的方式协调或者维护各种法律关系。也因为如此，刑法中的某些概念并不与其他部门法完全契合。对于走私限制进出口的货物、物品而言，行为人的行为很有可能涉及伪造许可证以及偷逃关税；而对于一般应税货物、物品，则主要是偷逃关税，两者的危害性显然不同。另外，刑法中并没有规定走私限制进出口的货物、物品罪，而这种限制进出口的货物、物品只要没有经过国家许可，就是属于被禁止的行

① 李楠：《行政与刑事法律关联问题研究》，吉林大学 2012 年硕士论文，第 20 页。
② 呼旭光：《行政刑法性质的法理分析》，山西大学 2005 年博士论文，第 37 页。

为,鉴于此,行政法中的限制进出口的货物、物品可以被评价为刑法中的禁止进出口的货物、物品。因此,走私限制进出口的货物、物品可以构成走私禁止进出口的货物、物品罪。

2. 从缉私执法角度探究

第一,走私犯罪与非罪认定上的自由裁量空间。

海关缉私刑事执法和行政执法权限的划分,建立在走私犯罪和走私行政违法行为的划分基础之上。理论上区分两者并不困难,它们属于不同性质的行为,彼此独立。前者属于刑事违法范畴,适用刑法和刑事诉讼法,责任后果是刑事制裁;后者属于行政违法范畴,适用海关法等行政法规范,承担行政责任,接受海关行政处罚。

但两者又存在一定的共存性,这也是海关缉私惩罚领域的一个特殊性问题。立法上认定走私犯罪和走私行政违法行为的主观内容与行为特征是完全一致的,后者可能向走私犯罪过渡,即走私行政违法行为向走私罪的过渡性,具体呈现的表象就是,海关法中包含的部分条款与刑事法律制度相关。以"走私普通货物、物品"的走私犯罪与走私行政违法行为的区分标准为例,"情节轻重"是罪与非罪的区分标准。走私行为必须情节严重,才能构成走私犯罪,单位走私普通货物、物品偷逃应纳税额超过 20 万元的,属"情节严重",构成走私犯罪。如果达不到该起刑点的,则按走私行政违法行为,根据《海关法》给予行政处罚。以禁止进出境物品作为区分罪与非罪界限的,有时需要考虑走私违禁品的数量作为"情节严重"的标准。例如走私假币起刑点是走私伪造的货币总面额 2000 元以上或者币量 200 张以上。[1]达不到这个数额,则构成走私行政违法行为;即使是同种类违禁品,有时候也有走私犯罪和走私行政违法行为的划分问题,例如刑法规定构成走私文物罪的对象是三级以上的珍贵文物,而海关法规定走私文物行为的对象是大量的一般文物。在这些罪与非罪的区分中,我们看到,对"禁止进出境物品"的含义及对走私普通货物、物品罪中偷逃税款的确定,都是依据《海关法》及《海关计核涉嫌走私的货物、物品偷逃税款暂行办法》来确定的。[2]因此,海关对刑事诉讼活动的启动及在对行政违法进行追究的活动中均有独立的角色,而走私行政违法行为和走私犯罪以"情节轻重"作为界分标准的这个局面,在一定程度上形成了走私犯罪与非罪之间一些不明确的空间。

第二,行政立案与刑事立案标准的自由裁量空间。

我国《刑事诉讼法》第 115 条规定"公安机关或者人民检察院发现犯罪事实

---

[1]   赖早兴、董丽君:《行政法与刑法的界限:从模糊到清晰》,载《湘潭大学学报(哲学社会科学版)》2018 年第 5 期。

[2]   林剑宏:《行政法与刑法的关联性研究》,载《法制与社会》2015 年第 14 期。

或者犯罪嫌疑人,应当按照管辖范围,立案侦查",依法立案既是侦查部门的职权,又是一项义务。"有犯罪事实"或"犯罪嫌疑人"是立案的事实条件,指犯罪事件客观上已经发生,即有犯罪的客体和客观要件。

司法实践中,立案程序是刑事诉讼的必经程序,是整个刑事诉讼活动的开始。刑事立案作为一个独立的诉讼阶段,应当由侦查部门准确作出立案或者不立案的决定。一般违法行为不能作为犯罪处理,犯罪也不能降格为一般违法行为处理,罪与非罪的界限必须清楚,这是罪刑法定原则的要求。但是,走私犯罪与走私行政违法行为在行为特征上的共通性,使得案件立案标准在客观上有时变得难以把握。走私可能发生在通关环节或是发生在合法进口后的其他环节,也可能是不经过海关私自进口或海上私自贩运等,多种多样的走私形态使得各类罪名在犯罪构成的行为要件上不尽相同;在通关环节,走私手法可能是伪报、瞒报、低报,也可能是伪装、藏匿等,这些行为是走私犯罪、走私行政违法行为还是违反海关监管规定的行为,无法根据事实情况直接作出区分。对走私犯罪的认定,除了客观上有以上违法行为的存在外,必须有证据证明其主观上有逃避海关监管的故意;在此认定基础上,还需要达到一定的危害程度。这就需要在对某一走私违法行为定性时,要在立案第一环节作出正确的价值判断。实践中这种判断有时显得困难,例如海上偷运有关货物、物品的性质,有时很难在第一时间确定是构成走私犯罪还是走私行政违法。[①]客观认定的困难,加上立案时限短的现实条件下,海关对是否予以立案必须作出一个即时判断。走私案件从查获开始,大量的查证工作必须在短时间内处理,这涉及对运输工具采取监管措施,对涉案货物物品进行进仓、商检、计核偷逃税额,对涉案人员进行看管等,有时还会涉及与其他部门的联系、协调和沟通。在完成这些工作之后,暂时扣留涉案人员的法定期限即满,要么必须刑事立案,采取刑事强制措施;如果不能刑事立案,就必须解除扣留。在刑事立案与行政处理之间海关在立案环节就应当有选择,当案件的进展与立案环节海关所掌握的刑事或行政立案事实的情况发生变化时,有时就会产生案件在两种执法职能下需要相互移送的状况。

基于以上客观情由,海关缉私部门在刑事案件立案与否的问题上出现两种倾向:一种是办理走私案件优先以行政立案,即对模棱两可的案件一律先行政后刑事,这种做法规避一些有难度的案件而提高破案率。比如,海关法上法律责任的追究主要围绕对"物"查缉展开,在对海上偷运"三无"船舶的缉私中,遇到无人案件时,海关对构成走私犯罪的查证难度很大,由于走私犯罪主体难以查缉,刑

---

① 翟文铎:《刑法和行政法的交叉问题研究》,载《法制与社会》2017年第20期。

事立案了却破不了,就出现干脆不立不受理的现象。①这种做法事实上使得有走私犯罪事实需要追究刑事责任的案件,因为一些因素影响而未进入受理的范围,不符合刑事案件立案受理要求。实践中也存在另一种刑事立案优先的倾向,鉴于海关执法中行政执法调查权限有限,若先经刑事立案,使用刑事手段往往更便于海关执法取证,取证后若不构成刑事犯罪,再转向行政案件处理,这种做法也混淆了行政立案与刑事立案的区分标准,同样也是不妥的。

第三,行政执法与刑事司法相互转换的标准交叉。

海关缉私警察在办案实践中经常会遇到刑事与行政两种不同性质的案件相互移交转换的情况。海关每年查获走私违法行为上万起,其中部分违法行为性质、情节严重(达到一定逃税额或数量)则构成走私罪,这种行政执法与刑事执法的内部转换制度,在其他部门不多见。

一种情形是有的案件因行政违法立案后经调查发现涉嫌走私犯罪,需要追究刑事责任,将移送刑事立案。一般情况下,行政执法中无论在哪个环节,即无论是在调查阶段还是在审理阶段,发现并确定有走私犯罪证据,都应将案件移交刑事执法部门,及时将行政程序转为刑事程序,立案侦查追究当事人的刑事法律责任。②另一种情形是办理走私犯罪案件向违反海关法的行政违法案件的转移,当走私案件刑事受案后不予立案的、立案后经侦查认为不构成走私犯罪、人民检察院决定不起诉的,这些情形下的案件有的需要移送海关作行政处罚,较多的情形是检察院退回海关作行政处罚时出现刑事执法向行政执法程序的转化。但在海关执法实践中,还存在一些在侦查过程中因客观原因无法移送起诉的案件,海关缉私局将启动行政执法程序。这些因各种原因无法移送起诉的案件,没有明确的法律依据,但刑事立案条件不具备,则通过行政处罚结案便成为一种模式。涉及罪与非罪的问题必须也只能由法律设定,但以"走私行政违法行为或者违规行为"进行处罚结案,几乎成为所有不能被刑事立案的走私行为的退居地,使得海关缉私案件的定性问题存在非常宽泛的自由裁量范围。

从以上三点可以看出,在海关稽查走私案件的过程中,行政执法权力和刑事司法权力存在交叉,其内部形成转换制度,而且自由裁量的空间较大。行政法中明确规定的限制进出口的货物、物品,虽然在刑法中并没有对这一对象有明确规定,但是,从实践角度而言,除了由行政法规制限制进出口的货物、物品外,由刑法进行终局性保护具有合理性。因此,对于限制进出口的货物、物品被评价为刑法中的禁止进出口货物、物品具有实践价值。

---

① 先德奇:《行政犯的违法性研究》,西南财经大学 2017 年硕士论文。
② 董璞玉:《刑法的行政从属性问题研究》,吉林大学 2017 年硕士论文。

第二章
走私国家禁止、限制进出口货物、物品犯罪的法律属性

走私国家禁止、限制进出口货物、物品犯罪具有严重的社会危害性,在刑法中主要由走私国家禁止进出口的货物、物品罪以及走私普通货物、物品罪等罪名予以规制。除了刑法外,多部司法解释的出台使相关罪名之间的界限更为清晰,对走私国家禁止、限制进出口货物、物品犯罪行为的定性更为明确。走私类犯罪属于行政犯,刑法对于前置法具有一定的依附性,对此类犯罪的有效规制离不开行政法的规定。因此,走私国家禁止、限制进出口货物、物品犯罪的法律属性不仅包括刑事违法性,也包括行政法从属性。

第一节 走私国家禁止、限制进出口货物、物品犯罪的刑事违法性

走私国家禁止、限制进出口货物、物品犯罪的刑事违法性是指该类行为违反了刑法的相关规定,符合刑法分则中具体犯罪的犯罪构成要件。即走私国家禁止、限制进出口货物、物品的行为符合了走私犯罪中的具体罪种,主要是符合了具体走私犯罪的犯罪对象要素,因此具有刑事违法性。

一、走私犯罪中罪种的划分

走私犯罪罪种,是指走私犯罪具体可以划分的种类。我国刑法分则规定有十章犯罪,即十大类犯罪。其中刑法分则第三章破坏社会主义市场经济秩序罪下设八节犯罪,这八节犯罪中的第二节为"走私罪",这里的走私罪是一个小类罪,在走私罪这一小类罪之下还有具体的走私罪名。根据我国刑法及相关司法解释,目前具体的走私罪名有十二种,其分别是:走私武器、弹药罪;走私核材料

罪;走私假币罪;走私文物罪;走私贵重金属罪;走私珍贵动物、珍贵动物制品罪;走私国家禁止进出口的货物、物品罪;走私淫秽物品罪;走私废物罪;走私普通货物、物品罪;走私毒品罪;走私制毒物品罪。①前面十个走私犯罪被规定在刑法分则第三章,而走私毒品罪与走私制毒物品罪则被规定在刑法分则第六章妨害社会管理秩序罪中的第七节走私、贩卖、运输、制造毒品罪一节中。应当注意的是,走私国家禁止进出口的货物、物品罪及走私普通货物、物品罪与其他走私罪名存在本质区别。前两者以行政法划定界限为参考依据,而其他的走私罪名以走私对象作为划分依据,这种不同的划分方式客观上给行刑法律规制走私行为带来了不便,也导致了法律适用方面的冲突。

(一)走私犯罪罪种的划分原则

如前所述,我国刑法规定的走私罪名共计 12 种,当前走私犯罪的刑法规定与走私行为的行政法规定存在走私类别、走私对象的差异,给走私行为定性的行刑对接带来了一些困难。对刑法走私罪种重新划分,使其与前置行政法律法规相对接,是有效破除行刑定性分歧的重要途径。对于走私犯罪的划分,理论上认为应当遵循以下原则:

1.行为中心原则

行为中心原则认为,犯罪是人的行为,刑法是规制人的行为规范。因此,国家制定刑法规范首先要根据人的行为特征及其属性来作为责难的对象。行为中心主义认为犯罪是在主观犯意支配下实施的客观上危害社会、应受刑罚惩罚的不法行为。②走私犯罪的罪种划分如若采用行为性质标准,就应当将所有的走私行为都归为走私罪一罪,并将当前特定走私罪统一设置成走私罪的加重犯。以行为性质标准划分走私罪罪种可以解决走私对象不周延的问题,却依旧无法解决走私不同犯罪对象的量刑问题。由于各种走私对象性质迥异,侵害的法益以及社会危害程度不同,司法人员的自由裁量权过大,因而很难做到罪刑均衡、罚当其罪。③而以犯罪侵犯客体及对象进行划分,能够较为妥善地解决不同走私犯罪的量刑问题。

2.法益中心原则

刑法之所以要适用于犯罪人,是因为犯罪行为侵害了刑法所保护的法益,具有社会危害性。在众多影响社会危害性的因素中,立法选择什么作为责难点,是设定独立罪种必须解决的问题。在我国刑法中,对具体犯罪的规定,首先是以行为为基础的。走私犯罪的行为就是逃避或者规避海关的监督、检查,这一点是共

---

① 楼伯坤:《走私罪罪种设置的立法完善》,载《刑法论丛》2009 年第 4 期。
② 楼伯坤:《〈刑法修正案(七)〉对走私罪修改引发的冲突及其解决》,载《政治与法律》2009 年第 11 期。
③ 童伟华:《犯罪客体研究——违法性的中国语境分析》,武汉大学出版社 2005 年版,第 177 页。

同的,在具备走私行为共性的基础上,应当根据法益的性质,如侵犯的监督管理秩序是单一秩序还是兼容其他法益的秩序,通过具体分析决定如何细分。①

法益中心主义认为,根据走私行为侵害法益的不同性质,走私犯罪大体可以划分为逃避关税和逃避贸易管制措施两类,前者是为了"逃税",后者是为了"逃证"。因此,应该根据两者的不同性质分别设置"走私普通货物、物品罪"和"走私禁止进出口的货物、物品罪",前者针对限制和自由进出口的货物、物品,后者针对禁止进出口的货物、物品,并分别依据"逃税"的数额、情节和"逃证"的社会危害性程度划定不同起刑点和量刑幅度。但对象性质说依旧在量刑上存在缺陷,"逃税"行为与"逃证"行为究竟如何定罪量刑,量刑中如何确保罪刑统一,如何保证刑法分则各罪名罪刑相适应仍是其亟待解决的问题。

3. 兼顾法定刑轻重的原则

法定刑是刑法分则条文的基本要素,是对各种具体犯罪所规定的刑罚种类和刑罚幅度。法定刑的设置是根据罪责刑相适应的原则针对各种犯罪的具体情况以及危害程度予以确定的。尽管在实际考量设定刑罚时情况非常复杂,但刑罚种类、刑罚幅度这些法定刑设置的内容均应与犯罪危害程度相关。

在我国刑法规定中,法定刑的设置与犯罪罪种的设定是择一而论的。即当某种行为涉及的社会危害性不能为犯罪基本犯所涵盖时,在立法上,或者作为基本犯的加重犯,设置加重刑,而不是增加罪种;或者把超出基本罪以外的犯罪要素增设为独立于基本罪的新的罪种,规定独立的法定刑。而到底是采用加重犯的形式还是采用增加新罪种的形式,取决于新增要素与基本犯要素的关联强度。②当前我国走私犯罪的划分原则也应当借鉴兼顾法定刑的原则,在升格法定刑与增加走私犯罪罪种之间妥善处理,择一而论,要么增加独立的罪名罪种,要么在基本犯的前提下设置加重刑。

(二)走私犯罪罪种划分的客观要求

1. 遵循刑罚体系的内部协调

体系协调是指罪行与罪行之间所配置的刑罚轻重整体平衡,对社会危害性程度相似的罪行配置近似的刑罚,对社会危害性程度不同的刑罚配置应当存在显著差异。一般而言,如果每对罪刑关系都严格按照犯罪的社会危害性配置其刑罚,从理论上说,就不会出现各罪行之间刑罚配置不平衡的问题。但是现实中的情况却是,立法者首先考虑各罪行之间的协调性问题,而不是考虑配刑的基础性问题,这就导致先前配置的罪刑失衡乃至一系列罪刑失衡问题,也就是所谓

---

① 吴红艳:《我国走私罪立法的缺陷及其完善》,载《中国刑事法杂志》2005 年第 6 期。

② 冯亚东:《犯罪概念与犯罪客体之功能辨析——以司法客观过程为视角的分析》,载《中外法学》2008 年第 4 期。

"法定刑攀比"的问题。具体到走私罪罪种选择标准的确定上,也应该遵循刑法体系的基本法理,注意走私罪罪种内部条文之间的协调。①

2. 适应日益严重的犯罪形势

我国随着计划经济向市场经济转变,社会关系和利益格局相应地也发生改变,犯罪率不断攀升。走私作为经济类犯罪,在当前复杂社会情况下频频发生,且有愈演愈烈之态势。罪名设置的直接目的在于能够解决司法实践中的问题,走私罪的罪种划分标准也应该做适时的调整,以适应当前日益严重的犯罪形势。②

3. 体现宽严相济的刑事政策

宽严相济是基本刑事政策,不仅是刑事司法政策,也是刑事立法政策和刑事执行政策。③刑事政策作为调控犯罪的手段,其要求在刑罚中体现轻重合理、宽严相济的精神。这一精神内容落实在走私罪罪种的分类选择上,应当尽量减少罪种和罪名数量,使得不同罪名有存在的逻辑合理性与必要性。一方面,这是依法治国发展的需要。随着我国法治建设的发展,刑法立法日趋成熟。在指导思想上,刑法立法体系也基本体现了新型刑事政策的要求。另一方面,这也是我国法制建设积极适应当前社会转型的需要,不断从制度层面解决社会问题的客观表现。④

二、走私犯罪中犯罪对象的特征

走私犯罪中犯罪对象的具体认定影响到相关走私犯罪罪名的划分,因此,有必要对走私犯罪的犯罪对象进行梳理,廓清走私犯罪中犯罪对象的适用范围,进而分析其特征。

(一)走私犯罪对象概述

一般而言,走私罪是指单位或者个人违反海关法规,逃避海关监管,运输、携带、邮寄国家禁止进出口货物、物品或者依法应当向国家缴纳税款的货物、物品进出境,数额较大、情节严重的犯罪行为。"走私罪"概念实际上包含三个要素:违反海关法规、逃避海关监管和特定的对象。犯罪对象的不同使得走私犯罪得以相互区分。走私对象对走私犯罪定罪量刑具有特殊意义,从行政法律法规及刑法的相关规定来看,走私国家禁止或限制进出口的货物、物品,数额较大的,构

---

① 朱霞、金善达、沈杰:《走私罪罪种划分标准的选择》,载《黑河学刊》2013 年第 11 期。
② 刘运顶:《美国出口管制政策、对华出口管制及其发展趋势研判》,载全国美国经济学会、浦东美国经济研究中心编:《美国经济走势与中美经贸关系》,上海社会科学出版社 2006 年版。
③ 参见最高人民法院:《关于贯彻宽严相济刑事政策的若干意见》(法发[2010]9 号)。
④ 陈晖:《从"宽严相济"刑事政策看走私罪的法律修正》,载《政治与法律》2009 年第 1 期。

成走私国家禁止进出口的货物、物品罪，走私除此之外的对象，则有可能构成走私普通货物、物品罪或其他特殊走私罪名。

2006 年 11 月 14 日最高人民法院颁布了《关于审理走私刑事案件具体应用法律若干问题的解释（二）》，2014 年 8 月 12 日最高人民法院、最高人民检察院颁布了《关于办理走私刑事案件适用法律若干问题的解释》（以下简称《解释》），上述司法解释进一步明确了走私各罪的犯罪对象，澄清了司法实践中走私犯罪对象认定问题上的一些模糊认识，但围绕走私犯罪具体对象产生的争议并没有完全平息，现行走私犯罪立法类型化模式若不从根本上改变，针对走私犯罪对象的司法解释还会接踵而至。[①]

（二）走私犯罪对象的范围及特征

在走私犯罪中，犯罪对象是指行为人实施走私行为所侵犯的社会关系直接指向的人或者物。虽然我国刑法所保护的与海关监管相关的对外贸易管理秩序是一个比较抽象的概念，但抽象的概念也会以一定的形式表现出来，这就是我们所指的走私犯罪的对象。[②]在我国司法实践中，走私犯罪的对象主要包括以下几种类型：

（1）行为人应依法向海关缴纳一定关税的货物、物品，即我们通常所称的"应税货物、物品"。

（2）国家明确禁止进出境或者限制进出境的货物、物品。在经济活动中，并非所有在进出境环节中非法流通的货物、物品都构成走私犯罪的对象，只有当这些货物、物品被刑法明确规定为禁止进出境或者限制进出境的货物、物品时，才能成为走私犯罪涉及的对象。

（3）保税货物。保税货物是指经过我国海关批准后未办理纳税手续直接进入我国国境储存、加工，然后再将其运送出境的货物。由于保税退税等税收优惠政策在实施过程中监察不严，使得不少犯罪分子成功利用国家保税制度的漏洞来实施走私犯罪。

（4）特定减免税货物。特定减免税货物是指我国海关根据国家政策、法律规定给予减税、免税优惠的货物。特定减免税货物的范围具有一定的限定性，主要是针对某些特定区域、特定企业的特定物品而言。[③]

根据走私罪对象的特殊性，可以归纳其三个特征：

第一，限制性。即走私的对象必须属于国家对外贸易管制的范畴，走私对象必须是国家以法律法规以及行政规章、地方政府规章确定的禁止、限制进出口或

---

① 李文燕：《中国刑法学》，中国人民公安大学出版社 2014 年版。
② 张明楷：《刑法分则的解释原理》，中国人民大学出版社 2014 年版。
③ 赵永林：《走私犯罪研究》，西南政法大学 2012 年博士论文。

缴纳关税的货物物品。

第二,可变性。即随着国家对外贸易政策的调整,走私罪的对象也时刻在发生变化,随着时间的变化,受国家政策的影响,走私对象的外延及其危害性也表现出其可变性。出于社会经济发展需要、环境保护需要、国家安全保护需要、政策制定需要等原因,部分商品的进出口制度规定在不同时期会出现较大的变化。

第三,地域性和专用性。即保税货物和特定减免货物,只能在特定的地域或企业方能使用,或为特定用途使用,未经海关批准擅自销售牟利即构成走私。①

第二节　走私国家禁止、限制进出口货物、物品犯罪的行政从属性

走私犯罪是我国刑法规定的一种典型的行政犯:走私犯罪首先是违反海关法等法律法规的禁止性规定,其次是刑法的禁止性规定,这种由于法律的禁止性规定而不是行为与生俱来的恶性而形成的犯罪便是行政犯。行政犯的刑事可罚性取决于行政法规范的规定或行政机关的行政决定,即所谓的"行政刑法之行政从属性或行政依赖性"。②对于走私国家禁止进出口货物、物品犯罪对应的罪名而言,刑法条文中规定了空白罪状,进而使得行政性规范文件成为判定刑事层面走私行为性质、情节的基本依据。从客观层面而言,走私国家禁止进出口的货物、物品行为是否构成犯罪的判定离不开行政规范。

一、适用走私犯罪罪名中的空白罪状

空白罪状是指罪刑式法条描述了某一具体犯罪构成的部分特征和该犯罪所触犯的有关法律、法规。即罪刑式法条为了说明某一具体犯罪构成的全部特征,必须参照其他法律、法规的规定。③空白罪状具有立法的超前性与前瞻性、包容性与稳定性、简洁性与严密性的功能优势,既可以衔接不同法律之间规制的层次性,避免刑法的庞杂与臃肿,也可以保持专业与大众性之间的理性沟通,加强立法应变能力以保持刑法稳定性。空白罪状中被借助用于描述、界定某一犯罪行为的非刑法的法律、法规规范称之为前置性规范(补充性规范、参照性规范)。前置性规范根据空白罪状描述的不同在表现形态上分为两类,一种方式是前置性

---

①　薛瑞麟:《关于犯罪对象的几个问题》,载《中国法学》2007 年第 5 期。

②　周佑勇、刘艳红:《行政刑法性质的科学定位(上)——从行政法与刑法的双重视野考察》,载《法学评论》2002 年第 2 期。

③　陈兴良:《刑法各论的一般理论》,中国人民大学出版社 2007 年版,第 154 页。

规范进行明示性提示,刑法条文中"违反……规定/制度/管理法规"等表述,即为空白刑法的法条表现形式。①刑法条文中提示违反法规,明确指示该犯罪以违反相关法律或者行政法规为前提,承担提示性作用。另一种方式是前置性规范进行隐含性规定,刑法条文虽然未提示以违反法律法规为前提,但对犯罪构成要件的描述不完整,仍需要参照相关法律、行政法规。②空白罪状与其他罪状的不同结构特征,理论上面临罪刑法定的追问以及实践中遇到的应用难题,都是源于空白罪状中的前置性规范,因此前置性规范的适用成为空白罪状解释的核心内容,可以说空白罪状的认定就是前置性法规的适用解释。

刑法条文中有关走私国家禁止进出口的货物、物品罪的规定属于后者,对本罪的犯罪构成要件要素的描述并不完整,仍需以行政法律法规作为本罪的先决条件。在规定走私国家禁止进出口的货物、物品罪的刑法法条中,存在许多直接来源于海关法律法规的概念,例如"禁止进出口货物、物品""限制进出口货物、物品"等特定的海关法中的指代概念。其中最为典型的是对"走私"概念的理解。我国刑法尚未对走私行为的概念作出明确的界定,涉及具体罪名时直接使用"走私"一词对罪状进行描述。因此,在我国现行法律只有海关法对走私行为下过完整定义的情况下,认定走私犯罪时无疑需要借助海关法理解刑法中走私犯罪行为的内涵。另外,针对走私国家禁止进出口的货物、物品罪中"珍稀植物"的范围,《解释》第 12 条规定"包括列入《国家重点保护野生植物名录》《国家重点保护野生药材物种名录》《国家珍贵树种名录》中的国家一、二级保护野生植物、国家重点保护的野生药材、珍贵树木,《濒危野生动植物种国际贸易公约》附录Ⅰ、附录Ⅱ中的野生植物,以及人工培育的上述植物"。有学者将上述从属概念认定为实质性行政要素,一种是主体或对象(纯名词性)要素,如禁止进出口货物、物品;另一种是实质性行政要素即行为(动词性)要素,如走私。③但无论何种分类都证实本罪中多个概念依赖于相关行政法规等,具有概念上的从属性。一旦前置性法律法规发生了变化,包括对刑法定罪判断作补充的要件发生了变化,那么相应地将会影响到刑法具体罪名的认定。例如,在 2015 年 5 月 1 日之前,根据海关法相关规定,对稀土、钨、钼等产品必须征收出口关税。稀土等产品应当属于《刑法》第 153 条走私普通货物、物品罪中列明的"第一百五十一条、第一百五十二

① 刘艳红:《空白刑法规范的罪刑法定机能——以现代法治国家为背景的分析》,载《中国法学》2004 年第 6 期。
② 陈兵:《空白罪状适用的规范性解释——以前置性规范为中心》,载《西南政法大学学报》2014 年第 2 期。
③ 参见刘艳红:《"法益性的欠缺"与行政犯的出罪——以行政要素的双重限制解释为路径》,载《比较法研究》2019 年第 1 期。

条、第三百四十七条规定以外的货物、物品"的范畴。因此,行为人谎报出口产品名目,低报关税等行为应属于逃避海关监管、偷逃应缴税款的行为,当行为达到一定严重程度,构成走私普通货物、物品罪。而在 2015 年 4 月 14 日,国务院关税税则委员会出台《关于调整部分产品出口关税的通知》,于当年 5 月 1 日正式免除了稀土、钨、钼等产品的出口关税。因此,从 2015 年 5 月 1 日起,稀土等产品已经不属于海关法上的一般应税货物、物品,行为人出口稀土等产品免交关税,不再有偷逃关税的可能性,但出口稀土仍需要经过行政许可方能放行,这种依许可进出口的货物、物品虽然不属于国家禁止进出口的货物、物品,但因需要行政审批而具有一定的限制性。据此,未经许可出口稀土的行为即使无需缴纳关税,但未经许可进出口国家限制进出口的货物、物品的,依据《解释》第 21 条仍有可能构成走私国家禁止进出口的货物、物品罪。所以在取消稀土等产品的出口关税后,裁判时对关税取消前实施的走私行为是否仍应当作犯罪处理,刑法溯及力原则在此时是否有适用的余地便是问题的关键。鉴于刑法空白罪状表述的构成要件,其内容需要依据非刑事法律法规的规定进行解释,因此,行为时和裁判时的行政法规等对违法类型的规定发生变化的,有可能引起空白罪状描述的构成要件解释结论发生变化,这一变化属于刑事法变化还是事实变化将影响犯罪的认定,这一问题将在下文中展开认证。

二、行政犯违法性对刑法规制的影响

既然走私犯罪属于典型的行政犯,那么对于违法性的判断将影响到是否构成犯罪的具体认定。因此,有必要厘清行政犯违法性的理论基础,在此前提下肯定行政许可行为对犯罪行为的阻却,行政性规范文件的否定性评价才是走私犯罪成立的前提。

(一) 行政犯违法性的理论基础

行政犯概念的正式提出发轫于德国,并在日本、意大利等国继受。我国理论界对行政犯和行政刑法的关注是在 1989 年国际刑法学协会第 14 次大会召开之后。会议对行政刑法的概念虽有涉及,但未展开讨论,因而在决议中未作出明确规定。[①]会议综述发表后,学者们陆续开始撰写论文或出版专著对行政犯和行政刑法进行研究。纵观国内学者所下定义,以对行政犯的定位为标准可以分为两大类别:其一是在行政法界域内阐述,认为行政犯系行政违法行为,其法律后果是行政处罚。其二则是在刑法界域内阐述,认为行政犯系行政犯罪行为。在此前提之下,学者们对行政犯的具体界定又各不相同。

---

① 朝正:《国际刑法学协会第 14 届代表大会综述》,载《中国法学》1990 年第 1 期。

1. 行政犯的涵义

界定行政犯涵义,既要借鉴国外经验,又必须立足我国实际;既要考虑其产生的历史背景,又必须结合现代的具体环境。[1]

首先,行政犯应被界定在刑法范畴内,即行政犯是犯罪行为而非仅仅行政违法行为。这是由我国既有定性因素又有定量因素的犯罪概念以及"大一统、依附性"的立法模式所决定的。其次,行政犯与自然犯(刑事犯)的区分标准应从行政违法而非伦理道德角度把握,这是由伦理道德的易变性和相对性所决定的。综上所述,行政犯是指违反国家行政法规,危害行政法所保护的法律秩序,具有严重社会危害性,依据刑法应受刑罚处罚的行为。需进一步明确的是,行政法规并不局限于部门法意义上的行政法,而是包括具有管理性质的一切法律规范,其外延涉及工商、税收、金融、海关、交通、运输、文教、卫生、医疗、食品、劳动、社会保障等行政管理领域的法律规范,但不包括一般的治安管理方面的法律规范,否则,诸如盗窃罪、抢夺罪、敲诈勒索罪、寻衅滋事罪等典型的自然犯也会因为违反《治安管理处罚法》而被纳入行政犯范畴。

2. 行政犯的特征

(1)以违反行政法规为前提。行政犯首先违反的是行政法规,其次违反的是刑事法规。行政违法性是行政犯定罪的前提,如果一个行为在行政法规上是合法的,即便其符合形式上的犯罪构成要件,也因缺乏实质的违法性而不构成犯罪。正如有学者所言:"刑法不能充当前锋,越过行政法规定,直接完成对一个行为从行政违法性到刑事违法性的双重判断。第一层次的行政违法性不满足,就不能进入刑事违法性判断的第二个层次。"[2]

(2)构成要件上具有行政依附性。行政犯是由行政违法行为转化而来,决定了其在构成要件上具有一定的行政依附性,其具体表现为:第一,概念上有依附性。如《刑法》第180条第3款规定:"内幕信息、知情人员的范围,依照法律、行政法规的规定确定。"第二,空白刑法规范在解释上对行政法规有依附性。如《刑法》第133条规定:"违反交通运输管理法规,因而发生重大事故……"至于哪些行为可以构成交通肇事罪,还得以道路交通安全法等交通运输法规为前置性的判断依据。第三,违法阻却事由上对行政法或行政机关具有依附性,即因行政机关的许可或核准而阻却行政犯的犯罪构成要件。

(3)法律责任上具有双重可罚性。行政犯既有行政违法性又有刑事违法性,因而在法律后果上表现出行政处罚和刑事处罚的双重可罚性,这并不违反一

---

[1]　李小文:《行政犯定罪的基本原理》,上海交通大学2014年博士论文。

[2]　张绍谦:《试论行政犯中行政法规与刑事法规的关系——从著作权犯罪的"复制发行"说起》,载《政治与法律》2011年第6期。

事不再罚原则。如醉酒驾驶的,既要承担被吊销驾照等行政处罚的后果,也要承担危险驾驶罪的刑事责任。实践中存在不少有案不移、以罚代刑现象,[①]除了行政执法与刑事司法的衔接机制不畅通,也与行政机关对行政犯的法律规定及行政犯在法律责任上的双重可罚性不理解有关。

3. 行政犯的违法性判断

行政犯罪以违反前置行政法规为前提,行政违法性是基础,行政违法性与刑事违法性之间具有怎样的关系,在满足什么样的条件下,可以完成从行政违法性到刑事违法性的跨越,这些都涉及违法性判断问题。因此,违法性判断是行政犯定罪的核心问题。

首先应当明确的是违法性中的"法"是针对整体法秩序而言,由此产生的一个争议问题在于:一个行为的合法性或者违法性,对于全部法律领域是否必须统一予以判断,还是能够根据具体法域有区别地加以判断?对于这一问题,罗克辛教授认为不能简单地用"是"来回答,在一般情况下是这样的,但并不是必须这样做。[②]这里涉及在入罪问题上,是否存在违法性的统一性原理的问题。显然,在入罪问题上,民事上、行政上的违法不等同于刑事上的违法,尤其是在我国只有将严重的民事、行政的违法行为才规定为刑事违法的情况下更是如此。但在具有民事、行政的违法性的行为,又同时具备刑事上的不法性的情况,确实通常是可以作为犯罪处罚的。在这种情况下,刑事不法正是以民事、行政不法为其逻辑前提的,即只有在具有民事、行政的不法前提下,才有刑事不法可言。如果民事上、行政上是合法的,则不可能在刑事上认定为不法。在这种双重的违法结构中,刑事违法是建立在民事、行政的违法的前提之上的。[③]

基于上述,行政犯定罪应当坚持以下几个规则:(1)在前置法规中许可的行为,即使符合形式上的犯罪构成要件,在刑事司法实践中,也不能认定为犯罪。(2)前置法规缺乏或者前置法规未规定行为违法性的时候,刑事司法机关应作出非罪认定。(3)前置法规规定了行为的违法性时,司法机关才可以进一步根据刑法原理认定其是否构罪。(4)行政犯罪行为必然在其他法领域也是违法的,反之,刑法中的非罪行为不意味着在其他法领域中的合法及责任的免除。

---

① 如上海市工商行政管理部门于 2005 年 1 月至 2010 年年底,共查处各类经济违法案件 42.85 万件,其中涉及金额在 100 万元以上的案件有 2200 余件,但同期移送司法机关的涉嫌犯罪线索仅 314 件。柴俊勇:《着力推进上海行政执法与刑事司法衔接工作的思考和建议》,载上海市《政府法治简报》2011 年第 4 期。

② [德]克劳斯·罗克辛:《德国刑法学总论》(第 1 卷),王世洲译,法律出版社 2005 年版,第 397 页。

③ 陈兴良:《违法性理论:一个反思性检讨》,载《中国法学》2007 年第 3 期。

（二）行政许可行为对犯罪行为的阻却

刑法对于走私犯罪有具体对象叙明划分及前置行政划定两种方式，我国刑法将走私犯罪对象划分为十二种，其中既有依照货物、物品自身物质属性、外部特征划分的走私罪名，也有依照国家对货物、物品管控程度高低而划分的走私罪名。具体而言，我国刑法依照走私货物、物品自身物质属性、外部特征列举的罪名有十类，其分别为走私武器、弹药罪；走私核材料罪；走私假币罪；走私文物罪；走私贵重金属罪；走私珍贵动物、珍贵动物制品罪；走私淫秽物品罪；走私废物罪；走私毒品罪；走私制毒物品罪。依照国家对货物、物品管控程度不同列举的罪名有走私国家禁止进出口的货物、物品罪及走私普通货物、物品罪。而行政法律对货物单纯划分为禁止进出口、限制进出口以及自由进出口货物三类，两者差异将导致行政处罚与刑事处罚难以衔接适用，[①]行政法上限制进出口货物走私行为涉嫌刑事犯罪应当如何定罪？走私行政法禁止进出口货物是否会触犯其他类别走私罪名？行刑走私类别划分标准不一、走私监督管理部门沟通不畅会进一步导致刑法与行政法领域在走私犯罪对象、侵犯客体以及法律适用上的理论冲突。畅通行刑领域走私行为定性的对口衔接，为行刑走私行为定性提供理论依据，使得行政违法与刑事犯罪认定工作顺利开展是亟须解决的重点问题。为了解决这些问题，有必要了解违法阻却事由以及行政许可等前提性理论。

1. 违法阻却事由的概念和根据

根据张明楷教授的观点，犯罪的实体或者基本特征是不法与责任，所以，犯罪构成是刑法规定的，反映行为的法益侵犯性与非难可能性，而为该行为成立犯罪所必须具备的不法要件和责任要素的有机整体。其中，不法是指行为符合构成要件并且违法，由于构成要件是违法行为的类型，所以符合构成要件的行为通常具有违法性（构成要件的违法性评价机能）。因此，对违法性不是进行积极的判断，而是仅判断是否存在排除违法的事由。这种排除符合构成要件行为的违法性事由，就是违法阻却事由，或者叫正当化事由。[②]刑法分则条文规定了各种犯罪的构成要件；刑法总则规定了部分违法阻却事由，还有部分违法阻却事由没有被类型化。在此意义上说，违法阻却事由的判断比构成要件符合性的判断更为实质。[③]由此可以认为，不法是指行为符合构成要件，并且不具有违法阻却事由。于是，不法的判断成为两个客观事实的判断：是否存在符合构成要件的事实与是否存在违法阻却事由。

①　陈晖：《走私犯罪司法认定中的若干问题》，载《上海海关学院学报》2009 年第 2 期。

②　陈文昊：《从法益衡量到利益衡量：违法阻却事由的消弭与实质违法性的兴起》，载《厦门大学法律评论》总第 29 辑，厦门大学出版社 2017 年版，第 186—207 页。

③　张明楷：《刑法学》（上），法律出版社 2016 年版，第 193 页。

符合构成要件的行为在什么情况下阻却违法,是违法阻却事由的根据问题。显然,违法性阻却的根据与违法性的实质,是一个问题的两个方面。法益衡量的情形,没有争议地被认为是违法阻却事由。对于法益衡量的理解,应注意以下四点:第一,法益衡量以法益之间的冲突为前提。法益冲突不仅存在于事实关系中,而且存在于规范关系中。第二,当行为保护的法益大于(优越于)所损害的法益时,法益衡量的结论必然是阻却违法性。不仅如此,当行为保护的法益等于所损害的法益时,意味着没有造成法益侵害,同样阻却违法性。第三,法益衡量并不意味着仅考虑行为的结果、法益的价值,而是主张同时考虑事态的紧迫性、行为的必要性。因为法益必须尽可能受到保护,在事态并不紧迫,或者存在其他侵害性更低的替代手段时,原则上不应当采取符合构成要件的行为。第四,虽然在正当防卫情况下,即使防卫行为所造成的损害似乎大于所避免的损害,也可能阻却违法性,但并不能由此否认法益衡量说。[①]

2. 行政许可是犯罪阻却事由

根据《行政许可法》第 2 条的规定,行政许可是指行政机关根据公民、法人或者其他组织的申请,经依法审查,准予其从事特定活动的行为。根据行政许可的类型区分,获得行政许可的性质可分为两大类:(1)控制性许可。在这种场合,行为之所以需要获得行政许可,并不是因为所有人都不得实施该行为,也不是因为该行为本身侵犯其他法益,只是因为需要行政机关在具体事件中事先审查是否违反特定的实体法的规定。因此,只要申请人的行为符合实体法的规定,就应许可。(2)特别许可。在这种场合,法律将某种行为作为具有法益侵犯性的行为予以普遍禁止,但是又允许在特别规定的例外情况下,赋予当事人从事禁止行为的自由。借助特别许可,因法律抽象规定而产生的困境和困难得以消除。换言之,在特别规定的例外情况下,当事人从事禁止行为实现了更为优越至少同等的法益。显然,在前一种场合,行政许可的作用主要是提高公信力证明和合理配置资源,取得行政许可后实施的行为,不可能符合犯罪的构成要件,因而阻却构成要件符合性;在后一种场合,行政许可的作用主要是控制危险,取得行政许可后实施的行为,仍然是一种符合构成要件的行为,但阻却违法性。

值得探讨的问题是,通过欺骗等不正当手段取得的行政许可,是否阻却构成要件符合性与违法性?对此,德国刑法理论存在激烈争论。第一种观点认为,只有当行政许可完全符合实体法的规定,没有任何瑕疵时,才具有刑法上的效果,阻却构成要件符合性与违法性。第二种观点认为,只要是有效的行政许可,即使有瑕疵,但在被撤销前也可以阻却构成要件符合性与违法性。第三种观点认为,

---

[①] 张明楷:《违法阻却事由与犯罪构成体系》,载《法学家》2010 年第 1 期。

如果取得行政许可是滥用权利的结果，那么，这种许可在刑法上应视为无效。第三种观点是德国的主流观点。根据该主流观点，通过欺骗等手段获得的行政许可，是滥用权利的表现，即使该行政许可在行政法上可能是有效的，行为人也应当受到刑罚处罚。[①]

但是，上述三种观点在我国都可能遇到困境。第一，有瑕疵的行政许可，也可能阻却犯罪的成立。例如，行为人为走私限制进出口货物、物品，通过欺骗行为使行政机关产生错误的认识，从而作出相应的许可。根据上述第一种观点，行为人成立走私国家禁止进出口的货物、物品罪。但是，既然行为人提出了申请，且得到了批准，就不能认为行为人"未经许可进出口国家限制进出口的货物、物品"。第二，在有瑕疵而无效的行政许可和有瑕疵但有效的行政许可之间作出区分可能是相当困难的。第三，上述第三种观点，实际上与第一种观点的结论相同。

针对以上问题，应当根据行政许可的两种类型作出区分。在特别许可的场合，未取得行政许可的行为，不仅侵犯了相应的管理秩序，而且侵犯了刑法保护的其他法益。通过欺骗等不正当手段取得了行政许可而实施的行为，因为侵犯了刑法保护的法益，应以犯罪论处。在控制性许可的场合，没有得到行政许可的行为，侵犯的是相应的管理秩序，而没有侵犯刑法保护的其他法益。故只要取得了行政许可，即使使用了欺骗等不正当手段，也应认为没有侵犯管理秩序，因而阻却构成要件符合性。在这种情况下，行为造成其他法益侵害结果构成犯罪的，只能按其他犯罪论处。由此可见，对于控制性许可而言，从事刑事审判的法官只需要进行形式的判断，不应当进行实质的审查。换言之，行为人是否采取欺骗等不正当手段，不影响行为人取得行政许可的判断结论。

行政机关对于限制进出口货物、物品的管制便属于特别许可的场合。行为人购买相应的进出口许可证，不仅侵犯了行政机关对于进出口货物、物品的管理秩序，还侵害了行政法及刑法所保护的其他法益。因此，针对上述行为，可以适用《刑法》第225条第2项的规定，即买卖进出口许可证、进出口原产地证明以及其他法律、行政法规规定的经营许可证或者批准文件，扰乱市场秩序、情节严重的，以非法经营罪论处。如果以这种许可证走私国家限制进出口的货物、物品的，根据《解释》第21条第3项规定，"租用、借用或者使用购买的他人许可证，进出口国家限制进出口的货物、物品的，适用本条第一款的规定定罪处罚"。即可以构成走私国家禁止进出口的货物、物品罪或者走私普通货物、物品罪。在购买许可证构成的非法经营罪与相关的走私犯罪之间，属于手段行为与目的行为的

---

①　李富赛：《对行政许可性质的思考》，载《法制博览》2016年第5期。

关系,可以根据牵连犯理论,从一重罪处罚。

（三）行政规范性文件的否定性评价是走私犯罪成立的前提

在我国,刑法分则规范与前置性法律法规间的关系主要体现为以下三种:其一是照应式关系,指刑法法条涉及的相关内容与前置性法律法规的内容完全一致。在此种关系下,刑法的罪状描述与前置性法律法规规定的违法行为模式一致。①例如,《刑法》第140条所规定的生产销售伪劣产品罪与《产品质量法》第50条规定的生产销售伪劣产品行为在行为模式上完全一致。其二是区别式关系,即刑法的罪状区别于前置性法律法规所描述的行为模式,缩小、扩大或修正了前置性法律法规规定的部分要件。例如,《刑法》第342条非法占用农用地罪中的"非法占用耕地、林地等农用地"的表述,是违反土地管理法规后又重述该种行政违法行为,表明该种行为的严重违法性,有必要予以犯罪化,同时剔除了其他行为的犯罪性,符合罪刑法定明确性的要求。②其三是补充式关系,即前置性法律法规对刑法分则规范的相关规定起补充作用。例如,《刑法》第325条规定的非法向外国人出售、赠送珍贵文物罪,法条表述为"违反文物保护法规……",至于具体哪些行为属于违反文物保护法规,则需要结合前置性文物保护法规来确定。对走私犯罪而言,无论是1979年刑法对走私的规定,还是删去了"违反海关法规"表述的现行刑法,走私犯罪的空白罪状属性决定了其离不开前置性法律法规的补充,因而我国走私犯罪罪状与前置海关法律法规属于补充式关系。

行政犯以法律特别规定为前提,其典型特征是行为的二次违法性,③即只有行为违反了前置的经济、行政法规,情节严重进入刑法的调整领域才有可能作为犯罪处理。因此,行政犯具有明显的行政从属性。如果行为并不被相关经济、行政法规所禁止,则该行为也不应该被刑法否定,对于走私犯罪而言尤其如此。走私犯罪涉及货物、物品的进出口,涉及国家贸易管制、国家税收制度等,与其相关的行政规范特别庞杂多样。在对走私行为客观层面的分析认定时,自然体现出对行政规范的高度依赖性。走私犯罪构成的前提是违反了前置法,即海关相关法律法规。具体而言,当前我国海关法的表现形式包括海关法律、海关行政法规、海关行政规章和其他海关规范性文件。《海关法》和《海关关衔条例》作为法律,效力最高;海关行政法规现行有效的共有19部,包括《进出口关税条例》等,是指由国务院制定、颁布的海关规范性文件;海关行政规章目前共有290余部,是指由海关总署或由其会同国务院部委制定、颁布的海关规范性文件;海关规范

---

①　谭兆强:《论行政刑法对前置性规范变动的依附性》,载《法学》2010年第11期。

②　高永明:《刑法中的行政规范:表达、功能及规制》,载《行政法学研究》2017年第1期。

③　参见刘晓光、金华捷:《"深度链接"刑法规制中的刑民交叉问题》,载《检察日报》2020年3月3日第003版。

性文件是指由海关总署或直属海关制定,并由其通过公告形式发布的、具有普遍约束力的文件。上述海关法律法规在对走私犯罪的认定上发挥了举足轻重的作用:只有根据上述海关法律法规,在行为具备行政不法的前提下,才能对行为作出刑事违法的认定,并且在对行为进行刑事违法的判断过程中,也同时需要借助前置性法律法规对行为性质作出准确界定。

可以说,正是由于刑法的"立法空白"给法律外的各种解释和政策有了运作的空间。[1]在走私罪刑法规制适用中,规范性文件对走私对象的认定会产生影响。行政机关通过行政法规解释间接影响对走私犯罪的认定,例如许可证件范围调整而扩大或缩小限制进出口货物的范围,就可能会对定罪与量刑产生影响。据此,走私犯罪的成立在相当一部分程度上依赖于规范性文件的规定。换言之,某个行为已被行政法规作出了否定性评价是认定被刑法评价为走私犯罪的前提条件。还需强调的是,走私犯罪所违反的法律法规不仅包括涉及海关的法律法规,还包括其他对外贸易方面的法律和国际性的条约。比如,《濒危野生动植物物种国际贸易公约》等国际条约,在某些特定的情况下也可以作为认定是否属于走私犯罪的依据。行为人即使实施了逃避我国海关监管的行为,但是,如果这种行为尚未违反我国《海关法》或者国家其他法律、行政法规的相关规定,我们也不能将这种行为认定为走私犯罪。比如,甲认为自己入境时携带的某种物品是海关限制携带的物品并藏匿在身上,在接受海关检查时,甲对该物品进行了隐瞒没有向海关申报。但事后查明,甲隐匿不报的行为并未违反海关法规或者我国其他法律法规的规定,甲的行为由于不具有刑事违法性而不构成走私犯罪。

然而,由于刑事惩治与行政管理的目的有所区别,这决定了借助行政规范来理解、运用刑事规范时,刑事规范又有一定的独立性。例如,对于限制进出口货物、物品的范围问题,行政规范与刑事规范的界定有所不同。《解释》起草过程中有意见提出,限制进出口的货物、物品不同于禁止进出口的货物、物品,未经许可走私国家限制进出口的货物、物品,如果限制进出口的货物、物品属于涉税货物、物品的,应以走私普通货物、物品罪定罪处罚;属于非涉税货物、物品的,可不作为犯罪处理。[2]《解释》未采纳该意见,主要的考虑是:禁止进出口的货物、物品包括绝对禁止和相对禁止两种,刑法规定的禁止进出口不限于绝对禁止的情形。例如,针对部分驯养繁殖的野生动植物及其制品在经国务院行政主管部门批准并取得证明书的情况下可以合法进出口的问题,全国人大常委会法工委刑法室在回复有关单位的意见中明确指出:"刑法第一百五十一条规定的走私国家禁止

---

①　万曙春:《宪法实施视角下走私刑事立法的问题和完善》,载《海关与经贸研究》2015 年第 5 期。

②　裴显鼎、苗有水等:《〈关于办理走私刑事案件适用法律若干问题的解释〉的理解与适用》,载《人民司法(应用)》2015 年第 3 期。

进出口的珍贵动物、珍稀植物及其制品的行为,是指走私未经国家有关部门批准,并取得相应进出口证明的珍贵动物、珍稀植物及其制品的行为。"①《解释》的这一规定实际上改变了海关法中关于禁止、限制进出口货物的含义。海关法是从走私的对象上来区分哪些是禁止、哪些是限制进出口货物,而刑法是从走私的行为上(是否经过国家有关部门批准)来区分,两者的范围并非完全重合。由于国家进出口管理措施会根据国家利益、贸易政策、动植物疫情等因素进行调整,因此刑法规定的禁止进出口货物、物品与国家进出口管理措施要求的禁止进出口货物、物品不是严格对应的关系。②

---

① 裴显鼎、苗有水等:《〈关于办理走私刑事案件适用法律若干问题的解释〉的理解与适用》,载《人民司法(应用)》2015 年第 3 期。

② 韩耀光、王文利、吴峤滨:《〈关于办理走私刑事案件适用法律若干问题的解释〉理解与适用》,载《人民检察》2014 年第 20 期。

第三章

走私国家禁止、限制进出口货物、物品犯罪的溯及力问题

对于走私国家禁止、限制进出口的货物、物品行为的司法认定中存在两方面的难题,一是对于限制进出口货物、物品范围的划定存在一定的难度,对此问题已在上文中予以论述;二是当前置法变更时,包括许可证范围进行变更的情形,导致犯罪圈的大小发生实际变动(包括罪与非罪、此罪与彼罪、轻罪与重罪的变动),对走私行为进行司法上的评价时是否可以适用"从旧兼从轻"原则。

第一节　相关刑法司法解释的溯及力问题

在《解释》之前,尚有 2000 年 9 月 26 日最高人民法院《关于审理走私刑事案件具体应用法律若干问题的解释》(以下简称《解释(一)》),2002 年 7 月 8 日最高人民法院、最高人民检察院、海关总署《关于办理走私刑事案件适用法律若干问题的意见》(以下简称《意见》),2006 年 11 月 14 日最高人民法院《关于审理走私刑事案件具体应用法律若干问题的解释(二)》(以下简称《解释二》)三个司法解释,另外还有 2020 年开始实施的最高人民法院《关于审理走私、非法经营、非法使用兴奋剂刑事案件适用法律若干问题的解释》。对于上述五个文件的效力适用问题需要进一步探讨。

一、司法解释效力适用问题的理论前提

明确司法解释是否适用从旧兼从轻的刑法溯及力原则时,需要从司法解释的出台目的出发,判断有关司法解释的适用地位。这是司法解释效力适用问题的理论前提。

(一)相关司法解释的出台目的

相关司法解释的出台具有明确犯罪对象的范围、明确法条竞合的适用以及

强调对特殊主体的规制等多角度的目的。

1. 明确犯罪对象的范围

《刑法修正案(七)》设立走私国家禁止进出口的货物、物品罪之后,未经许可走私限制进出口的货物、物品,应以走私普通货物、物品罪还是走私国家禁止进出口的货物、物品罪定罪处罚,实践中存在疑虑。①这些问题严重影响到了司法的统一性和严肃性,需要制定司法解释加以规范。《解释》进一步明确了刑法修正后增设和调整的走私罪名的定罪量刑标准,解决了走私犯罪案件办理中的一些复杂疑难问题及刑法修正后出现的新问题,调整了已经不适应办案实践需要的原有司法解释的规定。关于走私国家禁止进出口的货物、物品罪的定罪处罚,《解释》作出了明确规定:一方面明确了国家禁止进出口的货物、物品的范围,另一方面是对走私国家禁止进出口的货物、物品罪定罪量刑标准的理解。对于刑法分则第三章的经济犯罪而言,并没有罪名的"兜底条款"的内容,主要集中在行为方式与行为方法的规定方面,表现在个罪具体列明行为或者行为对象之后,以"其他"或者"等"的方式进行表述的概括性规定。②走私国家禁止进出口的货物、物品罪作为刑法分则第三章第二节的具体罪名之一,同样具有上述特征,条文中规定了"走私珍稀植物及其制品等国家禁止进出口的其他货物、物品的"。《解释》的出台便是为了明确行为对象,以更好适用本罪名。《解释》第 11 条、第 21 条分别对犯罪对象作出列举,并运用兜底性质的条款规制未完全列举的犯罪对象的范围。需要强调的是,司法解释出台的目的是细化刑法条文的有关规定,从而在最大程度上符合明确性原则。因此,司法解释不得超出立法原意作出类推解释,刑法未将某行为规定为犯罪的,不得通过司法解释将其认定为犯罪。

2. 明确法条竞合的适用

《解释》第 21 条第 1 款规定,未经许可进出口国家限制进出口的货物、物品,构成犯罪的,以走私国家禁止进出口的货物、物品罪等罪名定罪处罚;偷逃应缴税额,同时又构成走私普遍货物、物品罪的,依照处罚较重的规定定罪处罚。由此可见,未经许可走私国家限制进出口货物、物品的行为,不仅破坏了国家海关进出口监督管理秩序,而且还会危害国家正常的税收秩序。换言之,违反限制性许可管理规定的走私行为的社会危害性,不单单体现在破坏进出口的管理秩序,还包括对国家经济税收层面的侵害。例如,1993 年海关总署令第 43 号发布《限制进出境物品表》中涉及的货物、物品大致为烟酒、国家货币、金银等贵重金属、外币及有价证券、贵重中药材、一般文物等,一方面是为了规制这些货物、物品进

---

① 裴显鼎、苗有水、刘为波、郭慧:《〈关于办理走私刑事案件适用法律若干问题的解释〉的理解与适用》,载《人民司法》2015 年第 3 期。

② 蔡道通:《经济犯罪"兜底条款"的限制解释》,载《国家检察官学院学报》2016 年第 3 期。

出国边境,另一方面此类货物、物品也需要缴纳关税,所以现实中也会存在偷逃关税的走私情况。为了达到稳定国内经济秩序、相关市场的目的,当然可以以走私普通货物、物品罪进行评价。"既逃证又逃税"的情形出现,是由于限制进出口货物、物品在符合许可条件的情形下可以进行自由贸易,因此国家往往会对限制进出口货物、物品规定相应的进出口税率,以便行为人在被允许进出口时缴纳相应的关税。如此,逃证进口涉税限制进出口货物、物品时必然伴随逃税的后果。①此时,按照《解释》第 21 条的规定,走私国家限制进出口的货物、物品同时构成走私国家禁止进出口的货物、物品罪与走私普通货物、物品罪,属于法条竞合的情形,进而为此类走私行为的惩处提供了统一的判断标准,解决了一直以来司法机关对于逃证走私行为在走私国家禁止进出口的货物、物品罪与走私普通货物、物品罪之间无所适从的困境。

3. 强调对特殊主体的规制

值得一提的是,最高人民法院专门出台了关于走私兴奋剂的司法解释,即2020 年 1 月 1 日起施行的《关于审理走私、非法经营、非法使用兴奋剂刑事案件适用法律若干问题的解释》(以下简称《走私兴奋剂的解释》)。该解释开宗明义:为依法惩治走私、非法经营、非法使用兴奋剂犯罪,维护体育竞赛的公平竞争,保护体育运动参加者的身心健康,根据刑法、刑事诉讼法的规定,制定本解释。也就是说,《走私兴奋剂的解释》基于"维护体育竞赛的公平竞争,保护体育运动参加者的身心健康"的目的,解释惩治有关兴奋剂犯罪的法律适用问题。应当指出,我国刑法分则并没有对"体育竞赛的公平竞争"进行专门保护,而刑法分则第四章"侵犯公民人身权利、民主权利罪"则包含了对于体育运动参加者身心健康的保护。《走私兴奋剂的解释》的意义主要是从上述目的出发,对于走私兴奋剂等违法行为主要可以适用哪些具体犯罪作了提示性规定以及扩张性解释。

其中第 1 条明确了使用本条款的主体为特殊主体,即限定为运动员、运动员辅助人员;如是其他人员,则须以在体育竞赛中非法使用为目的进行走私。据此,如果走私兴奋剂的主体不是运动员,或者其他人员走私的兴奋剂不是以在体育竞赛中非法使用为目的的,就不能依据本条对其定罪量刑,而是根据《解释》的规定予以论处。如特殊主体走私的兴奋剂物质为国家禁止进出口货物、物品,只要是:(1)一年内曾因走私被给予二次以上行政处罚后又走私的;(2)用于或者准备用于未成年人运动员、残疾人运动员;(3)用于或者准备用于国内、国际重大体育竞赛的;(4)其他造成严重恶劣社会影响的情形,无论数量多少,即构成走私国家

---

① 参见龙敏:《涉逃证走私行为司法解释的方法论反思——以法释[2014]10 号第 21 条为切入》,载《法律方法》2020 年第 2 期。

禁止进出口的货物、物品罪。可以看出,此举降低了特殊主体构成走私犯罪的定罪标准,对特殊主体的规制予以强调。

国家食品药品监督管理局依法对列入兴奋剂目录的蛋白同化制剂、肽类激素等供医疗使用的兴奋剂实施进出口管理。《蛋白同化制剂和肽类激素进出口管理办法》第 27 条规定:"本办法所称进口供医疗使用的蛋白同化制剂、肽类激素,是指进口的蛋白同化制剂、肽类激素拟用于生产制剂或者拟在中国境内上市销售。"《蛋白同化制剂和肽类激素进出口管理办法》第 2 条规定:"国家对蛋白同化制剂、肽类激素实行进出口准许证管理。"根据《走私兴奋剂的解释》第 1 条第 1 款的规定,运动员、运动员辅助人员走私兴奋剂目录所列物质,或者其他人员以在体育竞赛中非法使用为目的走私兴奋剂目录所列物质,涉案物质属于国家禁止进出口的货物、物品,符合四种特殊情形后应依照走私国家禁止进出口的货物、物品罪论处。第 3 款则规定对于本条第 1 款、第 2 款规定以外的走私兴奋剂目录所列物质行为,适用《解释》规定的定罪量刑标准。换言之,符合《走私兴奋剂的解释》第 1 条第 1 款规定的无需再按照《解释》第 11 条规定的定罪量刑标准。这是因为相较于走私其他进出口的货物、物品的社会危害性而言,走私兴奋剂的特定行为同时也侵害了公平、公正的体育竞技规则。既然一年内曾因走私被给予二次以上行政处罚后又走私的,用于或者准备用于未成年人运动员、残疾人运动员的,用于或者准备用于国内、国际重大体育竞赛的以及其他造成严重恶劣社会影响的走私兴奋剂行为的社会危害性更为严重,那么,就没有理由要求其适用《解释》第 11 条兜底条款的量刑规则,而是根据《走私兴奋剂的解释》的特殊规定直接定罪量刑。

(二)司法解释的效力地位

2007 年 4 月 1 日起施行的最高人民法院《关于司法解释工作的规定》第 6 条对司法解释的形式作出了明确规定:司法解释的形式分为"解释""规定""批复"和"决定"四种。对在审判工作中如何具体应用某一法律或者对某一类案件、某一类问题如何应用法律制定的司法解释,采用"解释"的形式。根据立法精神对审判工作中需要制定的规范、意见等司法解释,采用"规定"的形式。对高级人民法院、解放军军事法院就审判工作中具体应用法律问题的请示制定的司法解释,采用"批复"的形式。修改或者废止司法解释,采用"决定"的形式。2021 年 6 月最高人民法院修改了《关于司法解释工作的规定》,将第 6 条第 1 款修改为:"司法解释的形式分为'解释'、'规定'、'规则'、'批复'和'决定'五种。"在第 6 条第 3 款之后增加一款作为第 4 款:"对规范人民法院审判执行活动等方面的司法解释,可以采用'规则'的形式。"

而《意见》并不属于上述五种司法解释的形式,是最高人民法院、最高人民检察院与国务院部委合作的一种特定的公文形式,体现的是刑事司法政策的司法解释性质文件,通常称为"准司法解释"。①除意见或指导意见外,经常引用的准司法解释还有答记者问、通知、会议纪要等。依据 2009 年最高人民法院《关于裁判文书引用法律、法规等规范性法律文件的规定》,法院的裁判文书应当依法引用相关法律、法规等规范性法律文件作为裁判依据,无论是刑事还是民事裁判文书都应当引用法律、法律解释或者司法解释。事实上,除了法律法规、司法解释外,"准司法解释"对司法机关处理案件也有非常强大的指引作用,"准司法解释"实际上发挥着司法解释的功能和作用。就性质而言,司法解释是对法律的释明,具有普遍的拘束力,在裁判文书中可以引用。司法政策是指导全国法院开展审判工作的意见,有的是对司法解释的释明、补充,其效力层次低于司法解释,本身不具有约束力,不能与司法解释相抵触。据此,应正确区分司法解释和司法政策,认清两者的不同性质和形式,不要把二者混为一谈,并将《意见》与《解释》《走私兴奋剂的解释》区分对待。当前准司法解释存在扩大化趋势。司法解释制定程序相对规范,而准司法解释受程序约束相对较少。过度将刑事司法政策转化为司法解释,不但有损刑事司法政策指导作用的发挥,还可能造成更多问题,不利于刑事法律体系的构建和刑事司法工作的开展。②因此,是否有必要降低准司法解释在实践中的作用,明确准司法解释的约束力,规范准司法解释的制定程序这一系列问题仍值得探讨。

二、司法解释仍应适用从旧兼从轻原则

司法解释并不是刑法本身,既然是对刑法的解释,那么对现行司法解释之前的行为,只要是在现行刑法实施之后实施的,是否就得按照刑法解释适用刑法呢? 换言之,对于司法解释是否存在从旧兼从轻这一溯及力原则的适用问题值得探讨。

诚然,不能因为没有正式的司法解释或者司法解释不当而否认对行为人适用刑法。或者说,不能因为没有司法解释或者司法解释不当,而对刑法作不当的解释与适用。但司法解释是否就不存在从旧兼从轻的问题呢? 有理论主张有效解释的效力与刑法的效力一样,皆须采取从旧兼从轻的原则,禁止不利于行为人的溯及既往,更加倾向于将有效解释当作刑法的渊源,司法实践中有采取该原则的情形。③最高人民法院、最高人民检察院 2001 年 12 月颁布的《关于适用刑事

---

① 彭中礼:《最高人民法院司法解释性质文件的法律地位探究》,载《法律科学(西北政法大学学报)》2018 年第 3 期。

② 李翔:《论刑事司法政策司法解释过度化的弊端及其反思》,载《法治研究》2014 年第 8 期。

③ 张明楷:《刑法学》,法律出版社 2016 年版,第 96 页。

司法解释时间效力问题的规定》(以下简称《效力规定》)第 3 条指出:"对于新的司法解释实施前发生的行为,行为时已有相关司法解释,依照行为时的司法解释办理,但适用新的司法解释对犯罪嫌疑人、被告人有利的,适用新的司法解释。"然而对于行为时没有对此行为的正式解释,审理时具有正式的司法解释的,是否应当适用从旧兼从轻原则予以定罪量刑的问题争论不一。有学者持否定说,认为从内容角度出发,法律解释往往针对新问题、新情况、新变化,如果坚持在立法层面上和司法层面上禁止溯及力内容的一致性,就会导致法律解释的萎缩甚至消亡。①也就是说,司法解释是对刑法规范含义的进一步明确,是刑法规范不可分割的组成部分,两者之间不是旧法与新法的关系,并不存在溯及力的问题。②也有学者持肯定说,认为立法解释与司法解释尽管是对刑法规范含义的进一步明确,但也涉及司法实践对案件的不同处理,按照刑法规定处理抑或司法解释处理,会在实际效果上产生重大差异,因此,不应当承认立法解释与司法解释的溯及力,并按照从旧兼从轻原则处理。③我们认为对于司法解释同样适用于从旧兼从轻原则,具体理由如下:

一方面,司法解释规制的范围不断扩张,存有超出立法原意之嫌。司法解释尽管是针对刑法规范的具体适用而作出,但这些司法解释主要是在弥补刑法漏洞,而不是单纯地对刑法作出解释,超越了刑法解释的边界。④随着社会经济的不断发展,司法实践中出现了各式各样的新型犯罪,如何对其进行有效打击成为了司法实践不得不面临的问题。立法的修改需要严格而又复杂冗长的修法程序,司法解释则能够对新型犯罪作出快速而又符合司法实践办案要求的回应,因此不断有新的司法解释出台、实施。虽然司法解释规制范围不断扩张能够对新型犯罪进行有效打击,但与此同时存在超出立法原意之嫌疑。

另一方面,从旧兼从轻原则本质是对人权的保障。当然并非所有的司法解释都有超出罪刑法定范围之嫌,司法解释的原本之意仍应为解释刑法条文的含义。应当予以明确的是,立法意义上的禁止溯及既往在于限制国家权力,以维护公民的信赖利益。但在制定刑法的时候,无论怎样审慎周详、字斟句酌,总难免在文义和语境上产生疑义。因此,刑法自制定之日起就具有解释的必要。由于成文法的局限性,当根据法律条文的字面含义无法合理地解决发展变化中的社

①　郑泽善、车剑锋:《刑事司法解释溯及力问题研究》,载《政治与法律》2014 年第 2 期。
②　参见游伟、鲁义珍:《刑事司法解释效力探讨》,载《法学研究》1994 年第 6 期;彭玉伟:《论刑法立法解释的溯及力》,载《石河子大学学报(哲学社会科学版)》2010 年第 4 期。
③　参见刘宪权:《我国刑法司法解释时间效力的再思考》,载《法学》2002 年第 2 期;许浩:《论刑法司法解释的时间效力——基于本体论诠释学视角的重构》,载《铁道警察学院学报》2014 年第 4 期。
④　姜涛:《刑法溯及力应全面坚持从旧兼从轻原则》,载《东方法学》2019 年第 4 期。

会现实的时候,就会出现法律的空缺结构。法律的空缺结构意味着,存在着某些行为领域,这些领域如何规范必须由法院或官员去发展,也就是让法院或官员依据具体情况,在相互竞逐的利益(其重要性随着不同的个案而有所不同)间取得均衡。①这种利益衡量行为的表现就是司法过程中的法律解释。但司法解释的修正和弥补功能,不能也不应以牺牲被告人的利益为代价。毕竟司法解释所弥补的法律漏洞,是由立法时公权力本身考虑欠缺或表达不清造成的,这种风险应由公权力本身承担,而非转移至被告人身上。从旧兼从轻原则体现的是刑法人权保障机能,这种有利于被告人的原则不应仅局限于刑法之中,司法解释也同样适用。正如有学者指出,从法律效力的角度看,司法解释被定位为正式解释,可以直接作为法官判案的依据,作为行为规范和裁判规范因而具有正式的法律效力,而刑法的溯及力属于法律效力的范畴,处理的是新法与旧法之间的关系,自然也应该在司法解释中予以适用。②《解释》对走私国家禁止进出口的货物、物品罪中"国家禁止进出口的其他货物、物品"、"情节严重"进行解释,虽然是对刑法中不明确条款的解释,但在明确犯罪对象及数额之前,一般民众根本预见不到解释者采取何种犯罪认定标准。但因《解释》同样作为裁判的正式依据予以援引,如果承认其具有溯及力,则有可能导致对被告人的随意打击。

针对走私国家禁止进出口货物、物品犯罪相关司法解释的适用问题,我们认为可以从以下几个方面加以把握:

一是《解释》自施行之日即 2014 年 9 月 10 日起发生法律效力,最高人民法院发布的有关走私犯罪法律适用的司法解释,即《解释(一)》与《解释(二)》同时废止。但是,最高人民法院、最高人民检察院与海关总署联合发布的《意见》并没有全部废止,只要与《解释》不矛盾、不冲突的规定今后仍然适用。《解释》第 25条规定,本解释发布实施后,《解释(一)》与《解释(二)》同时废止,之前发布的司法解释与本解释不一致的,以本解释为准。因此,2014 年 9 月 10 日《解释》施行后发生的走私刑事案件,不再适用《解释(一)》和《解释(二)》的规定,只能适用《解释》的规定及《意见》的部分规定。

二是 2014 年 9 月 10 日《解释》施行前发生的走私行为,当时的司法解释未作规定,但是随后颁布的《解释》作出了规定;或者当时的司法解释与最新的《解释》都有规定但不一致的,尚未处理或正在处理的案件,依照从旧兼从轻的原则办理。例如,《解释》施行前,《解释(一)》《解释(二)》以及《意见》均未对走私未经许可进出口国家限制进出口的货物、物品的行为作出规定,实践中将此行为认定

---

① 〔英〕哈特:《法律的概念(第二版)》,许家馨、李冠宜译,法律出版社 2011 年版,第 123 页。
② 参见姜涛:《刑法溯及力应全面坚持从旧兼从轻原则》,载《东方法学》2019 年第 4 期。

为无罪。对于这种行为,如果《解释》施行后尚未处理或正在处理的,结合行为人走私限制进出口货物、物品的数量或数额等情况,应当按照从旧兼从轻的标准予以定性。例如,在司法实践中有案件行为人在《解释》实施前走私国家一级保护野生植物红豆杉树苗447株,案件审理过程中《解释》生效,根据《解释》该行为属于"情节严重",应处五年以上有期徒刑并处罚金。但法院认为鉴于被告人犯罪时《解释》尚未施行,根据刑法从旧兼从轻的原则,应对其适用《解释》施行之前的法律规定,最终以走私国家禁止进出口的货物、物品罪判处行为人有期徒刑二年,缓刑三年,并处罚金。[1]该判决合理运用从旧兼从轻原则,符合司法解释的效力适用。

三是2020年1月1日《走私兴奋剂的解释》施行之前,对于运动员、运动员辅助人员走私兴奋剂目录所列物质,或者其他人员以在体育竞赛中非法使用为目的走私兴奋剂目录所列物质,其中属于国家禁止进出口的货物、物品的,无司法解释针对此行为出台特殊的规定。据此对于尚未处理或正在处理的案件,仍应按照《解释》的规定,满足相应数量或数额的才构成本罪。对于《走私兴奋剂的解释》实施前走私的未达到《解释》数量或数额的,尚未处理或正在处理的案件应依照从旧兼从轻原则认定为无罪。

四是2020年1月1日《走私兴奋剂的解释》实施后,《解释》仍具有效力。但因《走私兴奋剂的解释》规定若涉案物质属于国家禁止进出口的货物、物品,符合(1)一年内曾因走私被给予二次以上行政处罚后又走私的;(2)用于或者准备用于未成年人运动员、残疾人运动员;(3)用于或者准备用于国内、国际重大体育竞赛的;(4)其他造成严重恶劣社会影响的情形之一的,运动员、运动员辅助人员走私兴奋剂目录所列物质,或者其他人员以在体育竞赛中非法使用为目的走私兴奋剂目录所列物质,涉案物质属于国家禁止进出口的货物、物品则应以走私国家禁止进出口的货物、物品罪论处。出现以上四种行为的,无需满足《解释》第11条"走私其他禁止进出口的货物、物品二十吨以上,或数额在二十万元以上"中有关数量或数额上的要求,可直接以走私国家禁止进出口的货物、物品罪论处。

第二节   前置法变更对刑法溯及力问题的影响

既然空白罪状的具体含义需要以前置性规范文件的相关内容作为认定前提,那么前置性规范的变动必然导致犯罪范围发生实质上的变化。行政犯依附的刑法分则规范,要么是构成要件规范全部或者部分规定在行政法,刑罚规范规

---

[1]   参见(2014)通中刑初字第45号判决书。

定在刑法分则；要么是构成要件规范和刑罚规范全部规定在刑法分则。因此，前置法发生变更时，对刑法的溯及力原则的具有适用也会产生影响。

一、前置性规范变更的性质辨析

关于前置性规范的变动对刑法适用的影响存在着三种学说：一是事实说，认为前置性规范所规定的"依法追究刑事责任"条款只是非刑事法律与刑法的连接点，实际上定罪处刑的依据仍然坚持刑法的独立性判断原则。[1]按照该学说，罪刑法定之"法"只能是刑法而不包括非刑事法律规范，前置性规范文件的变更不属于刑法的变更而是事实变更。此观点被我国台湾地区的法院判决和大法官会议解释所吸收。[2]二是动机说，认为应当依据立法者修改补充规范的动机加以判断，如果行政规范的变更是因为原有规范的不当而修改，属于法律变更；如果只是因为事实状态的改变，导致空白构成要件所规范的犯罪事实将来不能发生时，则并非立法观念的改变，而系社会事实变迁的结果，应当参考"限时法"的原理，仍适用行为时的法律认定为犯罪。[3]换言之，针对空白罪状所指引的前置性规范文件的变动，应具体判断立法者修改的动机，而非一概认定属于法律的变动而适用刑法溯及力原则。三是法律说，认为空白罪状中的非刑事法律发生变更时，刑法的实质内容也发生了变化，应当适用刑法溯及力的从旧兼从轻原则。[4]也即补充空白罪状的前置性规范文件的适用也应采取从旧兼从轻原则。

前置性规范文件的变更情况十分普遍。例如，禁止进口货物目录种类繁多，国家发展与改革委员会、生态环境部、商务部及海关总署作为进出口货物、物品监督管理部门根据国内外具体情况及相关政策及时对禁止进口货物、物品进行更新。又如，目前普遍认为行政规范关于枪支鉴定的标准过低，容易伤及无辜，随后行政规范提高枪支认定标准，结合《解释》第 11 条的相关规定，从而使得之前部分走私枪支罪的案件能够以走私国家禁止进出口的货物、物品罪定罪处罚。在此情形下，应认为前置性规范文件的变更属于客观事实的变化，而非刑法条文的变化。这是因为与空白罪状有关的行政规范，虽然具有填补空白犯罪构成要件的补充规范性质，然而就行政规范本身而言，仅应认为是补充刑法中犯罪构成的事实内容，即填补空白犯罪构成要件中的空白事实而无关于刑罚的具体规定，并非有关刑事的基本法律。对于此类规范性文件的内容，纵使发生变更或废止，对其行为时的犯罪构成要件及其刑罚的判断而言，并不产生影响。倘若将前置

---

①　吴允峰：《非刑事法律规范中的刑事责任条款性质研究》，载《华东政法大学学报》2009 年第 2 期。

②　参见杨丹：《论刑法规范的变更及其溯及力》，载《刑法论丛》2009 年第 1 期。

③　参见韩忠谟：《刑法原理》，北京大学出版社 2009 年版，第 463 页。

④　谭兆强：《论行政刑法对前置性规范变动的依附性》，载《法学》2010 年第 11 期。

性规范文件的变更等同于刑法规范的变更,则不利于刑法的稳定性。《对外贸易法》第 18 条规定:"国务院对外贸易主管部门会同国务院其他有关部门,依照本法第十六条和第十七条的规定,制定、调整并公布限制或者禁止进出口的货物、技术目录。国务院对外贸易主管部门或者由其会同国务院其他有关部门,经国务院批准,可以在本法第十六条和第十七条规定的范围内,临时决定限制或者禁止前款规定目录以外的特定货物、技术的进口或者出口。"因《禁止进口货物目录》《禁止出口货物目录》等文件具有持续更新性,同时也将对刑法的稳定性造成一定程度的影响。另外,《货物进出口管理条例》第 57 条也指出:"有下列情形之一的,国务院外经贸主管部门可以对特定货物的出口采取限制或者禁止的临时措施:(一)发生严重自然灾害等异常情况,需要限制或者禁止出口的;(二)出口经营秩序严重混乱,需要限制出口的;(三)依照对外贸易法第十六条、第十七条的规定,需要限制或者禁止出口的。"

　　前置性法规变更,其性质究竟是刑法变更还是事实变更,理论和司法判例上均有诸多争议。我们认为,当前置性法规对行为性质的评价发生变更并影响犯罪构成符合性的判断时,属于刑法上的法律变更。理由如下:首先,前置性法规系"法律"而非"事实"。刑法理论上的"事实"是指构成要件的事实,即与构成要件相符合的、具体的、现实的事实,[①]它是人的行为,而"法律"则是立法者对构成要件事实的评价,二者是"评价客体"与"客体评价"的关系。[②]在前置性法规发生变更的情况下,具体的案件事实并没有变化,只不过该事实在法律上的评价发生了变化。其次,行政犯罪采取开放式犯罪构成,仅凭刑法条文无法完成犯罪构成要件符合性的判断,只有将作为补充规范的前置性法规与刑法条文结合起来,才构成完整的刑法规范。意即前置性法规对构成要件起着描述、补充、指示、说明等作用,如果前置性法规的变更属于事实变更,那么法律适用将变成以事实为大前提,又以事实为小前提的过程,违背演绎的逻辑性。最后,行政犯罪以行政违法性为前提,只有在前置性法规中违法的行为才有可能构成刑法上的犯罪。如果前置性法规变更系事实变更,就意味着原本在其他法领域具有违法性的行为因为法律修改而丧失了违法性时,在刑法领域仍然构成犯罪,这对法秩序的统一性将是根本性冲击。综上所述,刑法上的法律变更不局限于刑法条文的变更,即使刑法条文没有变化,但前置性法规的变更影响行为违法性判断时,同样属于刑法变更。

　　行政犯罪与普通的刑事犯罪相比,一个显著特征在于其具有行政违法与刑

---

①　赵秉志:《外国刑法原理》,中国人民大学出版社 2000 年版,第 93 页。

②　柯耀程:《刑法的思与辩》,元照出版有限公司 2003 年版,第 22 页。

事违法的双重违法性,且行政违法系刑事违法的前提和基础,行政犯罪来源于行政违法,在行政犯领域,如果一个行为不具有行政违法性则根本不可能具有刑事违法性。这一特征反映到法益领域则表现为,行政法上的法益往往也是刑法所要保护的法益。因此,当行政法变更使得原本受行政法保护的利益不再受保护时,该利益也相应地不再成为行政刑法所保护的法益。行政法对于行政犯具有前置法的性质。法益侵害的同质性导致了行政犯具有双重违法性质。易言之,尽管行政性法规不能直接规定犯罪,但实际上具有间接地规定犯罪的功能,是认定犯罪的规范根据。在这个意义上,前置性的行政性法规对于犯罪成立具有重要影响,行政犯的不法判断有赖于前置性的行政法规判断。如在一些空白罪状中,犯罪构成要素的充足必须得到行政法规的支持。而行政不法判断标准一旦发生变化,必将影响到刑事不法的认定。

　　行政法规对违法行为进行修改,如果这种修改导致某一禁止性规定在行政法规层面被取消,就使得行政犯的前提条件"违反国家规定"发生了变化,其结果是原来违反行政法规的行为现在失去了刑事违法性。如果原来的行政法规没有规定某一行为是违法,但经过修改,将其纳入违法的内容,从而可能影响到刑法中相关空白罪状内容也发生相应改变。因为行政法规中的禁止性规定,与刑法的空白罪状相结合,已经成为行政犯的犯罪构成要件中不可或缺的一部分,应当视为刑法规定的实质内容。此种情况下,应当适用《刑法》第 12 条第 1 款确立的从旧兼从轻原则处理。

二、前置法变更对溯及力问题之争议

　　走私国家禁止、限制进出口货物、物品犯罪具有行政从属性,因此前置法发生变更时会影响对刑事犯罪的认定,进而产生从旧兼从轻原则的适用冲突。如何理解从旧兼从轻原则以及界定前置法变更的性质是问题解决的关键。

(一)从旧兼从轻原则适用的冲突起源

　　从旧兼从轻原则本是刑法适用的基本原则,是对于一切犯罪行为都应当适用的原则。对于该原则在司法实践中的应用本不应有任何例外,但是《海关总署关于转发办理走私案件期间发生税率调整是否适用"从旧兼从轻"原则有关文件的通知》中却指出:"部分海关在办理走私普通货物、物品犯罪案件过程中,连续遇到因在办案期间国家关税税率、税种发生变更,当地司法机关以适用刑法'从旧兼从轻'原则为由,相继作出不起诉或建议海关缉私部门撤案的决定。总署认为该类案件不应适用'从旧兼从轻'原则,并就此问题函请最高人民检察院、最高人民法院予以明确。近日,最高人民检察院和最高人民法院研究室明确答复我署,在办理走私案件期间发生税率调整不适用'从旧兼从轻'原则;案发后,国家关税税率、税种发生的变更,不影响对该行为人的走私行为是否构成犯罪的认定。由于该问题在海关执法工作中具有普遍性,现将有关文件转发给你们,请据此办理此类案件。"由此肯定了对走私行为的评价适用行为时法的原则,但否定"从轻"原则在走私犯罪中的应用,当然其否定"从轻"原则适用范围仅限于在税率、税种变动所导致的行为时法与审判时法评价不一的情形中。

对此问题争议焦点在于海关关税的变化是否可以视为新旧法之变动。换言之,当国家关税税率、税种发生变化而导致犯罪圈大小的实际变化时究竟应当视为新旧刑法之间的差异,还是视为犯罪构成要素之变动。不同的视角决定了对走私行为评价结果的本质差异。如果将关税税率、税种的变更视为新旧刑法之变化,则对走私犯罪仍然应当适用从旧兼从轻原则,若将税率、税种的变更仅仅视为犯罪构成要素之变化,则问题将回归至刑法解释学的领域,而无适用从旧兼从轻原则之空间。例如,由于时代变化,财物呈现出不同于以往的形态,于是司法实践中对于"财物"概念本身也会呈现出不同于以往的理解。这里最为典型的莫过于对网络游戏币的认定,如果在网络尚不发达的时代,人们对于游戏币的交换价值尚未形成统一观念而认为盗窃游戏币不算盗窃罪的话,然而当今司法实践中已经普遍接受了游戏币所拥有的交换价值,从而肯定了其盗窃的性质。对于此类行为,刑法本身既没有形式的变化亦无实质之变动,只是由于社会的变化使得人们对于财物的概念产生了不同于以往的理解,因此在法律适用中最终落实到如何进行解释的问题,如果坚持主观解释之立场(即对立法者的立法原意进行探寻以明确某一概念在立法时的基本含义),则对"财物"一词进行限制解释;如果坚持客观解释之立场(即根据时代的变化而对某一概念作出与时代含义相吻合的解释),则对财物进行一定的扩张解释。这里归根结底是法律解释的适用问题,而非适用新旧法律之问题。对于海关关税之变化是否可以持相同理解?理论界及实务界在此问题上的认识呈现出一定的分歧。

(二)理论界对税则、税率变化所持的观点

理论界对于因税则、税率之变化导致的行为时法与审判时法在定罪量刑中的差异主张坚持从旧兼从轻原则,也即关税之变动不能理解为犯罪构成要素之变化。因为,无论何时"关税"一词的实质含义从未发生过变化,国家通过行政手段对税率进行调整实质上是直接通过行政命令来实现行政管理的基本目的,且税率的调整都是明确且清晰的,无需刑法对此作出解释,因而不能视为犯罪构成要素之变化。走私犯罪作为典型的法定犯,其二次违法性的特征表明对于行为入刑时的判断必须参照前置法的内容进行认定。前置法的变动直接对犯罪圈的大小产生实质性的影响。我国《进出口关税条例》第3条规定:"国务院制定《中华人民共和国进出口税则》(以下简称《税则》)、《中华人民共和国进境物品进口

税税率表》(以下简称《进境物品进口税税率表》),规定关税的税目、税则号列和
税率,作为本条例的组成部分。"第4条规定:"国务院设立关税税则委员会,负责
《税则》和《进境物品进口税税率》的税目、税则号列和税率的调整和解释,报国务
院批准后执行;决定实行暂定税率的货物、税率和期限;决定关税配额税率;决定
征收反倾销税、反补贴税、保障措施关税、报复性关税以及决定实施其他关税措
施;决定特殊情况下税率的适用,以及履行国务院规定的其他职责。"因而,税则
和税率的变更实质上是关税条例内容的变更,属于行政法规的变更,由于行政法
规变动将直接导致走私类犯罪的犯罪圈大小发生实际变动,亦将直接影响罪与
非罪、此罪与彼罪、轻罪与重罪之界限,因而刑法虽然在形式上未进行修改,但前
置法的变动实际上导致了刑法的修改,刑法的实质内容依然发生了变化,对此应
当视为新旧刑法之变动。

　　这里的问题就回到了什么样的变动才能视为新旧法之变动,也即新旧条文
评判的标准是什么? 理论界一般认为,所谓新旧法之变动标准应当定位为法律
(不限于刑法,亦包括前置法)之变动所导致刑法评价范围所发生之实际变动。
这里的变化理应包括罪与非罪、此罪与彼罪、重罪与轻罪之变动。罪与非罪是较
为典型的新旧法之变动的情形,其体现为形式上之变化,即刑法条文在新旧法中
的增减,还包括实质上对犯罪行为前后评价的差异。而此罪与彼罪、重罪与轻罪
在形式上虽然不一定表现为刑法条文的变动,但由于前置法或者其他刑法条文
的变化而对行为在前后法中所体现出的社会危害性评价上的差异,决定了法律
适用之差异。因而,这里所谓的新旧法之变动并非仅仅指刑法在形式上的修改,
更重要的或者说核心的评价标准在于法律之变动所导致的刑法对犯罪行为评价
前后的实质性差异。所谓形式之变动,是指在刑法中增加或者删减某些罪名,从
而使得新旧法在规制范围上发生差异,由此应当适用从旧兼从轻原则。例如,
《刑法修正案(九)》在对危险驾驶罪进行修改后新增了两种行为方式,包括"从事
校车业务或者旅客运输,严重超过额定乘员载客,或者严重超过规定时速行驶
的";以及"违反危险化学品安全管理规定运输危险化学品,危及公共安全的"。
对于新增的两种行为方式,如果在《刑法修正案(九)》生效之前实施该行为则不
能认定为犯罪。这种刑法条文形式上的变化对于犯罪圈的大小会产生实质的影
响,其理应视为新旧法之变动,适用从旧兼从轻原则。所谓实质之变动,是指在
刑法形式上没有变化的前提下,由于前置法律的变动导致刑法犯罪圈的扩大或
者缩小的变化。在这种变动中,虽然刑法本身并未作出任何修正,但是由于前置
法的变动导致相关罪名的惩治范围发生了实际变动的,也应当适用从旧兼从轻
原则。因为《刑法》第12条关于刑法溯及力的规定也是从实质的角度对法律的
变化作出规定的,即以前后法律是否认为"是犯罪的",而并未对刑法变化的形式

提出要求。例如,由于《公司法》的修改使得注册资本无需全部实缴,由此对于拟缴资本的公司不存在虚假出资、抽逃出资的犯罪问题。也即《公司法》的修改否定了该类行为的违法性,既然连前置法的违法性都予以了否定,那么刑事违法性更应当予以否定。对此,2014 年全国人民代表大会常务委员会通过的《关于〈中华人民共和国刑法〉第一百五十八条、第一百五十九条的解释》规定:"刑法第一百五十八条、第一百五十九条的规定,只适用于依法实行注册资本实缴登记制的公司。"这就是典型的前置法的变动导致犯罪圈大小变动的实例。对于这种刑法条文形式上虽然未发生变动,但是实质上发生变动的情形,理应适用从旧兼从轻原则。

走私类犯罪属于法定犯,在对走私犯罪认定过程中不仅是对走私行为的认定需要参照前置法的规定,对于走私国家禁止、限制进出口的货物、物品的认定也需要参见前置法的具体规定来予以认定。由于这些认定需要参见前置法的规定,这就涉及前置法的变动对于刑法的犯罪圈大小的影响,海关有关税则、税率的变动直接导致了刑法对于同一行为的不同评价,对于犯罪圈的大小产生了实质影响,理论上比较倾向于这种变化属于新旧法之变化,应当适用从旧兼从轻原则。因而,理论界通常认为海关总署所发布通知文件的内容值得商榷。

（三）实践中对税则、税率变化所持的观点

在实践中对于因税则、税率变化而导致的行为时法与审判时法定性量刑的差异则持不同观点。尤其是《解释》就否定了因税则、税率变化而适用从旧兼从轻原则之情形。其中《解释》第 18 条第 1 款规定:"刑法第一百五十三条规定的'应缴税款',包括进出口货物、物品应当缴纳的进出口关税和进口环节海关代征税的税额。应缴税额以走私行为实施时的税则、税率、汇率和完税价格计算;多次走私的,以每次走私行为实施时的税则、税率和完税价格逐票计算;走私行为实施时间不能确定的,以案发时的税则、税率、汇率及完税价格计算。"由此,以司法解释的形式为通知中否定从旧兼从轻原则的适用进行了背书。

该条规定明确了对于涉及数额之走私行为,原则上适用行为时法,只有在走私行为难以查证时,方才适用案发时法律规定。实践中之所以选择放弃从旧兼从轻原则之适用,乃是基于三方面的考量:

首先,由于税则、税率的变化十分频繁,而刑事案件处理周期较长,这就决定了行政管理的便宜性与刑事制裁的稳定性之间存在一定的差异。如果坚持适用从旧兼从轻原则,可能导致的结果是从侦查、起诉到审判期间,由于税则、税率一直处于变动之中,法律的稳定性也即不复存在。

其次,由于税则、税率的变化属于行政管理的细微调整,不会导致对走私行为罪与非罪认定的整体性变化。这与《公司法》的变动所导致的对虚报注册资本罪等犯罪的巨大变化有本质区别。而且即便是因《公司法》的修改所导致行为罪与非罪的分野亦是通过全国人大常委会以立法解释的形式对相关行为的出罪予以"确权",而税则、税率因本身难以呈现出这种性质的完全改变(多数是以细微调整形式出现),因而亦难以获得立法机关或司法机关对于出罪考量的"确权"。所以,因税则、税率变化导致行为时法与审判时法的差异不适用从旧兼从轻原则。

最后,在实践中,由于司法机关在对行为人走私行为定性过程中,主要参见海关所出具的应缴税额稽核书,而应缴税额稽核书通常是以行为时的税则、税率进行认定的,这类似于鉴定结论,基于鉴定结论的稳定性要求,一般不得变动,因而应缴税额稽核书也应具有稳定性。以伤情鉴定为例,实践中不会因被伤害者伤情的痊愈而否定当初的鉴定结论,同理亦不能因税则、税率之变化而否定行为人当初之走私行为。

出于上述三方面因素考虑,司法解释否定了走私行为涉及税则、税率变化时从旧兼从轻原则的适用。应当看到,上述司法解释规定的背景乃是从司法便宜化的角度以及从行政权与司法权适度衔接可行性之综合考虑,不可否认此实践中的观点确有可行之处。

问题的关键还在于,对于《解释》第18条的理解是否具有"推而广之"的意义?本书认为,其并不具有广泛适用的宣誓性意义。这与玩忽职守罪中对于造成损失数额所采取的以间接因果关系认定损失数额的道理如出一辙。因为从旧兼从轻原则作为刑法所确立的适用准则,应当普遍适用于所有犯罪行为中,上述《解释》的规定较之于从旧兼从轻原则而言,其实是例外与原则之间的关系。这种司法的拟制乃是基于特定的原因而确立的,而且该《解释》第18条也明确将其适用范围限于因税则、税率、汇率以及完税价格计算这四种类型,也即当走私行为仅仅涉及上述四种情形时,对于行为人走私行为之评价才能仅适用行为时法。

通过上述分析明确了从旧兼从轻原则的评价标准可知,由于对从旧兼从轻原则的否定仅限于上述四种例外情形,因而,对于行政管理中许可证管理制度的变化亦应适用从旧兼从轻原则。当行政主管部门对相关许可证进行变更或取消,而涉及犯罪成立与否以及刑罚轻重之变化时,亦应适用从旧兼从轻原则予以处理。当然,这里还是要对许可证种类进行区分,因为我国许可证管理包括对限制进出口货物、物品适用的进出口许可证,也包括对自由进口货物、物品适用的自动进口许可证。这两类许可证由于管理目的的差异决定了适用罪名之差异,在适用从旧兼从轻原则时亦应有所区分。

进出口许可证与自动进口许可证之间的差异在于,由于进出口许可证所适用的都是限制进出口的货物、物品,国家基于维护经济安全、保障贸易秩序、落实宏观调控、实现环境保护等行政目的而对该类物品实施管制,也即该类物品均为在一定程度上涉及国计民生之用的物品,国家对于该类物品的进出口通过许可证进行管理不仅能够对进出口企业的资质进行把控,防止进出口企业在资质方面鱼龙混杂所导致的监管不力现象的发生,同时,通过许可证的监管还能在数量上对限制进出口货物进行实际的调控。虽然相比于配额证管理制度而言,进出口许可证更加侧重于对进出口企业资质的审查,但是由于进出口许可证的审批事项中也包含着对进出口货物数量的审批,因而在实际层面可以通过行政管控实现对该类物品进出口的有效管理。而自动进口许可证则完全不同于进出口许可证。因为自动进口许可证的立法目的在于国家对进口某一类物品数量的及时掌握,对于进口企业并无特别资质限制,亦无进口数量限制。从本质上而言,该类物品就是自由进口货物,对该类物品进行走私行为侵犯的也并非许可证的管理制度,而是对海关税款之脱逃。两者的区别决定了在涉及许可证管理制度变化时对于犯罪圈影响的大小之别。自动进口许可证范围的变化并不影响刑法对于该类物品性质之评价,且对于该类物品中涉及税则、税率、汇率及完税价格之变动亦不适用从旧兼从轻原则。但是进出口许可证管理范围的变化将直接影响对于该类行为之评价,由于 2014 年的《解释》中明确了限制进出口货物、物品在刑法的评价中属于国家禁止进出口的货物、物品,当进出口许可证范围扩大时,意味着走私该类物品将从被评价为走私普通货物、物品罪转而评价为走私国家禁止进出口的货物、物品罪;当进出口许可证管制范围缩小时,意味着走私该类物品将被从评价为走私国家禁止进出口的货物、物品罪转而评价为走私普通货物、物品罪,在走私数额未达到起刑点时,甚至不能作为犯罪予以处理。因而,对于限制进出口的货物、物品实施走私行为在刑事评价中应适用从旧兼从轻原则。

虽然《解释》对从旧兼从轻原则的适用进行了例外性规定,但是由于走私类犯罪既存在对行政法规的违反也存在对刑事法规的违反,走私行为既应当受到行政处罚亦应当受到刑事处罚,这里的问题就在于从旧兼从轻原则究竟是仅限于刑事处罚领域还是在刑事和行政处罚领域均可适用?本书认为,对此应当分而视之。当走私行为涉及刑事犯罪时,应当坚持从旧兼从轻原则,因为从旧兼从轻原则是刑法总则中所确立的原则,原则上应当适用于所有有具体刑罚规定的法律,即便总则规定的适用可能会存在例外情形,但是例外情形必须以明文规定为限。对于从旧兼从轻原则的适用并没有任何例外规定,因而在适用刑罚时必须适用从旧兼从轻这一原则。刑法之所以要树立从旧兼从轻原则,究其原因乃在于对公权力之限制以及对私权利保护之需要。无论在何时,惩罚犯罪都是刑法基本职能。在惩治犯罪的过程中,是以国家暴力机关作为后盾的,对决的双方实力相差过于悬殊。司法的权力因而往往容易突破公权力行使之应然边界而侵犯公民的基本权利。正因如此，现代刑法制定的出发点就在于对权力如何进行限制。无论是罪刑法定原则所确立的不定罪、不处罚的理念还是对于公法所提出的"法无授权即禁止"的原则，都是出于对公权力的限制，在刑事司法领域平衡追诉机关与被追诉者之间的力量对比，以求得对人权之保障。因为刑法不仅是公民的大宪章，更是犯罪人的大宪章，对于人权之保护亦为刑法的基本机能。另外，在刑事领域之所以要坚持从旧兼从轻原则乃在于刑事惩罚之严厉性，刑法是直接剥夺公民生命权、人身权和财产权之法律，一旦实施，对于公民的权利会产生绝对限制。正因如此，刑罚的发动更需谨慎，不仅在刑事立法中应当坚持谦抑精神，对于没有必要以刑罚制裁之行为不以犯罪论处。而且在刑事司法领域更应将有利于被告人之精神贯彻始终，在刑事证据认定上坚持排除一切合理怀疑原则，在刑事侦查过程中保障犯罪嫌疑人接受法律帮助之权利，在庭审中充分保障被告人之辩护权，在定罪量刑中做到罪刑相适应。而这些内容背后所体现出的精神实质就是"有利于被告人"，因而在刑事领域必须始终坚持从旧兼从轻原则的适用。

　　对于行政处罚是否要适用从旧兼从轻原则，在理论和实践中存在着较多争议。①我国《立法法》第 84 条规定："法律、行政法规、地方性法规、自治条例和单行条例、规章不溯及既往，但为了更好地保护公民、法人和其他组织的权利和利益而做的特别规定除外。"这一规定是对广义法律溯及力的规定，即原则上法律不溯及既往，但是在有特别规定的情形下应当承认法律的溯及力。因此，法律的溯及力应当以法律的明文规定为限。例如，在刑法中就专门规定了从旧兼从轻原则之适用，刑法相对于其他法律而言在溯及力方面作出了特别的规定。而当法律中没有对溯及力之特殊规定时，原则上应当适用行为时法。根据《海关行政处罚条例》（以下简称《条例》），其中并未就行政处罚的时间效力作出任何规定，有据可查的就是第 34 条第 2 款规定："海关调查、收集证据，应当按照法律、行政法规及其他有关规定的要求办理。"在该《条例》未对适用的时间效力作出例外规定的情况下，对于此处的"法律、行政法规"的理解应当限于行为时的法律及行政法规，也即在涉及走私的行政处罚中并不适用从旧兼从轻原则。之所以在行政类处罚中并不适用从旧兼从轻原则，主要是基于以下考虑：

　　首先，对于行为处罚时遵守行为人法能够最大程度保证行为人对自己行为的可预见性，因此适用行为时法是基本原则。

　　其次，行政处罚与刑罚所追求价值目标的差异决定了对行政处罚不必适用

---

① 《行政处罚同样适用"从旧兼从轻"原则》，http://www.360doc.com/content/12/0815/20/7293128_230372107.shtml，2022 年 2 月 6 日访问。

"从轻"原则。由于刑事处罚属于司法领域的范畴,对行为人实施刑罚属于司法行为,因此在刑罚运作的过程中必然要追求司法权的价值目标,司法的价值目标在于公平,最大限度地实现社会公平。刑法的运作始终在社会保护与人权保障之间平衡,对于被告人权利之保护亦属于人权保障应有之义。而行政处罚属于行政权的范围,实施行政处罚的行为属于行政行为,所追求的是行政权的价值目标。行政权的价值目标在于对效率的追求,在于行政机关对于某一领域的有效管理。因此,最大限度地实现行政管理之目标是行政法律运行过程中之偏向性。正是这种价值上的偏向性决定了其对秩序的维护要甚于对私权利的最大保护。由此,否定"从轻"原则之适用。

最后,行政处罚相较于刑罚而言,其惩罚的力度较轻微,因此确立"从轻"原则的紧迫性相较于刑法而言较低。例如,《海关行政处罚条例》第 49 条中规定了行政处罚的种类,包括暂停从事有关业务、暂停报关执业、撤销海关注册登记、取消报关从业资格、罚款以及没收有关货物、物品。这些行政处罚中没有一项是涉及对行为人人身自由的限制,在这种情况下公权力对私权利侵犯之紧迫性并不强。当发生公权力侵犯私权情形时,私权利亦可通过各种救济途径维护自身权利。更进一步而言,正是由于公权力对私权利领域介入程度的不同,决定了行政处罚无需适用"从轻"原则即可完成对私权利之救济,而刑罚处罚则因可以剥夺行为人人身权利甚至生命权利而使得救济途径相对缺乏,有利于被告人之精神必须贯穿刑事司法始终。

正是由于行政处罚与刑罚处罚的差异决定了对于行政处罚不一定要坚持从旧兼从轻原则(在法律有特殊规定情形中可以适用从旧兼从轻原则),因而,对于主管部门在对相关许可证进行变更或取消时而导致刑法法条实际处罚范围扩大或缩小时,应当在刑事司法领域坚持从旧兼从轻原则,而对于走私行为涉及行政处罚时则按照行为时法处罚即可。

▎第四章▎
走私国家禁止进出口货物、物品犯罪的刑法规制

本章中的国家禁止进出口货物、物品,特指狭义上的国家禁止进出口货物、物品,不包括限制进出口货物、物品。走私国家禁止进出口货物、物品犯罪行为,情节严重的,往往以走私国家禁止进出口的货物、物品罪定罪处罚。当然,按照《禁止进出境物品表》的规定,各种武器、弹药及爆炸物品等也属于国家禁止进出口的货物、物品,但在刑法中适用走私武器、弹药罪,走私核材料罪等其他走私特定货物、物品犯罪罪名。因此,对于走私国家禁止进出口货物、物品犯罪的刑法规制可以分为两部分,一部分是以走私国家禁止进出口的货物、物品罪定罪处罚,另一部分则以其他走私特定货物、物品犯罪罪名定罪处罚。

第一节 以走私国家禁止进出口的货物、物品罪定罪处罚

1997 年刑法按照走私对象的不同,分别规定了十二个走私犯罪罪名。立法上采用这种列举式方式规制走私犯罪,显然可以增强刑法的明确性和威慑力,但容易"挂一漏万",造成立法疏忽,致使许多本该追究刑事责任的走私分子逃脱刑事制裁。为弥补刑事立法的疏漏,2009 年 2 月 28 日全国人民代表大会常务委员会通过的《刑法修正案(七)》取消了走私珍稀植物、珍稀植物制品罪,增加了走私国家禁止进出口的货物、物品罪。如何正确理解走私国家禁止进出口的货物、物品罪的司法适用,是有效规制走私国家禁止进出口货物、物品犯罪的关键。

一、对走私国家禁止进出口的货物、物品罪定罪标准的解读

在立法机关启动对走私犯罪的立法修改过程中,海关总署提出,除了刑法所列举的禁止进出口的货物、物品外,国家还应当根据维护国家安全和社会公共利

益的需要,规定其他一些禁止进出口的货物、物品,如禁止进口来自疫区的动植物及其制品、禁止出口古植物化石等。①换言之,对走私此类国家明令禁止进出口的货物、物品的,应直接规定为犯罪,不应也无法同走私普通货物、物品一样,按偷逃关税的数额定罪量刑。为弥补刑事立法的疏漏,2009年2月28日全国人民代表大会常务委员会通过的《刑法修正案(七)》取消了走私珍稀植物、珍稀植物制品罪,增加了走私国家禁止进出口的货物、物品罪。从《刑法修正案(七)》关于本罪的立法表述来看,至少可以得出如下判断:

第一,通过立法扩大了《刑法》第151条第3款的犯罪对象。《刑法修正案(七)》将原《刑法》第151条第3款规定的"国家禁止进出口的珍稀植物及其制品"扩大为"国家禁止进出口的其他货物、物品"。而"珍稀植物及其制品"仅仅作为一种提示的重点,其实从立法技术看,"珍稀植物及其制品"这一修饰性的重点提示可有可无。②本罪保护的法益是国家对各种禁止进出口的货物、物品的对外贸易管理制度。所谓的"国家禁止进出口的其他货物、物品",是指除《刑法》第151条第1款和第2款、第152条、第347条、第350条所规定的武器、弹药、核材料、假币、文物、贵重金属、珍贵动物及其制品、珍稀植物及其制品、淫秽物品、废物、毒品、制毒品以外的国家禁止进出口的货物、物品。

第二,改变了罪状的表述方式,将原先以"珍稀植物及其制品"为内容的叙明罪状修改为空白罪状。空白罪状内容的确定需要依靠行政法律、法规和规章规定。目前,我国已经颁布了《禁止进出境物品表》《限制进出境物品表》《禁止进口货物目录》以及《禁止出口货物目录》等详细目录。对此需要注意的是,这些目录并非一成不变,国家会根据对外贸易和社会、政治、经济发展的需要对上述目录的内容和范围进行调整和修改。而且,即使是符合上述禁止目录中的某些货物和物品,只要在特殊情况下持有有权机关颁发的有效许可证件,仍然可以进出口该类货物和物品。例如,因科学研究需要而引进疫区动植物进境,因对外交往等政治需要而进出口濒危物种,因医学临床或科研需要而允许进出口麻醉品等。据此,2014年出台的《解释》对《刑法》第151条第3款中规定的"国家禁止进出口的其他货物、物品"作出解释,以限制空白要素的适用范围。

第三,从该罪的刑罚角度来看,犯该罪处五年以下有期徒刑或者拘役,并处或者单处罚金;情节严重的,处五年以上有期徒刑,并处罚金。根据《刑法》第13条关于"情节显著轻微危害不大的,不认为是犯罪"之规定,走私国家禁止进出口的货物、物品的,在量上应当有一定的限制,没有达到刑罚可罚性程度的,只能认

---

①②   楼伯坤:《〈刑法修正案(七)〉对走私罪修改引发的冲突及其解决》,载《政治与法律》2009年第11期。

定为一般的走私行为。这也就涉及了《解释》第 21 条中,如何理解"构成犯罪"这一规定的问题。

鉴于古生物化石和来自境外疫区的动植物及其制品属于国家禁止进出口的货物、物品,考量到走私这类货物、物品虽然其社会危害性没有走私武器、弹药、核材料、贵重金属、珍贵文物的社会危害性大,但也确需追究刑事责任,只不过在刑罚上可以轻一些;又考虑到随着我国社会、经济形势的发展变化,国家禁止进出口的货物、物品还会不断有所调整,因此,《刑法修正案(七)》对走私国家禁止进出口的古生物化石、来自疫区的动植物及其制品等行为没有以具体列举方式作出规定,而只对第 151 条第 3 款作出了修改,以概括式的罪状表述,将走私《刑法》第 151 条第 1、2、3 款具体列举以外的其他所有国家禁止进出口的货物、物品的行为都包括进来了。经过《刑法修正案(八)》对量刑方面的完善,最终走私国家禁止进出口的货物、物品罪在《刑法》第 151 条第 3 款中得以确立:"走私珍稀植物及其制品等国家禁止进出口的其他货物、物品的,处五年以下有期徒刑或者拘役,并处或者单处罚金;情节严重的,处五年以上有期徒刑,并处罚金。"

以走私国家禁止进出口的货物、物品罪定罪需要满足《解释》第 11 条的规定。然而,《解释》第 11 条第 1 款第 6 项规定了走私"其他禁止进出口的货物、物品"的,符合一定的数量、数额条件后也能够以本罪处罚。因此,如何理解"其他禁止进出口的货物、物品"是走私国家禁止进出口的货物、物品罪定罪标准问题的细化。上文中已经对规范性文件中禁止进出口货物、物品的范围进行了划分,但与此同时,刑法中的禁止进出口货物、物品的范围与行政法中的规定并不完全相同,因此,还需要对"其他禁止进出口的货物、物品"进行实质理解。

(一)运用同质性解释规则分析兜底条款的范围

《解释》第 11 条第 1 款第 6 项规定了"其他禁止进出口的货物、物品",属于司法解释中对本条款的兜底,与《刑法》第 151 条的走私国家禁止进出口的货物、物品罪的罪状一起形成了"双兜底"规定。对于"双兜底条款",无论是行政法律与刑法中同时存在的"双兜底条款",还是刑法立法与司法解释同时存在的"双兜底"规定,必须采取更严格的解释立场,以维护基本的经济自由与市场秩序的平衡。[1]

综合国家对禁止性进出口的货物、物品的管理规定,并根据《解释》第 11 条关于本罪犯罪对象的性质和危害程度,对于《解释》第 11 条第 1 款第 6 项"或者其他禁止进出口的货物、物品"的理解应合理把握。一方面,不可类推解释超出国民预测的范围。对于刑法无明文规定的事项,在刑法条文用语的字面含义中不可能包括该事项时,却根据该事项与刑法明文规定的事项具有相似性,而将刑

---

[1] 蔡道通:《经济犯罪"兜底条款"的限制解释》,载《国家检察官学院学报》2016 年第 3 期。

法明文规定的事项的法律效果赋予刑法无明文规定的事项,此举有违罪刑法定原则之嫌。[1]另一方面,走私国家禁止进出口的货物、物品罪中对于犯罪对象的认定具有较强的政策性。刑法不是僵化封闭的体系,在无法及时进行立法变更时,刑法应通过法解释的方式进行局部的、累积式的发展和改进。为使刑法适当发挥社会控制的机能,它必须对外部世界的变化保持适度的敏感。此时,刑事政策便成为刑法体系与外部世界之间的重要沟通媒介,它通过目的解释这一特定的方法论管道,为刑法的发展提供目的性指引,并使之适应国家与社会所赋予的现实治理需求。[2]据此,从国家对有关货物、物品实施禁止性进出口管理规定的背景看,结合当前刑事政策及国家实施禁止性进出口管理规定的规范保护目的,充分运用同质性解释规则分析走私行为的社会危害性,并通过具体案件具体分析,对《解释》第11条第1款第6项的"或者其他禁止进出口的货物、物品"的适用范围加以说明。

1. "其他禁止进出口的货物、物品"属于同一款项的兜底

对"其他禁止进出口的货物、物品"认定的回应,应当运用同质性解释规则。同质性解释是指概括性条款的含义与范围,要求与例示条款之间保持同类性。[3]同质性解释规则于兜底条款中的适用,可以合理限制后者不当扩张范围的"冲动",保持同一规范条文内部规制对象间法律评价的一致性,所以对于兜底条款的适用而言,同质性解释规则是最佳的"合作拍档"。[4]《解释》第11条第1款第6项规定"走私旧机动车、切割车、旧机电产品或者其他禁止进出口的货物、物品二十吨以上不满一百吨,或者数额在二十万元以上不满一百万元的"。同质性解释规则要求未被列举的内容,也即被兜底规定省略的内容,与被列举内容属于同类。具体到《解释》第11条,应当明确的是"其他"作为兜底内容"兜谁的底"?换句话说,《解释》第11条第1款第6项中"其他禁止进出口的货物、物品"应与第11条第1款第6项的前半句中"旧机动车、切割车、旧机电产品"含义相同,还是与第11条第1款中规定的所有走私对象的含义相同的问题。《解释》第11条所规定的犯罪对象的性质及其危害程度各不相同,据此可以比较出以整款作为同类规则的解释对象要比仅以"旧机动车、切割车、旧机电产品"的范围更大。对比《解释》第1条第4款"走私其他……"的规定可以看出,第11条第1款第6项中

---

[1]　冯军:《论刑法解释的边界和路径——以扩张解释与类推适用的区分为中心》,载《法学家》2012年第1期。

[2]　杜宇:《刑事政策与刑法的目的论解释》,载《法学论坛》2013年第6期。

[3]　李谦:《双层次界定刑法同质性解释》,载《检察日报》2018年1月17日第3版。

[4]　李军:《兜底条款中同质性解释规则的适用困境与目的之解释之补足》,载《环球法律评论》2019年第4期。

的"其他禁止进出口的货物、物品"并未单独列出一款,同前 5 款形成并列结构。需廓清的是,《解释》第 11 条第 1 款第 6 项中"其他禁止进出口的货物、物品",应局限于同条同款同项的"旧机动车、切割车、旧机电产品",而非同整个第 11 条第 1 款的犯罪对象(也包括野生或珍稀植物、古生物化石、有毒物质、疫区的动植物及其产品、妨害环境资源保护的货物、物品)对比作同质性规则解释。

　　司法解释是对立法宗旨的确认和深化,对罪刑法定原则的恪守是刑法解释的底线。①因此,司法解释不应过于扩大国家禁止进出口的货物、物品的范畴。刑法条文关于走私国家禁止进出口的货物、物品罪中,明确规定了"走私珍稀植物及其制品等国家禁止进出口的其他货物、物品",其中"等……其他"表示走私珍稀植物及其制品并未列举完全。根据同质性解释规则,本条所规定的犯罪对象即其他国家禁止进出口的货物、物品,应与"等"字前面的名词即珍稀植物及其制品并列。这点在司法解释中也应当有所体现,即《解释》第 11 条中所规定的古生物化石、有毒物质及妨害环境资源的货物物品等都属于《刑法》第 151 条第 3 款中"等……其他"的范畴。同样,对于《解释》第 11 条第 1 款第 6 项中"其他禁止进出口的货物、物品",也应将其与同款同项名词,即旧机动车、切割车、旧机电产品做对比,而非跳跃对比第 1 至 5 项。事实上,《解释》第 11 条的有关规定虽为并列概念,但其危害性及侧重点有所不同。对于"其他禁止进出口的货物、物品"不应作超出预测范围的扩大解释,应将其局限于没有经过安全检测或是出于治安管理的需要而被禁止进出口的货物、物品,例如仿真枪、管制刀具等。此解释范围同样在《解释》第 5 条中有所验证,其规定"走私国家禁止或者限制进出口的仿真枪、管制刀具,构成犯罪的,依照刑法第一百五十一条第三款的规定,以走私国家禁止进出口的货物、物品罪定罪处罚。具体的定罪量刑标准,适用本解释第十一条第一款第六、七项和第二款的规定。"之所以禁止此类货物、物品进出口,主要是此类货物、物品本身具有严重的安全隐患且容易滋生走私、抢劫等上下游犯罪,如将其随意进出口会对社会公共安全及财产安全造成直接影响或危害。况且,旧机动车、切割车、旧机电产品虽然在国内市场中并未完全禁止流通,但其由于不符合产品检验的要求而存在风险。因此,"其他禁止进出口的货物、物品"范围的限定,不应局限于在国内市场中流通或交易受限的货物、物品,而是包括没有经过安全检测或是出于治安管理的需要而被禁止进出口的货物、物品。

　　据此,针对《解释》第 11 条中的"其他禁止进出口的货物、物品"中所包含的犯罪对象,在其性质与危害性上应等同于或是更有甚于同一项中针对其他犯罪对象的走私行为。也即在实质上,应理解为没有经过安全检测或是出于

---

① 郑伟、葛立刚:《刑行交叉视野下非法经营法律责任厘定》,载《法律适用》2017 年第 3 期。

治安管理的需要而被禁止进出口的货物、物品,走私此类货物违反了国家禁止进出口的监管秩序。在形式上满足行政规范所规定的禁止进出口的货物、物品。对于尚未达到此种危险程度的走私行为,刑法的触角不应过度延伸,运用行政处罚手段即可有效防止违法行为发生的,刑罚作为最严格的制裁手段不应提前出现。

2. 对未经安全检测或出于治安管理需要的范围理解

运用同质性解释规则分析,得出《解释》第 11 条第 1 款第 6 项中"其他禁止进出口的货物、物品"应限定在未经安全检测或出于治安管理需要而被国家禁止进出口的货物、物品范围之内。对于仿真枪、管制刀具以及对我国经济、文化有害的印刷品、胶卷等其他物品,都属于国家出于维护社会治安的管理需要而被禁止进出口的货物、物品,所以属于《解释》第 11 条第 1 款第 6 项中的内容。

对于未经安全检测而被禁止进出口的货物、物品,则是因其产品安全质量无法得到保障,将对国内外消费者的人身、财产权益造成威胁。例如,近两年进口煤和国内煤的价差持续保持较大差额,走私进口煤的案件出现了多发的势头,引起众多的关注。上海市高级人民法院的二审裁定书认为,走私自朝鲜进口的煤炭属于走私国家禁止进出口的货物、物品罪,符合《解释》第 11 条第 1 款第 6 项的规定,将来自朝鲜的煤炭认定为"其他禁止进出口的货物、物品"。[①]这一判断正是对《解释》第 11 条第 1 款第 6 项中"其他禁止进出口的货物、物品"的规定作出同质性解释,将未经安全检测的,其成分中所含的硫、磷等有害元素通常达不到我国安全标准的走私煤认定为"其他禁止进出口的货物、物品"。根据商务部、海关总署公告 2017 年第 40 号文件的规定,自朝鲜进口煤等产品一律按禁止进口货物处理。因此,在规范性文件已经对其行为进行否定性评价的前提下,同时满足了国家实施禁止性进出口管理规定的规范保护目的,且将其纳入《解释》第 11 条第 1 款第 6 项中"其他禁止进出口的货物、物品"并未超出同质性的含义,应认为判断于法有据、合情合理。

(二)以走私冻品类案为例分析条款之间的关系

《解释》第 11 条第 1 款第 6 项中"其他禁止进出口的货物、物品"的规定作为该项中的兜底条款,与《解释》第 11 条中的其他条款之间并非绝对的相互排斥的关系,而是具有一定的重合性。例如,以走私疫区特定冻品为例,该冻品既属于来自境外疫区的动植物及其产品,又属于未经安全检测而被禁止进出口的货物、物品,因而同时符合《解释》第 11 条第 1 款第 4 项和第 6 项。不过,《解释》第 11 条第 1 款第 4 项和第 6 项的量刑规则并不相同,走私相同质量或价值的货物、物

---

① 参见(2020)沪刑终 27 号裁定书。

品,前者的法定刑重于后者。不难看出,《解释》第 11 条第 1 款中前 5 项属于特殊条款,而最后一项属于一般条款,同时满足第 11 条第 1 款不同项的,应优先适用前 5 项。以走私冻品类案件为例,具体分析《解释》第 11 条各款项之间的关系,以及国家禁止进出口的货物、物品罪与其他犯罪之间的关系。

1. 走私冻品类犯罪的社会危害性

冷冻品对保管、储存、运输等环节都有极其严格的条件,且属于其他食材的基础原料,国内市场的需求量较大。走私分子为牟取暴利,很难提供安全有效的条件保证食品安全,因而走私冷冻品很容易威胁人们的食品健康安全。绕关,即从未设立海关的地点或不经过海关进出境,这种方式直接躲避海关,是最原始的逃避海关监管的手段。[①]在绕关走私中,冷冻品的保管、储存、运输完全处于无监管状态,更容易导致冷冻品因未处于安全有效的储藏条件而发霉、变质。况且,以海上走私为代表的绕关走私往往运输时间长、货物数量大,从发货环节到终端收货环节,中途往往经过多次不正规的方式更换存储设备、运输工具,更增加了食品安全的风险性。如今走私冻肉犯罪已经形成“购、运、储、销”为一体的走私链,而且整个冻肉的供销利益链条已经存在固化的迹象。[②]食品安全涉及源头环节、中间环节和终端销售环节,而货物进口恰恰处于源头环节,更有必要强化源头治理。据此,从保障食品安全的角度,从严打击冷冻品走私符合刑事政策的要求。

根据海关总署颁布的现行有效的《禁止进出境物品表》的规定,有碍人畜健康的、来自疫区的以及其他能传播疾病的食品、药品或其他物品禁止进出口。这并非意味着所有来自疫区的食品、药品均属于国家禁止进出口的货物、物品,而是能传播疾病的来自疫区的食品、药品才属于禁止进出口货物、物品的范围。食品、药品直接关系到人民群众的生命健康,国家对食品、药品的生产、流通和进口都实行最严格的监管制度。根据全国人大常委会于 2009 年修改的《进出境动植物检疫法》第 5 条规定,国家禁止动植物疫情流行的国家和地区的有关动植物、动植物产品和其他检疫物进境;禁止进境物的名录,由国务院农业行政主管部门制定并公布。第 14 条规定,输入动植物、动植物产品和其他检疫物,应当在进境口岸实施检疫;未经检疫的,不得卸离运输工具;经检疫合格的,准予进境;经检疫不合格的,通知货主或者其代理人作除害、退回或者销毁处理。可见,非国家禁止进出口的动植物产品仍需要检疫合格后方能进境。绕关走私冷冻品中,由于完全逃避海关监管,根本未经检疫,不符合入境的标准,所以危害我国公众健

---

①　姜康康:《走私犯罪中“逃避海关监管”之考量》,载《海关与经贸研究》2018 年第 4 期。

②　陈鹏:《我国走私进口冻肉犯罪的防控》,载《四川警察学院学报》2016 年第 4 期。

康安全的风险极其高。

2. 具体分析走私冻品类案的适用条款

走私冻品类案中如何适用相关条款存在争议。①《解释》第 11 条第 1 款第 4 项规定,走私来自境外疫区的动植物及其产品以走私国家禁止进出口的货物、物品罪论处。不过,并非所有类型的冻品都属于境外疫区禁止进出口的货物。例如,海关总署于 2016 年 7 月 6 日发布的《禁止从动物疫病流行国家/地区输入的动物及其产品一览表》中显示,因韩国禽流感、古典猪瘟、口蹄疫三种疫病的存在,禁止从韩国进口的货物有禽类及其产品、猪及其产品、偶蹄动物及其产品(2020 年 3 月 10 日更新的版本显示,除上述三类货物外增加了禁止从韩国进口猪、野猪及其产品)。那么,对于走私来自疫区未被禁止进出口的货物、物品的,应按照走私普通货物、物品罪还是按照《解释》第 11 条第 1 款第 6 项的规定以走私国家禁止进出口的货物、物品罪论处? 如果无法查清具体是何种冻肉的,该类走私行为又应如何定性? 为解决以上争议,本书以海上走私冻品②一案为例分析走私冷冻类案的适用条款问题。

本案发生在 2017 年年初,刘某等人组织船舶两次从韩国釜山港接驳冷冻品走私入境,在浙江沿海一处非设关码头卸货共计 1400 余吨(每个航次 700 余吨),大量集卡车前往上述码头接驳后,运往广东东莞等地。其中,第二航次未卸完的 50 余吨冻鸡爪、冻牛肉被现场查获,其余货物均已发往东莞。后海关缉私部门经全力追查,又查证 200 吨左右货物为冷冻鸡爪、冻牛肉。经检验检疫部门核定,上述 250 余吨货物为国家禁止从韩国进境的禽类、偶蹄类动物及其产品。对于剩余 1100 多吨货物,可以确定为冻肉,但无法查实具体为何种冻肉。针对本案已查实的 250 吨冷冻鸡爪、冻牛肉,可以按走私国家禁止进出口的货物、物品罪认定,而针对能否将案中 1100 吨冷冻肉认定为国家禁止进口的货物、物品有不同的观点。一种观点认为,对于其余 1100 吨冷冻品,可以在核税基础上按走私普通货物、物品罪定罪处罚。根据 2019 年 3 月 27 日最高人民法院、最高人民检察院与海关总署颁布的《打击非设关地成品油走私专题研讨会会议纪要》,最后一条明确指出“办理非设关地走私白糖、冻品等刑事案件的相关问题,可以参照本纪要的精神依法处理”。并且在第 1 条中指明,“走私成品油,构成犯罪的,依照刑法第 153 条的规定,以走私普通货物罪定罪处罚”。事实上实践中有不少案件也是这样处理,同一批次冻品走私中,由于货物种类多样,经常按走私

---

①　有法院判决认为走私国家禁止进出口的肉类冻品按照《解释》第 11 条第 1 款第 6 项、第 2 款第 1 项之规定处罚。参见(2020)沪 03 刑初 127 号判决书、(2020)沪 03 刑初 92 号判决书。

②　参见(2017)浙 02 刑初 114 号判决书。

国家禁止进出口的货物、物品罪和走私普通货物、物品罪数罪并罚。①如果将海上绕关走私的冷冻品一律以走私国家禁止进出口的货物、物品罪定罪，那么对于非疫区的走私冻品其"数额较大""情节严重"的界限将含糊不清。目前走私国家禁止进出口的货物、物品罪的立法中，针对走私非疫区冷冻品的直接规定是空白的。走私非疫区的冷冻品与疫区的冷冻品的社会危害性不同，如果直接适用疫区标准显然也有违公平。因此，该观点认为从有利于被告人的角度，在查实的货物种属之内按价格最低、税率最低的标准归类进行核税。然而，本案如果按该思路处理，又会陷入难以自圆其说的矛盾：如果按最低价格和税率，通常应归类为冻肉中的鸡肉等禽类产品，而禽类产品又属于禁止从疫区（即本案的韩国）进口的产品，显然又不符合核税要求。另一种观点认为本罪应以走私国家禁止进出口的货物、物品罪处理，且适用《解释》第 11 条第 1 款第 6 项的规定。本书认为该观点更具实用性，且符合《解释》第 11 条的实质内涵。《解释》第 11 条中"其他禁止进出口的货物、物品"的适用范围应与同款同项的"走私旧机动车、切割车、旧机电产品"对比，将其限定于没有经过安全检测或是出于治安管理的需要而被禁止进出口的货物、物品。倘若来自境外疫区，仅因走私的某一动物及其产品来自境外疫区，就当然地认为该动物及其产品属于国家禁止进出口的货物、物品这一认识有所偏差，因为并无法律法规明文规定来自疫区的所有动物及其制品皆禁止入境。当走私的对象不属于国家法律、行政法规、规章等规范性文件中规定的禁止进出口的动植物及其产品的，即使绕关避税或以其他违法手段走私的，也不应以走私国家禁止进出口的货物、物品罪定罪处罚。但是当走私的冻肉来自非境外疫区，但同样被行政规范所禁止进出口的，那么符合未经过安全检测或是妨害治安管理的实质要求的，应适用《解释》第 11 条第 1 款第 6 项的规定定罪处罚。同时，对于本案中未经海关检验检疫而入境的 1100 吨冷冻肉，若违反有关动植物防疫、检疫的国家规定，引起重大动植物疫情，或者有引起重大动植物疫情危险，情节严重的，属于《刑法》第 337 条妨害动植物防疫、检疫罪的处罚范畴，可以按照想象竞合择一重罪处理。

二、对走私国家禁止进出口的货物、物品罪量刑标准的理解

《解释》第 11 条根据国家禁止进出口的货物、物品的性质及其社会危害性的大小，分别确定了不同的定罪量刑标准。在适用该条规定时应注意以下问题：

---

① 如苏某泉、苏某平走私普通货物、物品、走私国家禁止进出口的货物、物品案，参见（2018）粤刑终 1417 号裁定书；陶某波、杨某龙走私普通货物、物品、走私国家禁止进出口的货物、物品案，参见（2017）辽 02 刑初 78 号判决书。

第一，除古生物化石外，《解释》第 11 条第 1 款就走私其他五类禁止进出口的货物、物品规定了数额与数量并用的定罪量刑标准，达到其中任一标准即构成犯罪。这样规定主要是考虑到即使在同一种类的禁止进出口货物、物品中，不同的货物、物品之间计算价值、计量数额的方式也不尽相同，不宜只规定一种标准。其中，对于国家保护野生植物、珍稀植物以及重点保护的古生物化石或未命名的古生物化石的具体范围，可参考《解释》第 12 条的规定具体判断。

第二，《解释》第 11 条第 1 款第 3 项所规定的有毒物质，可以参考相关行政性规范文件将《解释》规定的有毒物质的概念具体化。例如，最高人民法院刑事审判第二庭指出："关于有毒物质的认定，可以参照《最高人民法院、最高人民检察院关于办理环境污染刑事案件适用法律若干问题的解释》第 10 条。"①不过，2013 年颁布的最高人民法院、最高人民检察院《关于办理环境污染刑事案件适用法律若干问题的解释》已被 2016 年颁布的新司法解释代替，新司法解释规定环境污染罪中所指的有毒物质包括：(1)危险废物，是指列入国家危险废物名录，或者根据国家规定的危险废物鉴别标准和鉴别方法认定的，具有危险特性的废物；(2)《关于持久性有机污染物的斯德哥尔摩公约》附件所列物质；(3)含重金属的污染物；(4)其他具有毒性，可能污染环境的物质。环境污染罪所保护的法益为我国的环境资源，恰好符合国家实施禁止性进出口措施的规范保护目的之一，即对国家生态、环境治理方面的保护。并且，从《解释》第 11 条第 1 款第 5 项的规定中也可以看出，国家禁止进出口的货物、物品包括妨害环境、资源保护的货物、物品，因此可以将《解释》第 11 条第 1 款第 3 项中"有毒物质"的范围与 2016 年最高人民法院、最高人民检察院《关于办理环境污染刑事案件适用法律若干问题的解释》中"有毒物质"的范围画等号。换言之，以污染环境罪中对"有毒物质"的限定作为走私国家禁止进出口的货物、物品罪中犯罪对象的限定，未超出国民预测可能性，符合罪刑法定原则。此时，《解释》第 11 条第 1 款第 5 项中的"等妨害环境、资源保护的货物、物品"，不再包括妨害环境、资源保护的有毒物质，而仅指妨害环境、资源保护的一般物质，如木炭、硅砂等。

第三，来自境外疫区的动植物及其产品，不当然地属于国家禁止进口的货物、物品。来自境外疫区的动植物及其产品是否属于国家禁止进口的货物、物品，应以是否为我国进出境检验检疫机构所明令禁止作为认定依据。不能仅仅因为走私的某一动植物及其产品来自境外疫区，就当然地认为该动物及其产品属于国家禁止进出口的货物、物品，进而认定相关走私行为构成走私国家禁止进

---

① 如苏某泉、苏某平走私普通货物、物品、走私国家禁止进出口的货物、物品案，参见(2018)粤刑终 1417 号裁定书；陶某波、杨某龙走私普通货物、物品、走私国家禁止进出口的货物、物品案，参见(2017)辽 02 刑初 78 号判决书。

出口的货物、物品罪，还应当认真分析走私的对象是否系国家法律、行政法规、规章等规范性文件中规定的禁止进出口的动植物及其产品。例如，2020 年 3 月海关更新的《禁止从动物疫病流行国家/地区输入的动物及其产品一览表》中规定：因巴基斯坦地区口蹄疫、禽流感严重而禁止从该地区进口偶蹄动物及其产品、禽类及其产品。不过该规定并未将该地区的猪、野猪及其产品纳入禁止进口的范围，所以从巴基斯坦进口猪肉及其产品不属于走私国家禁止进口的货物、物品。事实上，司法实践中经常查获走私冻肉类案件，尽管法院在判决行为人走私国家禁止进口的来自疫区的动物冻品入境，情节严重，其行为已构成走私国家禁止进出口的货物、物品罪，按照《解释》第 11 条第 1 款第 4 项走私来自境外疫区的动植物及其产品予以量刑。[①]但事实上仍应区分冻品是否来自疫区的禁止性类别的动物制品。前置性规范文件的否定性评价是走私犯罪成立的前提，既然前置性规范文件并未禁止全部来自境外疫区的动植物及其制品，那么就不应该将《解释》第 11 条第 1 款第 4 项的范围无限扩大，而是将该项的对象具体到疫区中某类已经被明确禁止进出口的动物及其制品。

第二节　以其他走私特定货物、物品犯罪罪名定罪处罚

行政性规范文件将武器、弹药及爆炸物、伪造的货币及伪造的有价证券、对道德有害的印刷品、胶卷、照片、唱片、影片、录音带、录像带、激光视盘、计算机存储介质及其他物品等都纳入国家禁止进出口的货物、物品的范畴，但对应的并非刑法中的走私国家禁止进出口的货物、物品罪，而是以走私武器、弹药罪，走私核材料罪，走私假币罪，走私淫秽物品罪等其他走私特定货物、物品罪予以规制。因此，如何理解此类走私特定货物、物品犯罪的罪名，这些罪名与走私国家禁止进出口的货物、物品罪之间是否属于特殊法与普通法的关系则需要进一步分析。

一、其他走私特定货物、物品犯罪中犯罪对象的界定

我国刑法将走私犯罪对象划分为十二种，其中既有依照货物、物品自身物质属性、外部特征划分的走私罪名，也有依照国家对货物、物品管控程度高低而划分的走私罪名。具体而言，我国刑法依照走私货物、物品自身物质属性、外部特征列举的罪名有十类，其分别为走私武器、弹药罪；走私核材料罪；走私假币罪；走私文物罪；走私贵重金属罪；走私珍贵动物、珍贵动物制品罪；走私淫秽物品罪；走私废物罪；走私毒品罪；走私制毒物品罪。其犯罪对象都符合禁止性进出口管理规

① 参见（2019）粤刑终 942 号裁定书。

定。因此,需要对此类走私特定货物、物品犯罪中犯罪对象的范围作出界定。

《解释》第 2 条对走私武器、弹药罪中的"武器、弹药"这类犯罪对象作出规定,指明须"参照《中华人民共和国进口税则》及《中华人民共和国禁止进出境物品表》的有关规定确定"。同时第 3 条指出,走私枪支散件构成犯罪的,同样属于走私武器罪。第 4 条规定,走私各种弹药的弹头、弹壳,构成犯罪的,以走私弹药罪定罪处罚。走私报废或者无法组装并使用的各种弹药的弹头、弹壳,构成犯罪的,依照《刑法》第 153 条的规定,以走私普通货物、物品罪定罪处罚;属于废物的,依照《刑法》第 152 条第 2 款的规定,以走私废物罪定罪处罚。弹头、弹壳是否属于前款规定的"报废或者无法组装并使用"或者"废物",由国家有关技术部门进行鉴定。由此可见,即使犯罪对象同样为弹头、弹壳的,不同性质、不同性能的弹头、弹壳将影响罪名适用。与之相同的是仿真枪的认定。根据《解释》第 5 条的规定,走私国家禁止或者限制进出口的仿真枪、管制刀具,构成犯罪的,以走私国家禁止进出口的货物、物品罪定罪处罚。走私的仿真枪经鉴定为枪支,构成犯罪的,依照《刑法》第 151 条第 1 款的规定,以走私武器罪定罪处罚。因此,针对同一犯罪对象而言,具体适用何种罪名仍需要具体判断其性质和性能。根据《解释》第 7 条的规定,走私假币罪的犯罪对象包括正在流通的人民币和境外货币。伪造的境外货币数额,折合成人民币计算。《解释》第 10 条规定包括了《刑法》第 151 条第 2 款规定的"珍贵动物",也包括列入《国家重点保护野生动物名录》中的国家一、二级保护野生动物,《濒危野生动植物种国际贸易公约》附录 I、附录 II 中的野生动物,以及驯养繁殖的上述动物。

由此可见,其他走私特定货物、物品犯罪中犯罪对象的认定,同样离不开行政性规范文件的具体规定。而且,还需要结合犯罪对象的性质、具体性能判断是否能够适用走私特定货物、物品类犯罪。

二、与走私国家禁止进出口的货物、物品罪的关系判断

《刑法修正案(七)》出台之前,刑法走私犯罪的条文结构具有一定的特点:第 153 条是走私普通货物、物品,第 151 条、第 152 条是走私特定货物、物品。第 153 条属于类型立法,第 151 条第 1、2 款属于列举立法。《刑法修正案(七)》出台以后,走私国家禁止进出口的货物、物品罪的相关规定使立法结构重新编排,走私犯罪的体系关系再次得到了明确,同时也符合罪刑法定原则。因此,可以从立法结构的重新编排、走私犯罪的体系关系以及罪刑法定原则这三个角度具体分析其他走私特定货物、物品犯罪与走私国家禁止进出口的货物、物品罪的关系。

(一)立法结构的重新编排

从文义解释的角度看,《刑法修正案(七)》第 1 条应当是对《刑法》第 151 条

第 3 款本身的修改,即将处罚对象由"珍贵植物及其制品"扩大到了"国家禁止进出口的其他货物、物品"。按照逻辑上的推理,此处的"其他货物、物品"应当是对"珍稀植物及其制品"的补充性修饰,是对走私珍稀植物、珍稀植物制品罪的犯罪对象作出的新规定。但是按照刑法第三章第二节的立法体例,①其基本思路是,在货物、物品中划出特定的货物、物品,再在特定的货物、物品中划出三大类:淫秽物品;废物;武器弹药、核材料、假币、文物、贵重金属、珍贵动物及其制品、珍贵植物及其制品。据此,凡是没有被列明的都只能作为普通货物、物品。只是刑法中本没有"普通货物、物品",是因为刑法将某些货物、物品作了专门规定,"特定货物、物品"被特定化后,才有"普通货物、物品"。刑法中将"普通货物、物品"作为单独罪名的罪状是司法解释对《刑法》第 153 条的理解。它是一个相对的概念,其内容是指"走私本法第一百五十一条、第一百五十二条、第三百四十七条规定以外的货物、物品",这表明该三条本来也是总的走私罪中的类别。从这个角度看,刑法所规定的走私罪的框架是:除了列出特定的走私对象构成特定走私犯罪之外,其他的对象都归入《刑法》第 153 条定罪处罚,其竞合关系依据特别规定优于一般规定的原则处理。但是,《刑法修正案(七)》在这中间增加了一层"国家禁止进出口的其他货物、物品",它属于特定的其他货物、物品还是属于一般的其他货物、物品? 如果是属于特定的其他货物、物品,那么,它的比对对象是武器弹药、核材料、假币、文物、贵重金属、珍贵动物及其制品;如果是一般的其他货物、物品,那么它的比对对象还包括淫秽物品和毒品。但是,无论从哪个角度讲,"其他货物、物品"的比对对象都不是"珍稀植物及其制品"。

从法定刑角度判断,走私国家禁止进出口的货物、物品罪最高法定刑为十五年有期徒刑,而同为第 151 条其他罪名的最高法定刑为无期徒刑。即使是走私社会危害性更轻的普通货物、物品,构成犯罪的,最高法定刑也是无期徒刑。只有走私废物罪的最高法定刑与走私国家禁止进出口的货物、物品罪的最高法定刑一致。因此,如果认为走私国家禁止进出口的货物、物品罪属于整个走私犯罪的兜底条款,那么将与走私普通货物、物品罪中"走私本法第一百五十一条、第一百五十二条、第三百四十七条规定以外的货物、物品"的规定有所冲突;如果认为走私国家禁止进出口的货物、物品罪仅属于第 151 条的兜底条款,那么其最高法定刑似乎又与本条中的其他罪名不相匹配。虽然走私犯罪的分类标准在立法上并没有明确的规定,学界对此认识也不同,但在对同一类犯罪的罪种划分上应当采用统一的标准,这是基本的要求。②而《刑法修正案(七)》对走私犯罪的修改打

①　走私毒品罪以及走私制毒物品罪被规定在刑法分则第六章妨害社会管理秩序罪的第七节中。
②　楼伯坤:《〈刑法修正案(七)〉对走私罪修改引发的冲突及其解决》,载《政治与法律》2009 年第 11 期。

破了这种统一性,重构了走私犯罪立法结构体系。

刑法条款的修订旨在填补原有立法规定上的不足,但过于频繁的立法调整反映出我国刑法适用中存在缺陷。精细化的刑事立法既有适用统一性的追求,又有从立法层面防范罪名"口袋化"的良愿。①但过于精细的刑事立法与实践需求功能存在抵牾,限缩了司法者的解释空间,也无法及时与社会实践中出现的多样犯罪形态相对应。刑法规范具体与抽象的辩证关系,要求立法者在立法活动中运用类型思维,通过犯罪类型的本质特征来描述构成要件,采用类型例示法等技术选择,在动态中兼顾明确性与适应性之间的平衡。②但在主张刑事立法以类型化为指导的同时,还应做到:一是不能完全按照具体案件情况抽象构成要件,而应进行必要的归纳、整理,把握事实的本质与重要特征;二是采用适当的抽象性、一般性描述,尽可能将没有明显变易性的传统犯罪纳入刑法进行规制;三是采取例示法,将严重的现代型犯罪规定在刑法或者单行刑法中;四是注重类型化描述的合目的性,实现刑法的法益保护目的。将类型化立法方法贯彻到走私犯罪立法中,主要体现在规定了走私国家禁止进出口的货物、物品罪。仅从罪名判断,本罪作为《刑法》第151条第3款,应认为其属于《刑法》第151条前两款内容的兜底条款,进而将除前两款外的其他国家禁止进出口的货物、物品有条件地纳入本罪的规制范围。国家禁止进出口的货物、物品包括武器、弹药、核材料、假币、文物、贵重金属、珍贵动物、珍贵动物制品,走私国家禁止进出口的货物、物品罪与第151条规定的其他犯罪属于法条竞合的关系,其他法条属于特殊条款。因此,尽管武器、弹药等货物、物品属于国家禁止进出口的货物、物品,但仍应以《刑法》第151条前两款的具体罪名予以论处,而非按照抽象类型化的走私国家禁止进出口的货物、物品罪处置。

(二)体系关系的再次明确

用走私国家禁止进出口的货物、物品罪取代走私珍稀植物及其制品罪并设置在第151条第3款,在一定程度上重新明确了原有刑法条文与上下条文之间的逻辑体系关系。

第一,明确了走私犯罪单向性和双向性的关系。《刑法》第151条第2款规定的文物、黄金、白银和其他贵重金属仅限于禁止出口,即具有转移方向的"单方性",走私珍贵动物及其制品既包括进口,又包括出口,即具有方向的"双向性"。走私国家禁止进出口的货物、物品罪作为《刑法》第151条第3款的规定,与走私珍贵动物及其制品的方向性一致,都具有"双向性"的特点。不过需要注意的是,国家禁止进出口的货物、物品属于抽象类型化的概念,明确走私行为的方向性应

---

①②　陈伟、蔡荣:《刑法立法的类型化表述及其提倡》,载《法制与社会发展》2018年第2期。

聚焦于特定货物、物品。由于国家禁止进出口的货物、物品的范围在相当大的程度上依赖于有关行政规范的规定,而相关行政规范往往针对不同的禁止进出口的货物、物品作出禁止进口、禁止出口、禁止进出口等不同的规定,因此具体到特定货物、物品时,相应的走私行为是否具有"双向性"仍需具体分析。

第二,明确了保护珍稀植物及其制品与珍贵动物及其制品的关系。《刑法》第151条第3款将走私珍稀植物及其制品的行为规定为犯罪,体现了国家对珍稀植物及其制品的法律保护。在体例安排上,将走私珍稀植物及其制品与走私珍贵动物及其制品分列于不同款项,并确立了不同的刑罚标准,对走私珍稀植物及其制品的处罚较之走私珍贵动物及其制品的处罚为轻,对走私珍贵动物及其制品予以更为严厉的刑罚。将走私其他国家禁止进出口的货物、物品与走私珍稀植物及其制品置于同一款,适用相同的法定刑。对比第151条前两款的法定刑规定,最后一款走私国家禁止进出口的货物、物品罪的法定刑相对较轻,进而体现了走私国家禁止进出口的货物、物品罪属于兜底性质的条款,适用较轻的法定刑,防止利用较重的法定刑不当扩大处罚范围。不过,这也在一定程度上分裂了珍稀植物及其制品与珍贵动物及其制品的关系,人为地区分两者的社会危害性,不符合国家对野生动植物一体化、整体化保护的精神。

第三,明确了走私普通货物、物品罪与走私国家禁止进出口的货物、物品罪的关系。在设立走私国家禁止进出口的货物、物品罪之前,"从逻辑上讲,凡是属于刑法上有特别规定的武器、弹药、珍贵文物、假币等特殊货物、物品以外的货物、物品都属于普通货物、物品的范畴"。[①]《刑法修正案(七)》对走私犯罪的修改,实际上明确了走私国家禁止进出口的货物、物品罪属于第151条兜底性质的条款,一般情况下与走私普通货物、物品罪的犯罪对象范围之间属于相互排斥的关系。然而需要明确的是,根据《解释》第21条的规定,未经许可进出口国家限制进出口的货物、物品构成犯罪的,以走私国家禁止进出口的货物、物品罪等罪名论处,同时构成走私普通货物、物品罪的,以处罚较重的规定定罪处罚。由此可见,对于走私国家限制进出口的货物、物品,同样可以构成走私国家禁止进出口的货物、物品罪。但是,既然是限制进出口的货物、物品,并非绝对的禁止型货物、物品,因此也有可能涉及偷逃税额的问题,即同时又构成逃税数额较大的走私普通货物、物品罪。所以从这一角度分析,走私国家禁止进出口的货物、物品罪与走私普通货物、物品罪并非相互排斥的关系,同样存在竞合的关系。这种竞合情形的出现是由于《解释》第21条将未经许可进出口的国家限制进出口的货物、物品纳入国家禁止、进出口的货物、物品的范围之中,进而出现与走私普通货

---

① 苗有水:《走私犯罪的认定及法律适用》,载《人民司法》2002年第9期。

物、物品罪之间法条竞合的关系。尽管走私国家禁止进出口的货物、物品罪属于特殊法条,走私普通货物、物品罪属于一般法条,通常情形下的法条竞合应优先适用特殊法条,但由于《解释》第21条规定,同时构成其他犯罪的,依照处罚较重的规定定罪处罚。因此,在此种法条竞合的情形下,优先适用处罚较重的条文。

（三）罪刑法定原则的重申

《刑法》第151条第3款规定,走私珍稀植物及其制品等国家禁止进出口的其他货物、物品的,构成走私国家禁止进出口的货物、物品罪。立法者在形成规范时,总是在一定的评价观点之下,将反复出现的、具有共性的事物整理、提炼为类型。[①]具体到本罪中,国家禁止进出口的货物、物品概念的形成过程,就是在特定的评价观点下,挑选出对评价而言最具代表性且足以被详尽概括的要素特征加以固定。但如果司法实践无法准确还原"事物本质",则《刑法》第151条第3款的规定就存在问题。据此,应从立法者的原意出发,逐一廓清本罪类型化立法的内涵,以罪刑法定原则为边界,确保刑法规范的明确性与安定性,并以刑法的预测可能性为检验标准。[②]纵观各国对走私国家禁止进出口货物、物品的定罪方式,无论以刑法予以立法,还是以刑法及附属刑法共同规范,都只是立法技巧不同,因为无论是专门的刑法,还是以辅助刑法规定所处罚的犯罪行为,都是在立法技术或立法体例上将违法行为的构成要件和处罚后果规定在刑法或刑法之外的辅助刑法中。它们规定所处罚的犯罪行为,在行为本质、法律效果或定罪科刑的法定程序上均无不同之处,同样必须适用刑事诉讼法规定的公检法追诉程序,并不会因为规定在刑法之外而适用行政法上的处理程序。各国立法体例和立法技术的不同,往往来自各国立法传统的不同,但无论以哪种形式的立法来明确刑事罚则,都必须遵循罪刑法定原则。该原则内涵之一是一国的罪和刑都必须明确,刑事法所规定之犯罪与刑罚,包括了犯罪的构成要件和法律效果都必须明确。构成要件的明确性要求刑法对犯罪行为要件的规定,应避免使用可扩张或模棱两可的用词作为构成要件要素;法律效果的明确要求刑法对于犯罪行为法律后果的规定,对其所处刑罚种类必须明确,法定刑的高低间差距不可过大。

罪刑法定原则的真正贯彻,实能够限制国家对公民进行事后追诉的权力和防止司法机关滥用刑罚权,避免对法无明文规定之行为的刑事追究。司法者只能对符合法定构成要件的、有责的危害行为进行法律评价,对法无明文规定的严重危害社会的行为不能予以刑法上的否定评价。表面上看似放纵了犯罪,但这是实现罪刑法定原则的必要承受。为了将这部分实际代价控制在最低限度,必

---

①　杜宇:《基于类型思维的刑法解释的实践功能》,载《中外法学》2016年第5期。

②　参见马荣春:《刑法类型化思维的概念与边界》,载《政治与法律》2014年第1期。

须积极采用司法、立法上的控制措施,弥补刑事立法上的漏洞。具体而言,司法解释的任务对于刑法规范的意义是"说明"而不是"创造",即司法解释的任务是进一步阐释刑法立法的含义而不是对之进行废、改、立。①最高司法机关的司法解释是对法律条文中不明确的地方作出进一步的明确,是在原有规定的基础上释义,而非创设新的行为方式或者罪名。如若司法解释对一些违法行为直接犯罪化,使原本不属于刑法规制的行为划入定罪量刑的范畴,便极容易使司法解释所解释的罪名"口袋化"。②

　　走私国家禁止进出口的货物、物品罪设立之前,对于走私除武器、弹药、核材料、假币、文物、贵重金属、珍贵动物及其制品、珍稀植物及其制品以外的国家禁止进出口的货物、物品,无法纳入刑法的规制范围之中。倘若以走私普通货物、物品罪处置,将国家禁止进出口的货物、物品解释为普通货物、物品则有违罪刑法定的要求。据此,设立走私国家禁止进出口的货物、物品罪作为兜底性质的条款,设立相应的法定刑,符合罪刑法定原则中明确性的要求,进而使刑法规制相关行为于法有据。另外,刑法中的量刑标准涉及被告人的基本权利,依我国宪法规定不能由最高国家权力机关之外的主体和法律之外的形式来作为,创制和施行新的刑罚标准必须以符合宪法的方式进行。③据此,司法解释只能针对刑法中所制定的量刑标准予以细化,不得创设新的刑罚标准,否则有违罪刑法定原则。最高人民法院、最高人民检察院出台的司法解释针对办理走私刑事案件过程中的法律适用问题作出了规定,其中包括对罪名作出的定罪量刑的规定,同时还明确了一些有争议的问题的处理,在一定程度上有利于司法实践的统一和准确把握。为防止走私国家禁止进出口的货物、物品罪成为口袋罪,《解释》通过第 11 条、第 21 条的规定,将本罪的犯罪对象限定于珍稀植物及其制品、古化石、有毒物质、境外疫区的动植物及其产品、妨害环境资源保护的货物、物品和旧机动车、切割车等其他禁止进出口的货物、物品,以及未经许可进出口国家限制进出口的货物、物品。不过,在限定本罪犯罪对象的同时,《解释》第 11 条还规定了兜底性质的条款,即第 6 项中的"其他禁止进出口的货物、物品",我们应当在罪刑法定原则指导之下理解这一条款。除此之外,在法定刑的适用中也应遵循明确性的原则,《解释》第 21 条规定有"构成犯罪的",应如何理解相应的数额或价值认定的标准,即对应《解释》第 11 条中哪一项的量刑规则予以适用,同样是具体理解罪刑法定原则的体现。

①　赵秉志、陈志军:《论越权刑法解释》,载《法学家》2004 年第 2 期。
②　李学良:《规范司法解释:规避空白罪状"口袋化"的路径选择》,载《政法学刊》2016 年第 3 期。
③　万曙春:《宪法实施视角下走私刑事立法的问题和完善》,载《海关与经贸研究》2015 年第 5 期。

▌第五章▐
走私国家限制进出口货物、
物品犯罪的刑法规制

刑法中并没有规定走私国家限制进出口的货物、物品罪,对于国家限制进出口货物、物品予以走私的,如前文论述,可以构成走私国家禁止进出口的货物、物品罪。但是国家限制进出口货物、物品的确不同于国家禁止进出口货物、物品,国家限制进出口货物、物品在取得相关许可后,在规定数量内的进出口行为不构成走私国家禁止进出口的货物、物品罪,然而,如果偷逃应缴税额的,仍有可能构成走私普通货物、物品罪。因此,如何判断走私国家限制进出口货物、物品犯罪的刑法定性是本章重点讨论的内容。

第一节　以走私国家禁止进出口的货物、物品罪定罪量刑

未经许可进出口国家限制进出口的货物、物品的,有可能构成走私国家禁止进出口的货物、物品罪,但是需要满足《解释》第21条"构成犯罪"的要求。对《解释》第21条第1款"构成犯罪"的理解应重点从罪刑均衡原则出发进行实质把握。并且,走私国家限制进出口货物、物品犯罪中还存在租用、借用或者使用他人许可证的行为类型,能否同样以本罪加以规制值得探讨。

一、对《解释》第21条第1款"构成犯罪"的理解

《解释》第21条第1款规定:"未经许可进出口国家限制进出口的货物、物品,构成犯罪的,应当依照刑法第一百五十一条、第一百五十二条的规定,以走私国家禁止进出口的货物、物品罪等罪名定罪处罚;偷逃应缴税额,同时又构成走私普通货物、物品罪的,依照处罚较重的规定定罪处罚。"我们认为,对《解释》第21条第1款"构成犯罪"的理解应从行为的社会危害性以及罪刑均衡原则的角

度出发,以确定是否构成走私国家禁止进出口的货物、物品罪。

（一）"构成犯罪"是对社会危害性的评价

在刑事法领域,社会危害性与刑事违法性是辩证统一的关系。一方面,没有社会危害性就没有刑事违法性;另一方面,社会危害性如果不与刑事违法性结合在一起,就无所谓对社会危害性的评价,也即刑事违法性是彰显社会危害性的一个重要表现,社会危害性不能脱离刑事违法性而独立存在。《解释》第 21 条"构成犯罪"的规定即为对行为具有社会危害性的评价。

行为人在未经许可的情况下进出口国家限制进出口的货物、物品,这一行为本身是被禁止的。然而,被法所禁止的行为不一定构成犯罪,还有可能仅违反行政法。《解释》第 21 条之所以规定该行为依照《刑法》第 151 条、第 152 条规定的走私国家禁止进出口的货物、物品罪等罪名定罪处罚,是因为需要符合"构成犯罪"这一条件,即构成刑事违法,因此将其认定为犯罪行为。社会危害性是对犯罪行为以及与犯罪行为相关联的犯罪事实的评价。[①] 进一步论,在刑事立法上,社会危害性决定刑事违法性,也就是说,先有社会危害性后有刑事违法性,没有社会危害性就不应当有刑事违法性,这之间是一种决定与被决定、根源与派生的关系。尽管认定犯罪的根据是刑事违法性,但是刑事违法性本身只是严重的社会危害性在刑法的表征而已,或者说,严重的社会危害性是实质上的犯罪,刑事违法性是形式上的犯罪。[②] 实质犯罪与形式犯罪之间是内容与形式的关系。行政违法与刑事违法虽然存在社会危害性程度上的根本差别,但两者又有着不可分割的内在联系,这主要是指刑事违法中的法定犯。因此,违反行政法规的走私国家限制进出口的货物、物品行为,只要其社会危害性达到一定的严重程度,立法者就要将其规定为犯罪,予以一定的刑罚处罚。由此可见,刑事违法性是根据社会危害性程度予以否定走私行为。一般走私行为与走私犯罪的社会危害性不同,其法律评价当然不同。行政处罚与刑罚处罚的区分具有相对的意义,这主要表现为行政违法与刑事违法之间的互相转化,导致行政处罚与刑罚处罚范围的互相消长。刑法具有补充性的特点,其基本含义是:一般走私行为如果其并不具有特别严重的社会危害性,运用行政处罚方法足以制止其妨害社会的,那么就不应动用刑法对其评价为走私犯罪。具体到走私国家限制进出口的货物、物品的行为,刑法所规制的是社会危害性更严重的行为。《解释》第 21 条规定的"构成犯罪"就是行为具有严重社会危害性的体现。

对社会而言,人的行为大体可以分为单纯对社会有利、单纯对社会有害和兼

---

① 徐宗胜:《刑罚目的二律违背问题新解》,载《甘肃政法学院学报》2019 年第 1 期。

② 聂立泽:《走进刑法:中国刑法基本理论研究》,知识产权出版社 2010 年版,第 32 页。

具利害三种。受功利法则支配的社会对之有不同的社会政策立场:单纯对社会有利的行为,予以鼓励;单纯对社会有害的行为,予以抗制;兼具利害的行为,则在利害权衡的基础上采取有别之立场。①以追求社会的福祉为终极价值的法律只能把具有社会危害性的行为规定为违法行为,把具有严重社会危害性的行为规定为犯罪,对紧急避险等兼具利害的行为则进行利益衡量以决定其是违法还是合法。在制定和裁量对违法行为的制裁方法时,社会危害性的大小无疑是核心标尺。

针对《解释》第21条"构成犯罪"的理解,除了应符合走私犯罪认定的一般规律外,还应结合行为的社会危害性判断未经许可进出口国家限制进出口的货物、物品能否构成本罪。《解释》第21条第1款规定的走私未经许可的国家限制进出口的货物、物品,达到"构成犯罪"的要求,可以构成走私国家禁止进出口的货物、物品罪。即使该项规定是由刑法条文规定,即假如刑法条文中规定了走私国家限制进出口的货物、物品,构成犯罪的以第151条第3款论处,这种规定属于引证罪状,应该符合所引证罪状中统一性、确定性等要求。②更何况对于走私未经许可进出口国家限制进出口的货物、物品的有关内容是在《解释》中加以规定,更应严格予以限制从而防止突破罪刑法定原则的界限。据此,对《解释》第21条第1款中"构成犯罪"的理解成为关键。从对行政性规范文件的梳理中可以看出,国家限制进出口的货物、物品远比《解释》第11条的犯罪对象范围大得多。并且,《解释》第21条与第11条的规定模式不同,未对犯罪对象作出明确列举及指引,似乎应当将符合法律、行政法规制定目的的国家限制进出口的货物、物品都纳入第21条的犯罪对象范围。但仍应注意到《解释》规定"构成犯罪"的用意,并应当在适用同一罪名时,考量并列规定的不同行为的社会危害性。也即,对《解释》第21条规制行为的危害程度与第11条所规制内容相当时,方能符合"构成犯罪"的限缩之意。除珍稀植物及其制品、古生物化石等禁止进出口的货物、物品以外,《解释》第11条根据危害程度大致分为以下四类:第一类是可能引起重大的环境污染或者安全事故,危害人体健康和环境安全的;第二类是可能会引起传染病传播或者重大动植物疫情,严重威胁我国人民群众的生命安全和身体健康的;第三类是不利于保护国内资源和自然环境需要的;第四类是没有经过安全检测,或是不符合我国产业更新或者升级换代的需要,或是出于治安管理的需要而被禁止进出口。那么,针对《解释》第21条的相关内容,即使满足《对外贸易法》第16条所规定的目的限制,仍需与《解释》第11条内容所规定的危害程度相当。而且因《解释》第21条对犯罪对象的范围作出了扩大规定,那么在"构成犯

---

① 赵秉志、陈志军:《社会危害性理论之当代中国命运》,载《法学家》2011年第6期。

② 参见楼伯坤:《"犯前款罪"立法与引证罪状理论的冲突与协调》,载《法治研究》2011年第6期。

罪"方面,更应根据社会危害性程度的大小严格予以限缩,防止成为口袋罪。

（二）"构成犯罪"应当参照第 11 条的定罪标准

由于走私不同类型的限制进出口的货物、物品的社会危害性有所不同,应当在罪责刑相均衡原则的指导下理解"构成犯罪"的认定。贝卡利亚在刑法史上首次提出了"犯罪使社会遭受到的危害是衡量犯罪的真正标准"①的命题。社会危害性是衡量某行为是否构成犯罪所必不可少的条件,只有具有社会危害性才有可能构成犯罪。按照缓和的违法一元论的标准,认为刑法中的违法具有独特性,要具备特定的"量"的违法,主张"可罚的违法性"概念。换句话说,对于刑事违法而言,一般的违法性加可罚的违法性方能构成。②也即,刑事违法性在"量"上具有更高的要求。具体到未经允许进出口国家限制进出口的货物、物品行为中,《解释》第 21 条"构成犯罪"也就意味着走私行为需要达到一定的数量、数额,满足第 11 条相应的入刑要求后才能构成走私国家禁止进出口的货物、物品罪。另外,根据刑法条文的编排,不同罪名之间的社会危害性可能有所不同,通过轻重不同的法定刑可以看出予以处罚的程度有所不同;但适用同一罪名及同一法定刑的并列行为,应该意味着它们的社会危害性相近或相同。既然《解释》第 21 条规定构成犯罪的按照走私国家禁止进出口的货物、物品罪论处,而该罪的定罪量刑是以《解释》第 11 条的规定为标准,那么,未经许可进出口国家限制进出口的货物、物品的定罪量刑标准也应适用《解释》第 11 条的规定。《解释》第 11 条根据禁止进出口货物、物品的种类不同,划分了不同的定罪量刑标准。其中,第 1款第 6 项作为兜底条款,对应的数量、数额要求更多,也就意味着走私同样数量、数额的货物、物品社会危害性更轻。

司法实践中,对未经许可进出口国家限制进出口货物、物品的行为的定罪量刑标准并不统一,体现在对"构成犯罪"的理解有所不同。例如,硅铁、氧化镁属于出口许可证管理货物。广东省高级人民法院认为走私硅铁构成犯罪的适用《解释》第 11 条第 1 款第 6 项的定罪量刑标准。③换言之,对于走私国家限制进出口的货物、物品中,"构成犯罪"的理解要求达到"走私旧机动车、切割车、旧机电产品或者其他禁止进出口的货物、物品"的定罪量刑标准。但随后广东省高级人民法院认为走私氧化镁构成犯罪的适用《解释》第 11 条第 1 款第 5 项,即与走私木炭、硅砂等妨害环境、资源保护的货物、物品的定罪量刑标准一致。④

类似的情形还有走私制冷剂的案件。制冷剂的主要成分为一氯二氟甲烷,

---

① 参见［意］贝卡利亚:《论犯罪与刑罚》,黄风译,中国大百科全书出版社 1993 年版,第 69 页。
② 王骏:《违法性判断必须一元吗？——以刑民实体关系为视角》,载《法学家》2013 年第 5 期。
③ 参见(2018)粤刑终 422 号判决书。
④ 参见(2019)粤刑终 445 号判决书。

属于国家实行进出口配额许可证管理的消耗臭氧层的物质。浙江省高级人民法院认为走私制冷剂构成犯罪的适用《解释》第 11 条第 1 款第 5 项，即与走私木炭、硅砂等妨害环境、资源保护的货物、物品的定罪量刑标准一致。①而非将走私制冷剂"构成犯罪"的标准限定于《解释》第 11 条第 1 款第 6 项"走私其他禁止进出口的货物、物品二十吨以上不满一百吨，或者数额在二十万元以上不满一百万元的"。除此之外，走私天然砂构成犯罪的数量标准也具有争议。一方面，《商务部、海关总署公告 2017 年第 88 号——关于公布 2018 年出口许可证管理货物目录的公告》中指出天然砂属于实行出口许可证管理的货物，其中包括对台港澳地区出口天然砂的情形。换言之，向台湾地区出口天然砂需要获取出口许可证，未经许可向台湾地区出口的天然砂属于限制出口的货物、物品。广东省高级人民法院认为向台湾地区走私天然砂的行为适用《解释》第 21 条，同时对于"构成犯罪"的理解应对比《解释》第 11 条第 1 款第 5 项"走私木炭、硅砂等妨害环境、资源保护的货物、物品"的定罪量刑要求。②另一方面，根据上海海关关税处出具的《上海海关关税处关于"天然海砂"税目认定的函》、中国检验认证集团上海公司出具的《检验报告》的书证，证实涉案海砂在禁止自朝鲜进口商品目录内，属于禁止进口货物，上海市高级人民法院据此认为行为人走私来自朝鲜的天然砂构成走私国家禁止进出口的货物、物品罪，按照《解释》第 11 条第 1 款第 6 项和第 2 款第 1 项的规定，走私国家禁止进出口的货物，数量在 100 吨以上的，属于情节严重情形，处五年以上有期徒刑并处罚金。③由此可见，虽然同样是走私天然砂的行为，但因进出口的对象不同和行政法规范的规定有所差异，导致走私天然砂属于适用禁止性进出口管理规定的规范还是适用限制性进出口管理规定的规范有所不同。不过，值得反思的是，比起违反限制性进出口管理规定的法律后果而言，违反禁止性进出口管理规定所应承担的法律后果更为严重，然而《解释》第 11 条第 1 款第 5 项所要求的数量与数额相对于第 6 项而言更轻，也就是说同样数量、数额的货物、物品，适用第 5 项的规定将承担更重的法律责任。如此一来，上述广东省高级人民法院适用更重的罪责处罚较轻的违反限制性进出口管理规定的行为似有不妥。

虽然《解释》第 21 条规定了未经许可进出口国家限制进出口的货物、物品可能构成走私国家禁止进出口的货物、物品罪，但"构成犯罪"这一要素的出现严格限制了违反限制性管理规定的走私行为的定罪量刑标准。违反限制性管理规定的走私行为与违反禁止性管理规定的社会危害性有所不同，尽管两者的规范保

① 参见(2018)浙刑终 3 号裁定书。
② 参见(2018)粤刑终 429 号判决书。
③ 参见(2020)沪刑终 78 号裁定书。

护目的一致,也应该严格区分两者的法定刑适用,才能符合罪责刑相一致的要求。在《解释》第21条的定罪量刑标准参考第11条的情形下,既然第11条第1款第6项规定了"走私其他禁止进出口的货物、物品",并且法定刑所体现的社会危害性也相对较轻,那么就没有理由不适用该项规制走私限制性进出口货物、物品的行为。综上所述,对《解释》第21条"构成犯罪"的理解对应的定罪量刑标准应适用第11条第1款第6项的规定,进而符合罪责刑相均衡的基本原则。

（三）以走私药品类案为例分析"构成犯罪"的适用

《解释》第21条规定,未经许可进出口国家限制进出口的货、物品,构成犯罪的,应依照《刑法》第151条、第152条的规定,以走私国家禁止进出口的货物、物品罪等罪名定罪处罚。其中,"构成犯罪"并非意味着仅构成走私国家禁止进出口的货物、物品罪,同时存在构成其他罪名的竞合情形。例如,《刑法修正案（十一）》新增罪名中也涉及走私行为的认定:按照妨害药品管理罪第1款第2项的规定,违反药品管理法规,未取得药品相关批准证明文件进口药品的,足以严重危害人体健康或对人体健康造成严重危害或者有其他严重情节的构成本罪,同时又构成其他犯罪的,依照处罚较重的规定定罪处罚;非法采集人类遗传资源、走私人类遗传资源材料罪中规定,违反国家有关规定,非法运送、邮寄、携带我国人类遗传资源材料出境,危害公众健康或者社会公共利益,情节严重的构成本罪;非法引进、释放、丢弃外来入侵物种罪中规定,违反国家规定,非法引进、释放或者丢弃外来入侵物种,情节严重的构成本罪。以上三种罪名都有可能涉及走私国家禁止进出口的货物、物品行为。

以违反药品管理法规走私药品的行为为例,具体判断符合《解释》第21条"构成犯罪"的情形下罪名适用问题。根据2019年修订的《药品管理法》第64条的规定,海关凭药品监督管理部门出具的进口药品通关单办理通关手续。然而,并非所有未获药品监督管理部门出具的进口药品通关单的进口行为都属于走私犯罪。《药品进口管理办法》规定,只有进口麻醉药品、精神药品需要取得相关的《进口准许证》,其他药品则需要进口单位持《进口药品通关单》向海关申报。并且《药品进口管理办法》第10条规定,国家食品药品监督管理局规定的生物制品、首次在中国境内销售的药品以及国务院规定的其他药品必须经口岸药品检验,符合标准后方可办理进口备案手续。由此可见,药品中只有进口麻醉药品、精神药品需要获得许可证,属于国家限制进口的货物、物品;国家食品药品监督管理局规定的生物制品、首次在中国境内销售的药品以及国务院规定的其他必须经口岸药品检验的药品,由于需要经过口岸药品检验所的检验,符合《行政许可法》第12条中规定的直接关系公共安全、人身健康、生命财产安全的重要产品、物品,需要按照技术标准、技术规范,通过检验、检测、检疫等方式进行审定的需要设立行政许可的事项,因此也属于国家限制进口的货物、物品。未获得相关许可进口上述国家限制进口的药品的,应当按照《解释》第 11 条第 1 款第 6 项规定的"其他禁止进出口的货物、物品数额在二十万元以上不满一百万元的",构成走私国家禁止进出口的货物、物品罪,处五年以下有期徒刑或者拘役,并处或者单处罚金。超出上述金额的,属于情节严重的情形,处五年以上有期徒刑并处罚金。并且,由于该类药品属于直接关系公共安全、人身健康、财产安全的重要产品、物品,有足以严重危害人体健康之可能,因此,同时会构成《刑法修正案(十一)》新增加的妨害药品管理罪。虽然走私国家禁止进出口的货物、物品罪规定在走私犯罪一节,妨害药品管理罪规定在生产、销售伪劣产品罪一节,两者都在破坏社会主义市场经济秩序罪一章中,但两者所保护的法益不具有同一性:前者保护的是海关的监管秩序,后者维护的则是药品管理秩序。法条竞合中适用一个法条而排斥适用其他法条,而想象竞合则相反,成立想象竞合时并不是只适用一个法条,而是同时适用行为所触犯的数个法条。①据此,同时构成走私国家禁止进出口的货物、物品罪与妨害药品管理罪的,属于想象竞合的情形,应择一重罪论处,即按照走私国家禁止进出口的货物、物品罪论处。无论行为是发生在《刑法修正案(十一)》实施之前还是实施之后,最终都应以走私国家禁止进出口的货物、物品罪论处。换言之,对于《解释》第 21 条"构成犯罪"的罪名适用,仍应以走私国家禁止进出口的货物、物品罪定罪,量刑比照《解释》第 11 条第 1 款第 6 项予以处罚。

又如,最高人民检察院发布的第十四批全国检察机关依法办理涉新冠疫苗犯罪的典型案例中,李某等人误认假新冠疫苗为真品而走私到国外牟利的,以涉嫌走私国家禁止进出口的货物、物品罪批捕。本案中,行为人对新冠疫苗真假的认识错误,不影响疫苗客观上属于未经检疫的生物制品,且行为人主观上对此也具有认知。根据我国《疫苗管理法》第 26 条规定:"每批疫苗销售前或者进口时,应当经国务院药品监督管理部门指定的批签发机构按照相关技术要求进行审核、检验。符合要求的,发给批签发证明;不符合要求的,发给不予批签发通知书。"并且"不予批签发的进口疫苗应当由口岸所在地药品监督管理部门监督销毁或者依法进行其他处理"。由此可见,疫苗也符合《行政许可法》中第 12 条须经过特别许可的货物、物品,未获取进口许可走私疫苗的行为违反了国家限制性进出口管理规定。对于未检验的生物制品完全符合《解释》第 11 条第 1 款第 6 项中"其他禁止进出口的货物、物品"的规定,即未经安全检测而被禁止进出口的货物、物品。因此,对其认定为走私犯罪中的走私国家禁止进出口的货物、物品罪并适用《解释》第 11 条第 1 款第 6 项的规定定罪处罚更为妥当。

---

① 参见张明楷:《法条竞合与想象竞合的区分》,载《法学研究》2016 年第 1 期。

二、涉许可证进出口行为性质的认定

《解释》第 21 条第 2 款规定:取得许可,但超过许可数量进出口国家限制进出口的货物、物品,构成犯罪的,依照《刑法》第 153 条的规定,以走私普通货物、物品罪定罪处罚。第 21 条第 3 款规定:租用、借用或者使用购买的他人许可证,进出口国家限制进出口的货物、物品的,适用本条第 1 款的规定定罪处罚。也即《解释》第 21 条第 2 款、第 3 款的规定是针对"有证多运"行为以及租用、借用、使用购买的他人许可证实施走私行为的定性,但是由于司法解释中存在着矛盾性的观点,仍需深入分析,对不同行为性质的定性予以厘清。

（一）"有证多运"行为性质的认定

《解释》第 21 条第 2 款是针对虽然经过许可,但超过许可数量进出口国家限制进出口的货物、物品的定性所作的规定。对于该类行为的定性,实践中亦有不同的观点。

观点一认为,超过许可数量的走私行为亦构成走私国家禁止进出口的货物、物品罪。因为《解释》第 21 条所规定的无论是"有证多运"(第 2 款的行为方式)还是"无证偷运"(第 1、3 款的行为方式),都是未经许可走私了国家限制进出口的货物、物品。唯一的区别在于"有证多运"在许可范围内的运输是合法的,也即运输中一部分货物是合法进出境,另一部分货物是非法走私,而"无证偷运"则是全部货物都是非法走私的。

考虑到刑法所评价的是走私货物、物品的性质,而非对于合法进出境货物、物品的评价,又由于对于走私犯罪性质的认定主要是通过走私货物、物品性质认定的,因此刑法评价的重点应当在于对走私这部分货物、物品性质的认定上。那么,无论是"有证多运"还是"无证偷运",刑法所评价的这部分货物、物品的性质是不会发生改变的,这也就意味着走私的性质亦不会发生变化。例如,行为人 A 在已取得许可的前提下,合法出口稀土 500 吨,同时,又走私出口稀土 300 吨,那么纳入刑法评价的一定是走私的 300 吨稀土,对于合法出口的 500 吨稀土是完全不应纳入刑法对行为性质评价的范围之中的。走私的 300 吨稀土属于国家限制出口的物品,因此对于行为应当以走私国家禁止进出口的货物、物品罪进行评价。而根据司法解释,对于行为人"有证多运"的行为,多运的部分应当被评价为走私普通货物、物品罪。如果是基于将限制进出口的货物、物品视为普通货物、物品这一大前提进行考虑(当然,这一前提也并不成立,对此本书已经在前面进行了论述),为了保持司法解释的统一性,对于走私限制进出口的货物、物品罪似乎也应当统一评价为走私普通货物、物品罪。但是对于"无证偷运"的行为,司法解释恰恰采取了不同的评价态度,例如,行为人 B 在未取得许可的前提下,走私出口稀土 300 吨，如果出于司法解释内部的统一性，对行为人 B 的行为也应当评价为走私普通货物、物品罪，但是司法解释在此时又回到了事物的本源对行为进行评价，即将该行为原则上评价为走私国家禁止进出口的货物、物品罪。同样是未经允许走私了 300 吨的稀土，何以同一行为却进行了不同评价？这样的评价直接导致了司法解释中体系性矛盾的出现。

表 5.1　司法解释的矛盾性

大前提一：若承认限制进出口的货物、物品属于普通货物、物品	逻辑推理应当得出的结论是：	司法解释实际得出的结论是：
	1. 有证多运：走私普通货物、物品罪	1. 有证多运：走私普通货物、物品罪
	2. 无证偷运：走私普通货物、物品罪	2. 无证偷运：走私国家禁止进出口的货物、物品罪
大前提二：若承认限制进出口的货物、物品属于禁止进出口货物、物品	逻辑推理应当得出的结论是：	司法解释实际得出的结论是：
	1. 有证多运：走私国家禁止进出口的货物、物品罪	1. 有证多运：走私普通货物、物品罪
	2. 无证偷运：走私国家禁止进出口的货物、物品罪	2. 无证偷运：走私国家禁止进出口的货物、物品罪

　　无论基于何种立场，司法解释所得出的结论都存在着矛盾性。如果承认了限制进出口的货物、物品属于普通货物、物品，对于"有证多运"行为的评价不存在矛盾，但是对于"无证偷运"行为，则存在推论与司法解释的矛盾性；如果承认了限制进出口的货物、物品属于禁止进出口的货物、物品，则"无证偷运"的情形不存在评价上的差异，但是对于"有证多运"的行为，则出现了逻辑推演与司法解释的矛盾之处。

　　观点二认为，超过许可数量走私亦构成走私普通货物、物品罪。有论者认为司法解释之所以要如此对行为进行区别评价，是从罪刑均衡的角度对行为进行更加全面、更加准确的评价。"首先，从主观目的上来看，行为人超出许可证规定的范围进出口限制进出口的货物、物品，其目的是为了逃避缴纳税款，而非逃避许可证或配额。其次，从走私对象和犯罪主体上来看，这种超出许可证规定范围的进出口多发生在采取许可证（配额）加关税管理的货物、物品中，如限制进口的可用作原料的固体废物，可进行商业化经营利用的珍贵动植物及其制品等，走私犯罪主体也多是从事废物或珍贵动植物制品加工利用的企业或者个人，其走私目的往往是出于许可证或者配额入不敷出使用，或者不能满足正常生产所用，在这种情况下，对其处理应与单纯出售牟利为目的的走私行为有所区别。而走私珍贵动物、珍贵动物制品罪，走私国家禁止进出口的货物、物品罪，走私废物罪等罪名要么量刑过重，要么起刑点较低，一旦适用往往需要在最高量刑幅度内适用刑罚，不利于实现罪责刑均衡。最后，从司法实践的实际情况来看，实践中对于超出许可证或者配额范围的走私行为,多是按照其偷逃应缴税款的数额多少,或是予以行政处罚,或是按走私普通货物、物品罪处理。"①

本书认为,这种说理虽然说明了该解释出台的基本考虑,但并不能够为人们所信服。首先,即便行为人的主观目的可能在逃避缴纳税款,但是行为人对于许可证或者配额管理制度的违反则是持故意的态度,并且在客观上也对许可制度进行了违反。如果承认"有证多运"的行为是为了逃避应缴纳税款,那么"无证偷运"行为难道不是为了逃避应缴纳税款? 两种行为在逃避税款方面并无区别。"实践中,除部分采取数量配额管理的限制进出口货物、物品外,多数限制进出口的货物、物品在进出口时还需缴纳相应的关税",②对于"有证多运"的这部分货物、物品如果主观目的是为了逃避应缴纳的税款的话,对于无需缴纳税款的限制进出口的货物、物品如何将行为人的主观目的评价为是为了逃避应缴纳的税款? 从限制进出口的货物、物品的性质上来看,无论是应缴纳税款的货物还是无需缴纳税款的货物,两者的共性都在于需要相关部门的许可。仅以偷逃税款为目的进行论证并不全面。而且,即便上述论者从偷逃税款的角度来对走私行为进行论证,其也应当考虑到走私犯罪中绝大多数的禁止进出口的货物、物品都需要缴纳税款,而刑法之所以将这些走私罪名单独列出,是因为走私限制进出口的货物、物品的危害性不仅仅在于逃避了应缴纳的税款,更主要的在于对海关管理制度的违反。因此,将走私限制进出口的货物、物品评价为走私普通货物、物品罪无疑有避重就轻之嫌疑,对于行为性质的评价并不准确。

其次,上述论者认为,"有证多运"通常是出于生产的目的,而许可证与配额不敷使用,应当与单纯出售牟利为目的的行为区分。这种论述更缺乏说服性,因为这样的论述其实是混淆了合法行为与犯罪行为的边界,刑法对于行为的评价仅限于犯罪行为,如果确系事出有因,可以在量刑中对行为人进行评价,但是合法的前置行为并不能改变犯罪行为的性质。刑法对于犯罪行为的定性也是以行为时的性质认定的,这是刑法评价的基本原则。因此,上述的论述实际上是将对行为的定性与量刑之间的关系进行了混淆。当然,本书也赞成对于走私行为的目的进行分析,在量刑中将基于物品不敷使用与以走私为目的的行为进行区分,以体现罪刑相适应原则。

最后,上述论者基于实践的做法而对"有证多运"行为进行分析,则更显得立论基础不足。且不说实践中经常会出现的"以行(罚)代刑(罚)"现象本身就是一

① 最高人民法院刑事审判第二庭编著:《〈最高人民法院、最高人民检察院关于办理走私刑事案件适用法律若干问题的解释〉理解与适用》,中国法制出版社 2015 年版,第 309 页。

② 最高人民法院刑事审判第二庭编著:《〈最高人民法院、最高人民检察院关于办理走私刑事案件适用法律若干问题的解释〉理解与适用》,中国法制出版社 2015 年版,第 308 页。

种反法治现象,①即便是在以往的司法实践中经常出现按照走私普通货物、物品罪定罪的现象,也是因为对于限制进出口的货物、物品在以往的实践中缺乏统一的定性而导致实践中的混乱状态,不足以作为立论基础。

对于前行为合法,在超过合法行为的基础上实施的行为,理论上也有一定的争议。例如,在擅自设立金融机构罪中,对于合法的金融机构擅自设立分支机构或者代表机构是否属于"擅自设立"行为在理论上也有争议。有学者就基于前置行为的合法性而提出对于"擅自设立"行为的否定,其指出合法的金融机构未经主管部门的批准,擅自设立分支机构,往往只是为了扩大业务范围,以此否定擅自设立金融机构的性质。②这里的关键在于超出许可进出口之行为是否可以作为合法行为之延伸,以阻却后行为之违法性。对于超过许可数量进出口国家限制进出口的货物、物品的行为应当回到进出口许可证的特性进行分析。

无论是进出口许可证还是进出口配额证,其发放都是基于行政机关对于进出口企业资质认可的前提下进行的。其中,进出口许可证的重点是对进出口企业资质的审查,而配额证的重点包括对进出口企业资质的审查也包括对进出口货物、物品数量的限制。正是由于两种许可证都以企业资质合格为颁发证件的前提,且资质的合法性决定了进出口货物、物品性质的合法性,上述第二种观点因此肯定了限制进出口货物、物品的合法性,但对于未缴纳关税之行为依旧予以否定性评价,对于超量进出口的行为认定为走私普通货物、物品罪。从这个角度出发,将"有证多运"的行为定性为走私普通货物、物品的立足点主要是对进出口企业资质的认可。但是,本书认为,《解释》在认定"有证多运"的行为性质时是从罪刑均衡的角度出发对该行为的实质危害性予以评价,因而在理解适用该款内容时也应当贯彻该思路。并非对于所有的"有证多运"的行为均适用走私普通货物、物品罪,在司法实践中应当区别对待:对于确实为了满足生产需要等合法目的而超过许可进出口国家限制进出口的货物、物品行为的,以第2款所规定之走私普通货物、物品罪认定;对于行为人为了牟利而实施的"有证多运"行为,超过许可数量部分不再适用第2款规定,而应当适用第1款规定,以走私国家禁止进出口的货物、物品罪等罪名认定。因为,虽然在"有证多运"行为方式中,行政机关对于进出口企业的资质是持认可的态度,能在一定程度上肯定限制进出口货物、物品的合法性,但是由于许可证是采取"一证一批"的许可方式,也即每次的许可亦应当理解为对本次企业资质和进出口货物、物品数量的许可。出于这种考虑,并不能得出超出许可数量进出口限制进出口的货物、物品的合法性。因

① 参见闻志强:《论"两法衔接"中行政处罚与刑事处罚的实体衔接》,载《政法学刊》2016年第1期。
② 参见刘宪权:《金融犯罪刑法学新论》,上海人民出版社2014年版,第193—194页。

而,对于超出许可数量进出口限制进出口的货物、物品的行为认定为走私普通货物、物品罪似有不妥,至少也得根据行为目的的不同予以区别对待。

(二)租用、借用或者使用他人许可证行为性质的认定

《解释》第 21 条第 3 款对于租用、借用以及使用他人许可证进出口国家限制进出口的货物、物品的行为定性进行了规定。由于该类行为的本质在于"无证偷运",以合法的形式掩饰了行为人未经许可进出口该类货物、物品的事实,因而对该行为应当以走私国家禁止进出口的货物、物品罪等罪名进行规制。

这里主要涉及的问题是当行为人已经取得一部分合法许可证的前提下,又通过租用、借用或者使用他人许可证进行走私限制进出口的货物、物品,对于这部分以合法形式掩盖非法目的的走私行为如何定性? 无论是借用、租用还是使用他人许可证,都属于未经许可实施的走私行为,基于限制进出口货物、物品进出口许可证的专属性和不可转让性,以及进出口许可证与行为人进出口能力、资质之间的密切关系,相关部门对于行为人 A 的授权只能视为对于 A 进出口资质的认可,这种特殊授权的对象确定性决定了许可证本身的不可转让性。

那么,对于前置行为属于合法行为,而后续行为以形式上的合法性掩盖非法目的的行为如何定性呢? 如果按照《解释》第 21 条第 3 款的规定,对于租用、借用或者使用他人许可证走私国家限制进出口的货物、物品,视为没有得到许可而走私国家限制进出口的货物、物品,应当根据所走私物品的性质按照《刑法》第151 条、第 152 条关于走私犯罪的特殊罪名进行定罪。然而,由于《解释》第 21条第 2 款规定对于前行为属于合法行为,对于其后行为的认定是按照走私普通货物、物品罪进行认定的,这意味着对于这部分超过许可实施的走私限制进出口货物、物品的行为应当按照走私普通货物、物品罪认定。这样,在对这部分货物、物品性质认定过程中又出现了矛盾对立状态。对此的矛盾又该如何化解?

我们认为,在《解释》第 21 条第 2 款行为与第 3 款行为在限制进出口的货物、物品发生竞合时,对于超过许可数量部分仍应秉持第 2 款规定的设立目的进行适用,对行为人之主观目的进行区分以适用第 2 款拟制规定之情形。

在"有证多运"的情形下,行为人又有使用他人的许可证掩盖非法走私行为的,对于走私行为的定性,第 2 款与第 3 款之间存在较大分歧。这种分歧实际上是由于两者规制的对象之间重合导致的定性偏差。对于重合部分的归属就显得极为重要。此时,如果认为重合部分应当归属于第 2 款内容的规制范围,即对于多运部分即便使用了他人的许可证,也应当视为是在取得许可基础上对该行为进行评价的话,则第 3 款规定的内容就应当限于在没有许可证的前提下实施的走私行为。"因为刑法对客观行为的规定一般均会从某种角度加以限定,尽管有时会在文字含义上出现交叉甚至重合的情况,但立法者的愿意及侧重点还是很

清楚的,即一般不会从交叉或重合角度对行为作出规定。但是,由于受到文字表达的限制有时立法上也很难完全杜绝交叉或重合情况的出现,在这种情况下,一般应该理解为:当立法者出现一个含义较广的条文与一个含义较窄的条文并列时,通常表明立法者是要将含义较窄的情形从含义较广的情形中分离出来。"①因此,是否具有合法的前置行为就成为区分适用该条的关键。当然,由于第 2 款的规定属于司法拟制,拟制的适用只能限制于拟制的前提条件下,在"有证多运"行为中,虽然原则上应当适用《解释》第 21 条第 2 款规定的走私普通货物、物品罪,但是由于适用该款内容是基于区分不能满足生产所用的走私行为与单纯出售牟利为目的的走私行为。因此,在司法实践中有必要对这两种行为进行更加细致的区分,如果能够证明行为人在"有证多运"的基础上实施的走私行为确实是为了满足生产加工所需,则应当适用第 2 款的拟制规定,将走私行为定性为走私普通货物、物品罪。但是,如果能够证明行为人在"有证多运"的基础上实施的走私行为单纯是基于牟利的目的,则与第 1 款所规定的走私行为并无区别,此时仍应当按照第 1 款的规定,原则上适用关于走私犯罪的特殊规定的罪名,而非适用走私普通货物、物品罪。

这种限制一方面在于其适用前提必须是"有证多运"这种情形,也即必须存在合法的前置性条件,在此基础上实施的走私限制进出口货物、物品的行为;另一方面,必须在司法实践中能够证明行为人实施的走私是为了合法的目的,即因为许可证不敷使用,为了满足正常生产所用而实施的走私行为。只有在这两点都具备的前提下实施的走私限制进出口的货物、物品的行为才能被评价为走私普通货物、物品罪。而在这两个大前提之下,无论行为人超额走私的货物、物品是否在形式上具有许可证(即租用、借用或者使用他人的许可证),对于行为性质的认定都不再产生影响。

表 5.2   涉许可证走私适用条款关系厘定

行为方式	是否具有许可证	适用条款
一、对于"无证偷运"行为	1. 形式上没有许可证	适用第 1 款
	2. 形式上有许可证,实质上是使用他人许可证	适用第 3 款
二、对于"有证多运"行为	1. 多运部分没有许可证	为了生产、不敷使用:适用第 2 款
		为了走私:适用第 1 款
	2. 多运部分使用他人许可证	为了生产、不敷使用:适用第 2 款
		为了走私:适用第 1 款

---

① 刘宪权:《金融犯罪刑法学新论》,上海人民出版社 2014 年版,第 382 页。

综上所述,对于涉许可证走私行为的认定,应当作如下区分:

表 5.3　涉许可证走私行为定性基本模式

行为方式		适用罪名
一、未经许可进出口国家限制进出口的货物、物品		走私国家禁止进出口的货物、物品罪等罪名
二、超过许可数量进出口国家限制进出口的货物、物品	为满足生产、加工之合法目的	走私普通货物、物品罪
	为了牟利之目的	走私国家禁止进出口的货物、物品罪等罪名
三、租用、借用或者使用购买他人许可证进出口货物、物品		走私国家禁止进出口的货物、物品罪等罪名

第二节　以走私普通货物、物品罪定罪量刑

一、限制进出口货物、物品管制之合理性考察

在分析走私限制进出口货物、物品的行为性质之前,需要理解我国对限制进出口货物、物品予以管制的法律基础,及我国对限制进出口货物、物品予以管制是否符合国际法(包括国际条约)及国内法的相关规定。以出口许可证管理货物目录为例,2016 年出口许可证管理的货物包括"部分金属及制品",而 2017 年则明确规定为"锡及锡制品、钨及钨制品"。商务部及海关总署对该货物目录的调整,对上述矿产资源出口的限制,是否违背世界贸易组织的条约义务?其主要出发点是对环境的保护还是国家安全性战略考量?限制出口是否会对对外贸易市场秩序造成不利影响?对于除此之外的矿产资源进行出口配额管理或者自由出口的划分依据又是什么?

(一)世界贸易组织出口限制规则具体内容

世界贸易组织诸多协定中并没有专门针对出口限制的协定,相关规则分散在世界贸易组织各协定中,只有 GATT1994(1994 年关贸总协定)集中了多数的货物贸易方面的出口限制规则,其大致可概括为以下几类:

1. 禁止实施出口数量限制措施

GATT1994 第 11 条不允许采取任何形式的数量限制。该条明确禁止了配额与出口许可证手段,并规定了"其他措施"作为兜底。GATT 时期,"日本半导体案"裁决指出"措施"是指关税、国内税或其他费用以外限制或禁止出口的任何措施。

即条文对"措施"是从效果角度规定的定义,只要这些措施有事实上的强制

力,无论在形式上是法律法规还是意见、建议,都可以被视作政府采取的出口限制措施,受到第 11 条的调整。①从 GATT1994 第 11 条规定的内容来看,主权国家不得以配额及出口许可证手段对抗该国对外出口资源的成员义务,因此从这一角度来看,我国不论限制"部分金属及其制品"抑或是"锡及锡制品、钨及钨制品"的行为,都是违反国际条约规定义务的行为。

2. 禁止实施出口数量限制的例外条款

条约必须能平衡缔约方的共识与个别利益才能长久存在。国际法是各国通过缔结条约、形成国际习惯而来的,各国自身的利益与价值观不同造成对同一问题往往观点不同,某一条约在反映各成员方共识的同时必须照顾到不同的价值,例外条款发挥了平衡不同利益或价值的作用。②相关例外条款主要包括 GATT1994 第 11.2 条(a)项和 GATT1994 第 20 条。根据第 11.2 条(a)项,在粮食或其他必需品出现严重短缺时,缔约方有权临时限制相关产品的出口。第 20条(b)项规定成员方可以采取措施来保护人类健康,(g)项允许成员方采取措施保护自己的可用竭自然资源,序言则要求为上述目的采取的措施不构成歧视和变相的贸易限制。实践中,虽然第 20 条设定了多种例外,但专家组在解释和适用该条款时往往从严解释,使得世界贸易组织成员的出口限制措施难以通过这些条件的重重检验。

3. "超 WTO 义务"对出口限制创设的额外限制

"超 WTO 义务"指世界贸易组织成员对其中部分成员规定的超出其分内比例的出口义务。在世界贸易组织成立之后,世界贸易组织要求包括中国在内的新成员在入世时承诺限制出口限制措施的使用。GATT1994 规定,若一成员方不开采某项资源,其便无需履行相应的资源出口义务。与此同时,各成员方还可以通过征收自然资源出口税来进一步遏制缓解稀缺自然资源的开采与出口情况。

出于保护稀缺自然资源、限制战略物资的外流、平衡政府收支的目的,我国对锡、钨、稀土等自然资源采取了限制出口的政策,并对其出口征收高额关税。部分成员方认为过高的出口关税会扰乱正常的出口贸易,我国国内的资源使用者将受益于此。因此有成员方要求我国政府提供一套计划来降低出口关税。在这种受限制的情况下,资源开采国没有选择,允许开采就意味着允许出口。而世界贸易组织创始成员仍然可以采取限制手段,这进一步造成了世界贸易组织创始成员与新成员间权利义务的不平衡。③同时,由于新成员绝大多数为发展中国

①　朱榄叶:《WTO 争端解决案例新编》,中国法制出版社 2013 年版,第 99—102 页。
②　冯寿波:《〈WTO 协定〉与条约解释——理论与实践》,知识产权出版社 2015 年版,第 118—138 页。
③　曹建明、贺小勇:《世界贸易组织》,法律出版社 2011 年版,第 119—121 页。

家,这种"超 WTO 义务"实际上加重了世界贸易组织成立后加入的成员的义务,没有考虑到协定中逐步发展所有缔约方经济的目标,发展中国家加入时已经要面对使本国法律法规符合世界贸易组织规则的挑战,"超 WTO 义务"又让这些国家承担了更重的负担。

（二）我国出口管制行为的合理性考察

1. GATT1994 为我国限制资源出口提供了法律依据

自加入世界贸易组织后,发达国家对中国"违反出口义务"的行为一直颇有微词,然而,通过分析世界贸易组织相关协定可以发现 GATT1994 的部分条款实则为我国限制出口行为提供了理论基础。从 GATT1994 第 11 条规定的内容来看,主权国家不得以配额及出口许可证手段对抗该国对外出口资源的成员义务,因此从这一角度来看,我国不论限制"部分金属及其制品"抑或是"锡及锡制品、钨及钨制品"的行为都是违反国际条约规定义务的行为。然而,GATT1994 第 20 条(g)项的规定实际上为我国限制锡、钨等矿产资源及其制品出口的行为提供了法律依据。

依照 GATT1994 第 20 条(g)项之规定,我国只有在证明其限制出口行为符合保护本国可用竭自然资源,且该行为不构成歧视和变相贸易限制时才具有相当的合理性与正当性。如若违背了世界贸易组织相应规定,国内法对该种资源的特殊限制应属违法,[1]那么以此为基础的打击走私犯罪,限制进出口货物、物品的最初目的便无法达成。

促进自由贸易是世界贸易组织追求的主要目标,同时各缔约方也认识到对国内自然资源、产业进行保护的重要性。为了进一步融入世界贸易组织合作事务中去,我国在加入世界贸易组织时接受了较为苛刻的条约限制,其中包括限制本国出口限制措施的使用。然而,本着满足自身发展需要、保护本国可用竭自然资源的宗旨,我国完全有权对我国境内出产自然资源进行管制。结合以往相关数据,我国限制锡、钨及其制品的行为是保护自然资源、促进世界自然资源可持续使用的应有之义,并不会给世界资源供给秩序带来严重破坏。[2]

2. 我国限制相关资源出口的行为并不影响全球资源出口贸易格局

近 10 年间,我国积极履行世界贸易组织成员国义务,出口了大量的自然资源,然而近几年来由于过度开采和不合理使用,导致锡、钨等资源出现供给困难的情况。我国在履行对外供给义务的同时,自身工业发展也需要消耗大量的稀

---

① 杨晓腾:《我国资源税制度实施效应分析及改革建议》,山东财经大学 2016 年硕士论文。

② 其中我国锡储量占世界总储量比重不足 20%,虽然钨储量达世界第一,但我国钨及其制品出口一直以廉价、量大为特点,面对资源枯竭、经济利益不断下降的总趋势,对其进行出口限制实为情有可原,详情参考 https://news.smm.cn/news/100776215。

缺自然资源。

我国在各类矿产出口过程中积极履行自己的职责,在限制出口的情况下仍然确保世界各国能够从其他国家处获取足够的同种资源。我国不仅是全球锡资源储备和锡供给的第一大国,同时也是全球锡消费的第一大国。我国的锡消费差不多等于整个欧洲和美国的消费总额。[①]虽然我国钨储量达世界第一,但我国钨及其制品出口一直以廉价、量大为特点,长久的透支型开采方式使中国蒙受资源枯竭、经济效益不断下降的阴影,对其进行出口限制实为情有可原。我国对钨及其制品的限制出口行为并未显著降低世界钨材料的总供给量。我国在限制钨及其制品出口的情况下,近几年钨出口总量仍为国外 30 个产钨国家出口总量的三倍之多,产量及出口量均居世界第一,我国限制出口行为并未违背世界贸易组织协定规定的成员义务,这充分表明了我国限制出口行为的正当性与可行性。

当一项自然资源满足 GATT1994 第 11 条第 2 款(a)项规定的情形时,该条授权成员国于"必需品"严重短缺时实施临时出口限制。在长久的对外供给过程中,我国的类稀缺自然资源的储存量与开采量不容乐观,若再不进行限制,恐会出现"严重短缺"甚至达到"危机"或"灾难"的程度。长此以往的资源输出给我国资源储备利用带来了巨大压力,在履行国际义务与保护本国稀缺矿产资源之间,我国在适度缓解国际资源消耗压力的同时,有权以更为持续的方式谋求自身发展。我国正是基于该条规定对相当一部分稀缺自然资源制定了限制出口的政策法规,并在此基础上制定了打击走私违法犯罪的基本路线,因此我国走私犯罪建立在该类行政法规之上便具备了理论基础的正当性与合理性。

3. 我国力图确立以保护稀缺自然资源、满足本国国内供应为首要目标的对外出口原则

我国对矿产资源进行出口配额管理或者自由出口的划分依据以本国国内生产对该种资源的需求程度及该种资源的全球储量稀缺程度为准。[②]从宏观角度出发,对出口自然资源实施管制的主要目的在于为国内企业发展提供良好环境,这一目的主要通过控制国内外市场资源供给来实现。通过限制出口资源管制制度能够合理调整自然资源国内外市场分配,从而既保证国内市场供应充足,又能长久促进进出口贸易平衡,使国内市场、民族工业免受外部市场冲击。

我国始终坚持走可持续发展道路,这既是一项治国方针,也是我国经济发展的基本国策。我国加入世界贸易组织肩负着对世界各国的资源出口义务,在履行出口自然资源义务的同时,我国仍需做到统筹兼顾,以高瞻远瞩的视角防备资

---

① 龙晓柏、赵玉敏:《世界稀缺资源供求形势与中国应对策略》,载《国际贸易》2013 年第 3 期。

② 详见中华人民共和国自然资源部规划司:《全国矿产资源规划(2016—2020 年)》,2016 年 11 月 15 日发布。

源危机。近几年来受不合理开采、粗放发展模式等因素的影响,印度尼西亚、巴西、缅甸等国出现了不同程度的资源枯竭现象,我国居安思危、防患于未然,对稀缺自然资源进行保护实属应有之事,我国限制部分资源出口的行为长远来看必然对国际经济增长、环境保护乃至人类生存安危有重要且积极的促进作用。①

二、自动进出口许可证及关税配额证明之性质

并非所有涉许可证类走私行为都构成走私国家禁止进出口的货物、物品罪。进出口许可证并不包含自动进出口许可证及关税配额证明,因此,对于使用自动进出口许可证及关税配额证明进出口的货物、物品,仅有可能构成走私普通货物、物品罪。

根据《货物进出口管理条例》的规定,我国对限制进出口的货物、物品实行进出口许可证和配额证管理。除了以上两种许可证明之外,《货物进出口管理条例》还对自由进出口货物、物品规定了自动进出口许可证管理措施,对部分进口货物实行关税配额管理措施,但这里应当明确的是,自动进出口许可证与关税配额管理措施均不是本书所探讨的进出口许可证涵摄的范围。

首先,对于自动进出口许可证而言,由于其所针对的是自动进出口的货物、物品,而进出口许可证所针对的是限制进出口的货物、物品,因此仅就两类许可证所针对的对象而言,自动进出口许可证也不能纳入进出口许可证的范围内进行探讨。其次,两类许可证设立目的的差异决定了自动进出口许可证也不属于《解释》第21条所言的"许可"范围。因为进出口许可证设立的目的在于国家对特定货物、物品的进出口限制,国家通过对进出口企业资质的认可、进出口货物数量的限制以维持国家经济的平稳运行。而自动进出口许可证的设立虽然也是基于对进出口货物管理目的而设定的,但这种管理主要在于对一定时期内某类货物、物品进出口数量的统计,为国家调整特定产品的性质提供数据支撑,在实际进出口环节中并无实际监管作用。因而自动进出口许可证不属于《解释》第21条所涵摄的范围。

对于关税配额而言,其亦不属于进出口许可证管理制度的种类,这里主要是为了区别关税配额和进出口配额制度之间的差异。因为关税配额虽然是一种对进口货物数量的限制措施,即对某一限额内进口的货物适用较低的税率或免征关税,但关税配额本身对进口货物的总量并不直接实施行政干预。对该类货物、物品无论进口数量多少实际上是没有限制的。而进出口配额管理恰恰是通过行政干预来严格控制某类货物、物品的进口数量,两种管理措施在这一点上存在本

---

① 杨晓腾:《我国资源税制度实施效应分析及改革建议》,山东财经大学2016年硕士论文。

质性的差异,因此关税配额并非配额管理制度的一种。另外,关税配额证的设立蕴含的是关税减让,承载的是国家对相关货物进出口政策调控,附着的是关税优惠权利,国家对配额外产品的全额关税进出口是开放的,由市场自由调节,这完全不同于基于数量所设立的进口配额证管理制度。

综上所述,《解释》第 21 条所针对的限制进出口货物、物品的许可证管理制度仅指进出口许可证和进出口配额证管理。走私自动许可证和关税配额证的货物、物品只能构成走私普通货物、物品罪,而非走私国家禁止进出口的货物、物品罪。

▌第六章▐
走私国家禁止、限制进出口货物、物品犯罪中的认识错误

走私犯罪的责任形式为故意，行为人是否具有走私犯罪的故意，通常是司法实践中较难把握的问题。犯罪故意是认识因素与意志因素的统一，走私犯罪故意的认识因素因走私行为的具体方式以及走私对象的不同而有所区别。行为人的认识错误可能会影响到犯罪故意的成立。刑法上的认识错误包括事实上的认识错误与法律上的认识错误，走私国家禁止、限制进出口货物、物品犯罪中同样存在着这两种错误，这种认识错误如何在法律上正确评价是本章的研究重点。

第一节　走私国家禁止、限制进出口货物、物品犯罪中的事实认识错误

事实认识错误分为具体的事实认识错误与抽象的事实认识错误。具体的事实认识错误，也称具体的事实错误，是指行为人认识的事实与实际发生的事实虽然不一致，但没有超出同一犯罪构成的范围，即行为人只是在某个犯罪构成的范围内发生了对事实的认识错误，因而也被称为同一犯罪构成内的错误。刑法理论一般认为，具体的事实错误主要包括对象错误、打击错误与因果关系错误。对于具体的事实认识错误，主要存在具体符合说与法定符合说的争论。前者认为，行为人所认识的事实与实际发生的事实具体地相一致时，才成立故意的既遂犯；后者认为，行为人所认识的事实与实际发生的事实，只要在犯罪构成范围内是一致的，就成立故意的既遂犯。抽象的事实认识错误，也即抽象的事实错误，是指行为人所认识的事实与现实所发生的事实，分别属于不同的构成要件的情形；或者说，行为人所认识的事实与所发生的事实跨越了不同的构成要件，因而也被称

为不同犯罪构成要件的错误。①走私国家禁止、限制进出口的货物、物品犯罪中的事实认识错误,包括对走私行为产生的认识错误以及对货物、物品性质产生的认识错误。

一、对走私行为产生的认识错误

在国家禁止、限制进出口货物、物品中,有些货物、物品在国内正常交易是合法的,但禁止或限制出口,例如,禁止出口的原木木炭、限制出口的制冷剂等。此类货物究竟在进行国内贸易还是国际贸易将影响走私行为能否成立,影响到行为人是否具有犯罪故意以及是否构成犯罪。如果行为人进行国内贸易,则不属于走私行为,如果行为人主观上也不知道是此类货物、物品用于出口进行国际贸易,不构成走私国家禁止进出口的货物、物品罪。因而在司法实践中,辩方通常以涉案货物属于国内贸易或者不知道用于出口国际贸易为由进行事实认识错误的抗辩。例如,司法实践中出现的走私制冷剂一案。②印度商人 SID 联系浙江某制冷公司采购制冷剂,该公司外贸部经理严某桃将具体业务分配给任外贸部业务员的吴某。其间,SID 又请求被告人滕某建协助以网格线的名义伪装出口制冷剂。吴某获悉 SID 没有出口制冷剂所需的相关许可证且欲以网格线名义伪报出口,遂将上述情况告知邱某明和严某桃,邱某明决定向 SID 销售制冷剂。严某桃负责联系制冷剂及其外包装的生产、采购,滕某建按照同样的外包装采购少量网格线用于伪装出口。同年 12 月,在严某桃、吴某具体操作下,浙江某制冷公司将 SID 采购的制冷剂发送至滕某建安排货物装箱,其中少量网格线被放置于集装箱靠门一侧,以掩盖制冷剂。SID 则以网格线名义办理报关等具体事宜。从宁波口岸出口制冷剂 2 票共 38 吨,其中第 2 票约 25 吨出通关过程中被北仑海关当场查获。法院审理认为,浙江某制冷公司及滕某建为牟取非法利益,违反海关法规,逃避海关监管,未经许可共同走私出口国家限制进出口的制冷剂,邱某明系直接负责的主管人员,严某桃、吴某系直接责任人员,其行为均已构成走私国家禁止进出口的货物、物品罪。浙江某制冷公司及其负责人邱某明辩解,其没有参与出口运输、申报环节,只是在国内将货物卖给 SID,并应 SID 的要求将货物送到杭州,至于后续货物如何处置或者是否出口都是 SID 自行安排联系,与其公司无关。因此,双方是国内贸易,其公司没有逃避海关监管,不具有走私故意。

主客观相一致是我国刑法理论和实务中的基本原则,在判断某一经营行为

---

① 张明楷:《刑法学》(上),法律出版社 2016 年版,第 336 页。
② 参见(2017)浙 02 刑初 32 号判决书、(2018)浙刑终 3 号裁定书。

是国内贸易还是国际贸易时，同样需要从主观与客观两方面进行分析。具体到本案，从表面看邱某明及其公司没有直接参与到出口申报、运输环节，其公司在销售给 SID 货物之后，都是 SID 自行委托滕某建伪装装箱、自行通过印度公司委托中国代理公司申报出口。然而，并不能因此简单否定双方本质上属于国际贸易。首先，从主观上看，浙江某制冷公司系生产制冷设备的专业企业，邱某明等人均知道制冷剂进出境需要办理许可证，也知道印度客商并无相应的进口许可证，只是为了规避直接参与申报出口环节的风险，在印度商人提出自行负责出口后同意向其销售制冷剂。因此，邱某明及其公司主观上明知货物是用于出口。从客观上看，浙江某制冷公司以其关联的离岸公司与印度客商签订买卖协议，按照与外商商定的办法不在包装材料上标注制冷剂品名，而伪装成网格线，显然是协助货物出口的一部分行为，而且这种伪装行为进一步佐证其有逃避监管的主观故意。此外，在两次销售货物中，该公司也均通过上述离岸公司从 SID 处收取一部分货款，这也构成国际贸易的一个重要环节。综上所述，浙江某制冷公司主观上明知涉案货物用于出口，客观上在销售给印度商人的过程中为货物出口提供了便利，双方的交易行为显然属于国际货物贸易。该公司让外商自行找货代公司迂回运输、外商自行委托报关公司申报通关等伪装成国内贸易性质的情节，是降低走私风险、逃避打击的一种走私手段而已。浙江某制冷公司不负责申报出口，并不影响其行为性质的认定。

主观故意的判断是司法实务中的哥德巴赫猜想，走私国家禁止进出口的货物、物品罪这类法定犯更是如此。就法定犯而言，一条可行的路径就是结合行为人的客观行为和外在表现来判断其主观故意。而走私犯罪的法定犯属性，又有助于从客观行为和外在表现来判断其主观故意。如果抛开走私行为的违法性，走私本质上是一种国际贸易活动，是货物、物品的跨境转移。然而，站在贸易活动的大视角来考察，国际贸易又不仅仅涉及货物的进出境，必然还包括人员进出境、运输工具进出境、货物单证进出境、资金进出境等。从维护国家安全、维护国际贸易秩序的角度出发，国家必然需要对上述各个要素的进出境进行一定的监督管理，制定相应的行政规范。由于走私是一种违法或犯罪行为，当行为人意识到自己的行为可能涉及违法或犯罪时，往往会采取各种方式躲避相关部门的正常监管，规避行政规范对合法行为的一般要求，以便尽量降低被发现、被查处的可能性。而在案发之后，办案部门通过调查取证，如果能够查实行为人存在严重违反相关监管要求的客观情形，则有利于证明其行为当时的主观心态。

为了克服主观故意认定难问题，各类司法解释、意见、会议纪要等规范性文件常常通过列举的方式为法定犯主观故意的判断提供具体依据，比如走私犯罪、诈骗类犯罪、毒品犯罪、侵犯知识产权犯罪以及掩饰、隐瞒犯罪所得犯罪等，这种情况在涉及自然犯的规范性文件中就很少见,这也体现出法定犯的独特之处。然而,也正是由于走私国家禁止进出口的货物、物品罪的法定犯属性,同时涉及大量行政监管方面的规范要求,而行为人是否明显违反行政监管要求就可以成为认定主观故意的重要依据,这又为法定犯主观故意的判断打开另一扇天窗。对于侦查机关而言,调查行为人的主观故意时,不能把主观故意之有无单纯地建立在行为人飘忽不定的自我陈述中,而要更多地立足于从行为人是否存在明显违背正常监管要求等客观现象中寻找依据。对于其他办案机关而言,在审查判断时同样需要了解某一行为所可能涉及的行政监管规范,结合证据审查是否有明显违背这些监管要求的情形,根据经验法则进行合理而充分的解读分析,进而对主观故意作出更加扎实、可靠的判断。行政性监督管理反映的是国家为保障社会秩序、经济秩序正常运转而作出的制度安排。当然,并不是所有违反这种监管要求的情形,都可以直接推定其主观故意,仍然需要结合具体案情、具体事项,结合某些监管条件的重要程度、所违反监管要求的严重程度等各方面因素进行综合考量。在林林总总的各种监管规范中,从重要性看,有些监管规范反映国家对这一领域最基本的制度安排,有些只是一般性配套措施;从功能上看,有些监管规范兼有维护正常秩序和预防违法犯罪的功能,有些只是单纯维护正常秩序。当行为人违反最基本的监管制度,或者违反那些兼具预防违法犯罪功能的规范要求时,显然属于严重违反监管要求的情形。例如,走私分子将出口过程中已经海关铅封过的集装箱货物调包、海上走私中使用"三无"船舶、关闭 AIS 系统等行为,都是严重违反基本监管要求的情形,查清此类事实,对于分析走私罪的主观故意有重要价值。

二、对货物、物品性质产生的认识错误

根据《解释》第 11 条的规定,来自境外疫区的动植物及其产品属于国家禁止进出口的货物、物品。需注意的是,来自境外疫区的动植物及其产品存在特殊性,此类物品在外形特征上与正常的动植物及其产品容易混淆,因此,通常采用推定的方式证明行为人的明知模式,例如以"购买价格明显低于市场价格","在明显非常规的场所交易","存在藏匿、伪装、伪报等蒙蔽手段逃避监管、抗拒抓捕等异常举动"等因素对这类物品的"明知"进行推定。①对于普通人而言,珍稀植物及其制品与普通植物及其制品可能也很难区分,因此,于这类物品"明知"的认定也往往采用推定的方法,例如"外形与普通植物、普通植物制品存在明显差别"

---

① 孙秀丽、肖友广、金华捷:《犯罪对象"明知"认定问题的研究——以走私犯罪为例》,载《经济刑法》2018 年第 1 期。

"交易价格与普通植物、普通植物制品存在明显差别""存在藏匿、伪装、伪报等蒙蔽手段逃避监管、抗拒抓捕等异常举动"等内容对"明知"进行推定。但当行为人确实产生了认识错误时，如何对其行为加以认定则属于接下来需要讨论的范畴。

《解释》并未涉及认识错误的相关认定问题，但《意见》中规定："走私犯罪嫌疑人主观上具有走私犯罪的故意，但对其走私的具体对象不明确的，不影响走私犯罪构成，应当根据实际的走私对象定罪处罚。但是，确有证据证明行为人因受蒙骗而对走私对象发生认识错误的，可以从轻处罚。"根据该《意见》，如果行为人具有概括的走私故意，尽管不一定明确知道走私对象是国家禁止进出口的货物、物品，仍实施走私行为的，以实际走私的对象定罪处罚。如此规定符合刑法理论概括故意的特征。但是如果行为人发生事实上的认识错误，即主观上认为是普通货物、物品，实际上走私的是国家禁止进出口的货物、物品，根据该《意见》按走私国家禁止进出口的货物、物品罪定罪从轻处罚，在刑法理论上是否能够自洽值得探讨。例如，在一起走私案件中，走私行为并非由三名被告人直接组织策划，三人在卸货码头被海关当场查获时，尚无时间和机会确认走私的冻品，亦尚无时机发现走私的冻品中含有国家禁止进出口的货物。事实上，案涉第二关节鸡翅与其他冻品，从物体的规格、体积、重量等表象特征上看，并无明显区别，对第二关节鸡翅来自法国的判断是依据外包装上的英文（Origin France），以三名被告人的认知能力，无法判断出第二关节鸡翅的产地为法国，更无法得知 2015 年 12 月我国对来自法国的禽类及其相关产品明令禁止进口，而案涉的来自境外疫区法国的第二关节鸡翅属于我国明令被禁止进口的对象。[①]该案中，法院认定走私的货物中含有国家禁止进出口的货物超出三名被告人的主观认识范围，在确定三名被告人缺乏走私国家禁止进出口的货物主观故意的前提下，公诉机关仅根据走私的对象就认定三名被告人的行为构成走私普通货物、物品罪与走私国家禁止进出口的货物、物品罪两个罪名，属于客观归罪。三名被告人虽不构成走私国家禁止进出口的货物、物品罪，但由于三名被告人的行为导致来自境外疫区法国的 12012 千克第二关节鸡翅被顺利走私入境，如对这一关联危害结果不予评价，则不能充分体现走私此类货物的社会危害性，不符合罪责刑相适应的原则，故应当将走私第二关节鸡翅偷逃的税款一并计入走私普通货物、物品罪的犯罪数额。

虽然同一构成要件范围内的对象认识错误不影响故意的成立，[②]但对于上

---

① 参见（2017）苏 09 刑初 46 号判决书。

② 陈璇：《责任原则、预防政策与违法性认识》，载《清华法学》2018 年第 5 期。

述行为人认识的对象事实与现实所发生的对象事实不吻合,分别属于不同的犯罪构成,刑法理论上持法定符合说。法定符合说主张在具有归责可能性的范围内认定犯罪,即不能仅根据行为人的故意内容或仅根据行为的客观事实认定犯罪,而应在故意内容与客观事实相符合的范围内认定犯罪。①该学说强调行为人主观故意内容与客观事实的一致性,不赞成仅根据客观事实来定罪,而罔顾行为人的主观故意内容。因此,《意见》在认识错误的情形下,不考虑行为人走私故意内容,径直以走私对象来定罪的处理方法在刑法理论上有瑕疵,必须进一步论证。

又如前文提及的第十四批全国检察机关依法办理涉新冠疫苗犯罪的典型案例,李某等人误认假新冠疫苗为真品而走私到国外牟利的,以涉嫌走私国家禁止进出口的货物、物品罪批捕。该案中,行为人对新冠疫苗真假的认识错误,不影响疫苗客观上属于未经检疫的生物制品,且行为人主观上对此也具有认知。该案中,无论疫苗是否为专治新冠肺炎的疫苗,实施进出口行为的都需要进行审批获得行政许可,未经许可的疫苗不得进出口。行为人对未获许可的疫苗具有认知,且对进出口的走私行为也具有认知,只不过对疫苗的真实效用产生认识错误,属于特定货物、物品自然属性的认知错误,不影响行为社会意义的认知,不构成事实认识错误。据此,行为人仍具有走私国家禁止进出口的货物、物品罪的故意,应依法定罪量刑。

第二节　走私国家禁止、限制进出口货物、 物品犯罪中的法律认识错误

走私犯罪属于行政犯,相较于自然犯而言,行为人往往对走私国家禁止进出口的货物、物品犯罪的法律规定产生认识错误。致使行为人产生法律认识错误的因素很多,法律认识错误最终所产生的法律效果也不尽相同。

一、致使行为人产生法律认识错误的因素

行为人实施了刑法禁止的行为却没有认识到自己行为的违法性,这在刑法理论上被称为违法性认识错误,又称作法律认识错误或者禁止错误。②违法性认识错误通常包括:对相关法规范的无知,误认为法规范已经失效,对法规范的适用范围产生错误理解,对正当化事由的存在或界限发生认识错误。③走私国家禁

---

①　参见张明楷:《刑法学》,法律出版社 2016 年版,第 230—232 页。
②　参见孙国祥:《违法性认识错误的不可避免性及其认定》,载《中外法学》2016 年第 3 期。
③　车浩:《法定犯时代的违法性认识错误》,载《清华法学》2015 年第 4 期。

止进出口的货物、物品罪作为法定犯,违法性认识之有无、大小,司法活动中确实值得关注:一方面,司法活动往往需要专门搜集涉及犯罪主观故意特别是行为违法性认识方面的证据(如是否明知走私行为为犯罪行为),需要刻意证明主观方面的内容也更加丰富多样,治理法定犯的司法成本通常要大于自然犯;另一方面,走私犯罪的违法性认识之有无,在某些情况下也会影响到是否构成犯罪的判断,即便构成犯罪,在实际量刑中也通常会根据不同人员对行为违法性认识程度的不同作出区别对待,体现主客观相一致原则。

就自然犯与法定犯的分野而言,不仅体现在客观行为(刑事违法性)层面的分析判断有其独特之处,而且在主观故意(刑事有责性)层面的具体把握上也有其独特之处。自然犯与法定犯在认识因素方面,特别是行为违法性认识方面有较大区别。自然犯违反的是一般伦理道德,其违法性容易被人们所认识,也是任何一个有正常判断思维的人(即所谓理性人)所应当知晓、了解的。法定犯以法律特别规定为前提,具有二次违法性特征,人们对法定犯的违法性认识就不像对自然犯的违法性那样清晰明了。对于走私国家禁止进出口的货物、物品罪而言更是如此。

第一,前置性规范复杂多样容易影响行为人对行为违法性的判断。法定犯以违反行政规范为前提,而相比于其他法定犯,走私犯罪涉及货物、物品的进出口,涉及国家贸易管制、国家税收制度,与其相关的行政规范不仅更加庞杂多样,而且政策性强、变动性大,更容易影响到人们对行为违法性的认识。例如,针对木炭(包括原木烧制的木炭和机制炭)能否进出口,在 2003 年、2004 年前后经过多次变化调整,在这些规定变化前后,人们对于木炭出口(包括具体哪类木炭)的违法性认识就有一个变化适应的过程,一些人员因特殊原因多年后还不知原木木炭属禁止出口的情况仍存在。刑法规范是规定具体犯罪构成要件的法律规范,而构成要件是从现实中个别的具体的犯罪现象进行抽象、概括出共同的构成要素后形成的观念形象,因此,构成要件是观念的、抽象的形象,而不是具体的事实。补充规范也是规定某种具体的犯罪构成要件的法律条文,而事实则是具体的、现实的,同一种事实随着法律规定的修改可以由合法变成非法或者由非法变成合法。在这里,事实并不曾变更,只是由于法规的变化才导致事实的法律性质发生了变化,真正发生变化的是评价要素——补充规范,而不是评价对象事实。[1]

第二,前置性规范的合理性程度也会影响行为人对行为违法性的判断。刑事违法性的判断依赖于行政规范,但行政规范首先服务于行政管理。行政管理更强调执法效率、更突出立竿见影的效果,某些规范标准制定时难免论证不够

---

[1]　刘伟:《经济刑法规范适用原论》,法律出版社 2013 年版,第 139 页。

充分,或者基于某些特殊因素考量,相关规范的合理性与民众的认识也会有一定差距。对于普通民众而言,主要是根据一般认识水平来判断某一行为的合法性、合理性,当这种差距过大时,会对违法性认识的判断带来一定影响。

第三,违法行为的普遍程度、实际执法的统一程度也会影响行为人对行为违法性的认识判断。对法律政策规定本身的学习了解,是人们认识行为违法性及其严重程度的根本依据。然而,对于普通民众而言,由于行政规定的复杂多样,真正通过学习文件来了解行为性质的情况毕竟属少数。人们更多地是结合自己所处的社会环境、自己所能接触的具体案例进行判断,比如同样的行为在社会生活中的普遍程度,同样的行为被公权力机关的容忍程度、查处情况等,都会直接或间接影响人们对该行为违法性及其严重程度的判断。一般而言,某种行为在社会中越普遍、被容忍度越高,日常行政监管越少,人们对其违法性认识越低;反之亦然。例如,借用他人许可证进口废塑料或废布的案件,几乎整个行业都以相似的方式操作,且在此前被行政处理、刑事处理的很少,这自然会影响到人们对该行为违法性(特别是是否构成走私犯罪)的认识。

二、可避免的法律认识错误不能阻却罪责

行为人不可能认识到行为的违法性时,或者说不可避免地产生违法性的认识错误时,属于责任阻却事由。那么,以什么基准、如何判断违法性认识的可能性?这与缺乏违法性的认识是否不可回避是本质相同的问题。我们认为,只要缺乏违法性的认识具有相当的理由,行为人认为其行为被法律允许具有可以接受的理由就可以阻却责任。

要认定存在违法性认识错误的回避可能性,必须具备以下条件:(1)行为人具有认识违法性的主观能力;(2)行为人具有对其行为的法的性质进行考察的具体契机;(3)可以期待行为人利用向其提供的认识违法性的可能性。回避可能性的判断基准,不是抽象的"一般人"标准,而是具体情况下的行为者个人的能力。由于是责任的判断,所以不能以平均人能否回避为基准。即使在涉及特殊的社会领域中的专门性法律的场合,也不能采取所谓规范化的、一般人的标准,只能采取主观的、个别化的标准。①

要避免违法性的认识错误,就需要进行法的状况的确认。大体而言,下列三种情形提供了对法的状况进行确认的契机:(1)对法的状况产生了疑问时。行为人对法的状况产生疑问,意味着对行为的违法性产生疑问,但行为人没有真正地考虑该疑问,而是轻率地相信其行为具有合法性时,存在违法性的认识错误,而

———————

① 孙国祥:《违法性认识错误的不可避免性及其认定》,载《中外法学》2016 年第 3 期。

且该错误是可能避免的,行为人具备有责性。在行为人对法的状况进行了咨询等情况下,并非一概具有或者不具有避免可能性。例如,行为人遵从最高人民法院的判例产生了违法性认识错误时,或者在判例有分歧,行为人遵从了上级法院的判例而产生了违法性的认识错误时,以及行为人信赖了主管机关的见解产生了违法性的认识错误时,均应认定为不可避免的认识错误。行为人信赖作为私人的专家意见而产生违法性的认识错误时,并非均属于不可避免的认识错误,因为即使是律师、法律学者等专家,也不属于对刑罚规范的解释、运用、执行负有法律责任的司法人员,所以如果允许信赖私人意见而实施行为,就有害于法制度的统一性。但完全不允许国民信赖专家的意见,也是存在疑问的。因此,当行为人在信赖具有资格的法律家的意见时,应当进行具体的判断,有时也能阻却责任。例如,在行为人不可能获得司法机关、主管机关的意见,只能信赖律师、法律学者的意见时,因此产生法律认识错误的,也应认为阻却责任。(2)知道要在法的特别规制领域进行活动时。行为人要在法的特别规制领域从事活动时,没有努力收集相关法律信息的,其违法性的认识错误原则上属于可能避免的错误,不阻却责任。(3)知道其行为侵害基本的个人、社会法益时。行为人认识到自己的行为侵害他人或者公共的安全时,即使具有违法性的认识错误,该认识错误也是可能避免的,不阻却责任。

在违法性认识方面,大体存在四种情形,法律后果存在区别:

(1) 行为人没有认识到自己行为的违法性,并且认为自己的行为不违法(存在违法性的认识错误),也不具有违法性认识的可能性(违法性的认识错误不可避免)。在这种情况下,行为人没有责任,对其行为不能以犯罪论处。

(2) 行为人没有认识到自己行为的违法性,并且认为自己行为不违法(存在违法性的认识错误),但具有违法性认识的可能性(违法性的认识错误可以避免)。在这种情况下,行为人有责任,但非难可能性有所减少,应当从轻处罚。在决定从轻程度时,应进一步判断违法性的认识错误的回避可能性的程度,因为越是难以避免违法性认识错误的,非难可能性就越小。

(3) 行为人没有认识到自己行为的违法性,但具有违法性认识的可能性,也没有误以为自己的行为不违法(行为人没有思考行为的违法性)。在这种情况下,并不存在违法性的认识错误,但也可以从轻处罚。

(4) 行为人已经认识到自己行为的违法性。这种情形属于知法犯法或者明知故犯,显然属于故意犯罪,但不应作为从重处罚的酌定情节。首先,就故意的自然犯而言,知法犯法实际上是常态。因为一般人虽然不知道具体的刑法条文,但通常知道哪些行为是刑法所禁止的犯罪。其次,就故意的行政犯或者法定犯而言,如果将明知故犯、知法犯法作为增加责任刑的情节,实际上是因为行为人知法而受到较重处罚,不知法却可以受到较轻的处罚。这显然难以被人接受。①

因此,在司法实践中,被告人及其辩护人不能以自己没有认识到违法性为由而否认犯罪的成立,只能以没有违法性认识的可能性为由作为无罪的辩护。诚然,不得不承认的是,在信息发达的当今社会,缺乏违法性认识的可能性的情形比较少见,但不能据此否认这种情形的存在。

---

① 王艺霖、段恩佳:《违法性认识研究》,载《文化学刊》2018 年第 7 期。

▌第七章▐
走私国家禁止、限制进出口货物、物品犯罪的犯罪形态

犯罪形态是指故意犯罪在其发展过程中,由于某种原因停止下来所呈现的状态,即犯罪预备、犯罪未遂、犯罪中止和犯罪既遂。走私国家禁止、限制进出口的货物、物品罪作为故意犯罪的一种,其停止形态是指在走私国家禁止、限制进出口货物、物品犯罪行为发展过程中,由于某种原因停顿下来所呈现的状态。

第一节 走私国家禁止、限制进出口货物、物品犯罪的犯罪形态争议

讨论犯罪是否存在未完成形态,实际上主要是指是否存在犯罪未遂,因为所有犯罪的基本形态就是犯罪既遂。根据我国刑法对于犯罪形态的规定,所有犯罪都可能存在预备以及中止形态,但并不是所有犯罪都有犯罪未遂形态。走私国家禁止、限制进出口货物、物品犯罪未完成形态的讨论是围绕着此罪是否存在犯罪未遂形态而展开的。

一、走私国家禁止、限制进出口货物、物品犯罪的未遂形态争议

走私国家禁止、限制进出口货物、物品犯罪是否存在犯罪未遂,是理论界与实务界争论不休的问题,总体来讲,可分为"存在说""不存在说"和"区别说"。

"存在说"认为,走私国家禁止、限制进出口货物、物品犯罪属于结果犯,按照刑法的一般理论,其要求一定的犯罪结果作为犯罪构成要件内容之一,如果结果未发生,即便行为已经实施完毕,仍属于未完成形态,而不可认定为既遂。如行为人在实施伪报行为后,因意志以外的原因被海关查扣或偷逃应缴税额未完成的,即属走私国家禁止、限制进出口货物、物品犯罪的未遂,可依法予以从轻或减

轻处罚。①

　　"不存在说"又可分为两种观点。一种认为走私国家禁止、限制进出口货物、物品犯罪属行为犯,根本不存在未遂形态,走私国家禁止、限制进出口货物、物品犯罪的犯罪构成应以非法的进出境行为判定,不应当以危害结果是否实际发生而论。走私国家禁止、限制进出口货物、物品犯罪本质上是一种非法将货物、物品进出境的行为,只要行为人一旦实施运输、携带、邮寄依法应禁止、限制进出口的货物、物品非法进出境行为,该行为就已经既遂,无需等待危害结果的实际发生。走私国家禁止、限制进出口货物、物品犯罪没有具体的被害人,其危害的是国家利益,并且这种危害结果是抽象的、间接的,短期内难以具体呈现。如果以具体的危害结果作为走私犯罪的构成要件,那么这一危害结果究竟以什么形态为标志,实践中无法掌握。同时,就海关执法而言,在现场查获的走私犯罪案件所占比例约 70% 以上,若此类案件均以走私未遂认定,势必造成对走私犯罪活动处刑偏轻、惩治不力的不良后果。②

　　"不存在说"的另外一种观点认为走私国家禁止、限制进出口货物、物品犯罪是举动犯,走私犯罪的犯罪构成形态应从其走私行为上来判定,走私本质上是将货物、物品非法进出境的行为,只要行为人运输、携带、邮寄依法禁止、限制进出口的货物、物品非法进出境的行为一旦实施,就构成既遂,并不要求其欺骗性地申报海关的行为、进出境行为的完成,所以走私犯罪是举动犯。③

　　"区别说"则是从走私国家禁止、限制进出口货物、物品犯罪属数额犯的角度来讨论其未遂形态的问题。该观点的主要内容为:走私国家禁止、限制进出口货物、物品犯罪是数额犯,数额犯分为数额基本犯和数额加重犯,走私国家禁止、限制进出口货物、物品犯罪的数额基本犯不存在犯罪未遂形态,数额加重犯则存在未遂形态。走私国家禁止、限制进出口货物、物品犯罪的数额基本犯不存在未遂形态的主要理由是:(1)在数额基本犯中,数额的功能在于出罪,如果将不具备数额标准的行为作为未遂犯处理违背立法宗旨;(2)走私国家禁止、限制进出口货物、物品犯罪是由情节犯修改而来,承认数额基本犯处罚未遂行为,与我国刑法改革的方向也存在矛盾,因为学界普遍认为情节犯是没有未遂存在余地的,只有成立犯罪与否的问题;(3)不能从犯罪未遂的规定模式得出我国刑法不分轻重一概处罚未遂行为的结论;(4)作为结果犯的数额基本犯也不应当处罚未遂行为,数额是对于结果的限制,因而,没有达到这一数额即使发生财产被占有的结果,

---

① 参见蒋苏淮、程亮:《试论走私犯罪的未完成形态》,载《贵州警官职业学院学报》2006 年第 3 期。
② 参见徐秋跃、王建明、李文健、张相军:《走私罪认定与处理中若干疑难问题研究》,载《刑事法律指南》(2001 年第 1 辑),法律出版社 2001 年版。
③ 参见胡利敏:《走私罪的有关问题研究》,载《石家庄师范专科学校学报》2003 年第 1 期。

也不能作为犯罪处理。

走私国家禁止、限制进出口货物、物品犯罪的数额加重犯存在未遂形态,其原因是:(1)符合处罚重罪未遂的通例,从我国刑法对这类数额加重犯的刑罚设置看,它们都属于数额犯中的重罪部分,法定刑都比较重,处罚严重犯罪的未遂行为,是各国刑法的通例;(2)与我国主客观相一致的刑法理论一致,该行为事实上对刑法保护的客体造成了严重的侵害或者威胁,行为人实施的行为也已充分表明了其犯罪意图,有较大的主观恶性;(3)与我国司法惯例相符合,我国司法传统对于侵财性数额加重犯的未遂基本持赞同态度,相关司法解释也认为,对这类犯罪的数额加重犯未遂应当处罚。①

关于走私国家禁止、限制进出口货物、物品犯罪属行为犯还是结果犯的问题,我们认为,走私国家禁止、限制进出口货物、物品犯罪是行为犯,但仍然存在未遂形态。

行为犯是和结果犯相对应的一个概念,关于行为犯与结果犯的区别,在刑法理论上至少存在四种区分标准。②虽然现在对于何为行为犯仍有争论,但学者们对行为犯的深入研究也为我们进一步界定行为犯提供了思路。我们认为,有些学者所倡导的以下意见是有借鉴价值的:"我国刑法中的行为犯概念应从以下两个方面加以把握:一是对行为犯进行定义时,应以其法律规定中的形式概念为特定的表达方式;二是在对行为犯的界定上,应以犯罪既遂为标准来概括行为犯的法律特征。"从该角度出发,以成立既遂是否要求结果发生为标准来区分行为犯和结果犯是有道理的,这也是现在的通说,即"行为犯,是指只要实施刑法分则规定的某种危害行为就构成既遂的犯罪。这种犯罪并非不能发生一定的危害结果,而是不以发生一定的危害结果为犯罪构成要件。结果犯,是指不仅实施犯罪构成客观要件的行为,而且必须发生法定的危害结果才构成犯罪既遂的犯罪"。③

犯罪既遂是指行为人故意实施的犯罪行为已经具备了刑法分则规定的某种犯罪构成的全部要件,也就是已经达到犯罪的完成状态。那么,走私国家禁止、限制进出口货物、物品犯罪的完成状态是什么呢？我们认为,走私国家禁止、限制进出口货物、物品犯罪侵犯的是国家利用海关调节经济的权力,该行为扰乱了国家利用海关对进出境货物、物品进行控制,并进而保护国内经济的持续、平衡发展。同时,那种认为行为犯不存在犯罪未遂的观点也是站不住脚的。行为犯并非都没有犯罪未遂。行为犯分为预谋犯、举动犯、过程犯、持有犯,而其中的过

---

① 唐世月:《数额犯论》,法律出版社 2005 年版,第 117—119 页。
② 张明楷:《刑法学(上)》,法律出版社 1997 年版,第 271 页。
③ 郑飞:《行为犯论》,吉林人民出版社 2004 年版,第 79 页。

程犯,则存在犯罪未遂。过程犯存在犯罪未遂,是由过程犯的特殊性质所决定的。犯罪实行行为的着手并非该罪的既遂点,而是该罪进入实行阶段的标志。当该罪进入实行阶段后,到达犯罪的既遂前,尚有一段时间。这段时间就是行为人已经着手实施复合行为中的一个行为,但尚未实施复合行为中的其他行为。当行为人实施复合行为由于受主观意志以外的其他原因影响而不能完全实施的,则构成了过程犯的未遂。①也就是说,对于过程犯而言,犯罪既遂形态的形成,有一个从量变到质变的过程,行为犯只有当实行行为达到一定程度时,才过渡到既遂形态。

　　走私国家禁止、限制进出口货物、物品犯罪即属于行为犯中的过程犯。在通关走私中,通关过程一般包括电子报关—递单—接受检查—放行—出关,犯罪的实行到犯罪的完成有一个时间跨度,在这个时间段中,由于行为人意志以外的因素导致犯罪的未完成,就是犯罪未遂。走私国家禁止、限制进出口货物、物品犯罪存在未遂形态,也是与其犯罪性质相关的。在衡量行为是否既遂时,不能仅以行为人追求的目标来判断,还必须以被害人损失的结果来衡量。走私国家禁止、限制进出口货物、物品犯罪使国家遭受的损失并非仅是税款的损失,最重要的是对于国家经济秩序的冲击,对国家经济调控权的干预。因为走私国家禁止、限制进出口货物、物品犯罪属刑法分则第三章破坏社会主义市场经济秩序罪,是作为单列的一种犯罪予以规定的,立法者并没有将其放在第三章第六节危害税收征管罪中予以规定,此可窥见立法者的意图。

　　从走私国家禁止、限制进出口货物、物品犯罪属数额犯的角度,我们认为,以上认为数额基本犯不存在犯罪未遂的观点错误地理解了数额基本犯,并且混淆了数额犯的成立与数额犯的形态。针对其中的第一点理由,走私国家禁止、限制进出口货物、物品犯罪的成立要件之一即是达到相应的犯罪数额或者犯罪数量,否则根本不构成走私国家禁止进出口的货物、物品罪,也不构成走私普通货物、物品罪,只能由海关予以行政处罚。既然不构成犯罪,当然就更谈不上所谓的犯罪既遂与未遂的问题。我们认为,数额基本犯也存在犯罪未遂。数额基本犯是指构成数额犯的基本犯罪构成,但达不到数额犯的加重犯罪构成的情况。因此,讨论数额基本犯的犯罪形态,首先需明确的是走私国家禁止、限制进出口货物、物品犯罪已达到了相应的犯罪数额、犯罪数量。走私国家禁止、限制进出口货物、物品犯罪的数额基本犯存在未遂形态,理由如下:

　　第一,犯罪未遂是指在犯罪行为实行过程中,由于行为人意志以外的原因而未得逞的犯罪形态,走私国家禁止、限制进出口货物、物品犯罪存在这种情形,如

----

　　①　郑飞:《行为犯论》,吉林人民出版社 2004 年版,第 233—234 页。

行为人欲在通关的货物中夹藏禁止、限制进出口的物品，但在通关的过程中因被缉私人员发现而未能得逞，就是犯罪未遂的情形。

第二，刑法总则的规定如果在分则中没有特别规定，应适用总则的规定。走私国家禁止、限制进出口货物、物品犯罪规定在刑法的走私犯罪类罪名中，刑法并没有特别说明走私国家禁止、限制进出口货物、物品犯罪不处罚未遂。因此，根据刑法总则与刑法分则的关系，如果分则有特别规定，适用特别规定，如果分则没有特别规定，则要适用总则的一般规定。

第三，最高人民法院关于盗窃罪的司法解释对于处罚盗窃罪未遂行为的，的确仅是限定为针对巨大财产为目标而实施盗窃犯罪的行为，[①]但我们认为这一解释并不具有典型性，只是针对盗窃罪的特别规定，即这一特别规定排除了总则一般规定的适用。

对于国家禁止、限制进出口货物、物品犯罪作为数额犯的加重形态，我们也同意上述观点，即数额加重犯中存在犯罪未遂形态。

二、走私国家禁止、限制进出口货物、物品犯罪既遂与数额的关系

走私国家禁止、限制进出口货物、物品犯罪中，犯罪数量、犯罪数额具有双面性，一方面它代表了国家财产的损失情况，另一方面也反映了行为人非法获得的利益的数量。立法者关注的或者评价的基础并不是行为人是否获得利益，而是受害方财产的损失数额。

关于犯罪既遂与数额的关系，我们认为，在数额基本犯中，数额是构成犯罪的一个条件，而不是犯罪既遂与未遂的评价标准。首先，数额的功能在于出罪，即防止将那些达不到数额标准的行为作为犯罪处理。其次，数额也不是指实际达到的数额，而是指行为人的行为客观上可以达到的额度。在数额加重犯中，数额是量刑的一个标准，而不是既遂的标准。第一，偷逃应缴税额 5 万元以上并不是指行为已经造成的危害结果，而是指行为人走私的货物、物品所应缴的税额，既包括走私后实际偷逃的应缴税额，也包括走私犯罪过程中被查获的走私货物、物品的应缴税额。第二，偷逃应缴税额 5 万元以上是本罪定罪的数额标准，而不是犯罪既遂标准，也即无论走私行为是否在走私过程中被查获，只要走私货物、物品偷逃税额 5 万元以上的，就应当定罪处罚，也只有当偷逃应缴税额达到这一标准，才能定罪处罚。

综上所述，走私国家禁止、限制进出口货物、物品犯罪存在犯罪未遂，并且无

---

① 最高人民法院《关于审理盗窃案件具体应用法律若干问题的解释》第 1 条第 2 项规定："盗窃未遂，情节严重，如以盗窃数额巨大的财物或者国家珍贵文物等为盗窃目标的，应当定罪处罚。"

论是数额基本犯还是数额加重犯,都存在犯罪未遂,同时也存在犯罪预备、犯罪中止、犯罪既遂等其他故意犯罪形态。

第二节　走私国家禁止、限制进出口货物、物品犯罪的犯罪形态划分

既然走私国家禁止、限制进出口货物、物品犯罪存在未遂的犯罪形态,那么司法实践中须解决走私国家禁止、限制进出口货物、物品犯罪的犯罪形态划分问题。

一、犯罪未遂形态的认定标准

犯罪未遂是指已经着手实行犯罪,由于犯罪人意志以外的原因而未能达到犯罪既遂的一种犯罪形态。犯罪未遂有三个特征,一是已经着手实行犯罪;二是犯罪未能达到犯罪既遂形态;三是犯罪未能达到既遂形态是由于犯罪人意志以外的原因。这三个特点也是犯罪未遂区别于其他犯罪形态的标志。其中,标志着犯罪未遂与犯罪预备分界点的是已经着手实行犯罪,犯罪未遂与犯罪既遂的最大区别是犯罪得逞与否,犯罪未遂区别于犯罪中止之处则是犯罪未得逞是由于犯罪人意志以外的原因。走私国家禁止、限制进出口货物、物品犯罪的犯罪人由于意志以外的原因而未得逞与其他犯罪的行为人由于意志以外的原因未得逞没有什么不同,也不外乎以下几种情况:(1)抑制走私犯罪意志,如行为人认为自己客观上不可能继续实行犯罪;(2)抑制走私犯罪行为,如被海关查验时发现伪报、瞒报、夹藏等;(3)抑制犯罪结果,如由于认识错误等原因而未遂,等等。

下面我们针对犯罪未遂的第一个特征,结合走私国家禁止、限制进出口货物、物品犯罪进行探讨,何谓走私国家禁止、限制进出口货物、物品犯罪的"着手实行"犯罪?

犯罪的着手是指犯罪分子开始实施刑法分则条文所规定的具体犯罪的实行行为。关于认定着手的学说,国外刑法理论中主要有三种主张。[1]一是主观说,以行为人是否存在犯罪意图为标准,来确定犯罪的着手。二是客观说,主张从行为人所实施的客观行为来确定犯罪的着手。三是折衷说,主张从行为人的犯罪意图和客观行为两个方面来判断犯罪的着手。我国刑法学界一致认为,认定犯罪实行行为的着手,必须坚持主客观相统一的原则,应当以行为人的行为是否与具体犯罪的实行行为紧密相接为标准,判断是否为着手。在对犯罪实行行为的

---

① 马克昌:《犯罪通论》,武汉大学出版社1999年版,第439页。

具体认定上,应当把握两个原则,第一是以法律所规定的具体犯罪的罪状为依据;第二是以实行行为的形式和内容为基础。

根据以上原则,走私国家禁止、限制进出口货物、物品犯罪的实行行为是逃避海关监管的行为。我们认为,行为人开始实行逃避海关监管的行为时即是开始实施走私国家禁止、限制进出口货物、物品犯罪的实行行为。但在不同的走私方式中,具体实行行为的内容有所不同,"着手"的标志也就有所区别。下面结合走私国家禁止、限制进出口货物、物品犯罪不同的行为方式对各自的未遂标准予以阐述。

(一)通关走私国家禁止、限制进出口货物、物品犯罪——申报说

对于通关走私,报关行为是"实行"行为。因为报关行为是根据申请行为启动的,即只有行为人的申请才能启动程序,海关依据行为人的申请才能实行行政行为。行为人的行为目的并不是递交报关数据,递交报关数据是主动要求监管,从而使海关开始进行监管,该行为不是行为人的目的行为,也不是行为性质所决定的犯罪结果。行为人递交了虚假的报关资料后,海关工作人员经过初步审查,认为表面合法,符合通关的程序要件,即进入实体的检查程序中。行为人的行为是否能得逞,还取决于海关工作人员能否发现其走私事实。根据海关法的有关规定,如果海关工作人员发现了行为人的走私事实,对于不构成犯罪的,由海关没收走私货物、物品及违法所得,可以并处罚款;专门或者多次用于掩护走私的运输工具,予以没收,藏匿走私货物、物品的特制设备,责令拆毁或者没收。对于可能构成犯罪的,海关会对货物、物品进行扣押,并对该案进行侦查。因此,通关走私的着手实行行为是指向海关工作人员递交报关资料。对于通关走私,不论是陆上走私,还是海上走私,抑或是空中走私,未遂标准都是如此。有些学者提出空中走私应以着陆为既遂标准。[①]我们认为并不合适,因为即便是空中走私,只要是降落在指定机场,也还是要接受海关监管,必须向海关驻机场的工作人员递交通关资料,我国在机场发现走私事实的案件也不在少数。对于通关走私,不能以成功向海关递交了报关资料就认为已经既遂,海关工作人员未接受其报关资料或在通关过程中被海关工作人员发现其走私事实便是犯罪未遂。

(二)绕关走私国家禁止、限制进出口货物、物品犯罪——到达关境线说

在陆路、海路、空路绕关走私时,"关境"的具体含义不同,但只要能表明行为人是不通过关境,而是从关境以外偷运货物、物品出境就可以认定行为人已经开始实施走私国家禁止、限制进出口货物、物品犯罪的实行行为了,从而认定行为

---

①　张大春:《走私罪研究》,中国海关出版社 2004 年版,第 176 页。

的着手。通过陆路绕关走私国家禁止、限制进出口货物、物品出境的,认定实行行为的着手应采"到达关境线"说,因为我国在边境或临近处设有海关,只有行为人在到达关境线时不通过海关,才可以认定行为人逃避海关监管。通过海路绕关走私国家禁止、限制进出口货物、物品出境的,对于实行行为的着手,应采"到达海岸线"说,即行为人只有到达没有设立海关的海岸线时,才可以认定行为人逃避海关监管。通过空运绕关走私国家禁止、限制进出口货物、物品出境的,对于实行行为的着手,应采"到达国境线"说,因为在国境内时,行为人也是可以通过空运运输货物、物品的,只有到达国境线时,才可以认定行为人逃避海关监管。

而对于绕关进口的,通过陆路、海路、空路进境的,到达关境线、海岸线、国境线时,才可以表明行为人不通过关境,绕关走私国家禁止、限制进出口货物、物品犯罪的故意,因此,也是上述标准。

（三）后续走私普通货物、物品——起运说、申请核销说

之所以有两种标准,是因为后续走私的行为方式有所不同。先销后核或不核的情形下应该采用起运说。对于行为人未经海关许可并且未补缴应缴税额,擅自将批准进口的原材料、零件、制成品、设备等保税货物在境内销售牟利然后再核销的,海关监管的是保税货物,根据海关对保税货物监管的有关规定,保税货物必须与其他货物分开存放,当保税货物被销售而要交付给买受人时,该保税货物即脱离了海关监管,海关事实上已不能对该货物进行监管。交付行为的起点是起运,因此,对于先销后核或不核的,实行行为的着手采"起运"说。

先核后销的情形下应该采用申请核销说。对于行为人先将保税货物核销然后再伺机销售的,因为行为人将保税货物核销后,对于海关来说,即意味着无需再对该保税货物进行监管,从而使行为人逃避了海关监管。对于此种行为来讲,申请核销即是实行行为。那么该实行行为的起点是向海关提出申请,因此,实行行为的着手即是申请核销。

在此,要特别提一下加工贸易领域走私方式除后续走私以外的其他走私方式的实行行为的着手问题。（1）假核销的,因为其行为方式与先核后销行为相似,故实行行为的着手也是申请核销;（2）保税料件进口走私的,与通关走私的行为方式一样,故实行行为的着手也是与通关走私相同;（3）非法购买保税货物走私的着手,我们将在间接走私中述及;（4）非法使用保税指标走私普通货物的,根据《意见》第9条的规定,利用购买的加工贸易登记手册、特定减免税批文等涉税单证进口货物,实质是将一般贸易货物伪报为加工贸易保税货物或者特定减免税货物进口,以达到偷逃应缴税款的目的,以走私普通货物、物品罪定罪处罚。因为购买保税指标是为非法进口保税货物作准备的活动,其实行行为还是非法进口保税货物,因此,其实行行为的着手还是采"申报说"。

（四）间接走私国家禁止、限制进出口货物、物品犯罪——区别说

间接走私国家禁止、限制进出口货物、物品犯罪是准走私行为而不是典型的走私行为，对于间接走私国家禁止、限制进出口货物、物品犯罪的实行行为要根据"收购""贩卖""运输"行为方式的不同分别加以论述。对于向走私人收购走私货物、物品的，"收购"是实行行为，交易达成是着手。对于在内海、领海、界河、界湖运输国家限制进出口货物、物品的，数额较大，没有合法证明的，起运是实行行为的着手；收购国家限制进出口货物、物品的，交易达成是实行行为的着手；贩卖国家限制进出口货物、物品的，与买受人达成交易是实行行为的着手。

二、犯罪既遂形态的认定标准

犯罪既遂是指行为人故意实施的犯罪行为已经齐备了刑法分则规定的某种犯罪构成的全部要件，也就是已经达到犯罪的完成状态。不同的犯罪，其既遂的具体标准不同。而走私国家禁止、限制进出口货物、物品犯罪由于走私的方式、渠道，走私的货物、物品的类别有所不同，在认定犯罪既遂时，具体标准也有所不同。走私的方式有绕关走私、通关走私、后续走私和间接走私，走私的渠道有陆路走私、海路走私和空路走私。限制进出境的货物、物品的走私渠道有绕关走私、通关走私和间接走私，只有走私一般应税货物、物品才可以通过后续走私这种方式。走私的类别包括输入走私与输出走私。因为输入走私占多数，我们也主要研究输入走私。

（一）走私国家禁止、限制进出口货物、物品犯罪既遂标准通说分析

从目前已有的理论来看，对走私国家禁止、限制进出口货物、物品犯罪的既遂标准基本上是采用修正的"国境标准说"。国境标准说是苏联采用的观点。苏联刑法教科书认为"在实际转移物品不论是经过国境还是在苏联出境的场合下，走私被认为是终结的"。但采用绝对的"国境标准说"不尽合理，因为在通关走私或邮寄走私物品情形下，走私货物或物品已至境内，但在海关检查时查获，若按"国境标准说"应定走私既遂，显然不够合理，不符合刑法犯罪未遂的理论。因此，我国学者对"国境标准说"进行了修正，具体而言：在走私入境的情况下，若是绕关走私，以是否进入我国关境为标准，如在境内抓获均构成既遂；若是通关走私，以是否逃避海关监管为标准，如是在逃避海关监管后被抓获为既遂。[1]

我们基本上同意以上观点，对于走私国家禁止、限制进出口货物、物品犯罪的既遂以是否逃避海关监管为标准。但以上观点并没有囊括走私国家禁止、限制进出口货物、物品犯罪的所有的走私方式，对于通关走私的情形，也不够明确，

---

[1]　参见钱舫、许道明：《走私罪的认定与处理》，中国检察出版社 1998 年版，第 96 页。

如对于何为"逃避海关监管"还需要进一步具体化。下面,我们对以上观点进行细化和补充。

（二）走私国家禁止、限制进出口货物、物品犯罪既遂标准分类论析

前文已经详细论述了走私国家禁止、限制进出口货物、物品犯罪是行为犯的原因。对于行为犯,是以法定危害行为的完成作为犯罪既遂要件的,以行为人在客观上已经将法定的危害行为实行完毕作为确定犯罪既遂的标志。

1. 通关走私国家禁止、限制进出口货物、物品犯罪——放行说

报送申请是接受监管的开始,海关放行是结束监管的标志,海关放行后,当事人就可以离关,从而使货物脱离海关的监管,这时行为人的走私行为已经既遂。

通关走私还有另外一种形式即本来需要申报但行为人没有申报的情况,如行为人夹藏走私物品走绿色通道妄图以此逃避海关监管,对于此种走私,以行为人没有被海关发现而顺利通过绿色通道为既遂。从另一个角度讲,行为人顺利通过即表明海关对其也是予以放行的,因此,对于此种通关走私的既遂,亦可说是"放行说"。

最高人民法院研究室在《关于对海关监管现场查获的走私犯罪案件认定既遂、未遂问题的函》答复中认为:"行为人犯走私罪,在海关监管现场被查获的,应当认定走私既遂。"在此答复的指导下,实践中,对于此类问题一般是以走私既遂来论处的。例如,珠海经营部利用友和公司的保税指标进口两台机器,在海关查验过程中被发现。虽然海关并没有放行,但由于该两台机器的报关手续已经办理完毕,在判决中,认定为走私犯罪行为就已构成既遂。①再如被告人胡某寿采用在进口的棉纱中夹藏胶片,在海关查验时被发现,虽然确认报关时被告人走私的货物均被海关查扣,未给国家造成经济损失,但仍对被告人以犯罪既遂论处,只是酌情从轻处罚。②我们认为该答复的本意是严厉打击走私犯罪。但是,首先,在刑法没有对走私罪的既未遂作出特殊规定的前提下,并且也没有相关司法解释的情况下,最高人民法院的一个内设部门对此问题作出规定,其法律效力值得探讨。其次,行为人在海关监管现场被查获走私,此时并没有对走私犯罪的客体造成现实的侵害,如认定为既遂也是有违刑法学的基本原理的。我们认为,应以是否通过海关查验作为犯罪既遂与未遂的标准,因为走私国家禁止、限制进出口货物、物品犯罪侵犯的客体是国家利用海关调节经济权,如果只是在查验现场,但还没有通过查验,则货物、物品仍在海关的监管之下,对国内经济秩序也没

---

① 参见(2003)佛刑初字第91号刑事判决书。
② 参见(2003)广刑初字第122号刑事判决书。

有造成现实的侵害,只是一种威胁,不应认定为既遂。最高人民法院研究室作出上述答复的根本原因在于对犯罪分子的实行行为仅限定于向海关提交报关数据,认为提交完毕,即完成了实行行为,构成犯罪既遂。实际上,报关是由行为人与海关的一系列互动行为组成。对行为人来讲,不仅是指提交数据,还包括配合检验、缴纳税款、出关等行为,只有上述一系列行为都完成才可以说完成了实行行为。如果以最高人民法院研究室的答复为依据认定是否既遂,也不利于行为人中止犯罪。

对于通关走私既遂的认定标准,还有一种观点认为应借鉴日本关于输入毒品罪的既遂犯的有关理论,将海、陆、空走私的渠道分别予以讨论认定。对于陆路输入的,应以逾越国境线说为标准;对于海路输入的,则有不同学说,有的主张领海说,有的主张靠岸说,有的主张领土说,还有的主张通关说;对于空路输入的,存在五种学说:领空说、着陆说(到达说)、可能搬出说、取出说(搬出地上说)、关税线说,也就是说,对于走私毒品的行为不应按照一般犯罪既遂与未遂的标准认定,应提前认定为既遂。①我们认为,主张该借鉴日本关于输入毒品罪的既遂学说的学者没有注意到一个基本的事实:上述争论是对于输入毒品罪既遂标准认定的争论,不同学说争论的最重要的原因,是因为毒品是一种危害性非常大的物品,日本认为其侵犯的客体是公共卫生,有迅速规制的必要,因此,在认定既遂时,应适当提前而不能迟延。而走私国家禁止、限制进出口货物、物品犯罪的犯罪对象在性质和危害性上则完全不同,对于认定既遂的标准也应以是否脱离海关监管为标准,没有必要提前。

2. 绕关走私国家禁止、限制进出口货物、物品犯罪——跨越关境说

通说的观点认为绕关走私国家禁止、限制进出口货物、物品犯罪的既遂与否应当以走私货物、物品是否入境或者出境为区分标准,如果货物、物品已经走私入境或者走私出境的是犯罪既遂,反之,则属于犯罪的未完成。②

我们认为以上观点总体上来看是正确的,但绕关走私分为海上绕关走私、陆上绕关走私、航空绕关走私,各种形式的走私其既遂标准并不完全相同。在绕关进口走私的行为中,如果是陆上绕关走私,不论走私的货物、物品的类别,只要越过了关境线,即造成了对国家经济、社会的危害,就构成走私犯罪的既遂。对于海上绕关走私,只要一靠岸即可表明其绕过了海关监管,从而可以认定为既遂。而对于航空绕关走私,由于航空监管的特殊性和局限性,只有航空器在设关的地点降落时,才能对航空器进行查验,因此,以航空器在国境内非设关地降落为走

---

① 参见张大春:《走私罪研究》,中国海关出版社 2004 年版,第 139 页;张明楷:《未遂犯论》,法律出版社 1997 年版,第 179—189 页。

② 赵秉志:《犯罪停止形态适用中的疑难问题研究》,吉林人民出版社 2001 年版,第 300 页。

私既遂的标准。

也有人认为,绕关走私不应当划分犯罪既遂与未遂。因为如果以走私物品是否越境为标准区分既遂与未遂,那就意味着走私进口的通常都是既遂,而走私出口的通常都是未遂,就会造成走私进口与走私出口两者之间在刑罚适用上的不平衡。①我们认为,不能因为实践中对走私出口发现的较少而改变刑法理论上的分类,并且随着国际合作开展的扩大,对于走私出口的行为人也可以引渡时,对走私出口行为人基本上难以既遂论处的局面会不断得到改善。

3. 间接走私国家禁止、限制进出口货物、物品犯罪——区别说

间接走私是指直接向走私人非法收购走私进口的其他货物、物品;在内海、领海、界河、界湖运输、收购、贩卖国家限制进出口的货物、物品,没有合法证明的行为。间接走私普通货物、物品分为以下两种方式:

(1) 直接向走私人非法收购走私进口的非禁止进口货物、物品的行为,该种走私方式是为了处罚第二手走私人,因此,既遂也是相对于第二手走私人来讲的。该种犯罪行为的既遂标准是以“收购”作为标准的,如前面对于后续走私行为的分析,收购也是一种交易,交易应以交付为转移的标志,第二手走私人收到货物后,即完成了收购行为,应该认定为犯罪既遂。相反,如果只是达成协议,但尚未交付的,不能作为犯罪的既遂。

(2) 在内海、领海、界河、界湖运输、收购、贩卖国家限制进出口货物、物品,没有合法证明的。该种走私方式不同于前一种,在这种走私方式中,只要是没有合法证明,运输、收购、贩卖国家限制进出口货物、物品,都构成走私犯罪,这解决了证明涉案货物、物品来源的问题,也解决了因抓捕时机不当而导致的证明困难,并在一定程度上消除了因没有犯罪嫌疑人的供述或犯罪嫌疑人的供述不真实对证明案件事实的影响。在认定既遂的标准上,对于运输的,只要行为人的运输工具上载有国家限制进出口的货物、物品且没有合法证明的,就可以认定为犯罪既遂。因为在运输工具没有载有国家限制进出口货物、物品时,很难证明其非法目的,因此,对于未遂行为是难以处罚的。对于收购、贩卖国家限制进出口货物、物品,没有合法证明,因为涉及卖家与买家,是一种交易,也应当以交付作为认定既遂与未遂的分界点,对于收购的,已收到货物、物品,没有合法证明的,则应认定为既遂,对于贩卖的,已将货物、物品交付给买方,没有合法证明的,则应认定为既遂。交付货物的多少,是一部分还是全部,不影响既遂的成立。

也有学者认为,刑法是以在内海、领海、界河、界湖运输、收购、贩卖国家限制进出口货物、物品,又没有合法证明的事实作为可罚根据的,实际上,刑法是在不

---

① 刘之雄:《犯罪既遂论》,中国人民公安大学出版社2003年版,第242页。

能确证行为的走私性质的情况下,以上述事实状态为根据推定其属于走私犯罪。这种行为实际上属于状态犯,即只要具备了上述法定的事实状态,就具备了完整化的刑罚根据;而如果法定的事实状态不发生,推定走私犯罪的根据便不能成立。因此,对于这种走私行为,是不存在犯罪既遂与未遂之分的。[①]我们不同意该种意见。状态犯是指犯罪完成后的一种不法状态,例如,盗窃他人财物后非法占有财物的不法状态。状态犯是犯罪完成后的一种不法状态,与既未遂无关。而在内海、领海、界河、界湖运输、收购、贩卖国家限制进出口货物、物品,又没有合法证明的情形,行为人的行为是运输、收购和贩卖,我们应当根据这些行为的特征来确定犯罪的既遂标准,而不是根据行为人没有合法证明的事实状态来确定既遂标准。因此,认为这是一种状态犯而没有既遂与未遂之分的观点并无合理依据。

---

① 刘之雄:《犯罪既遂论》,中国人民公安大学出版社 2003 年版,第 241 页。

附　录

本附录以《华东政法大学、上海海关学院、海关总署缉私局 2019 年度合作研究课题——走私国家禁止进出口的货物、物品罪的适用问题研究》附录部分为基础,结合 2020 年、2021 年间进出口货物、物品法律法规、部门及地方政府规章的相关规定,对禁止、限制进出口货物、物品范围进行了更新与总结,以便进一步厘清走私国家禁止进出口的货物、物品罪中所含内容,辅助出入境监督管理机关切实履行监督管理工作、保障海关相关工作有序进展。

一、禁止进出口货物、物品范围

(一)禁止进口固体废物范围

固体废弃物本身存在一定的危害性,因此《固体废物污染环境防治法》第 24 条规定:"国家逐步实现固体废物零进口,由国务院生态环境主管部门会同国务院商务、发展改革、海关等主管部门组织实施。"生态环境部、商务部、国家发展和改革委员会、海关总署于 2020 年 11 月 24 日发布《关于全面禁止进口固体废物有关事项的公告》(2020 年第 53 号),指出《固体废物污染环境防治法》自 2020 年 9 月 1 日起施行,为贯彻落实《固体废物污染环境防治法》有关固体废物进口管理的修订内容,做好相关衔接工作,现将有关事项公告如下:

一、禁止以任何方式进口固体废物。禁止我国境外的固体废物进境倾倒、堆放、处置。

二、生态环境部停止受理和审批限制进口类可用作原料的固体废物进口许可证的申请;2020 年已发放的限制进口类可用作原料的固体废物进口许可证,应当在证书载明的 2020 年有效期内使用,逾期自行失效。

三、海关特殊监管区域和保税监管场所[包括保税区、综合保税区等海关特殊监管区域和保税物流中心(A/B 型)、保税仓库等保税监管场所]内单位产生的未复运出境的固体废物,按照国内固体废物相关规定进行管理。需出区进行贮存、利用或者处置的,应向所在地海关特殊监管区域和保税监管场所地方政府行政管理部门办理相关手续,海关不再验核相关批件。

四、海关特殊监管区域和保税监管场所外开展保税维修和再制造业务单位生产作业过程中产生的未复运出境的固体废物,参照第三款规定执行。

本公告自 2021 年 1 月 1 日起施行。原环境保护部、海关总署、原质检总局办公厅《关于加强固体废物进口管理和执法信息共享的通知》(环办〔2011〕141号),原环境保护部、发展改革委、商务部、海关总署、原质检总局 2015 年第 69 号公告,原环境保护部、商务部、发展改革委、海关总署、原质检总局 2017 年第 39号公告,生态环境部、商务部、发展改革委、海关总署 2018 年第 6 号公告,生态环境部、商务部、发展改革委、海关总署 2018 年第 68 号公告同时废止。

由此可见,自 2021 年 1 月 1 日起,所有固体废物都属于禁止进口的物品,不再将分为禁止进口固体废物目录、限制进口类可用作原料的固体废物目录及非限制进口类可用作原料的固体废物目录。以往属于限制进口类可用作原料的固体废物目录及非限制进口类可用作原料的固体废物目录中的固体废物都被禁止进口。

(二)广义上的《禁止进口货物目录》*

表 1　七批列入《禁止进口货物目录》货物、物品

第一批列入《禁止进口货物目录》的货物:已脱胶的虎骨(指未经加工或经脱脂等加工的)、未脱胶的虎骨(指未经加工或经脱脂等加工的)、犀牛角、鸦片液汁及浸膏(也称阿片)、四氯化碳、三氯三氟乙烷(CFC—113)(用于清洗剂)。

第二批列入《禁止进口货物目录》的货物:装压缩或液化气的钢铁容器、其他装压缩或液化气的钢铁容器、可使用气体燃料的家用炉灶、可使用气体燃料的其他家用器具、非零售装压缩、液化气体铝容器、蒸发量在 900 吨/时及以上的发电用锅炉、蒸发量超过 45 吨/时的其他水管锅炉、蒸发量不超过 45 吨/时的水管锅炉、未列名蒸汽锅炉(包括混合式锅炉)、过热水锅炉、家用型热水锅炉、其他集中供暖用的热水锅炉、蒸汽锅炉和过热水锅炉的辅助设备、集中供暖锅炉的辅助设备、水蒸气或其他蒸汽动力装置的冷凝器、使用液体燃料的炉用燃烧器、使用天然气的炉用燃烧器、使用其他气体燃料的炉用燃烧器、使用粉状固体燃料的炉用燃烧器、机械加煤机及其机械炉箅、机械出灰器等装置、矿砂或金属的焙烧、熔化等热处理用炉及烘箱、炼焦炉、放射性废物焚烧炉、未列名非电热的工业或实验室用炉及烘箱、未列名磁带录音机及其他声音录制设备、未列名视频信号录制或重放设备、心电图记录仪、B 型超声波诊断仪、彩色超声波诊断仪、未列名超声波扫描装置、核磁共振成像装置、闪烁摄影装置、病员监护仪、未列名电气诊断装置、紫外线及红外线装置、注射器(不论是否装有针头)、管状金属针头、缝合用针、其他针(导管、插管)及类似品、牙钻机(可与其他牙科设备组装在同一底座上)、装有牙科设备的牙科用椅、牙科用未列名仪器及器具、眼科用其他仪器及器具、听诊器、血压测量仪器及器具、内窥镜、肾脏透析设备(人工肾)、透热疗法设备、输血设备、麻醉设备、其他医疗(外科或兽医)用仪器及器具、X 射线断层检查仪、其他牙科用 X 射线应用设备、其他医疗(外科或兽医)用 X 射线应用设备、低剂量 X 射线安全检查设备、未列名 X 射线的应用设备、医用。(或 β、γ)射线的应用设备、其他 e(或 β、γ)射线的应用设备、X射线管、X 射线影像增强器、编号 9022 所列其他设备及零件、电视电子游戏机、投币式电子游戏机、投币式其他游戏用品、其他电子游戏机、发动机、车类。

＊　第七批《禁止进口货物目录》于 2021 年 1 月 1 日开始实施。

第三批列入《禁止进口货物目录》的货物:含铅汽油淤渣(包括含铅抗震化合物的淤渣)、含砷、汞、铊及其混合物矿灰与残渣(用于提取或生产砷、汞、铊及其化合物)、含有锑(或铍、镉、铬及混合物)矿灰残渣(用于提取或生产锑、铍、镉、铬及其化合物)、焚化城市垃圾所产生的灰(或渣)、含多氯联苯(或多溴联苯)的废油(包括含多氯三联苯的废油)、其他废油、废药物(超过有效保存期等原因而不适于原用途的药品)、城市垃圾、下水道淤泥、医疗废物、废卤化物的有机溶剂、其他废有机溶剂、废的金属酸洗液(或液压油)及制动油(还包括废的防冻液)、主要含有有机成分的化工废物(其他化学工业及相关工业的废物)、其他化工废物(其他化学工业及其他编号未列明化工副产品及废物)、含有银或银化合物的灰(主要用于回收银)、含其他贵金属或贵金属化合物的灰(主要用于回收贵金属)。

第四批列入《禁止进口货物目录》的货物:未经加工的人发(不论是否洗涤,包括废人发)、猪鬃和猪毛的废料、獾毛及其他制刷用兽毛的废料、废马毛、矿渣(或浮渣)及类似的工业残渣、沥青碎石、其他主要含铅的矿灰及残渣、主要含铜的矿灰及残渣、主要含钨的矿灰及残渣、含其他金属及化合物的矿灰及残渣(不包括2620.9990.10含五氧化二钒大于10%的矿灰及残渣)、废轮胎及其切块、皮革废渣(或灰渣、淤渣)及粉末、旧衣物、电ïïï线废碎料及废电池。

第五批列入《禁止进口货物目录》的货物:空调、放射性废物焚烧炉、电冰箱、计算机类设备、显示器、打印机、其他计算机输入输出部件及自动数据处理设备的其他部件、微波炉、电饭锅、有线电话机、传真机及电传打字机、录像机、放像机及激光视盘机、移动通讯设备、摄像机、摄录一体机及数字相机、电视机、印刷电路、热电子管、冷阴极管或光阴极管等、集成电路及微电子组件、复印机、医疗器械、射线应用设备。

第六批列入《禁止进口货物目录》的货物:长纤维青石棉[包括青石棉(蓝石棉)、阳起石石棉、铁石棉、透闪石石棉、直闪石石棉]、其他青石棉[包括青石棉(蓝石棉)、阳起石石棉、铁石棉、透闪石石棉、直闪石石棉]、1,2-二溴乙烷、二氯氯丙烷(1,2-二溴-3-氯丙烷)、艾氏剂、七氯、毒杀芬、多氯联苯、地乐酚及其盐和酯;二硝酚、狄氏剂、异狄氏剂、氟乙酸钠、2,4,5-涕及其盐和酯(2,4,5-三氯苯氧乙酸)、三(2,3-二溴丙基)磷酸酯、联苯胺(4,4′-二氨基联苯)、氟乙酰胺(敌蚜胺)、杀虫脒、二恶英(多氯二苯并对二恶英)、呋喃(多氯二苯并呋喃)。

第七批列入《禁止进口货物目录》的货物:

序号	商品编码	商品名称	备注
1	2903820090	氯丹(ISO)	
2	2903830000	灭蚁灵(ISO)	
3	2903920000	六氯苯(ISO)	
4	2903920000	滴滴涕(ISO,INN)	
5	2903930000	五氯苯(ISO)	
6	2903940000	六溴联苯	
7	2914710000	十氯酮(ISO)	
8	2903810020	α-六氯环己烷(ISO)	
9	2903810020	β-六氯环己烷(ISO)	
10	2909309016	四溴二苯醚	
11	2909309016	五溴二苯醚	
12	2909309016	六溴二苯醚	
13	2909309016	七溴二苯醚	
14	2903810010	林丹(ISO,INN)	

序号	商品编码	商　品　名　称	备　注
15	2920300000	硫丹(ISO)	
16	3808520000	DDT(ISO)〔滴滴涕 INN〕	每包净重不超过 300 克
17	3824840000	含艾氏剂(ISO)、毒杀芬(ISO)、氯丹(ISO)、十氯酮(ISO)、DDT（滴滴涕（INN）、1，1，1-三氯-2，2-双(4-氯苯基)乙烷]、狄氏剂（ISO，INN）、硫丹（ISO）、异狄氏剂(ISO)、七氯(ISO)或灭蚁灵(ISO)	
18	3824850000	含 1，2，3，4，5，6-六氯环己烷〔六六六(ISO)],包括林丹(ISO, INN)	
19	3824860000	含五氯苯(ISO)或六氯苯(ISO)	
20	3808591020	零售包装含艾氏剂、毒杀芬、氯丹、滴滴涕、狄氏剂、硫丹、七氯、六氯苯、α-六氯环己烷、β-六氯环己烷、林丹或五溴二苯醚的货品	
21	3808599020	非零售包装含艾氏剂、毒杀芬、氯丹、滴滴涕、狄氏剂、硫丹、七氯、六氯苯、α-六氯环己烷、β-六氯环己烷、林丹或五溴二苯醚的货品	
22	3808911910	零售包装的含灭蚁灵或十氯酮的杀虫剂	
23	3808919010	非零售包装的含有灭蚁灵或十氯酮的杀虫剂	
24	3824820010	含多氯联苯或六溴联苯的混合物	
25	3824880010	含四、五、六或七溴联苯醚的混合物	
26	8506101190	扣式含汞碱性锌锰的原电池及原电池组	汞含量≥电池重量的 0.0005%
27	8506101290	圆柱形含汞碱性锌锰的原电池及原电池组	汞含量≥电池重量的 0.0001%
28	8506101990	其他含汞碱性锌锰的原电池及原电池组	汞含量≥电池重量的 0.0001%
29	8506109090	其他含汞二氧化锰的原电池及原电池组	汞含量≥电池重量的 0.0001%，扣式电池的汞含量≥电池重量的 0.0005%
30	8506300000	氧化汞的原电池及原电池组	
31	8506400090	氧化银的原电池及原电池组(含汞)	汞含量≥电池重量的 0.0001%，扣式电池的汞含量≥电池重量的 0.0005%
32	8506600090	锌空气的原电池及原电池组(含汞)	汞含量≥电池重量的 0.0001%，扣式电池的汞含量≥电池重量的 0.0005%
33	8506800091	含汞燃料电池	汞含量≥电池重量的 0.0001%，扣式电池的汞含量≥电池重量的 0.0005%

续表

序号	商品编码	商品名称	备注
34	8506800099	其他含汞原电池及原电池组	汞含量≥电池重量的 0.0001%，扣式电池的汞含量≥电池重量的 0.0005%
35	8535301010	72.5 千伏≤电压≤220 千伏的隔离开关及断续开关，含汞	
36	8535302010	220 千伏＜电压≤750 千伏隔离开关及断续开关，含汞	
37	8535309010	其他隔离开关及断续开关，含汞	用于电压超过 1000 伏的线路
38	8536411010	电压≤36 伏的继电器，含汞	
39	8536419010	36 伏＜电压≤60 伏的继电器，含汞	
40	8536490010	电压大于 60 伏的继电器，含汞	用于电压不超过 1000 伏的线路
41	8536500010	电压≤1000 伏的其他开关，含汞	
42	8539319110	紧凑型热阴极荧光灯	不超过 30 瓦、单支含汞量超过 5 毫克的
43	8539399020	其他紧凑型冷阴极荧光灯	不超过 30 瓦、单支含汞量超过 5 毫克的
44	8539319910	直管型热阴极荧光灯	低于 60 瓦、单支含汞量超过 5 毫克的直管型荧光灯（使用三基色荧光粉）
45	8539319920	直管型热阴极荧光灯	低于 40 瓦（含 40 瓦）、单支含汞量超过 10 毫克的直管型荧光灯（使用卤磷酸盐荧光粉）
46	8539399030	其他直管型荧光灯	低于 60 瓦、单支含汞量超过 5 毫克的直管型荧光灯（使用三基色荧光粉）
47	8539399040	其他直管型荧光灯	低于 40 瓦（含 40 瓦）、单支含汞量超过 10 毫克的直管型荧光灯（使用卤磷酸盐荧光粉）
48	8539324010	用于普通照明用途的高压汞灯	
49	8539399011	用于电子显示的冷阴极管荧光灯	长度≤500 毫米的，单支含汞量超过 3.5 毫克；500 毫米＜长度≤1500 毫米的，单支含汞量超过 5 毫克；长度＞1500 毫米的，单支含汞量超过 13 毫克
50	8539399050	用于电子显示的外置电极荧光灯	长度≤500 毫米的，单支含汞量超过 3.5 毫克；500 毫米＜长度≤1500 毫米的，单支含汞量超过 5 毫克；长度＞1500 毫米的，单支含汞量超过 13 毫克

序号	商品编码	商　品　名　称	备　注
51	3304100020	含汞唇用化妆品(含汞量超过百万分之一)	
52	3304200020	含汞眼用化妆品(含汞量超过百万分之一),不包括以汞为防腐剂且无有效安全替代防腐剂的眼部化妆品	
53	3304300004	指(趾)甲化妆品(含汞量超过百万分之一)	
54	3304910010	粉状含汞化妆品(含汞量超过百万分之一),不论是否压紧	
55	3304990010	其他含汞化妆品(含汞量超过百万分之一)	
56	3401110010	盥洗用含汞亮肤肥皂(包括含有药物的产品),条状、块状或模制形状的,以及用肥皂浸渍、涂面或包覆的纸、絮胎、毡呢及无纺织物(含汞量超过百万分之一)	
57	3401199010	其他含汞亮肤肥皂,条状、块状或模制形状的,以及用肥皂浸渍、涂面或包覆的纸、絮胎、毡呢及无纺织物(含汞量超过百万分之一)	
58	3401200010	其他形状的含汞亮肤肥皂(含汞量超过百万分之一)	
59	3401300010	洁肤用有机表面活性产品及制品,液状或膏状并制成零售包装的,含有含汞亮肤肥皂(含汞量超过百万分之一)	
60	3808911210	零售包装的含汞生物杀虫剂	
61	3808911920	零售包装的其他含汞杀虫剂	
62	3808919020	非零售包装的含汞杀虫剂	
63	3808921010	零售包装的含汞杀菌剂	
64	3808929030	非零售包装的含汞杀菌剂	
65	3808931110	零售包装的含汞除草剂	
66	3808931920	非零售包装的含汞除草剂	
67	3808939110	零售包装的含汞抗萌剂及植物生长调节剂	
68	3808939910	非零售包装的含汞抗萌剂及植物生长调节剂	
69	3808940030	含汞消毒剂	
70	9025110010	含汞的可直接读数的非电子液体温度计	
71	9025191020	其他含汞的非液体的工业用非电子温度计及高温计	
72	9025199020	其他含汞的非液体的非电子温度计及高温计	
73	9025800010	含汞的非电子湿度计和气压计	
74	9026209020	含汞的非电子压力表	
75	9018902020	含汞的非电子血压测量仪器及器具	

（三）禁止出口货物范围 *

2001 年对外贸易经济合作部《关于公布〈禁止出口货物目录（第一批）〉的公告》（［2001］第 19 号），共公布了九类禁止出口的物品。

表 2　第一批《禁止出口货物目录》

序号	商品编码	商品名称	备　注
1	5069090.11	已脱胶的虎骨	指未经加工或经脱脂等加工的
1	5069090.19	未脱胶的虎骨	指未经加工或经脱脂等加工的
2	5071000.10	犀牛角	
3	5100010.10	牛黄	
4	5100030	麝香	
4	12119039.20	药料用麻黄草	
5	12119050.20	香料用麻黄草	
5	12119099.20	其他用麻黄草	
6	12122020.10	鲜发菜	不论是否碾磨
6	12122020.90	冷冻或干的发菜	不论是否碾磨
7	29031400.90	四氯化碳，用于清洗剂的	
7	29031910.90	1，1，1-三氯乙烷（甲基氯仿）	用于清洗剂
7	29034300.90	三氯三氟乙烷	用于清洗剂（cfc-113）
8	44031000	用油漆，着色剂等处理的原木	包括用杂酚油或其他防腐剂处理
8	44032000	用其他方法处理的针叶木原木	用油漆，着色剂，杂酚油或其他防腐剂处理的除外
8	44034100	用其他方法处理的红柳桉木原木	用油漆，着色剂，杂酚油或其他防腐剂处理的除外
8	44034910	用其他方法处理的柚木原木	用油漆，着色剂，杂酚油或其他防腐剂处理的除外
8	44034990	用其他方法处理的其他热带原木	用油漆，着色剂，杂酚油或其他防腐剂处理的除外
8	44039100	栎木原木	用油漆，着色剂，杂酚油或其他防腐剂处理的除外
8	44039200	山毛榉木原木	用油漆，着色剂，杂酚油或其他防腐剂处理的除外
8	44039910	楠木原木	用油漆，着色剂，杂酚油或其他防腐剂处理的除外
8	44039920	樟木原木	用油漆，着色剂，杂酚油或其他防腐剂处理的除外
8	44039930	红木原木	用油漆，着色剂，杂酚油或其他防腐剂处理的除外
8	44039940	泡桐木原木	用油漆，着色剂，杂酚油或其他防腐剂处理的除外
8	44039990	其他未列名非针叶原木	用油漆，着色剂，杂酚油或其他防腐剂处理的除外
9	71101100	未锻造或粉末状铂	以加工贸易方式出口除外
9	71101910	板、片状铂	

---

　　* 第六批《禁止出口货物目录》于 2021 年 1 月 1 日开始实施。

2004 年商务部、海关总署、林业局《关于公布〈禁止出口货物目录〉(第二批)的公告》(〔2004〕第 40 号),公布了 1 种禁止出口货物。

表3　第二批《禁止出口货物目录》

商品编码	商品名称	备　注
44020000.10	木炭	原料为不为竹子的木材,不包括果壳炭、果核炭、机制炭等不以木材为原料直接烧制的木炭

2005 年商务部、海关总署、国家环境保护总局《关于公布〈禁止出口货物目录〉(第三批)的公告》(〔2005〕第 116 号),公布了 17 种禁止出口货物。

表4　第三批《禁止出口货物目录》

序号	商品编码	商品名称	备　注
1	25240010.10	长纤维青石棉	包括青石棉(蓝石棉)、阳起石石棉、铁石棉、透闪石石棉、直闪石石棉
2	25240090.10	其他青石棉	
3	29033090.20	1,2-二溴乙烷	
4	29034990.10	二溴氯丙烷	1,2-二溴-3-氯丙烷
5	29035900.10	艾氏剂、七氯、毒杀芬	
6	29036990.10	多氯联苯	
7	29036990.10	多溴联苯	
8	29089090.10	地乐酚及其盐和酯;二硝酚	
9	29109000.10	狄氏剂、异狄氏剂	
10	29159000.20	氟乙酸钠	
11	29189000.10	2,4,5-涕及其盐和酯	2,4,5-三氯苯氧乙酸
12	29190000.10	三(2,3-二溴丙基)磷酸酯	
13	29215900.20	联苯胺(4,4'-二氨基联苯)	
14	29241990.10	氟乙酰胺(敌蚜胺)	
15	29252000.20	杀虫脒	
16	29329990.60	二恶英	多氯二苯并对二恶英
17	29329990.60	呋喃	多氯二苯并呋喃

商务部、海关总署《关于公布〈禁止出口货物目录〉(第四批)的公告》(〔2006〕第 16 号),公布了 2 种禁止出口货物。

表5　第四批《禁止出口货物目录》

序号	商品编码	商品名称	备　注
1	250510000	硅砂及石英砂	2505 编码项下商品统称各种天然砂,不论是否着色,但含金属砂除外
2	250590000	其他	

商务部、海关总署《关于公布〈禁止出口货物目录〉（第五批）的公告》（〔2008〕
第 96 号），公布了 3 种禁止出口货物。

表 6　第五批《禁止出口货物目录》

序号	商品编号	名　　称	备　　注
1	3101001910	未经化学处理的森林凋落物	包括腐叶、腐根、树皮、树叶、树根等森林凋落物
2	3101009020	经化学处理的森林凋落物	
3	2703000010	泥炭（草炭）	沼泽（湿地）中，地上植物枯死、腐烂堆积而成的有机矿体（不论干湿）。

商务部、海关总署、生态环境部《关于公布〈禁止出口货物目录〉（第六批）的
公告》（〔2020〕第 73 号），公布如下：

表 7　第六批《禁止出口货物目录》

序号	商品编码	商品名称	备　　注
1	2903820090	氯丹（ISO）	
2	2903830000	灭蚁灵（ISO）	
3	2903920000	六氯苯（ISO）	
4	2903920000	滴滴涕（ISO，INN）	
5	2903930000	五氯苯（ISO）	
6	2903940000	六溴联苯	
7	2914710000	十氯酮（ISO）	
8	2903810020	α-六氯环己烷（ISO）	
9	2903810020	β-六氯环己烷（ISO）	
10	2909309016	四溴二苯醚	
11	2909309016	五溴二苯醚	
12	2909309016	六溴二苯醚	
13	2909309016	七溴二苯醚	
14	2903810010	林丹（ISO，INN）	
15	2920300000	硫丹（ISO）	
16	3808520000	DDT（ISO）［滴滴涕 INN］	每包净重不超过 300 克
17	3824840000	含艾氏剂（ISO）、毒杀芬（ISO）、氯丹（ISO）、十氯酮（ISO）、DDT（ISO）［滴滴涕（INN）、1，1，1-三氯-2，2-双（4-氯苯基）乙烷]、狄氏剂（ISO，INN）、硫丹（ISO）、异狄氏剂（ISO）、七氯（ISO）或灭蚁灵（ISO）	
18	3824850000	含 1，2，3，4，5，6-六氯环己烷［六六六（ISO）]，包括林丹（ISO，INN）	

序号	商品编码	商 品 名 称	备 注
19	3824860000	含五氯苯(ISO)或六氯苯(ISO)	
20	3808591020	零售包装含艾氏剂、毒杀芬、氯丹、滴滴涕、狄氏剂、硫丹、七氯、六氯苯、α-六氯环己烷、β-六氯环己烷、林丹或五溴二苯醚的货品	
21	3808599020	非零售包装含艾氏剂、毒杀芬、氯丹、滴滴涕、狄氏剂、硫丹、七氯、六氯苯、α-六氯环己烷、β-六氯环己烷、林丹或五溴二苯醚的货品	
22	3808911910	零售包装的含有灭蚁灵或十氯酮的杀虫剂	
23	3808919010	非零售包装的含有灭蚁灵或十氯酮的杀虫剂	
24	3824820010	含多氯联苯或六溴联苯的混合物	
25	3824880010	含四、五、六或七溴联苯醚的混合物	
26	8506101190	扣式含汞碱性锌锰的原电池及原电池组	汞含量≥电池重量的 0.0005%
27	8506101290	圆柱形含汞碱性锌锰的原电池及原电池组	汞含量≥电池重量的 0.0001%
28	8506101990	其他含汞碱性锌锰的原电池及原电池组	汞含量≥电池重量的 0.0001%
29	8506109090	其他含汞二氧化锰的原电池及原电池组	汞含量≥电池重量的 0.0001%，扣式电池的汞含量≥电池重量的 0.0005%
30	8506300000	氧化汞的原电池及原电池组	
31	8506400090	氧化银的原电池及原电池组(含汞)	汞含量≥电池重量的 0.0001%，扣式电池的汞含量≥电池重量的 0.0005%
32	8506600090	锌空气的原电池及原电池组(含汞)	汞含量≥电池重量的 0.0001%，扣式电池的汞含量≥电池重量的 0.0005%
33	8506800091	含汞燃料电池	汞含量≥电池重量的 0.0001%，扣式电池的汞含量≥电池重量的 0.0005%
34	8506800099	其他含汞原电池及原电池组	汞含量≥电池重量的 0.0001%，扣式电池的汞含量≥电池重量的 0.0005%
35	8535301010	72.5 千伏≤电压≤220 千伏的隔离开关及断续开关,含汞	
36	8535302010	220 千伏<电压≤750 千伏隔离开关及断续开关,含汞	
37	8535309010	其他隔离开关及断续开关,含汞	用于电压超过 1000 伏的线路
38	8536411010	电压≤36 伏的继电器,含汞	
39	8536419010	36 伏<电压≤60 伏的继电器,含汞	
40	8536490010	电压大于 60 伏的继电器,含汞	用于电压不超过 1000 伏的线路

序号	商品编码	商 品 名 称	备 注
41	8536500010	电压≤1000 伏的其他开关,含汞	
42	8539319110	紧凑型热阴极荧光灯	不超过 30 瓦、单支含汞量超过 5 毫克的
43	8539399020	其他紧凑型冷阴极荧光灯	不超过 30 瓦、单支含汞量超过 5 毫克的
44	8539319910	直管型热阴极荧光灯	低于 60 瓦、单支含汞量超过 5 毫克的直管型荧光灯(使用三基色荧光粉)
45	8539319920	直管型热阴极荧光灯	低于 40 瓦(含 40 瓦)、单支含汞量超过 10 毫克的直管型荧光灯(使用卤磷酸盐荧光粉)
46	8539399030	其他直管型荧光灯	低于 60 瓦、单支含汞量超过 5 毫克的直管型荧光灯(使用三基色荧光粉)
47	8539399040	其他直管型荧光灯	低于 40 瓦(含 40 瓦)、单支含汞量超过 10 毫克的直管型荧光灯(使用卤磷酸盐荧光粉)
48	8539324010	用于普通照明用途的高压汞灯	
49	8539399011	用于电子显示的冷阴极管荧光灯	长度≤500 毫米的,单支含汞量超过 3.5 毫克;500 毫米<长度≤1500 毫米的,单支含汞量超过 5 毫克;长度>1500 毫米的,单支含汞量超过 13 毫克
50	8539399050	用于电子显示的外置电极荧光灯	长度≤500 毫米的,单支含汞量超过 3.5 毫克;500 毫米<长度≤1500 毫米的,单支含汞量超过 5 毫克;长度>1500 毫米的,单支含汞量超过 13 毫克
51	3304100020	含汞唇用化妆品(含汞量超过百万分之一)	
52	3304200020	含汞眼用化妆品(含汞量超过百万分之一),不包括以汞为防腐剂且无有效安全替代防腐剂的眼部化妆品	
53	3304300004	指(趾)甲化妆品(含汞量超过百万分之一)	
54	3304910010	粉状含汞化妆品(含汞量超过百万分之一),不论是否压紧	
55	3304990010	其他含汞化妆品(含汞量超过百万分之一)	
56	3401110010	盥洗用含汞亮肤肥皂(包括含有药物的产品),条状、块状或模制形状的,以及用肥皂浸渍、涂面或包覆的纸、絮胎、毡呢及无纺织物(含汞量超过百万分之一)	

序号	商品编码	商　品　名　称	备　　注
57	3401199010	其他含汞亮肤肥皂,条状、块状或模制形状的,以及用肥皂浸渍、涂面或包覆的纸、絮胎、毡呢及无纺织物(含汞量超过百万分之一)	
58	3401200010	其他形状的含汞亮肤肥皂(含汞量超过百万分之一)	
59	3401300010	洁肤用有机表面活性产品及制品,液状或膏状并制成零售包装的,含有含汞亮肤肥皂(含汞量超过百万分之一)	
60	3808911210	零售包装的含汞生物杀虫剂	
61	3808911920	零售包装的其他含汞杀虫剂	
62	3808919020	非零售包装的含汞杀虫剂	
63	3808921010	零售包装的含汞杀菌剂	
64	3808929030	非零售包装的含汞杀菌剂	
65	3808931110	零售包装的含汞除草剂	
66	3808931920	非零售包装的含汞除草剂	
67	3808939110	零售包装的含汞抗萌剂及植物生长调节剂	
68	3808939910	非零售包装的含汞抗萌剂及植物生长调节剂	
69	3808940030	含汞消毒剂	
70	9025110010	含汞的可直接读数的非电子液体温度计	
71	9025191020	其他含汞的非液体的工业用非电子温度计及高温计	
72	9025199020	其他含汞的非液体的非电子温度计及高温计	
73	9025800010	含汞的非电子湿度计和气压计	
74	9026209020	含汞的非电子压力表	
75	9018902020	含汞的非电子血压测量仪器及器具	

二、限制进出口货物、物品范围

(一)进出口许可证

1. 出口许可证

商务部、海关总署于 2020 年 4 月 23 日公布《将低硫船用燃料油纳入出口许可证管理货物目录》(2020 年第 11 号),规定依据《对外贸易法》《货物进出口管理条例》《货物出口许可证管理办法》等法律、行政法规和规章,商务部、海关总署决定对《出口许可证管理货物目录(2020 年)》(以下简称目录)进行调整。有关事项公告如下:

一、将低硫的 5—7 号燃料油(硫含量不高于 0.5% m/m,海关商品编码 2710192210)纳入目录。

二、对外贸易经营者出口上述货物,应凭配额证明文件向商务部配额许可证事务局申请取得《中华人民共和国出口许可证》(以下简称出口许可证),对外贸易经营者凭出口许可证向海关办理通关验放手续。选择无纸化作业方式的,申领通关方式按照商务部、海关总署 2019 年第 64 号公告办理。以加工贸易方式出口仍按现行规定执行。其他未尽事宜按照中华人民共和国商务部、海关总署 2019 年第 66 号公告执行。

三、本公告自 2020 年 5 月 1 日起执行。

商务部、海关总署于 2020 年 12 月 31 日公布了关于《2021 年出口许可证管理货物目录》的公告,该公告具体内容如下:

依据《中华人民共和国对外贸易法》《中华人民共和国货物进出口管理条例》《消耗臭氧层物质管理条例》《货物出口许可证管理办法》等法律、行政法规和规章,现公布《出口许可证管理货物目录(2021 年)》(以下简称为目录)和有关事项:

一、许可证的申领

(一)2021 年实行许可证管理的出口货物为 43 种,详见目录。对外贸易经营者出口目录内所列货物的,应向商务部或者商务部委托的地方商务主管部门申请取得《中华人民共和国出口许可证》(以下简称出口许可证),凭出口许可证向海关办理通关验放手续。

(二)出口活牛(对港澳)、活猪(对港澳)、活鸡(对香港)、小麦、玉米、大米、小麦粉、玉米粉、大米粉、药料用麻黄草(人工种植)、煤炭、原油、成品油(不含润滑油、润滑脂、润滑油基础油)、锯材、棉花的,凭配额证明文件申领出口许可证;出口甘草及甘草制品、蓰草及蓰草制品的,凭配额招标中标证明文件申领出口许可证。

(三)以加工贸易方式出口第二款所列货物的,凭配额证明文件、货物出口合同申领出口许可证。其中,出口甘草及甘草制品、蓰草及蓓草制品的,凭配额招标中标证明文件、海关加工贸易进口报关单申领出口许可证。

(四)以边境小额贸易方式出口第二款所列货物的,由省级地方商务主管部门根据商务部下达的边境小额贸易配额和要求签发出口许可证。以边境小额贸易方式出口甘草及甘草制品、蓓草及蓓草制品、消耗臭氧层物质、摩托车(含全地形车)及其发动机和车架、汽车(包括成套散件)及其底盘等货物的,需按规定申领出口许可证。以边境小额贸易方式出口本款上述情形以外的货物的,免于申领出口许可证。

(五)出口活牛(对港澳以外市场)、活猪(对港澳以外市场)、活鸡(对香港以外市场)、牛肉、猪肉、鸡肉、天然砂(含标准砂)、矾土、磷矿石、镁砂、滑石块(粉)、萤石(氟石)、稀土、锡及锡制品、钨及钨制品、钼及钼制品、锑及锑制品、焦炭、成品油(润滑油、润滑脂、润滑油基础油)、石蜡、部分金属及制品、硫酸二钠、碳化硅、消耗臭氧层物质、柠檬酸、白银、铂金(以加工贸易方式出口)、铟及铟制品、摩托车(含全地形车)及其发动机和车架、汽车(包括成套散件)及其底盘的,需按规定申领出口许可证。其中,消耗臭氧层物质货样广告品需凭出口许可证出口;以一般贸易、加工贸易、边境贸易和捐赠贸易方式出口汽车、摩托车产品的,需按规定的条件申领出口许可证;以工程承包方式出口汽车、摩托车产品的,凭对外承包工程项目备案回执或特定项目立项函、中标文件等材料申领出口许可证;以上述贸易方式出口非原产于中国的汽车、摩托车产品的,凭进口海关单据和货物出口合同申领出口许可证。

(六)以加工贸易方式出口第五款所列货物的,除另有规定以外,凭有关批准文件、海关加工贸易进口报关单和货物出口合同申领出口许可证。出口润滑油、润滑脂、润滑油基础油以外的成品油的,免于申领出口许可证。

(七)出口铈及铈合金(颗粒<500 微米)、钨及钨合金(颗粒<500 微米)、锆、铍的可免于申领出口许可证,但需按规定申领《中华人民共和国两用物项和技术出口许可证》。

(八)我国政府对外援助项下提供的货物免于申领出口许可证。

(九)继续暂停对一般贸易项下润滑油(海关商品编号 27101991)、润滑脂(海关商品编号 27101992)、润滑油基础油(海关商品编号 27101993)出口的国营贸易管理。以一般贸易方式出口上述货物的,凭有效的货物出口合同申领出口许可证。以其他贸易方式出口上述货物的,按照商务部、发展改革委、海关总署公告 2008 年第 30 号的规定执行。

二、"非一批一证"制和"一批一证"制

(一)对下列货物实行"非一批一证"制管理:小麦、玉米、大米、小麦粉、玉米粉、大米粉、活牛、活猪、活鸡、牛肉、猪肉、鸡肉、原油、成品油、煤炭、摩托车(含全地形车)及其发动机和车架、汽车(包括成套散件)及其底盘(限新车)、加工贸易项下出口货物、补偿贸易项下出口货物等。出口上述货物的,可在出口许可证有效期内多次通关使用出口许可证,但通关使用次数不得超过 12 次。

(二)对消耗臭氧层物质、二手车出口实行"一批一证"制管理,出口许可证在有效期内一次报关使用。

三、货物通关口岸

(一)取消对甘草及甘草制品、天然砂(对台港澳地区)出口实施的指定口岸管理措施。

（二）继续暂停对镁砂、稀土、锑及锑制品等出口货物的指定口岸管理。

四、出口许可机构

商务部和受商务部委托的省级地方商务主管部门及沈阳市、长春市、哈尔滨市、南京市、武汉市、广州市、成都市、西安市商务主管部门按照分工受理申请人的申请并实施出口许可，向符合条件的申请人签发出口许可证。

本公告所称省级地方商务主管部门，是指各省、自治区、直辖市、计划单列市及新疆生产建设兵团商务主管部门。

五、实施时间

本公告自 2021 年 1 月 1 日起执行。商务部、海关总署公告 2019 年第 66 号同时废止。

表 8　《2021 年出口许可证管理货物目录》

序号	货物种类		海关商品编号	货物名称	单位
1	活牛		0102290000	非改良种用家牛	千克/头
			0102390010	非改良种用濒危水牛	千克/头
			0102390090	非改良种用其他水牛	千克/头
			0102909010	非改良种用濒危野牛	千克/头
			0102909090	非改良种用其他牛	千克/头
2	活猪	活大猪	0103920010	重量在 50 千克及以上的其他野猪（改良种用的除外）	千克/头
			0103920090	重量在 50 千克及以上的其他猪（改良种用的除外）	千克/头
		活中猪	0103912010	重量在 10 千克及以上但在 50 千克以下的其他野猪（改良种用的除外）	千克/头
			0103912090	重量在 10 千克及以上但在 50 千克以下的其他猪（改良种用的除外）	千克/头
		活乳猪	0103911010	重量在 10 千克以下的其他野猪（改良种用的除外）	千克/头
			0103911090	重量在 10 千克以下的其他猪（改良种用的除外）	千克/头
3	活鸡		0105941000	重量超过 185 克的改良种用鸡	千克/只
			0105949000	重量超过 185 克的其他鸡（改良种用的除外）	千克/只
			0105999300	重量超过 185 克的非改良种用珍珠鸡	千克/只
4	牛肉	冰鲜牛肉	0201100010	鲜或冷的整头及半头野牛肉	千克
			0201100090	其他鲜或冷的整头及半头牛肉	千克
			0201200010	鲜或冷的带骨野牛肉	千克
			0201200090	其他鲜或冷的带骨牛肉	千克
			0201300010	鲜或冷的去骨野牛肉	千克
			0201300090	其他鲜或冷的去骨牛肉	千克
			0206100000	鲜或冷的牛杂碎	千克

序号	货物种类		海关商品编号	货　物　名　称	单　位
4	牛肉	冻牛肉	0202100010	冻的整头及半头野牛肉	千克
			0202100090	其他冻的整头及半头牛肉	千克
			0202200010	冻的带骨野牛肉	千克
			0202200090	其他冻的带骨牛肉	千克
			0202300010	冻的去骨野牛肉	千克
			0202300090	其他冻的去骨牛肉	千克
			0206210000	冻牛舌	千克
			0206220000	冻牛肝	千克
			0206290000	其他冻牛杂碎	千克
5	猪肉	冰鲜猪肉	0203111010	鲜或冷的整头及半头野乳猪肉	千克
			0203111090	其他鲜或冷的整头及半头乳猪肉	千克
			0203119010	其他鲜或冷的整头及半头野猪肉	千克
			0203119090	其他鲜或冷的整头及半头猪肉	千克
			0203120010	鲜或冷的带骨野猪前腿、后腿及肉块	千克
			0203120090	鲜或冷的带骨猪前腿、后腿及其肉块	千克
			0203190010	其他鲜或冷的野猪肉	千克
			0203190090	其他鲜或冷的猪肉	千克
			0206300000	鲜或冷的猪杂碎	千克
		冻猪肉	0203219010	其他冻的整头及半头野猪肉	千克
			0203219090	其他冻的整头及半头猪肉	千克
			0203220010	冻的带骨野猪前腿、后腿及肉	千克
			0203220090	冻的带骨猪前腿、后腿及其肉块	千克
			0203290010	冻的野猪其他肉	千克
			0203290090	其他冻的猪肉	千克
			0206410000	冻猪肝	千克
			0206490000	其他冻猪杂碎	千克
			0203211010	冻的整头及半头野乳猪肉	千克
			0203211090	冻的整头及半头乳猪肉	千克
6	鸡肉	冰鲜鸡肉	0207110000	鲜或冷的整只鸡	千克
			0207131100	鲜或冷的带骨鸡块	千克
			0207131900	其他鲜或冷的鸡块	千克
			0207132101	鲜或冷的鸡整翅（沿肩关节将鸡翅从整鸡上分割下来的部位）	千克

序号	货物种类		海关商品编号	货 物 名 称	单 位
6	鸡肉	冰鲜鸡肉	0207132102	鲜或冷的鸡翅根（将整翅从肘关节处切开，靠近根部的部分）	千克
			0207132103	鲜或冷的鸡翅中（将整翅从肘关节和腕关节处切开，中间的部分）	千克
			0207132104	鲜或冷的鸡两节翅（翅中和翅尖相连的部分，或翅根和翅中相连的部分）	千克
			0207132901	鲜或冷的鸡翅尖	千克
			0207132902	鲜或冷的鸡膝软骨（鸡膝部连接小腿和大腿的软骨）	千克
			0207132990	其他鲜或冷的鸡杂碎	千克
		冻鸡肉	0207120000	冻的整只鸡	千克
			0207141100	冻的带骨鸡块（包括鸡胸脯、鸡大腿等）	千克
			0207141900	冻的不带骨鸡块（包括鸡胸脯、鸡大腿等）	千克
			0207142101	冻的鸡整翅（沿肩关节将鸡翅从整鸡上分割下来的部位）	千克
			0207142102	冻的鸡翅根（将整翅从肘关节处切开，靠近根部的部分）	千克
			0207142103	冻的鸡翅中（将整翅从肘关节和腕关节处切开，中间的部分）	千克
			0207142104	冻的鸡两节翅（翅中和翅尖相连的部分，或翅根和翅中相连的部分）	千克
			0207142200	冻的鸡爪	千克
			0207142901	冻的鸡翅尖	千克
			0207142902	冻的鸡膝软骨（鸡膝部连接小腿和大腿的软骨）	千克
			0207142990	其他冻的食用鸡杂碎	千克
7	小麦		1001110001	种用硬粒小麦	千克
			1001110090	种用硬粒小麦	千克
			1001190001	其他硬粒小麦	千克
			1001190090	其他硬粒小麦	千克
			1001910001	其他种用小麦及混合麦	千克
			1001910090	其他种用小麦及混合麦	千克
			1001990001	其他小麦及混合麦	千克
			1001990090	其他小麦及混合麦	千克
8	玉米		1005100001	种用玉米	千克
			1005100090	种用玉米	千克
			1005900001	其他玉米	千克
			1005900090	其他玉米	千克

序号	货物种类	海关商品编号	货　物　名　称	单　位
9	大米	1006102101	种用长粒米稻谷	千克
		1006102190	种用长粒米稻谷	千克
		1006102901	其他种用稻谷	千克
		1006102990	其他种用稻谷	千克
		1006108101	其他长粒米稻谷	千克
		1006108190	其他长粒米稻谷	千克
		1006108901	其他稻谷	千克
		1006108990	其他稻谷	千克
		1006202001	长粒米糙米	千克
		1006202090	长粒米糙米	千克
		1006208001	其他糙米	千克
		1006208090	其他糙米	千克
		1006302001	长粒米精米（不论是否磨光或上光）	千克
		1006302090	长粒米精米（不论是否磨光或上光）	千克
		1006308001	其他精米（不论是否磨光或上光）	千克
		1006308090	其他精米（不论是否磨光或上光）	千克
		1006402001	长粒米碎米	千克
		1006402090	长粒米碎米	千克
		1006408001	其他碎米	千克
		1006408090	其他碎米	千克
10	小麦粉	1101000001	小麦或混合麦的细粉	千克
		1101000090	小麦或混合麦的细粉	千克
		1103110001	小麦粗粒及粗粉	千克
		1103110090	小麦粗粒及粗粉	千克
		1103201001	小麦团粒	千克
		1103201090	小麦团粒	千克
11	玉米粉	1102200001	玉米细粉	千克
		1102200090	玉米细粉	千克
		1103130001	玉米粗粒及粗粉	千克
		1103130090	玉米粗粒及粗粉	千克
		1104199010	滚压或制片的玉米	千克
		1104230001	经其他加工的玉米	千克
		1104230090	经其他加工的玉米	千克

序号	货物种类	海关商品编号	货 物 名 称	单 位
12	大米粉	1102902101	长粒米大米细粉	千克
		1102902190	长粒米大米细粉	千克
		1102902901	其他大米细粉	千克
		1102902990	其他大米细粉	千克
		1103193101	长粒米大米粗粒及粗粉	千克
		1103193190	长粒米大米粗粒及粗粉	千克
		1103193901	其他大米粗粒及粗粉	千克
		1103193990	其他大米粗粒及粗粉	千克
13	药料用麻黄草	1211500019	药料用麻黄草(人工种植)	千克
14	甘草及甘草制品	1211903600	鲜、冷、冻或干的甘草(不论是否切割、压碎或研磨成粉)	千克
		1302120000	甘草液汁及浸膏	千克
		2938909010	甘草酸粉	千克
		2938909020	甘草酸盐类	千克
		2938909030	甘草次酸及其衍生物	千克
		2938909040	其他甘草酸	千克
15	蔺草及蔺草制品	1401903100	蔺草(已净、漂白或染色的)	千克
		4601291111	蔺草制的提花席、双首席、垫子(单位面积超过1平方米,不论是否包边)	千克/张
		4601291112	蔺草制的其他席子(单位面积超过1平方米,不论是否包边)	千克/张
		9404210010	蔺草包面的垫子(单件面积超过1平方米,无论是否包边)	千克/个
16	天然砂	2505100000	硅砂及石英砂(不论是否着色)	千克
		2505900010	标准砂(不论是否着色,第26章的金属矿砂除外)	千克
		2505900090	其他天然砂(不论是否着色,第26章的金属矿砂除外)	千克
17	矾土	2508300000	耐火粘土(不论是否煅烧,包括矾土、焦宝石及其他耐火粘土)	千克
		2606000000	铝矿砂及其精矿	千克
18	磷矿石	2510101000	未碾磨磷灰石	千克
		2510109000	其他未碾磨天然磷酸钙、天然磷酸铝钙及磷酸盐白垩(磷灰石除外)	千克
		2510201000	已碾磨磷灰石	千克
		2510209000	其他已碾磨天然磷酸钙、天然磷酸铝钙及磷酸盐白垩(磷灰石除外)	千克

序号	货物种类	海关商品编号	货物名称	单位
19	镁砂	2519100000	天然碳酸镁（菱镁矿）	千克
		2519901000	熔凝镁氧矿（电熔镁，包括喷补料）	千克
		2519902000	烧结镁氧矿（重烧镁，包括喷补料）	千克
		2519903000	碱烧镁（轻烧镁）	千克
		2519909910	其他氧化镁含量在70％以上的矿产品	千克
		2530909910	废镁砖	千克
		2530909930	未煅烧的水镁石	千克
		3824999200	按重量计含氧化镁70％以上的混合物	千克
20	滑石块（粉）	2526102000	未破碎及未研粉的滑石（不论是否粗加修整或仅用锯或其他方法切割成矩形板块）	千克
		2526202001	滑石粉（体积百分比在90％及以上、产品颗粒度不超过18微米的）	千克
		2526202090	已破碎或已研粉的其他天然滑石	千克
		3824999100	按重量计含滑石50％以上的混合物	千克
21	萤石（氟石）	2529210000	按重量计氟化钙含量在97％及以下的萤石	千克
		2529220000	按重量计氟化钙含量在97％以上的萤石	千克
22	稀土	2530902000	其他稀土金属矿	千克
		2612200000	钍矿砂及其精矿	千克
		2805301100	钕（未相互混合或相互熔合）	千克
		2805301200	镝（未相互混合或相互熔合）	千克
		2805301300	铽（未相互混合或相互熔合）	千克
		2805301400	镧（未相互混合或相互熔合）	千克
		2805301510*	颗粒在500微米以下的铈及其合金（含量在97％及以上，不论球形、椭球体、雾化、片状、研碎金属燃料；未相互混合或相互熔合）	千克
		2805301590	其他金属铈（未相互混合或相互熔合）	千克
		2805301600	金属镨（未相互混合或相互熔合）	千克
		2805301700	金属钇（未相互混合或相互熔合）	千克
		2805301900	其他稀土金属	千克
		2805302100	其他电池级的稀土金属、钪及钇	千克
		2805302900	其他稀土金属、钪及钇	千克
		2846101000	氧化铈	千克
		2846102000	氢氧化铈	千克
		2846103000	碳酸铈	千克

序号	货物种类	海关商品编号	货　物　名　称	单　位
22	稀土	2846109010	氯化铈	千克
		2846109090	铈的其他化合物	千克
		2846901100	氧化钇	千克
		2846901200	氧化镧	千克
		2846901300	氧化钕	千克
		2846901400	氧化镨	千克
		2846901500	氧化镝	千克
		2846901600	氧化铽	千克
		2846901700	氧化镨	千克
		2846901920	氧化铒	千克
		2846901930	氧化钆	千克
		2846901940	氧化钐	千克
		2846901970	氧化镱	千克
		2846901980	氧化钪	千克
		2846901991	灯用红粉	千克
		2846901992	按重量计中重稀土总含量在 30％ 及以上的其他氧化稀土(灯用红粉、氧化铈除外)	千克
		2846901999	其他氧化稀土(灯用红粉、氧化铈除外)	千克
		2846902100	氯化铽	千克
		2846902200	氯化镝	千克
		2846902300	氯化镧	千克
		2846902400	氯化钕	千克
		2846902500	氯化镨	千克
		2846902600	氯化钇	千克
		2846902800	混合氯化稀土	千克
		2846902900	其他未混合氯化稀土	千克
		2846903100	氟化铽	千克
		2846903200	氟化镝	千克
		2846903300	氟化镧	千克
		2846903400	氟化钕	千克
		2846903500	氟化镨	千克
		2846903600	氟化钇	千克
		2846903900	其他氟化稀土	千克

序号	货物种类		海关商品编号	货 物 名 称	单　位
22	稀土		2846904100	碳酸镧	千克
			2846904200	碳酸铈	千克
			2846904300	碳酸镝	千克
			2846904400	碳酸钕	千克
			2846904500	碳酸镨	千克
			2846904600	碳酸钇	千克
			2846904810	按重量计中重稀土总含量在30％及以上的混合碳酸稀土	千克
			2846904890	其他混合碳酸稀土	千克
			2846904900	其他未混合碳酸稀土	千克
			2846909100	镧的其他化合物	千克
			2846909200	钕的其他化合物	千克
			2846909300	铈的其他化合物	千克
			2846909400	镝的其他化合物	千克
			2846909500	镨的其他化合物	千克
			2846909690	钇的其他化合物（LED用荧光粉除外）	千克
			2846909910	按重量计中重稀土总含量在30％及以上的稀土金属、钪的其他化合物（LED用荧光粉、铈的化合物除外）	千克
			2846909990	其他稀土金属、钪的其他化合物（LED用荧光粉、铈的化合物除外）	千克
23	锡及锡制品	锡矿砂	2609000000	锡矿砂及其精矿	千克
		锡及锡基合金	2825903100	二氧化锡	千克
			2825903900	其他锡的氧化物及氢氧化物	千克
			8001100000	未锻轧非合金锡	千克
			8001201000	锡基巴毕脱合金	千克
			8001202100	按重量计含铅量在0.1％以下的焊锡	千克
			8001202900	其他焊锡	千克
			8001209000	其他锡合金	千克
			8002000000	锡废碎料	千克
			8003000000	锡及锡合金条、杆、型材、丝	千克
			8007002000	厚度超过0.2毫米的锡板、片及带	千克
			8007004000	锡管及管子附件（例如：接头、肘管、管套）	千克

序号	货物种类		海关商品编号	货　物　名　称	单　位
24	钨及钨制品	钨砂	2611000000	钨矿砂及其精矿	千克
			2620991000	其他主要含钨的矿渣、矿灰及残渣	千克
		仲、偏钨酸铵	2841801000	仲钨酸铵	千克
			2841804000	偏钨酸铵	千克
		三氧化钨及蓝色氧化钨	2825901200	三氧化钨	千克
			2825901910	蓝色氧化钨	千克
		钨酸及其盐类	2825901100	钨酸	千克
			2841802000	钨酸钠	千克
			2841803000	钨酸钙	千克
		钨粉及其制品	2849902000	碳化钨	千克
			8101100010*	其他颗粒在500微米以下的钨及其合金(含量在97%及以上,不论球形、椭球体、雾化、片状、研碎金属燃料)	千克
			8101100090	其他钨粉末	千克
			8101940000	未锻轧钨(包括简单烧结的条、杆)	千克
			8101970000	钨废碎料	千克
25	钼及钼制品		2613100000	已焙烧的钼矿砂及其精矿	千克
			2613900000	其他钼矿砂及其精矿	千克
			2825700000	钼的氧化物及氢氧化物	千克
			2841701000	钼酸铵	千克
			2841709000	其他钼酸盐	千克
			8102100000	钼粉	千克
			8102940000	未锻轧钼(包括简单烧结的条、杆)	千克
			8102970000	钼废碎料	千克
			8102990000	钼制品	千克
26	锑及锑制品	锑砂	2617101000	生锑(锑精矿,选矿产品)	千克
			2617109001	其他锑矿砂及其精矿(黄金价值部分)	千克
			2617109090	其他锑矿砂及其精矿(非黄金价值部分)	千克
		氧化锑	2825800000	锑的氧化物	千克
		锑(包括锑合金)及锑制品	8110101000	未锻轧锑	千克
			8110102000	锑粉末	千克
			8110200000	锑废碎料	千克
			8110900000	其他锑及锑制品	千克

序号	货物种类	海关商品编号	货 物 名 称	单 位
27	煤炭	2701110010	无烟煤(不论是否粉化,但未制成型)	千克
		2701121000	未制成型的炼焦煤(不论是否粉化)	千克
		2701129000	其他烟煤(不论是否粉化,但未制成型)	千克
		2701190000	其他煤(不论是否粉化,但未制成型)	千克
		2702100000	褐煤(不论是否粉化,但未制成型)	千克
28	焦炭	2704001000	焦炭或半焦炭(煤、褐煤或泥煤制成,不论是否成型)	千克
29	原油	2709000000	石油原油(包括从沥青矿物提取的原油)	千克
30	成品油	2710121000	车用汽油及航空汽油(不含生物柴油)	千克/升
		2710122000	石脑油(不含生物柴油)	千克/升
		2710129101	壬烯(碳九异构体混合物含量超过90%,不含生物柴油)	千克
		2710129190	其他壬烯(不含生物柴油)	千克
		2710129910	异戊烯同分异构体混合物(不含生物柴油)	千克
		2710129920	脱模剂(包括按重量计含油成分在70%及以上的制品)	千克
		2710129990	其他轻油及制品(包括按重量计含油成分在70%及以上的制品,不含生物柴油)	千克
		2710191100	航空煤油(不含生物柴油)	千克/升
		2710191200	灯用煤油(不含生物柴油)	千克/升
		2710191910	正构烷烃(C9—C13,不含生物柴油)	千克/升
		2710191920	异构烷烃溶剂(不含生物柴油)	千克/升
		2710191990	其他煤油馏分的油及制品(不含生物柴油)	千克/升
		2710192210	低硫的5—7号燃料油(硫含量不高于0.5%m/m)	千克/升
		2710192300	柴油	千克/升
		2710199100	润滑油(不含生物柴油)	千克/升
		2710199200	润滑脂(不含生物柴油)	千克/升
		2710199310	润滑油基础油(不含生物柴油,产品粘度在100℃为37—47,粘度指数为80及以上,颜色实测为2.0左右,倾点实测为−8℃左右)	千克/升
		2710199390	其他润滑油基础油(不含生物柴油)	千克/升
		2710200000	石油及从沥青矿物提取的油类(但原油除外)以及以上述油为基本成分(按重量计在70%及以上)的其他税目未列名制品(含生物柴油成分在30%以下,废油除外)	千克/升
		2711110000	液化天然气	千克

序号	货物种类	海关商品编号	货 物 名 称	单 位
31	石蜡	2712200000	石蜡(按重量计含油量在0.75%以下,不论是否着色)	千克
		2712901010	食品级微晶石蜡	千克
		2712901090	其他微晶石蜡	千克
32	部分金属及制品			
	铋	2825902100	三氧化二铋	千克
		2825902900	其他铋的氧化物及氢氧化物	千克
		8106001091	其他未锻轧铋	千克
		8106001092	其他未锻轧铋废碎料	千克
		8106001099	其他未锻轧铋粉末	千克
		8106009090	其他铋及铋制品	千克
	钛	3206111000	钛白粉	千克
		8108202100	未锻轧海绵钛	千克
		8108202990	其他未锻轧钛	千克
		8108203000	钛的粉末	千克
		8108300000	钛废碎料	千克
	钨	3824300010	混合的未烧结金属碳化钨(包括自身混合或与金属粘合剂混合的)	千克
	铂	7110199000	其他半制成铂	克
		7112921000	铂及包铂的废碎料(但含有其他贵金属除外)	克
		7112922001	铂含量在3%以上的其他含有铂及铂化合物的废碎料(但含有其他贵金属除外,主要用于回收铂)	克
		7112922090	其他含有铂及铂化合物的废碎料(但含有其他贵金属除外,主要用于回收铂)	克
		7111000000	以贱金属、银或金为底的包铂材料	克
		7115100000	金属丝布或格栅形状的铂催化剂	克
		2843900020	氯化铂	克
		2843900031	奥沙利铂、卡铂、奈达铂、顺铂及其他含铂的抗癌药品制剂及原材料	克
		2843900039	其他铂化合物	克
		2843900091	贵金属汞齐	克
		2843900099	其他贵金属化合物(不论是否已有化学定义)	克
	钯	7110210000	未锻造或粉末状钯	克
		7110291000	板、片状钯	克
		7110299000	其他半制成钯	克
	铑	7110310000	未锻造或粉末状铑	克

序号	货物种类	海关商品编号	货 物 名 称	单 位
32	部分金属及制品			
	铑	7110391000	板、片状铑	克
		7110399000	其他半制成铑	克
	钌铱锇	7110410000	未锻造或粉末状铱、锇、钌	克
		7110491000	板、片状铱、锇、钌	克
		7110499000	其他半制成铱、锇、钌	克
	铁合金	7202110000	按重量计含碳量在 2% 以上的锰铁	千克
		7202190000	按重量计含碳量不超过 2% 的锰铁	千克
		7202210010	按重量计含硅量超过 55% 但在 90% 以下的硅铁	千克
		7202210090	按重量计含硅量超过 90% 的硅铁	千克
		7202290010	按重量计含硅量在 30% 及以上但不超过 55% 的硅铁	千克
		7202290090	按重量计含硅量在 30% 以下的硅铁	千克
		7202300000	硅锰铁	千克
		7202410000	按重量计含碳量在 4% 以上的铬铁	千克
		7202490000	按重量计含碳量不超过 4% 的铬铁	千克
		7202500000	硅铬铁	千克
		7202600000	镍铁	千克
		7202700000	钼铁	千克
		7202801000	钨铁	千克
		7202802000	硅钨铁	千克
		7202910000	钛铁及硅钛铁	千克
		7202921000	按重量计含钒量在 75% 及以上的钒铁	千克
		7202929000	其他钒铁	千克
		7202930010	钽含量在 10% 以下的铁钽铌合金	千克
		7202930090	其他铌铁	千克
		7202991100	钕铁硼合金速凝永磁片	千克
		7202991200	钕铁硼合金磁粉	千克
		7202991900	其他钕铁硼合金	千克
		7202999110	按重量计中重稀土元素总含量在 30% 及以上的铁合金(按重量计稀土元素总含量在 10% 以上)	千克
		7202999191	按重量计稀土元素总含量在 10% 以上的稀土硅铁合金	千克
		7202999199	其他按重量计稀土元素总含量在 10% 以上的铁合金	千克
		7202999900	其他铁合金	千克

序号	货物种类		海关商品编号	货 物 名 称	单 位
32	部分金属及制品	镍	7501100000	镍锍	千克
			7501201000	镍湿法冶炼中间品	千克
			7501209000	其他氧化镍烧结物、镍的其他中间产品	千克
			7502101000	未锻轧非合金镍(按重量计镍、钴总量在99.99%及以上,但钴含量不超过0.005%)	千克
			7502109000	其他未锻轧非合金镍	千克
			7502200000	未锻轧镍合金	千克
			7503000000	镍废碎料	千克
		钽	8103201100	松装密度小于2.2克/立方厘米的钽粉	千克
			8103201900	其他钽粉	千克
			8103209000	其他未锻轧钽,包括简单烧结而成的条、杆	千克
			8103300000	钽废碎料	千克
			8103909090	其他锻轧钽及其制品	千克
			8103901100	直径小于0.5毫米的钽丝	千克
			8103901900	其他钽丝	千克
		钴	8105201000	钴湿法冶炼中间品	千克
			8105202000	未锻轧钴	千克
			8105209001	钴锍及其他冶炼钴时所得的中间产品	千克
			8105209090	其他钴锍、未锻轧钴、粉末	千克
			8105300000	钴锍废碎料	千克
			8105900000	其他钴及制品	千克
			2827393000	氯化钴	千克
			2917112000	草酸钴	千克
			2836993000	碳酸钴	千克
			2822001000	四氧化三钴	千克
			2822009000	其他钴的氧化物及氢氧化物(包括商品氧化钴,但四氧化三钴除外)	千克
			2833299010	硫酸钴	千克
		锆	8109200090*	其他未锻轧锆;粉末	千克
			8109300000*	锆废碎料	千克
			8109900090*	其他锻轧锆及锆制品	千克
			2825600090*	二氧化锆	千克
		锰	8111001010	锰废碎料	千克

序号	货物种类	海关商品编号	货 物 名 称	单 位
32	部分金属及制品	8111001090	未锻轧锰;粉末	千克
		8111009000	其他锰及制品	千克
	铍	8112120000*	未锻轧铍、铍粉末	千克
		8112130000*	铍废碎料	千克
		8112190000*	其他铍及其制品	千克
	铬	8112210000	未锻轧铬;铬粉末	千克
		8112220000	铬废碎料	千克
		8112290000	其他铬及其制品	千克
	锗	8112921010	锗废碎料	千克
		8112921090	未锻轧的锗;锗粉末	千克
		8112991000	其他锗及其制品	千克
		2825600001	锗的氧化物	千克
	钒	8112922001	未锻轧、废碎料或粉末状的钒氮合金	千克
		8112992001	其他钒氮合金	千克
		8112922010	钒废碎料	千克
		8112922090	未锻轧的钒;钒粉末	千克
		8112992090	其他钒及其制品	千克
		2825301000	五氧化二钒	千克
		2825309000	其他钒的氧化物及氢氧化物	千克
	镓铼铌	8112924010	铌废碎料	千克
		8112924090	未锻轧的铌;粉末	千克
		8112929091	镓、铼废碎料	千克
		8112929099	未锻轧的镓、铼;粉末	千克
		8112994000	锻轧的铌及其制品	千克
		8112999090	锻轧的镓、铼及其制品	千克
33	硫酸二钠	2833110000	硫酸二钠	千克
34	碳化硅	2849200000	碳化硅	千克
		3824999910	粗制碳化硅(其中碳化硅含量大于15%,按重量计)	千克
35	消耗臭氧层物质	2903140010	非用于清洗剂的四氯化碳	千克
		2903191010	1,1,1-三氯乙烷(甲基氯仿),用于清洗剂的除外	千克
		2903399020	溴甲烷(甲基溴)	千克
		2903710000	一氯二氟甲烷	千克
		2903720000	二氯三氟乙烷	千克

序号	货物种类	海关商品编号	货 物 名 称	单 位
35	消耗臭氧层物质	2903730000	二氯一氟乙烷	千克
		2903740000	一氯二氟乙烷	千克
		2903750010	1，1，1，2，2-五氟-3，3-二氯丙烷	千克
		2903750020	1，1，2，2，3-五氟-1，3-二氯丙烷	千克
		2903750090	其他二氯五氟丙烷	千克
		2903760010	溴氯二氟甲烷（halon-1211）	千克
		2903760020	溴三氟甲烷（halon-1301）	千克
		2903771000	三氯氟甲烷（CFC-11）	千克
		2903772011	二氯二氟甲烷（CFC-12）	千克
		2903772012	三氯三氟乙烷，用于清洗剂除外（CFC-113）	千克
		2903772014	二氯四氟乙烷（CFC-114）	千克
		2903772015	一氯五氟乙烷（CFC-115）	千克
		2903772016	一氯三氟甲烷（CFC-13）	千克
		2903791011	一氟二氯甲烷	千克
		2903791012	1，1，1，2-四氟-2-氯乙烷	千克
		2903791013	三氟一氯乙烷	千克
		2903791014	1-氟-1，1-二氯乙烷	千克
		2903791015	1，1-二氟-1-氯乙烷	千克
		2903791090	其他仅含氟和氯的甲烷、乙烷及丙烷的卤化衍生物	千克
		2903799021	其他仅含溴、氟的甲烷、乙烷和丙烷	千克
		3824710011	二氯二氟甲烷和二氟乙烷的混合物（R-500）	千克
		3824710012	一氯二氟甲烷和二氯二氟甲烷的混合物（R-501）	千克
		3824710013	一氯二氟甲烷和一氯五氟乙烷的混合物（R-502）	千克
		3824710014	三氟甲烷和一氯三氟甲烷的混合物（R-503）	千克
		3824710015	二氟甲烷和一氯五氟乙烷的混合物（R-504）	千克
		3824710016	二氯二氟甲烷和一氟一氯甲烷的混合物（R-505）	千克
		3824710017	一氟一氯甲烷和二氯四氟乙烷的混合物（R-506）	千克
		3824710018	二氯二氟甲烷和二氯四氟乙烷的混合物（R-400）	千克
		3824740011	二氟一氯甲烷、二氟乙烷和一氯四氟乙烷的混合物（R-401）	千克
		3824740012	五氟乙烷、丙烷和二氟一氯甲烷的混合物（R-402）	千克
		3824740013	丙烷、二氟一氯甲烷和八氟丙烷的混合物（R-403）	千克
		3824740014	二氟一氯甲烷、二氟乙烷、一氯二氟乙烷和八氟环丁烷的混合物（R-405）	千克

序号	货物种类	海关商品编号	货 物 名 称	单 位
35	消耗臭氧层物质	3824740015	二氟一氯甲烷、2-甲基丙烷（异丁烷）和一氯二氟乙烷的混合物（R-406）	千克
		3824740016	五氟乙烷、三氟乙烷和二氟一氯甲烷的混合物（R-408）	千克
		3824740017	二氟一氯甲烷、一氯四氟乙烷和一氯二氟乙烷的混合物（R-409）	千克
		3824740018	丙烯、二氟一氯甲烷和二氟乙烷的混合物（R-411）	千克
		3824740019	二氟一氯甲烷、八氟丙烷和一氯二氟乙烷的混合物（R-412）	千克
		3824740021	二氟一氯甲烷、一氯四氟乙烷、一氯二氟乙烷和2-甲基丙烷的混合物（R-414）	千克
		3824740022	二氟一氯甲烷和二氟乙烷的混合物（R-415）	千克
		3824740023	四氟乙烷、一氯四氟乙烷和丁烷的混合物（R-416）	千克
		3824740024	丙烷、二氟一氯甲烷和二氟乙烷的混合物（R-418）	千克
		3824740025	二氟一氯甲烷和八氟丙烷的混合物（R-509）	千克
		3824740026	二氟一氯甲烷和一氯二氟乙烷的混合物	千克
		3824740090	其他含甲烷、乙烷或丙烷的氢氯氟烃混合物（不论是否含甲烷、乙烷或丙烷的全氟烃或氢氟烃,但不含全氯氟烃）	千克
36	柠檬酸	2918140000	柠檬酸	千克
		2918150000	柠檬酸盐及柠檬酸酯	千克
37	锯材	4406110000	未浸渍的铁道及电车道针叶木枕木	千克/立方米
		4406120000	未浸渍的铁道及电车道非针叶木枕木	千克/立方米
		4407111091	经纵锯、纵切、刨切或旋切的非端部接合的红松厚板材（厚度超过6毫米）	千克/立方米
		4407111099	经纵锯、纵切、刨切或旋切的非端部接合的樟子松厚板材（厚度超过6毫米）	千克/立方米
		4407120091	经纵锯、纵切、刨切或旋切的非端部接合的濒危云杉及冷杉厚板材（厚度超过6毫米）	千克/立方米
		4407120099	经纵锯、纵切、刨切或旋切的非端部接合的其他云杉及冷杉厚板材（厚度超过6毫米）	千克/立方米
		4407112090	经纵锯、纵切、刨切或旋切的非端部接合的辐射松厚板材（厚度超过6毫米）	千克/立方米
		4407191090	经纵锯、纵切、刨切或旋切的非端部接合的花旗松厚板材（厚度超过6毫米）	千克/立方米
		4407119091	经纵锯、纵切、刨切或旋切的非端部接合的其他濒危松木厚板材（厚度超过6毫米）	千克/立方米

续表

序号	货物种类	海关商品编号	货 物 名 称	单 位
37	锯材	4407119099	经纵锯、纵切、刨切或旋切的非端部接合的其他松木厚板材(厚度超过6毫米)	千克/立方米
		4407199091	经纵锯、纵切、刨切或旋切的非端部接合的其他濒危针叶木厚板材(厚度超过6毫米)	千克/立方米
		4407199099	经纵锯、纵切、刨切或旋切的非端部接合的其他针叶木厚板材(厚度超过6毫米)	千克/立方米
		4407210090	经纵锯、纵切、刨切或旋切的非端部接合的美洲桃花心木(厚度超过6毫米)	千克/立方米
		4407220090	经纵锯、纵切、刨切或旋切的非端部接合的苏里南肉豆蔻木、细孔绿心樟及美洲轻木(厚度超过6毫米)	千克/立方米
		4407250090	经纵锯、纵切、刨切或旋切的非端部接合的红柳桉木板材(指深红色、浅红色及巴栲红柳桉木,厚度超过6毫米)	千克/立方米
		4407260090	经纵锯、纵切、刨切或旋切的非端部接合的白柳桉、其他柳桉木和阿兰木板材(厚度超过6毫米)	千克/立方米
		4407270090	经纵锯、纵切、刨切或旋切的非端部接合的沙比利木板材(厚度超过6毫米)	千克/立方米
		4407280090	经纵锯、纵切、刨切或旋切的非端部接合的伊罗科木板材(厚度超过6毫米)	千克/立方米
		4407291090	经纵锯、纵切、刨切或旋切的非端部接合的柚木板材(厚度超过6毫米)	千克/立方米
		4407294091	经纵锯、纵切、刨切或旋切的非端部接合的濒危热带红木厚板材(厚度超过6毫米)	千克/立方米
		4407294099	经纵锯、纵切、刨切或旋切的非端部接合的其他热带红木厚板材(厚度超过6毫米)	千克/立方米
		4407299091	经纵锯、纵切、刨切或旋切的非端部接合的南美蒺藜木(玉檀木)厚板材(厚度超过6毫米)	千克/立方米
		4407299092	经纵锯、纵切、刨切或旋切的非端部接合的其他未列名濒危热带木板材(厚度超过6毫米)	千克/立方米
		4407299099	经纵锯、纵切、刨切或旋切的非端部接合的其他未列名热带木板材(厚度超过6毫米)	千克/立方米
		4407910091	经纵锯、纵切、刨切或旋切的非端部接合的蒙古栎厚板材	千克/立方米
		4407910099	经纵锯、纵切、刨切或旋切的非端部接合的其他栎木(橡木)厚板材	千克/立方米
		4407920090	经纵锯、纵切、刨切或旋切的非端部接合的水青冈木(山毛榉木)厚板材(厚度超过6毫米)	千克/立方米
		4407930090	经纵锯、纵切、刨切或旋切的非端部接合的槭木(枫木)厚板材(厚度超过6毫米)	千克/立方米
		4407940090	经纵锯、纵切、刨切或旋切的非端部接合的樱桃木厚板材(厚度超过6毫米)	千克/立方米

序号	货物种类	海关商品编号	货 物 名 称	单 位
37	锯材	4407950091	经纵锯、纵切、刨切或旋切的非端部接合的水曲柳厚板材	千克/立方米
		4407950099	经纵锯、纵切、刨切或旋切的非端部接合的其他白蜡木厚板材	千克/立方米
		4407960091	经纵锯、纵切、刨切或旋切的非端部接合的濒危桦木厚板材(厚度超过6毫米)	千克/立方米
		4407960099	经纵锯、纵切、刨切或旋切的非端部接合的其他桦木厚板材(厚度超过6毫米)	千克/立方米
		4407970090	经纵锯、纵切、刨切或旋切的非端部接合的杨木厚板材(厚度超过6毫米)	千克/立方米
		4407991091	经纵锯、纵切、刨切或旋切的非端部接合的濒危红木厚板材(厚度超过6毫米,税号4407.2940所列热带红木除外)	千克/立方米
		4407991099	经纵锯、纵切、刨切或旋切的非端部接合的其他红木厚板材(厚度超过6毫米,税号4407.2940所列热带红木除外)	千克/立方米
		4407998091	经纵锯、纵切、刨切或旋切的非端部接合的其他温带濒危非针叶厚板材(厚度超过6毫米)	千克/立方米
		4407998099	经纵锯、纵切、刨切或旋切的非端部接合的其他温带非针叶厚板材(厚度超过6毫米)	千克/立方米
		4407999092	经纵锯、纵切、刨切或旋切的非端部接合的沉香木及拟沉香木厚板材(厚度超过6毫米)	千克/立方米
		4407999095	经纵锯、纵切、刨切或旋切的非端部接合的其他濒危木厚板材(厚度超过6毫米)	千克/立方米
		4407999099	经纵锯、纵切、刨切或旋切的非端部接合的其他木厚板材(厚度超过6毫米)	千克/立方米
38	棉花	5201000001	未梳的棉花(包括脱脂棉花)	千克
		5201000080	未梳的棉花(包括脱脂棉花)	千克
		5201000090	未梳的棉花(包括脱脂棉花)	千克
		5203000001	已梳的棉花	千克
		5203000090	已梳的棉花	千克
39	白银	7106101100	平均粒径在3微米以下的非片状银粉	克
		7106101900	平均粒径在3微米及以上的非片状银粉	克
		7106102100	平均粒径在10微米以下的片状银粉	克
		7106102900	平均粒径在10微米及以上的片状银粉	克
		7106911000	纯度在99.99%及以上的未锻造银(包括镀金、镀铂的银)	克
		7106919000	其他未锻造银(包括镀金、镀铂的银)	克
		7106921000	纯度在99.99%及以上的半制成银(包括镀金、镀铂的银)	克
		7106929000	其他半制成银(包括镀金、镀铂的银)	克

序号	货物种类	海关商品编号	货 物 名 称	单 位
40	铂金 （铂或白金）	7110110000	未锻造或粉末状铂（加工贸易方式）	克
		7110191000	板、片状铂（加工贸易方式）	克
41	铟及铟制品	8112923010	未锻轧的铟、铟粉末	千克
		8112923090	未锻轧的铟废碎料	千克
		8112993000	锻轧的铟及其制品	千克
42	摩托车 （含全地形 车）及其发动 机、车架	8407310000	气缸容量不超过 50 毫升的往复式活塞内燃发动机（用于第 87 章所列车辆）	台/千克
		8407320000	气缸容量超过 50 毫升但不超过 250 毫升的往复式活塞内燃发动机（用于第 87 章所列车辆）	台/千克
		8703101100	全地形车	辆/千克
		8711100010	微马力摩托车及脚踏两用车（装有气缸容量为 50 毫升的往复式活塞内燃发动机）	辆/千克
		8711201000	小马力摩托车及脚踏两用车（装有气缸容量超过 50 毫升但不超过 100 毫升的往复式活塞内燃发动机）	辆/千克
		8711202000	小马力摩托车及脚踏两用车（装有气缸容量超过 100 毫升但不超过 125 毫升的往复式活塞内燃发动机）	辆/千克
		8711203000	小马力摩托车及脚踏两用车（装有气缸容量超过 125 毫升但不超过 150 毫升的往复式活塞内燃发动机）	辆/千克
		8711204000	小马力摩托车及脚踏两用车（装有气缸容量超过 150 毫升但不超过 200 毫升的往复式活塞内燃发动机）	辆/千克
		8711205010	小马力摩托车及脚踏两用车（装有气缸容量超过 200 毫升但在 250 毫升以下的往复式活塞内燃发动机）	辆/千克
		8711205090	小马力摩托车及脚踏两用车（装有气缸容量为 250 毫升的往复式活塞内燃发动机）	辆/千克
		8711301000	小马力摩托车及脚踏两用车（装有气缸容量超过 250 毫升但不超过 400 毫升的往复式活塞内燃发动机）	辆/千克
		8711302000	小马力摩托车及脚踏两用车（装有气缸容量超过 400 毫升但不超过 500 毫升的往复式活塞内燃发动机）	辆/千克
		8711400000	摩托车及脚踏两用车（装有气缸容量超过 500 毫升但不超过 800 毫升的往复式活塞内燃发动机）	辆/千克
		8711500000	摩托车及脚踏两用车（装有气缸容量超过 800 毫升的往复式活塞内燃发动机）	辆/千克
		8714100010	摩托车架	千克
43	汽车（包括 成套散件） 及其底盘	8701200000	半挂车用的公路牵引车	辆/千克
		8702109100	30 座及以上的仅装有压燃式活塞内燃发动机（柴油或半柴油发动机）的大型客车	辆/千克

序号	货物种类	海关商品编号	货　物　名　称	单　位
43	汽车(包括成套散件)及其底盘	8702109210	20 座及以上但不超过 23 座的仅装有压燃式活塞内燃发动机(柴油或半柴油发动机)的客车	辆/千克
		8702109290	24 座及以上但不超过 29 座的仅装有压燃式活塞内燃发动机(柴油或半柴油发动机)的客车	辆/千克
		8702109300	10 座及以上但不超过 19 座的仅装有压燃式活塞内燃发动机(柴油或半柴油发动机)的客车	辆/千克
		8702209100	30 座及以上的同时装有压燃式活塞内燃发动机(柴油或半柴油发动机)及驱动电动机的大型客车(指装有柴油或半柴油发动机的 30 座及以上的客运车)	辆/千克
		8702209210	20 座及以上但不超过 23 座的同时装有压燃式活塞内燃发动机(柴油或半柴油发动机)及驱动电动机的客车	辆/千克
		8702209290	24 座及以上但不超过 29 座的同时装有压燃式活塞内燃发动机(柴油或半柴油发动机)及驱动电动机的客车	辆/千克
		8702209300	10 座及以上但不超过 19 座的同时装有压燃式活塞内燃发动机(柴油或半柴油发动机)及驱动电动机的客车	辆/千克
		8702301000	30 座及以上的同时装有点燃往复式活塞内燃机及驱动电动机的大型客车	辆/千克
		8702302010	20 座及以上但不超过 23 座的同时装有点燃往复式活塞内燃机及驱动电动机的客车	辆/千克
		8702302090	24 座及以上但不超过 29 座的同时装有点燃往复式活塞内燃机及驱动电动机的客车	辆/千克
		8702303000	10 座及以上但不超过 19 座的同时装有点燃往复式活塞内燃机及驱动电动机的客车	辆/千克
		8702401000	30 座及以上的仅装有驱动电动机的大型客车	辆/千克
		8702402010	20 座及以上但不超过 23 座的仅装有驱动电动机的客车	辆/千克
		8702402090	24 座及以上但不超过 29 座的仅装有驱动电动机的客车	辆/千克
		8702403000	10 座及以上但不超过 19 座的仅装有驱动电动机的客车	辆/千克
		8702901000	30 座及以上的大型客车(指装有其他发动机的 30 座及以上的客运车)	辆/千克
		8702902001	20 座及以上但不超过 23 座的装有非压燃式活塞内燃发动机的客车	辆/千克
		8702902090	24 座及以上但不超过 29 座的装有非压燃式活塞内燃发动机的客车	辆/千克
		8702903000	10 座及以上但不超过 19 座的装有非压燃式活塞内燃发动机的客车	辆/千克

序号	货物种类	海关商品编号	货 物 名 称	单 位
43	汽车(包括成套散件)及其底盘	8703213010	仅装有气缸容量不超过1升的点燃往复式活塞内燃发动机的小轿车	辆/千克
		8703213090	仅装有气缸容量不超过1升的点燃往复式活塞内燃发动机小轿车的成套散件	辆/千克
		8703214010	仅装有气缸容量不超过1升的点燃往复式活塞内燃发动机的越野车(4轮驱动)	辆/千克
		8703214090	仅装有气缸容量不超过1升的点燃往复式活塞内燃发动机的越野车(4轮驱动)的成套散件	辆/千克
		8703215010	仅装有气缸容量不超过1升的点燃往复式活塞内燃发动机的小客车(9座及以下)	辆/千克
		8703215090	仅装有气缸容量不超过1升的点燃往复式活塞内燃发动机的小客车的成套散件(9座及以下)	辆/千克
		8703219010	仅装有气缸容量不超过1升的点燃往复式活塞内燃发动机的其他载人车辆	辆/千克
		8703219090	仅装有气缸容量不超过1升的点燃往复式活塞内燃发动机的其他载人车辆的成套散件	辆/千克
		8703223010	仅装有气缸容量超过1升但不超过1.5升的点燃往复式活塞内燃发动机小轿车	辆/千克
		8703223090	仅装有气缸容量超过1升但不超过1.5升的点燃往复式活塞内燃发动机小轿车的成套散件	辆/千克
		8703224010	仅装有气缸容量超过1升但不超过1.5升的点燃往复式活塞内燃发动机四轮驱动越野车	辆/千克
		8703224090	仅装有气缸容量超过1升但不超过1.5升的点燃往复式活塞内燃发动机四轮驱动越野车的成套散件	辆/千克
		8703225010	仅装有气缸容量超过1升但不超过1.5升的点燃往复式活塞内燃发动机小客车(9座及以下)	辆/千克
		8703225090	仅装有气缸容量超过1升但不超过1.5升的点燃往复式活塞内燃发动机小客车的成套散件(9座及以下)	辆/千克
		8703229010	仅装有气缸容量超过1升但不超过1.5升的点燃往复式活塞内燃发动机其他载人车辆	辆/千克
		8703229090	仅装有气缸容量超过1升但不超过1.5升的点燃往复式活塞内燃发动机其他载人车辆的成套散件	辆/千克
		8703234110	仅装有气缸容量超过1.5升但不超过2升的点燃往复式活塞内燃发动机小轿车	辆/千克
		8703234190	仅装有气缸容量超过1.5升但不超过2升的点燃往复式活塞内燃发动机小轿车的成套散件	辆/千克

序号	货物种类	海关商品编号	货　物　名　称	单　位
43	汽车（包括成套散件）及其底盘	8703234210	仅装有气缸容量超过 1.5 升但不超过 2 升的点燃往复式活塞内燃发动机越野车（4 轮驱动）	辆/千克
		8703234290	仅装有气缸容量超过 1.5 升但不超过 2 升的点燃往复式活塞内燃发动机越野车的成套散件（4 轮驱动）	辆/千克
		8703234310	仅装有气缸容量超过 1.5 升但不超过 2 升的点燃往复式活塞内燃发动机小客车（9 座及以下）	辆/千克
		8703234390	仅装有气缸容量 1.5 升但不超过 2 升的点燃往复式活塞内燃发动机小客车的成套散件（9 座及以下）	辆/千克
		8703234910	仅装有气缸容量超过 1.5 升但不超过 2 升的点燃往复式活塞内燃发动机的其他载人车辆	辆/千克
		8703234990	仅装有气缸容量超过 1.5 升但不超过 2 升的点燃往复式活塞内燃发动机的其他载人车辆的成套散件	辆/千克
		8703235110	仅装有气缸容量超过 2 升但不超过 2.5 升的点燃往复式活塞内燃发动机小轿车	辆/千克
		8703235190	仅装有气缸容量超过 2 升但不超过 2.5 升的点燃往复式活塞内燃发动机小轿车的成套散件	辆/千克
		8703235210	仅装有气缸容量超过 2 升但不超过 2.5 升的点燃往复式活塞内燃发动机越野车（4 轮驱动）	辆/千克
		8703235290	仅装有气缸容量超过 2 升但不超过 2.5 升的点燃往复式活塞内燃发动机越野车的成套散件（4 轮驱动）	辆/千克
		8703235310	仅装有气缸容量超过 2 升但不超过 2.5 升的点燃往复式活塞内燃发动机小客车（9 座及以下）	辆/千克
		8703235390	仅装有气缸容量超过 2 升但不超过 2.5 升的点燃往复式活塞内燃发动机的小客车的成套散件（9 座及以下）	辆/千克
		8703235910	仅装有气缸容量超过 2 升但不超过 2.5 升的点燃往复式活塞内燃发动机的其他载人车辆	辆/千克
		8703235990	仅装有气缸容量超过 2 升但不超过 2.5 升的点燃往复式活塞内燃发动机的其他载人车辆的成套散件	辆/千克
		8703236110	仅装有气缸容量超过 2.5 升但不超过 3 升的点燃往复式活塞内燃发动机小轿车	辆/千克
		8703236190	仅装有气缸容量超过 2.5 升但不超过 3 升的点燃往复式活塞内燃发动机小轿车的成套散件	辆/千克
		8703236210	仅装有气缸容量超过 2.5 升但不超过 3 升的点燃往复式活塞内燃发动机越野车（4 轮驱动）	辆/千克
		8703236290	仅装有气缸容量超过 2.5 升但不超过 3 升的点燃往复式活塞内燃发动机越野车的成套散件（4 轮驱动）	辆/千克
		8703236310	仅装有气缸容量超过 2.5 升但不超过 3 升的点燃往复式活塞内燃发动机小客车（9 座及以下）	辆/千克

续表

序号	货物种类	海关商品编号	货　物　名　称	单　位
43	汽车（包括成套散件）及其底盘	8703236390	仅装有气缸容量超过 2.5 升但不超过 3 升的点燃往复式活塞内燃发动机小客车的成套散件（9 座及以下）	辆/千克
		8703236910	仅装有气缸容量超过 2.5 升但不超过 3 升的点燃往复式活塞内燃发动机的其他载人车辆	辆/千克
		8703236990	仅装有气缸容量超过 2.5 升但不超过 3 升的点燃往复式活塞内燃发动机的其他载人车辆的成套散件	辆/千克
		8703241110	仅装有气缸容量超过 3 升但不超过 4 升的点燃往复式活塞内燃发动机小轿车	辆/千克
		8703241190	仅装有气缸容量超过 3 升但不超过 4 升的点燃往复式活塞内燃发动机小轿车的成套散件	辆/千克
		8703241210	仅装有气缸容量超过 3 升但不超过 4 升的点燃往复式活塞内燃发动机越野车（4 轮驱动）	辆/千克
		8703241290	仅装有气缸容量超过 3 升但不超过 4 升的点燃往复式活塞内燃发动机越野车的成套散件（4 轮驱动）	辆/千克
		8703241310	仅装有气缸容量超过 3 升但不超过 4 升的点燃往复式活塞内燃发动机的小客车（9 座及以下）	辆/千克
		8703241390	仅装有气缸容量超过 3 升但不超过 4 升的点燃往复式活塞内燃发动机的小客车的成套散件（9 座及以下）	辆/千克
		8703241910	仅装有气缸容量超过 3 升但不超过 4 升的点燃往复式活塞内燃发动机的其他载人车辆	辆/千克
		8703241990	仅装有气缸容量超过 3 升但不超过 4 升的点燃往复式活塞内燃发动机的其他载人车辆的成套散件	辆/千克
		8703242110	仅装有气缸容量超过 4 升的点燃往复式活塞内燃发动机小轿车	辆/千克
		8703242190	仅装有气缸容量超过 4 升的点燃往复式活塞内燃发动机小轿车的成套散件	辆/千克
		8703242210	仅装有气缸容量超过 4 升的点燃往复式活塞内燃发动机越野车（4 轮驱动）	辆/千克
		8703242290	仅装有气缸容量超过 4 升的点燃往复式活塞内燃发动机越野车的成套散件（4 轮驱动）	辆/千克
		8703242310	仅装有气缸容量超过 4 升的点燃往复式活塞内燃发动机的小客车（9 座及以下）	辆/千克
		8703242390	仅装有气缸容量超过 4 升的点燃往复式活塞内燃发动机的小客车的成套散件（9 座及以下）	辆/千克
		8703242910	仅装有气缸容量超过 4 升的点燃往复式活塞内燃发动机的其他载人车辆	辆/千克
		8703242990	仅装有气缸容量超过 4 升的点燃往复式活塞内燃发动机的其他载人车辆的成套散件	辆/千克
		8703311110	仅装有气缸容量不超过 1 升的压燃式活塞内燃发动机小轿车	辆/千克

序号	货物种类	海关商品编号	货　物　名　称	单　位
43	汽车（包括成套散件）及其底盘	8703311190	仅装有气缸容量不超过 1 升的压燃式活塞内燃发动机小轿车的成套散件	辆/千克
		8703311910	仅装有气缸容量不超过 1 升的压燃式活塞内燃发动机的其他载人车辆	辆/千克
		8703311990	仅装有气缸容量不超过 1 升的压燃式活塞内燃发动机的其他载人车辆的成套散件	辆/千克
		8703312110	仅装有气缸容量超过 1 升但不超过 1.5 升的压燃式活塞内燃发动机小轿车	辆/千克
		8703312190	仅装有气缸容量超过 1 升但不超过 1.5 升的压燃式活塞内燃发动机小轿车的成套散件	辆/千克
		8703312210	仅装有气缸容量超过 1 升但不超过 1.5 升的压燃式活塞内燃发动机越野车（4 轮驱动）	辆/千克
		8703312290	仅装有气缸容量超过 1 升但不超过 1.5 升的压燃式活塞内燃发动机越野车的成套散件（4 轮驱动）	辆/千克
		8703312310	仅装有气缸容量超过 1 升但不超过 1.5 升的压燃式活塞内燃发动机小客车（9 座及以下）	辆/千克
		8703312390	仅装有气缸容量超过 1 升但不超过 1.5 升的压燃式活塞内燃发动机小客车的成套散件（9 座及以下）	辆/千克
		8703312910	仅装有气缸容量超过 1 升但不超过 1.5 升的压燃式活塞内燃发动机的其他载人车辆	辆/千克
		8703312990	仅装有气缸容量超过 1 升但不超过 1.5 升的压燃式活塞内燃发动机的其他载人车辆的成套散件	辆/千克
		8703321110	仅装有气缸容量超过 1.5 升但不超过 2 升的压燃式活塞内燃发动机小轿车	辆/千克
		8703321190	仅装有气缸容量超过 1.5 升但不超过 2 升的压燃式活塞内燃发动机小轿车的成套散件	辆/千克
		8703321210	仅装有气缸容量超过 1.5 升但不超过 2 升的压燃式活塞内燃发动机越野车（4 轮驱动）	辆/千克
		8703321290	仅装有气缸容量 1.5 升但不超过 2 升的压燃式活塞内燃发动机越野车的成套散件（4 轮驱动）	辆/千克
		8703321310	仅装有气缸容量超过 1.5 升但不超过 2 升的压燃式活塞内燃发动机小客车（9 座及以下）	辆/千克
		8703321390	仅装有气缸容量超过 1.5 升但不超过 2 升的压燃式活塞内燃发动机小客车的成套散件（9 座及以下）	辆/千克
		8703321910	仅装有气缸容量超过 1.5 升但不超过 2 升的压燃式活塞内燃发动机的其他载人车辆	辆/千克
		8703321990	仅装有气缸容量超过 1.5 升但不超过 2 升的压燃式活塞内燃发动机的其他载人车辆的成套散件	辆/千克

序号	货物种类	海关商品编号	货 物 名 称	单 位
43	汽车（包括成套散件）及其底盘	8703322110	仅装有气缸容量超过 2 升但不超过 2.5 升的压燃式活塞内燃发动机小轿车	辆/千克
		8703322190	仅装有气缸容量超过 2 升但不超过 2.5 升的压燃式活塞内燃发动机小轿车的成套散件	辆/千克
		8703322210	仅装有气缸容量超过 2 升但不超过 2.5 升的压燃式活塞内燃发动机越野车（4 轮驱动）	辆/千克
		8703322290	仅装有气缸容量超过 2 升但不超过 2.5 升的压燃式活塞内燃发动机越野车的成套散件（4 轮驱动）	辆/千克
		8703322310	仅装有气缸容量超过 2 升但不超过 2.5 升的压燃式活塞内燃发动机小客车（9 座及以下）	辆/千克
		8703322390	仅装有气缸容量超过 2 升但不超过 2.5 升的压燃式活塞内燃发动机小客车的成套散件（9 座及以下）	辆/千克
		8703322910	仅装有气缸容量超过 2 升但不超过 2.5 千的压燃式活塞内燃发动机的其他载人车辆	辆/千克
		8703322990	仅装有气缸容量超过 2 升但不超过 2.5 升的压燃式活塞内燃发动机的其他载人车辆的成套散件	辆/千克
		8703331110	仅装有气缸容量超过 2.5 升但不超过 3 升的压燃式活塞内燃发动机小轿车	辆/千克
		8703331190	仅装有气缸容量超过 2.5 升但不超过 3 升的压燃式活塞内燃发动机小轿车的成套散件	辆/千克
		8703331210	仅装有气缸容量超过 2.5 升但不超过 3 升的压燃式活塞内燃发动机越野车（4 轮驱动）	辆/千克
		8703331290	仅装有气缸容量超过 2.5 升但不超过 3 升的压燃式活塞内燃发动机越野车的成套散件（4 轮驱动）	辆/千克
		8703331310	仅装有气缸容量超过 2.5 升但不超过 3 升的压燃式活塞内燃发动机小客车（9 座及以下）	辆/千克
		8703331390	仅装有气缸容量超过 2.5 升但不超过 3 升的压燃式活塞内燃发动机小客车的成套散件（9 座及以下）	辆/千克
		8703331910	仅装有气缸容量超过 2.5 升但不超过 3 升的压燃式活塞内燃发动机的其他载人车辆	辆/千克
		8703331990	仅装有气缸容量超过 2.5 升但不超过 3 升的压燃式活塞内燃发动机的其他载人车辆的成套散件	辆/千克
		8703332110	仅装有气缸容量超过 3 升但不超过 4 升的压燃式活塞内燃发动机小轿车	辆/千克
		8703332190	仅装有气缸容量超过 3 升但不超过 4 升的压燃式活塞内燃发动机小轿车的成套散件	辆/千克
		8703332210	仅装有气缸容量超过 3 升但不超过 4 升的压燃式活塞内燃发动机越野车（4 轮驱动）	辆/千克

序号	货物种类	海关商品编号	货　物　名　称	单　位
43	汽车(包括成套散件)及其底盘	8703332290	仅装有气缸容量超过 3 升但不超过 4 升的压燃式活塞内燃发动机越野车的成套散件(4 轮驱动)	辆/千克
		8703332310	仅装有气缸容量超过 3 升但不超过 4 升的压燃式活塞内燃发动机小客车(9 座及以下)	辆/千克
		8703332390	仅装有气缸容量超过 3 升但不超过 4 升的压燃式活塞内燃发动机小客车的成套散件(9 座及以下)	辆/千克
		8703332910	仅装有气缸容量超过 3 升但不超过 4 升的压燃式活塞内燃发动机的其他载人车辆	辆/千克
		8703332990	仅装有气缸容量超过 3 升但不超过 4 升的压燃式活塞内燃发动机的其他载人车辆的成套散件	辆/千克
		8703336110	仅装有气缸容量超过 4 升的压燃式活塞内燃发动机小轿车	辆/千克
		8703336190	仅装有气缸容量超过 4 升的压燃式活塞内燃发动机小轿车的成套散件	辆/千克
		8703336210	仅装有气缸容量超过 4 升的压燃式活塞内燃发动机越野车(4 轮驱动)	辆/千克
		8703336290	仅装有气缸容量超过 4 升的压燃式活塞内燃发动机越野车的成套散件(4 轮驱动)	辆/千克
		8703336310	仅装有气缸容量超过 4 升的压燃式活塞内燃发动机小客车(9 座及以下)	辆/千克
		8703336390	仅装有气缸容量超过 4 升的压燃式活塞内燃发动机小客车的成套散件(9 座及以下)	辆/千克
		8703336910	仅装有气缸容量超过 4 升的压燃式活塞内燃发动机其他载人车辆	辆/千克
		8703336990	仅装有气缸容量超过 4 升的压燃式活塞内燃发动机其他载人车辆的成套散件	辆/千克
		8703401110	同时装有点燃往复式活塞内燃发动机(气缸容量不超过 1 升)及驱动电动机的小轿车(可通过接插外部电源进行充电的除外)	辆/千克
		8703401190	同时装有点燃往复式活塞内燃发动机(气缸容量不超过 1 升)及驱动电动机的小轿车的成套散件(可通过接插外部电源进行充电的除外)	辆/千克
		8703401210	同时装有点燃往复式活塞内燃发动机(气缸容量不超过 1 升)及驱动电动机的越野车(4 轮驱动)(可通过接插外部电源进行充电的除外)	辆/千克
		8703401290	同时装有点燃往复式活塞内燃发动机(气缸容量不超过 1 升)及驱动电动机的越野车(4 轮驱动)的成套散件(可通过接插外部电源进行充电的除外)	辆/千克

序号	货物种类	海关商品编号	货 物 名 称	单 位
43	汽车(包括成套散件)及其底盘	8703401310	同时装有点燃往复式活塞内燃发动机(气缸容量不超过1升)及驱动电动机的小客车(9座及以下,可通过接插外部电源进行充电的除外)	辆/千克
		8703401390	同时装有点燃往复式活塞内燃发动机(气缸容量不超过1升)及驱动电动机的小客车的成套散件(9座及以下,可通过接插外部电源进行充电的除外)	辆/千克
		8703401910	同时装有点燃往复式活塞内燃发动机(气缸容量不超过1升)及驱动电动机的其他载人车辆(可通过接插外部电源进行充电的除外)	辆/千克
		8703401990	同时装有点燃往复式活塞内燃发动机(气缸容量不超过1升)及驱动电动机的其他载人车辆的成套散件(可通过接插外部电源进行充电的除外)	辆/千克
		8703402110	同时装有点燃往复式活塞内燃发动机(气缸容量超过1升但不超过1.5升)及驱动电动机的小轿车(可通过接插外部电源进行充电的除外)	辆/千克
		8703402190	同时装有点燃往复式活塞内燃发动机(气缸容量超过1升但不超过1.5升)及驱动电动机的小轿车的成套散件(可通过接插外部电源进行充电的除外)	辆/千克
		8703402210	同时装有点燃往复式活塞内燃发动机(气缸容量超过1升但不超过1.5升)及驱动电动机的四轮驱动越野车(可通过接插外部电源进行充电的除外)	辆/千克
		8703402290	同时装有点燃往复式活塞内燃发动机(气缸容量超过1升但不超过1.5升)及驱动电动机的四轮驱动越野车的成套散件(可通过接插外部电源进行充电的除外)	辆/千克
		8703402310	同时装有点燃往复式活塞内燃发动机(气缸容量超过1升但不超过1.5升)及驱动电动机的小客车(9座及以下,可通过接插外部电源进行充电的除外)	辆/千克
		8703402390	同时装有点燃往复式活塞内燃发动机(气缸容量超过1升但不超过1.5升)及驱动电动机的小客车的成套散件(9座及以下,可通过接插外部电源进行充电的除外)	辆/千克
		8703402910	同时装有点燃往复式活塞内燃发动机(气缸容量超过1升但不超过1.5升)及驱动电动机的其他载人车辆(可通过接插外部电源进行充电的除外)	辆/千克
		8703402990	同时装有点燃往复式活塞内燃发动机(气缸容量超过1升但不超过1.5升)及驱动电动机的其他载人车辆的成套散件(可通过接插外部电源进行充电的除外)	辆/千克
		8703403110	同时装有点燃往复式活塞内燃发动机(气缸容量超过1.5升但不超过2升)及驱动电动机的小轿车(可通过接插外部电源进行充电的除外)	辆/千克

序号	货物种类	海关商品编号	货 物 名 称	单 位
43	汽车(包括成套散件)及其底盘	8703403190	同时装有点燃往复式活塞内燃发动机(气缸容量超过 1.5 升但不超过 2 升)及驱动电动机的小轿车的成套散件(可通过接插外部电源进行充电的除外)	辆/千克
		8703403210	同时装有点燃往复式活塞内燃发动机(气缸容量超过 1.5 升但不超过 2 升)及驱动电动机的四轮驱动越野车(可通过接插外部电源进行充电的除外)	辆/千克
		8703403290	同时装有点燃往复式活塞内燃发动机(气缸容量超过 1.5 升但不超过 2 升)及驱动电动机的四轮驱动越野车的成套散件(可通过接插外部电源进行充电的除外)	辆/千克
		8703403310	同时装有点燃往复式活塞内燃发动机(气缸容量超过 1.5 升但不超过 2 升)及驱动电动机的小客车(9 座及以下,可通过接插外部电源进行充电的除外)	辆/千克
		8703403390	同时装有点燃往复式活塞内燃发动机(气缸容量超过 1.5 升但不超过 2 升)及驱动电动机的小客车的成套散件(9 座及以下,可通过接插外部电源进行充电的除外)	辆/千克
		8703403910	同时装有点燃往复式活塞内燃发动机(气缸容量超过 1.5 升不超过 2 升)及驱动电动机的其他载人车辆(可通过接插外部电源进行充电的除外)	辆/千克
		8703403990	同时装有点燃往复式活塞内燃发动机(气缸容量超过 1.5 升但不超过 2 升)及驱动电动机的其他载人车辆的成套散件(可通过接插外部电源进行充电的除外)	辆/千克
		8703404110	同时装有点燃往复式活塞内燃发动机(气缸容量超过 2 升但不超过 2.5 升)及驱动电动机的小轿车(可通过接插外部电源进行充电的除外)	辆/千克
		8703404190	同时装有点燃往复式活塞内燃发动机(气缸容量超过 2 升但不超过 2.5 升)及驱动电动机的小轿车的成套散件(可通过接插外部电源进行充电的除外)	辆/千克
		8703404210	同时装有点燃往复式活塞内燃发动机(气缸容量超过 2 升但不超过 2.5 升)及驱动电动机的四轮驱动越野车(可通过接插外部电源进行充电的除外)	辆/千克
		8703404290	同时装有点燃往复式活塞内燃发动机(气缸容量超过 2 升但不超过 2.5 升)及驱动电动机的四轮驱动越野车的成套散件(可通过接插外部电源进行充电的除外)	辆/千克
		8703404310	同时装有点燃往复式活塞内燃发动机(气缸容量超过 2 升但不超过 2.5 升)及驱动电动机的小客车(9 座及以下,可通过接插外部电源进行充电的除外)	辆/千克

序号	货物种类	海关商品编号	货 物 名 称	单 位
43	汽车(包括成套散件)及其底盘	8703404390	同时装有点燃往复式活塞内燃发动机(气缸容量超过2升但不超过2.5升)及驱动电动机的小客车的成套散件(9座及以下,可通过接插外部电源进行充电的除外)	辆/千克
		8703404910	同时装有点燃往复式活塞内燃发动机(气缸容量超过2升但不超过2.5升)及驱动电动机的其他载人车辆(可通过接插外部电源进行充电的除外)	辆/千克
		8703404990	同时装有点燃往复式活塞内燃发动机(气缸容量超过2升但不超过2.5升)及驱动电动机的其他载人车辆的成套散件(可通过接插外部电源进行充电的除外)	辆/千克
		8703405110	同时装有点燃往复式活塞内燃发动机(气缸容量超过2.5升但不超过3升)及驱动电动机的小轿车(可通过接插外部电源进行充电的除外)	辆/千克
		8703405190	同时装有点燃往复式活塞内燃发动机(气缸容量超过2.5升但不超过3升)及驱动电动机的小轿车的成套散件(可通过接插外部电源进行充电的除外)	辆/千克
		8703405210	同时装有点燃往复式活塞内燃发动机(气缸容量超过2.5升但不超过3升)及驱动电动机的四轮驱动越野车(可通过接插外部电源进行充电的除外)	辆/千克
		8703405290	同时装有点燃往复式活塞内燃发动机(气缸容量超过2.5升但不超过3升)及驱动电动机的四轮驱动越野车的成套散件(可通过接插外部电源进行充电的除外)	辆/千克
		8703405310	同时装有点燃往复式活塞内燃发动机(气缸容量超过2.5升但不超过3升)及驱动电动机的小客车(9座及以下,可通过接插外部电源进行充电的除外)	辆/千克
		8703405390	同时装有点燃往复式活塞内燃发动机(气缸容量超过2.5升但不超过3升)及驱动电动机的小客车的成套散件(9座及以下,可通过接插外部电源进行充电的除外)	辆/千克
		8703405910	同时装有点燃往复式活塞内燃发动机(气缸容量超过2.5升但不超过3升)及驱动电动机的其他载人车辆(可通过接插外部电源进行充电的除外)	辆/千克
		8703405990	同时装有点燃往复式活塞内燃发动机(气缸容量超过2.5升但不超过3升)及驱动电动机的其他载人车辆的成套散件(可通过接插外部电源进行充电的除外)	辆/千克
		8703406110	同时装有点燃往复式活塞内燃发动机(气缸容量超过3升但不超过4升)及驱动电动机的小轿车(可通过接插外部电源进行充电的除外)	辆/千克

序号	货物种类	海关商品编号	货 物 名 称	单 位
43	汽车(包括成套散件)及其底盘	8703406190	同时装有点燃往复式活塞内燃发动机(气缸容量超过3升但不超过4升)及驱动电动机的小轿车的成套散件(可通过接插外部电源进行充电的除外)	辆/千克
		8703406210	同时装有点燃往复式活塞内燃发动机(气缸容量超过3升但不超过4升)及驱动电动机的四轮驱动越野车(可通过接插外部电源进行充电的除外)	辆/千克
		8703406290	同时装有点燃往复式活塞内燃发动机(气缸容量超过3升但不超过4升)及驱动电动机的四轮驱动越野车的成套散件(可通过接插外部电源进行充电的除外)	辆/千克
		8703406310	同时装有点燃往复式活塞内燃发动机(气缸容量超过3升但不超过4升)及驱动电动机的小客车(9座及以下,可通过接插外部电源进行充电的除外)	辆/千克
		8703406390	同时装有点燃往复式活塞内燃发动机(气缸容量超过3升但不超过4升)及驱动电动机的小客车的成套散件(9座及以下,可通过接插外部电源进行充电的除外)	辆/千克
		8703406910	同时装有点燃往复式活塞内燃发动机(气缸容量超过3升但不超过4升)及驱动电动机的其他载人车辆(可通过接插外部电源进行充电的除外)	辆/千克
		8703406990	同时装有点燃往复式活塞内燃发动机(气缸容量超过3升但不超过4升)及驱动电动机的其他载人车辆的成套散件(可通过接插外部电源进行充电的除外)	辆/千克
		8703407110	同时装有点燃往复式活塞内燃发动机(气缸容量超过4升)及驱动电动机的小轿车(可通过接插外部电源进行充电的除外)	辆/千克
		8703407190	同时装有点燃往复式活塞内燃发动机(气缸容量超过4升)及驱动电动机的小轿车的成套散件(可通过接插外部电源进行充电的除外)	辆/千克
		8703407210	同时装有点燃往复式活塞内燃发动机(气缸容量超过4升)及驱动电动机的四轮驱动越野车(可通过接插外部电源进行充电的除外)	辆/千克
		8703407290	同时装有点燃往复式活塞内燃发动机(气缸容量超过4升)及驱动电动机的四轮驱动越野车的成套散件(可通过接插外部电源进行充电的除外)	辆/千克
		8703407310	同时装有点燃往复式活塞内燃发动机(气缸容量超过4升)及驱动电动机的小客车(9座及以下,可通过接插外部电源进行充电的除外)	辆/千克
		8703407390	同时装有点燃往复式活塞内燃发动机(气缸容量超过4升)及驱动电动机的小客车的成套散件(9座及以下,可通过接插外部电源进行充电的除外)	辆/千克
		8703407910	同时装有点燃往复式活塞内燃发动机(气缸容量超过4升)及驱动电动机的其他载人车辆(可通过接插外部电源进行充电的除外)	辆/千克

序号	货物种类	海关商品编号	货 物 名 称	单 位
43	汽车(包括成套散件)及其底盘	8703407990	同时装有点燃往复式活塞内燃发动机(气缸容量超过4升)及驱动电动机的其他载人车辆的成套散件(可通过接插外部电源进行充电的除外)	辆/千克
		8703409010	其他同时装有点燃往复式活塞内燃发动孔及驱动电动机的载人车辆(可通过接插外部电源进行充电的除外)	辆/千克
		8703409090	其他同时装有点燃往复式活塞内燃发动机及驱动电动机的载人车辆的成套散件(可通过接插外部电源进行充电的除外)	辆/千克
		8703501110	同时装有压燃式活塞内燃发动机(柴油或半柴油发动机,气缸容量不超过1升)及驱动电动机的小轿车(可通过接插外部电源进行充电的除外)	辆/千克
		8703501190	同时装有压燃式活塞内燃发动机(柴油或半柴油发动机,气缸容量不超过1升)及驱动电动机的小轿车的成套散件(可通过接插外部电源进行充电的除外)	辆/千克
		8703501910	同时装有压燃式活塞内燃发动机(柴油或半柴油发动机,气缸容量不超过1升)及驱动电动机的其他载人车辆(可通过接插外部电源进行充电的除外)	辆/千克
		8703501990	同时装有压燃式活塞内燃发动机(柴油或半柴油发动机,气缸容量不超过1升)及驱动电动机的其他载人车辆的成套散件(可通过接插外部电源进行充电的除外)	辆/千克
		8703502110	同时装有压燃式活塞内燃发动机(柴油或半柴油发动机,气缸容量超过1升但不超过1.5升)及驱动电动机的小轿车(可通过接插外部电源进行充电的除外)	辆/千克
		8703502190	同时装有压燃式活塞内燃发动机(柴油或半柴油发动机,气缸容量超过1升但不超过1.5升)及驱动电动机的小轿车的成套散件(可通过接插外部电源进行充电的除外)	辆/千克
		8703502210	同时装有压燃式活塞内燃发动机(柴油或半柴油发动机,气缸容量超过1升但不超过1.5升)及驱动电动机的四轮驱动越野车(可通过接插外部电源进行充电的除外)	辆/千克
		8703502290	同时装有压燃式活塞内燃发动机(柴油或半柴油发动机,气缸容量超过1升但不超过1.5升)及驱动电动机的四轮驱动越野车的成套散件(可通过接插外部电源进行充电的除外)	辆/千克
		8703502310	同时装有压燃式活塞内燃发动机(柴油或半柴油发动机,气缸容量超过1升但不超过1.5升)及驱动电动机的小客车(9座及以下,可通过接插外部电源进行充电的除外)	辆/千克

序号	货物种类	海关商品编号	货 物 名 称	单 位
43	汽车(包括成套散件)及其底盘	8703502390	同时装有压燃式活塞内燃发动机(柴油或半柴油发动机,气缸容量超过 1 升但不超过 1.5 升)及驱动电动机的小客车的成套散件(9 座及以下,可通过接插外部电源进行充电的除外)	辆/千克
		8703502910	同时装有压燃式活塞内燃发动机(柴油或半柴油发动机,气缸容量超过 1 升但不超过 1.5 升)及驱动电动机的其他载人车辆(可通过接插外部电源进行充电的除外)	辆/千克
		8703502990	同时装有压燃式活塞内燃发动机(柴油或半柴油发动机,气缸容量超过 1 升但不超过 1.5 升)及驱动电动机的其他载人车辆的成套散件(可通过接插外部电源进行充电的除外)	辆/千克
		8703503110	同时装有压燃式活塞内燃发动机(柴油或半柴油发动机,气缸容量超过 1.5 升但不超过 2 升)及驱动电动机的小轿车(可通过接插外部电源进行充电的除外)	辆/千克
		8703503190	同时装有压燃式活塞内燃发动机(柴油或半柴油发动机,气缸容量超过 1.5 升但不超过 2 升)及驱动电动机的小轿车的成套散件(可通过接插外部电源进行充电的除外)	辆/千克
		8703503210	同时装有压燃式活塞内燃发动机(柴油或半柴油发动机,气缸容量超过 1.5 升但不超过 2 升)及驱动电动机的四轮驱动越野车(可通过接插外部电源进行充电的除外)	辆/千克
		8703503290	同时装有压燃式活塞内燃发动机(柴油或半柴油发动机,气缸容量超过 1.5 升但不超过 2 升)及驱动电动机的四轮驱动越野车的成套散件(可通过接插外部电源进行充电的除外)	辆/千克
		8703503310	同时装有压燃式活塞内燃发动机(柴油或半柴油发动机,气缸容量超过 1.5 升但不超过 2 升)及驱动电动机的小客车(9 座及以下,可通过接插外部电源进行充电的除外)	辆/千克
		8703503390	同时装有压燃式活塞内燃发动机(柴油或半柴油发动机,气缸容量超过 1.5 升但不超过 2 升)及驱动电动机的小客车的成套散件(9 座及以下,可通过接插外部电源进行充电的除外)	辆/千克
		8703503910	同时装有压燃式活塞内燃发动机(柴油或半柴油发动机,气缸容量超过 1.5 升但不超过 2 升)及驱动电动机的其他载人车辆(可通过接插外部电源进行充电的除外)	辆/千克
		8703503990	同时装有压燃式活塞内燃发动机(柴油或半柴油发动机,气缸容量超过 1.5 升但不超过 2 升)及驱动电动机的其他载人车辆的成套散件(可通过接插外部电源进行充电的除外)	辆/千克

序号	货物种类	海关商品编号	货 物 名 称	单 位
43	汽车(包括成套散件)及其底盘	8703504110	同时装有压燃式活塞内燃发动机(柴泊或半柴油发动机,气缸容量超过2升但不超过2.5升)及驱动电动机的小轿车(可通过接插外部电源进行充电的除外)	辆/千克
		8703504190	同时装有压燃式活塞内燃发动机(柴油或半柴油发动机,气缸容量超过2升但不超过2.5升)及驱动电动机的小轿车的成套散件(可通过接插外部电源进行充电的除外)	辆/千克
		8703504210	同时装有压燃式活塞内燃发动机(柴油或半柴油发动机,气缸容量超过2升但不超过2.5升)及驱动电动机的四轮驱动越野车(可通过接插外部电源进行充电的除外)	辆/千克
		8703504290	同时装有压燃式活塞内燃发动机(柴油或半柴油发动机,气缸容量超过2升但不超过2.5升)及驱动电动机的四轮驱动越野车的成套散件(可通过接插外部电源进行充电的除外)	辆/千克
		8703504310	同时装有压燃式活塞内燃发动机(柴油或半柴油发动机,气缸容量超过2升但不超过2.5升)及驱动电动机的小客车(9座及以下,可通过接插外部电源进行充电的除外)	辆/千克
		8703504390	同时装有压燃式活塞内燃发动机(柴油或半柴油发动机,气缸容量超过2升但不超过2.5升)及驱动电动机的小客车的成套散件(9座及以下,可通过接插外部电源进行充电的除外)	辆/千克
		8703504910	同时装有压燃式活塞内燃发动机(柴油或半柴油发动机,气缸容量超过2升但不超过2.5升)及驱动电动机的其他载人车辆(可通过接插外部电源进行充电的除外)	辆/千克
		8703504990	同时装有压燃式活塞内燃发动机(柴油或半柴油发动机,气缸容量超过2升但不超过2.5升)及驱动电动机的其他载人车辆的成套散件(可通过接插外部电源进行充电的除外)	辆/千克
		8703505110	同时装有压燃式活塞内燃发动机(柴油或半柴油发动机,气缸容量超过2.5升但不超过3升)及驱动电动机的小轿车(可通过接插外部电源进行充电的除外)	辆/千克
		8703505190	同时装有压燃式活塞内燃发动机(柴油或半柴油发动机,气缸容量超过2.5升但不超过3升)及驱动电动机的小轿车的成套散件(可通过接插外部电源进行充电的除外)	辆/千克
		8703505210	同时装有压燃式活塞内燃发动机(柴油或半柴油发动机,气缸容量超过2.5升但不超过3升)及驱动电动机的四轮驱动越野车(可通过接插外部电源进行充电的除外)	辆/千克

续表

序号	货物种类	海关商品编号	货　物　名　称	单　位
		8703505290	同时装有压燃式活塞内燃发动机(柴油或半柴油发动机,气缸容量超过2.5升但不超过3升)及驱动电动机的四轮驱动越野车的成套散件(可通过接插外部电源进行充电的除外)	辆/千克
		8703505310	同时装有压燃式活塞内燃发动机(柴油或半柴油发动机,气缸容量超过2.5升但不超过3升)及驱动电动机的小客车(9座及以下,可通过接插外部电源进行充电的除外)	辆/千克
		8703505390	同时装有压燃式活塞内燃发动机(柴油或半柴油发动机,气缸容量超过2.5升但不超过3升)及驱动电动机的小客车的成套散件(9座及以下,可通过接插外部电源进行充电的除外)	辆/千克
		8703505910	同时装有压燃式活塞内燃发动机(柴油或半柴油发动机,气缸容量超过2.5升但不超过3升)及驱动电动机的其他载人车辆(可通过接插外部电源进行充电的除外)	辆/千克
		8703505990	同时装有压燃式活塞内燃发动机(柴油或半柴油发动机,气缸容量超过2.5升但不超过3升)及驱动电动机的其他载人车辆的成套散件(可通过接插外部电源进行充电的除外)	辆/千克
43	汽车(包括成套散件)及其底盘	8703506110	同时装有压燃式活塞内燃发动机(柴油或半柴油发动机,气缸容量超过3升但不超过4升)及驱动电动机的小轿车(可通过接插外部电源进行充电的除外)	辆/千克
		8703506190	同时装有压燃式活塞内燃发动机(柴油或半柴油发动机,气缸容量超过3升但不超过4升)及驱动电动机的小轿车的成套散件(可通过接插外部电源进行充电的除外)	辆/千克
		8703506210	同时装有压燃式活塞内燃发动机(柴油或半柴油发动机,气缸容量超过3升但不超过4升)及驱动电动机的四轮驱动越野车(可通过接插外部电源进行充电的除外)	辆/千克
		8703506290	同时装有压燃式活塞内燃发动机(柴油或半柴油发动机,气缸容量超过3升但不超过4升)及驱动电动机的四轮驱动越野车的成套散件(可通过接插外部电源进行充电的除外)	辆/千克
		8703506310	同时装有压燃式活塞内燃发动机(柴油或半柴油发动机,气缸容量超过3升但不超过4升)及驱动电动机的小客车(9座及以下,可通过接插外部电源进行充电的除外)	辆/千克
		8703506390	同时装有压燃式活塞内燃发动机(柴油或半柴油发动机,气缸容量超过3升但不超过4升)及驱动电动机的小客车的成套散件(9座及以下,可通过接插外部电源进行充电的除外)	辆/千克

序号	货物种类	海关商品编号	货物名称	单位
43	汽车(包括成套散件)及其底盘	8703506910	同时装有压燃式活塞内燃发动机(柴油或半柴油发动机,气缸容量超过3升但不超过4升)及驱动电动机的其他载人车辆(可通过接插外部电源进行充电的除外)	辆/千克
		8703506990	同时装有压燃式活塞内燃发动机(柴油或半柴油发动机,气缸容量超过3升但不超过4升)及驱动电动机的其他载人车辆的成套散件(可通过接插外部电源进行充电的除外)	辆/千克
		8703507110	同时装有压燃式活塞内燃发动机(柴油或半柴油发动机,气缸容量超过4升)及驱动电动机的小轿车(可通过接插外部电源进行充电的除外)	辆/千克
		8703507190	同时装有压燃式活塞内燃发动机(柴油或半柴油发动机,气缸容量超过4升)及驱动电动机的小轿车的成套散件(可通过接插外部电源进行充电的除外)	辆/千克
		8703507210	同时装有压燃式活塞内燃发动机(柴油或半柴油发动机,气缸容量超过4升)及驱动电动机的四轮驱动越野车(可通过接插外部电源进行充电的除外)	辆/千克
		8703507290	同时装有压燃式活塞内燃发动机(柴油或半柴油发动机,气缸容量超过4升)及驱动电动机的四轮驱动越野车的成套散件(可通过接插外部电源进行充电的除外)	辆/千克
		8703507310	同时装有压燃式活塞内燃发动机(柴油或半柴油发动机,气缸容量超过4升)及驱动电动机的小客车(9座及以下,可通过接插外部电源进行充电的除外)	辆/千克
		8703507390	同时装有压燃式活塞内燃发动机(柴油或半柴油发动机,气缸容量超过4升)及驱动电动机的小客车的成套散件(9座及以下,可通过接插外部电源进行充电的除外)	辆/千克
		8703507910	同时装有压燃式活塞内燃发动机(柴油或半柴油发动机,气缸容量超过4升)及驱动电动机的其他载人车辆(可通过接插外部电源进行充电的除外)	辆/千克
		8703507990	同时装有压燃式活塞内燃发动机(柴油或半柴油发动机,气缸容量超过4升)及驱动电动机的其他载人车辆的成套散件(可通过接插外部电源进行充电的除外)	辆/千克
		8703509010	其他同时装有压燃式活塞内燃发动机(柴油或半柴油发动机)及驱动电动机的载人车辆(可通过接插外部电源进行充电的除外)	辆/千克
		8703509090	其他同时装有压燃式活塞内燃发动机(柴油或半柴油发动机)及驱动电动机的载人车辆的成套散件(可通过接插外部电源进行充电的除外)	辆/千克
		8703601000	同时装有点燃往复式活塞内燃发动机及驱动电动机、可通过接插外部电源进行充电的其他载人车辆,气缸容量(排气量)不超过1000毫升	辆/千克

序号	货物种类	海关商品编号	货　物　名　称	单　位
43	汽车（包括成套散件）及其底盘	8703602000	同时装有点燃往复式活塞内燃发动机及驱动电动机、可通过接插外部电源进行充电的其他载人车辆，气缸容量（排气量）超过1000毫升，但不超过1500毫升	辆/千克
		8703603000	同时装有点燃往复式活塞内燃发动机及驱动电动机、可通过接插外部电源进行充电的其他载人车辆，气缸容量（排气量）超过1500毫升，但不超过2000毫升	辆/千克
		8703604000	同时装有点燃往复式活塞内燃发动机及驱动电动机、可通过接插外部电源进行充电的其他载人车辆，气缸容量（排气量）超过2000毫升，但不超过2500毫升	辆/千克
		8703605000	同时装有点燃往复式活塞内燃发动机及驱动电动机、可通过接插外部电源进行充电的其他载人车辆，气缸容量（排气量）超过2500毫升，但不超过3000毫升	辆/千克
		8703606000	同时装有点燃往复式活塞内燃发动机及驱动电动机、可通过接插外部电源进行充电的其他载人车辆，气缸容量（排气量）超过3000毫升，但不超过4000毫升	辆/千克
		8703607000	同时装有点燃往复式活塞内燃发动机及驱动电动机、可通过接插外部电源进行充电的其他载人车辆，气缸容量（排气量）超过4000毫升	辆/千克
		8703701000	同时装有压燃活塞内燃发动机（柴油或半柴油发动机）及驱动电动机、可通过接插外部电源进行充电的其他载人车辆，气缸容量（排气量）不超过1000毫升	辆/千克
		8703702000	同时装有压燃活塞内燃发动机（柴油或半柴油发动机）及驱动电动机、可通过接插外部电源进行充电的其他载人车辆，气缸容量（排气量）超过1000毫升，但不超过1500毫升	辆/千克
		8703703000	同时装有压燃活塞内燃发动机（柴油或半柴油发动机）及驱动电动机、可通过接插外部电源进行充电的其他载人车辆，气缸容量（排气量）超过1500毫升，但不超过2000毫升	辆/千克
		8703704000	同时装有压燃活塞内燃发动机（柴油或半柴油发动机）及驱动电动机、可通过接插外部电源进行充电的其他载人车辆，气缸容量（排气量）超过2000毫升，但不超过2500毫升	辆/千克
		8703705000	同时装有压燃活塞内燃发动机（柴油或半柴油发动机）及驱动电动机、可通过接插外部电源进行充电的其他载人车辆，气缸容量（排气量）超过2500毫升，但不超过3000毫升	辆/千克

序号	货物种类	海关商品编号	货 物 名 称	单 位
43	汽车（包括成套散件）及其底盘	8703706000	同时装有压燃活塞内燃发动机（柴油或半柴油发动机）及驱动电动机、可通过接插外部电源进行充电的其他载人车辆，气缸容量（排气量）超过 3000 毫升，但不超过 4000 毫升	辆/千克
		8703707000	同时装有压燃活塞内燃发动机（柴油或半柴油发动机）及驱动电动机、可通过接插外部电源进行充电的其他载人车辆，气缸容量（排气量）超过 4000 毫升	辆/千克
		8703800010	旧的仅装有驱动电动机的其他载人车辆	辆/千克
		8703900021	其他型气缸容量不超过 1 升的其他载人车辆	辆/千克
		8703900022	其他型气缸容量超过 1 升但不超过 1.5 升的其他载人车辆	辆/千克
		8703900023	其他型气缸容量超过 1.5 升但不超过 2 升的其他载人车辆	辆/千克
		8703900024	其他型气缸容量超过 2 升但不超过 2.5 升的其他载人车辆	辆/千克
		8703900025	其他型气缸容量超过 2.5 升但不超过 3 升的其他载人车辆	辆/千克
		8703900026	其他型气缸容量超过 3 升但不超过 4 升的其他载人车辆	辆/千克
		8703900027	其他型气缸容量超过 4 升的其他载人车辆	辆/千克
		8704210000	柴油型其他小型货车（装有压燃式活塞内燃发动机，车辆总重量不超过 5 吨）	辆/千克
		8704223000	柴油型其他中型货车（装有压燃式活塞内燃发动机，车辆总重量超过 5 吨但在 14 吨以下）	辆/千克
		8704224000	柴油型其他重型货车（装有压燃式活塞内燃发动机，车辆总重量在 14 吨及以上但不超过 20 吨）	辆/千克
		8704230010	固井水泥车、压裂车、混砂车、连续油管车、液氮泵车用底盘	辆/千克
		8704230020	起重 55 吨及以上的汽车起重机用底盘	辆/千克
		8704230030	车辆总重量在 31 吨及以上的清障车专用底盘	辆/千克
		8704230090	柴油型的其他超重型货车（装有压燃式活塞内燃发动机，车辆总重量超过 20 吨）	辆/千克
		8704310000	车辆总重量不超过 5 吨的其他货车（汽油型，装有点燃式活塞内燃发动机）	辆/千克
		8704323000	车辆总重量超过 5 吨但不超过 8 吨的其他货车（汽油型，装有点燃式活塞内燃发动机）	辆/千克
		8704324000	车辆总重量超过 8 吨的其他货车（汽油型，装有点燃式活塞内燃发动机）	辆/千克

序号	货物种类	海关商品编号	货 物 名 称	单　位
43	汽车(包括成套散件)及其底盘	8704900000	装有其他发动机的货车	辆/千克
		8706002100	车辆总重量在14吨及以上的货车底盘(装发动机)	台/千克
		8706002200	车辆总重量在14吨以下的货车底盘(装发动机)	台/千克
		8706003000	大型客车底盘(装发动机)	台/千克
		8706009000	其他机动车辆底盘(装有发动机,用于税目87.01、87.03和87.05所列车辆)	台/千克

说明:对外贸易经营者出口标有"＊"的货物可免于申领《中华人民共和国出口许可证》,但需按规定申领《中华人民共和国两用物项和技术出口许可证》。

2. 进口许可证

根据商务部、海关总署公告2020年第72号《关于公布2021年进口许可证管理货物目录的公告》的规定,依据《中华人民共和国对外贸易法》《中华人民共和国货物进出口管理条例》《消耗臭氧层物质管理条例》《货物进口许可证管理办法》《机电产品进口管理办法》《重点旧机电产品进口管理办法》等法律、行政法规和规章,现公布《进口许可证管理货物目录(2021年)》,自2021年1月1日起执行。商务部、海关总署公告2019年第65号同时废止。

表9　进口许可证管理货物目录

序号	货物种类	海关商品编号	货 物 名 称	单　位
1	消耗臭氧层物质	2903191010	1,1,1-三氯乙烷(甲基氯仿),用于清洗剂的除外	千克
		2903191090	1,1,1-三氯乙烷(甲基氯仿),用于清洗剂的除外	千克
		2903399020	溴甲烷(甲基溴)	千克
		2903710000	一氯二氟甲烷	千克
		2903720000	二氯三氟乙烷	千克
		2903730000	二氯一氟乙烷	千克
		2903740000	一氯二氟乙烷	千克
		2903750010	1,1,1,2,2-五氟-3,3-二氯丙烷	千克
		2903750020	1,1,2,2,3-五氟-1,3-二氯丙烷	千克
		2903750090	其他二氯五氟丙烷	千克
		2903760010	溴氯二氟甲烷	千克
		2903760020	溴三氟甲烷	千克
		2903771000	三氯氟甲烷	千克
		2903772011	二氯二氟甲烷	千克
		2903772012	三氯三氟乙烷,用于清洗剂的除外(CFC-113)	千克

序号	货物种类	海关商品编号	货　物　名　称	单　位
1	消耗臭氧层物质	2903772014	二氯四氟乙烷(CFC-114)	千克
		2903772015	一氯五氟乙烷(CFC-115)	千克
		2903772016	一氯三氟甲烷(CFC-13)	千克
		2903791011	一氟二氯甲烷	千克
		2903791012	1,1,1,2-四氟-2-氯乙烷	千克
		2903791013	三氟一氯乙烷	千克
		2903791014	1-氟-1,1-二氯乙烷	千克
		2903791015	1,1-二氯-1-氯乙烷	千克
		2903791090	其他仅含氟和氯的甲烷、乙烷及丙烷的卤化衍生物	千克
		2903799021	其他仅含溴、氟的甲烷、乙烷和丙烷	千克
		3824710011	二氯二氟甲烷和二氟乙烷的混合物(R-500)	千克
		3824710012	一氯二氟甲烷和二氯二氟甲烷的混合物(R-501)	千克
		3824710013	一氯二氟甲烷和一氯五氟乙烷的混合物(R-502)	千克
		3824710014	三氟甲烷和一氯三氟甲烷的混合物(R-503)	千克
		3824710015	二氟甲烷和一氯五氟乙烷的混合物(R-504)	千克
		3824710016	二氯二氟甲烷和一氟一氯甲烷的混合物(R-505)	千克
		3824710017	一氟一氯甲烷和二氯四氟乙烷的混合物(R-506)	千克
		3824710018	二氯二氟甲烷和二氯四氟乙烷的混合物(R-400)	千克
		3824740011	二氟一氯甲烷、二氟乙烷和一氯四氟乙烷的混合物(R-401)	千克
		3824740012	五氟乙烷、丙烷和二氟一氯甲烷的混合物(R-402)	千克
		3824740013	丙烷、二氟一氯甲烷和八氟丙烷的混合物(R-403)	千克
		3824740014	二氟一氯甲烷、二氟乙烷、一氯二氟乙烷和八氟环丁烷的混合物(R-405)	千克
		3824740015	二氟一氯甲烷、2-甲基丙烷(异丁烷)和一氯二氟乙烷的混合物(R-406)	千克
		3824740016	五氟乙烷、三氟乙烷和二氟一氯甲烷的混合物(R-408)	千克
		3824740017	二氟一氯甲烷、一氯四氟乙烷和一氯二氟乙烷的混合物(R-409)	千克
		3824740018	丙烯、二氟一氯甲烷和二氟乙烷的混合物(R-411)	千克
		3824740019	二氟一氯甲烷、八氟丙烷和一氯二氟乙烷的混合物(R-412)	千克
		3824740021	二氟一氯甲烷、一氯四氟乙烷、一氯二氟乙烷和2-甲基丙烷的混合物(R-414)	千克

序号	货物种类	海关商品编号	货 物 名 称	单 位
1	消耗臭氧层物质	3824740022	二氟一氯甲烷和二氟乙烷的混合物(R-415)	千克
		3824740023	四氟乙烷、一氯四氟乙烷和丁烷的混合物(R-416)	千克
		3824740024	丙烷、二氟一氯甲烷和二氟乙烷的混合物(R-418)	千克
		3824740025	二氟一氯甲烷和八氟丙烷的混合物(R-509)	千克
		3824740026	二氟一氯甲烷和一氯二氟乙烷的混合物	千克
		3824740090	其他含甲烷、乙烷或丙烷的氢氯氟烃混合物(不论是否含甲烷、乙烷或丙烷的全氟烃或氢氟烃,但不含全氯氟烃)	千克
2	化工设备	8419409090	其他蒸馏或精馏设备	台/千克
		8419609010	液化器(将来自级联的 UF6 气体压缩并冷凝成液态 UF6)	台/千克
3	金属冶炼设备	8454309000	其他金属冶炼及铸造用铸造机	台
4	工程机械	8426200000	塔式起重机	台/千克
		8426411000	轮胎式起重机	台/千克
		8426419000	其他带胶轮的自推进起重机械	台/千克
		8426491000	履带式自推进起重机械	台/千克
		8426499000	其他不带胶轮的自推进起重机械	台/千克
		8426990000	其他起重机械	台/千克
		8427209000	其他机动叉车及有升降装置工作车(包括装有搬运装置的机动工作车)	台/千克
		8427900000	其他叉车及可升降的工作车(工作车指装有升降或搬运装置)	台/千克
		8428109000	其他升降机及倒卸式起重机	台/千克
5	起重运输设备	8426193000	龙门式起重机	台/千克
		8426194100	门式装卸桥	台/千克
		8426194200	集装箱装卸桥	台/千克
		8427101000	有轨巷道堆垛机	台/千克
		8427102000	无轨巷道堆垛机	台/千克
		8428602100	单线循环式客运架空索道	台/千克
6	造纸设备	8439100000	制造纤维素纸浆的机器	台/千克
		8439200000	纸或纸板的抄造机器	台/千克
		8439300000	纸或纸板的整理机器	台/千克
7	电力电气设备	8501641090	其他输出功率超过 750 千伏安但不超过 350 兆伏安的交流发电机	台/千瓦

序号	货物种类	海关商品编号	货 物 名 称	单 位
7	电力电气设备	8501642010	由使用可再生燃料锅炉和涡轮机组驱动的交流发电机(输出功率超过 350 兆伏安但不超过 665 兆伏安)	台/千瓦
		8501642090	其他输出功率超过 350 兆伏安但不超过 665 兆伏安的交流发电机	台/千瓦
		8501643010	由使用可再生燃料锅炉和涡轮机组驱动的交流发电机(输出功率超过 665 兆伏安)	台/千瓦
		8501643090	其他输出功率超过 665 兆伏安的交流发电机	台/千瓦
		8502120000	输出功率超过 75 千伏安但不超过 375 千伏安的柴油发电机组(包括半柴油发电机组)	台/千瓦
		8502131000	输出功率超过 375 千伏安但不超过 2 兆伏安的柴油发电机组(包括半柴油发电机组)	台/千瓦
		8502132000	输出功率超过 2 兆伏安的柴油发电机组(包括半柴油发电机组)	台/千瓦
		8502200000	装有点燃式活塞内燃发动机的发电机组(内燃的)	台/千瓦
		8502390010	依靠可再生能源(太阳能、小水电、潮汐、沼气、地热能、生物质/余热驱动的汽轮机)生产电力的发电机组	台/千瓦
		8515319100	螺旋焊管机[电弧(包括等离子弧)焊接]	台
		8515319900	其他电弧(包括等离子弧)焊接机及装置(全自动或半自动的)	台
		8515390000	其他电弧(等离子弧)焊接机器及装置(非全自动或半自动的)	台
		8515809010	电子束、激光自动焊接机[将端塞焊接于燃料细棒(或棒)的自动焊接机]	台
		8515809090	其他焊接机器及装置	台
8	食品加工及包装设备	8419810000	加工热饮料或烹调、加热食品的机器	台/千克
		8421220000	过滤或净化饮料的机器及装置(过滤或净化水的装置除外)	台/千克
		8422301010	乳品加工用自动化灌装设备	台/千克
		8422301090	其他饮料及液体食品灌装设备	台/千克
		8434200000	乳品加工机器	台/千克
		8438100010	糕点生产线	台/千克
9	农业机械	8432313100	免耕直接水稻插秧机	台/千克
		8432393100	非免耕直接水稻插秧机	台/千克
		8433510001	功率在 160 马力及以上的联合收割机	台/千克
		8433510090	功率在 160 马力以下的联合收割机	台/千克

续表

序号	货物种类	海关商品编号	货　物　名　称	单　位
9	农业机械	8433530001	功率在160马力及以上的土豆、甜菜收割机	台/千克
		8433591001	功率在160马力及以上的甘蔗收割机	台/千克
		8433592000	棉花采摘机	台/千克
		8433599001	自走式青储饲料收割机	台/千克
		8433599090	其他收割机及脱粒机	台/千克
10	印刷机械	8440102000	胶订机	台/千克
		8443120000	办公室用片取进料式胶印机(展开片尺寸不超过22厘米×36厘米,用税目84.42项下商品进行印刷的机器)	台/千克
		8443140000	卷取进料式凸版印刷机(用税目84.42项下商品进行印刷的机器,但不包括苯胺印刷机)	台/千克
		8443150000	除卷取进料式以外的凸版印刷机(用税目84.42项下商品进行印刷的机器,但不包括苯胺印刷机)	台/千克
		8443160001	线速度在350米/分钟及以上、幅宽在800毫米及以上的苯胺印刷机(柔性版印刷机,用税目84.42项下商品进行印刷的机器)	台/千克
		8443160002	线速度在160米/分钟及以上、幅宽在250毫米及以上但少于800毫米的机组式柔性版印刷机(具有烫印或全息或丝网印刷功能单元)	台/千克
		8443160090	其他苯胺印刷机(柔性版印刷机,用税目84.42项下商品进行印刷的机器)	台/千克
		8443198000	未列名印刷机(网式印刷机除外,用税目84.42项下商品进行印刷的机器)	台/千克
11	纺织机械	8453100000	生皮、皮革的处理或加工机器(包括鞣制机)	台
12	船舶	8901101010	高速客船(包括主要用于客运的类似船舶)	艘
		8901101090	其他机动巡航船、游览船及各式渡船(包括主要用于客运的类似船舶)	艘
		8903920001	长度超过8米但在90米以下的汽艇(装有舷外发动机的除外)	艘
		8903920090	其他汽艇(装有舷外发动机的除外)	艘
		8903990001	长度超过8米但在90米以下的娱乐或运动用其他机动船舶或快艇	艘
		8901109000	非机动巡航船、游览船及各式渡船(以及主要用于客运的类似船舶)	艘
		8901909000	非机动货运船舶及客货兼运船舶	艘
13	硒鼓	8443999010	其他印刷(打印)机、复印机及传真机的感光鼓和含感光鼓的碳粉盒	千克
14	X射线管	9022300000	X射线管	个

说明:目录内第2至第14项所列货物为旧机电产品。

（二）机电产品进口证明

我国对机电产品实行分类管理，即禁止进口、限制进口和自动进口许可证制度。根据 2018 年新修订的《机电产品进口管理办法》第 8 条第 1 款的规定："商务部会同海关总署等相关部门制定、调整并公布《禁止进口机电产品目录》。"《禁止进口机电产品目录》由此成为确定禁止进口机电产品的标准。除此之外，该《办法》第 10 条规定："商务部会同海关总署制定、调整并公布《限制进口机电产品目录》。限制进口的机电产品，实行配额、许可证管理。"对于限制进口的机电产品，国家也区分实施管理措施，对于有数量限制的，实行配额管理，无数量限制的特定机电产品实行许可证管理。

对于禁止进口机电产品而言，针对旧机电产品所制定的禁止进口目录《禁止进口货物目录（第二批）》和废机电产品禁止进口货物目录《禁止进口货物目录（第五批）》以及国家质量监督检验检疫总局《质检总局关于调整进口旧机电产品检验监管的公告》（2014 年第 145 号公告）所公布的《检验监管措施清单》管理措施表的进口旧机电产品为禁止入境货物。其中，由于《检验监管措施清单》管理措施中所列举 4 类物品已包含《禁止进口货物目录（第二批）》，因此，禁止进口机电产品的范围其实是《禁止进口货物目录（第五批）》所列废机电产品及《检验监管措施清单》中所列 4 类物品。

表 10　《检验监管措施清单》所确定的禁止进口机电产品

序号	产品目录或范围
1	《旧机电产品禁止进口目录》（禁止进口货物目录（二））（详见外经贸部、海关总署、质检总局公告 2001 年第 37 号）
2	旧玻壳、旧显像管、再生显像管、旧监视器等。（详见质检局、国家发改委、信息部、海关总署、工商总局、认监委公告 2005 年第 134 号附表）
3	带有以氯氟烃物质为制冷剂的工业、商业用压缩机的旧机电产品。（详见商务部、海关总署、国家质检总局、国家环保总局公告 2005 年第 117 号附件）
4	带有以氯氟烃物质为制冷剂、发泡剂的旧家用电器产品和以氯氟烃为制冷工质的家用电器产品用压缩机的旧机电产品。（详见环保总局、国家发改委、商务部、海关总署、质检总局、环函〔2007〕200 号附件）

而限制进口的机电产品则包括重点旧机电产品和一般限制的机电产品。《机电产品进口管理办法》第 11 条规定："重点旧机电产品进口实行进口许可证管理。"第 13 条规定："实行配额管理的限制进口机电产品，依据国务院颁布的有关进口货物配额管理办法的规定实施管理。"《机电产品进口配额管理实施细则》第 3 条规定："中华人民共和国对外贸易经济合作部（简称为外经贸部）负责会同海关总署制定、调整和公布机电产品进口配额目录，编制全国年度机电产品进口配额计划并组织实施。"针对一般限制的机电产品目录共列举了 35 种机电产品。

表 11　《限制进口机电产品配额产品目录》

序号	商品编码	商　品　名　称
1	87021092	20 座及以上至 29 座的装有柴油发动机的机动客车
2	87021093	10 座及以上至 19 座的装有柴油发动机的机动客车
3	87029020	其他 20 座及以上至 29 座的机动客车
4	87029030	其他 10 座及以上至 19 座的机动客车
5	87032130	排气量不超过 1000 毫升的汽油型小轿车
6	87032190	排气量不超过 1000 毫升的汽油型其他载人机动车辆
7	87032230	排气量超过 1000 毫升,但不超过 1500 毫升的汽油型小轿车
8	87032240	排气量超过 1000 毫升,但不超过 1500 毫升的汽油型越野车
9	87032250	排气量超过 1000 毫升,但不超过 1500 毫升的汽油型小客车(9 座及以下)
10	87032290	排气量超过 1000 毫升,但不超过 1500 毫升的汽油型其他主要用于载人的机动车
11	87032314	排气量超过 1500 毫升,但不超过 2500 毫升的汽油型小轿车
12	87032315	排气量超过 1500 毫升,但不超过 2500 毫升的汽油型越野车(4 轮驱动)
13	87032316	排气量超过 1500 毫升,但不超过 2500 毫升的汽油型小客车(9 座及以下)
14	87032319	排气量超过 1500 毫升,但不超过 2500 毫升的汽油型其他主要用于载人的机动车
15	87032334	排气量超过 2500 毫升,但不超过 3000 毫升的汽油型小轿车
16	87032335	排气量超过 2500 毫升,但不超过 3000 毫升的汽油型越野车(4 轮驱动)
17	87032336	排气量超过 2500 毫升,但不超过 3000 毫升的汽油型小客车(9 座及以下)
18	87032339	排气量超过 2500 毫升,但不超过 3000 毫升的汽油型其他主要用于载人的机动车
19	87032430	排气量超过 3000 毫升的汽油型小轿车
20	87032440	排气量超过 3000 毫升的汽油型越野车(4 轮驱动)
21	87032450	排气量超过 3000 毫升的汽油型小客车(9 座及以下)
22	87032490	排气量超过 3000 毫升的汽油型其他载人车辆
23	87033130	排气量不超过 1500 毫升的柴油型小轿车
24	87033140	排气量不超过 1500 毫升的柴油型越野车(4 轮驱动)
25	87033150	排气量不超过 1500 毫升的柴油型小客车(9 座及以下)
26	87033190	排气量不超过 1500 毫升的柴油型其他载人车辆
27	87033230	排气量超过 1500 毫升,但不超过 2500 毫升的柴油型小轿车
28	87033240	排气量超过 1500 毫升,但不超过 2500 毫升的柴油型越野车(4 轮驱动)
29	87033250	排气量超过 1500 毫升,但不超过 2500 毫升的柴油型小客车
30	87033290	排气量超过 1500 毫升,但不超过 2500 毫升的柴油型其他主要用于载人的机动车

续表

序号	商品编码	商　品　名　称
31	87033330	排气量超过 2500 毫升的柴油型小轿车
32	87033340	排气量超过 2500 毫升的柴油型越野车(4 轮驱动)
33	87033350	排气量超过 2500 毫升的柴油型小客车(9 座及以下)
34	87033390	排气量超过 2500 毫升的柴油型其他载人机动车
35	87039000	未列名主要用于载人的机动车

除了对上述机电产品实施的配额管理之外,对于旧机电产品所实施的进口许可证管理制度的物品则是根据商务部颁发的《2016 年进口许可证管理货物分级发证目录》确定许可证管理物品种类。其中包括化工设备;金属冶炼设备;工程机械类;起重运输设备;造纸设备;电力、电气设备;食品加工及包装设备;农业机械类;印刷机械类;纺织机械类;船舶类;矿鼓总 12 类物品。

表 12　《机电产品进口管理措施》

机电产品进口管理		
决策机构	商务部	
禁止进口机电产品	一、《检验监管措施清单》管理措施所列 4 类物品;二、《禁止进口货物目录(第五批)》所列物品为禁止进口机电产品	
限制进口机电产品	配额管理措施	重点旧机电:《2016 年进口许可证管理货物分级发证目录》所列产品
	进口许可证管理措施	一般机电设备:《限制进口机电产品目录》所列产品

商务部、海关总署发布的 2018 年第 106 号公告《关于公布禁止进口的旧机电产品目录调整有关事项的公告》于 2019 年 1 月 1 日起实施,规定为进一步完善进口制度,依据《中华人民共和国对外贸易法》《中华人民共和国货物进出口管理条例》等法律、行政法规和有关规章,商务部、海关总署对禁止进口的旧机电产品目录进行了调整,现予公布,自 2019 年 1 月 1 日起执行。

本公告由商务部、海关总署负责解释。以往有关规定凡与本公告不一致的,以本公告为准。2001 年 12 月 27 日外经贸部、海关总署、质检总局公布的《禁止进口货物目录(第二批)》同时废止。

表 13　《禁止进口的旧机电产品目录》

序号	海关商品编号	货　物　名　称	单　位
1	701120	显像管玻壳及其零件	千克
2	7311001000	装压缩或液化气的钢铁容器(指零售包装用)	台/千克
3	7311009000	其他装压缩或液化气的容器(指非零售包装用)	台/千克

序号	海关商品编号	货　物　名　称	单　位
4	7321110000	可使用气体燃料的家用炉灶	台/千克
5	7321810000	可使用气体燃料的其他家用器具	台/千克
6	7613009000	非零售装压缩、液化气体铝容器(铝及铝合金制)	台/千克
7	8402111000	蒸发量在 900 吨/时及以上的发电用蒸汽水管锅炉	台/千克
8	8402119000	其他蒸发量超过 45 吨/时的蒸汽水管锅炉	台/千克
9	8402120010	纸浆厂废料锅炉	台/千克
10	8402120090	其他蒸发量不超过 45 吨/时的水管锅炉	台/千克
11	8402190000	其他蒸汽锅炉(包括混合式锅炉)	台/千克
12	8402200000	过热水锅炉	台/千克
13	8403101000	家用型热水锅炉(但税目 84.02 的货品除外)	台/千克
14	8403109000	其他集中供暖用的热水锅炉(但税目 84.02 的货品除外)	台/千克
15	8404101010	使用(可再生)生物质燃料的非水管蒸汽锅炉的辅助设备(例如:节热器、过热器、除灰器、气体回收器)	台/千克
16	8404101090	其他蒸汽锅炉、过热水锅炉的辅助设备(例如:节热器、过热器、除灰器、气体回收器)	台/千克
17	8404102000	集中供暖用热水锅炉的辅助设备(例如:节热器、过热器、除灰器、气体回收器)	台/千克
18	8404200000	水及其他蒸汽动力装置的冷凝器	台/千克
19	84073	点燃往复式活塞内燃发动机(第 87 章所列车辆用)	台/千瓦
20	84082	压燃式活塞内燃发动机(柴油或半柴油发动机,第 87 章所列车辆用)	台/千瓦
21	8416100000	使用液体燃料的炉用燃烧器	台/千克
22	8416201101	溴化锂空调用天然气燃烧机	台/千克
23	8416201190	其他使用天然气的炉用燃烧器	台/千克
24	8416201900	使用其他气的炉用燃烧器	台/千克
25	8416209001	溴化锂空调用复式燃烧机	台/千克
26	8416209090	其他使用粉状固体燃料炉用燃烧器(包括其他复式燃烧器)	台/千克
27	8416300000	机械加煤机及类似装置(包括机械炉箅、机械出灰器)	台/千克
28	8417100000	矿砂、金属的焙烧、熔化用炉(含烘箱及黄铁矿的焙烧、溶化或其他热处理用炉及烘箱)	台/千克
29	8417801000	炼焦炉	台/千克
30	8417802000	放射性废物焚烧炉	台/千克
31	8417805000	垃圾焚烧炉	台/千克
32	8417809010	平均温度超过 1000 ℃ 的耐腐蚀焚烧炉(为销毁管制化学品或化学弹药用)	台/千克

序号	海关商品编号	货 物 名 称	单 位
33	8417809020	热裂解炉	台/千克
34	8417809090	其他非电热的工业用炉及烘箱（包括实验室用炉、烘箱和焚烧炉）	台/千克
35	8519811900	其他使用磁性媒体的声音录制或重放设备	台/千克
36	8519812910	具有录音功能的激光唱机	台/千克
37	8519813100	装有声音重放装置的闪速存储器型声音录制设备	台/千克
38	8519813900	其他使用半导体媒体的声音录制或重放设备	台/千克
39	8519899000	其他声音录制或重放设备（使用磁性、光学或半导体媒体的除外）	台/千克
40	8521909020	光盘型广播级录像机	台/千克
41	8521909090	其他视频信号录制或重放设备（不论是否装有高频调谐放大器）	台/千克
42	8528420000	可直接连接且设计用于税目84.71的自动数据处理设备的阴极射线管监视器	台/千克
43	8528491000	其他彩色的阴极射线管监视器	台/千克
44	8528499000	其他单色的阴极射线管监视器	台/千克
45	8528521200	其他可直接连接且设计用于税目84.71的自动数据处理设备的彩色液晶监视器	台/千克
46	8528521900	其他可直接连接且设计用于税目84.71的自动数据处理设备的单色液晶监视器	台/千克
47	8528529200	其他可直接连接且设计用于税目84.71的自动数据处理设备的其他彩色监视器	台/千克
48	8528529900	其他可直接连接且设计用于税目84.71的自动数据处理设备的其他单色监视器	台/千克
49	8528591010	专用于车载导航仪的液晶监视器	台/千克
50	8528591090	其他彩色的监视器	台/千克
51	8528599000	其他单色的监视器	台/千克
52	8528622000	其他可直接连接且设计用于税目84.71的自动数据处理设备的彩色投影机	台/千克
53	8528691000	其他彩色的投影机	台/千克
54	8528721100	其他彩色的模拟电视接收机,带阴极射线显像管的	台/千克
55	8528721200	其他彩色的数字电视接收机,带阴极射线显像管的	台/千克
56	8528721900	其他彩色的电视接收机,带阴极射线显像管的	台/千克
57	8528730000	其他单色的电视接收机	台/千克
58	8540110000	彩色阴极射线电视显像管（包括视频监视器用阴极射线管）	台/千克
59	8540120000	单色阴极射线电视显像管（包括视频监视器用阴极射线管）	台/千克
60	8540401000	屏幕荧光点间距小于0.4毫米的彩色的数据/图形显示管	台/千克

序号	海关商品编号	货　物　名　称	单　位
61	8540402000	屏幕荧光点间距小于0.4毫米的单色的数据/图形显示管	台/千克
62	8540609000	其他阴极射线管	台/千克
63	87	车类	台/千克
64	9018	旧的医疗、外科、牙科或兽医用仪器及器具(包括闪烁扫描装置、其他电气医疗装置及视力检查仪器)	台/千克
65	9022120000	X射线断层检查仪	台/千克
66	9022130000	其他用于牙科的X射线的应用设备	台/千克
67	9022140010	医用直线加速器	台/千克
68	9022140090	其他用于医疗或兽医的X射线的应用设备	台/千克
69	9022199090	其他X射线的应用设备(X射线全自动燃料芯块检查台、X射线晶圆制造厚度测量设备除外)	台/千克
70	9022210000	用于医疗的α射线、β射线、γ射线的应用设备	台/千克
71	9027500000	使用光学射线(紫外线、可见光、红外线)的其他仪器及装置	台
72	9027809900	其他理化分析仪器及装置(包括测量或检验粘性及类似性能的仪器及装置)	台

（三）有毒化学品环境管理放行通知单

根据国家环保总局、海关总署和对外贸易经济合作部发布的《化学品首次进口及有毒化学品进出口环境管理规定》第3条第1款的规定："本规定适用于化学品的首次进口和列入《中国禁止或严格限制的有毒化学品名录》(以下简称《名录》)的化学品进出口的环境管理。"同时,该条第2款亦规定："食品添加剂、医药、兽药、化妆品和放射性物质不适用本规定。"在对有毒化学品进出口管理进行原则性规定之后,该《规定》第6条对于有毒化学品的管理措施进行了具体规定："中华人民共和国海关对列入《名录》的有毒化学品的进出口凭国家环境保护局签发的《有毒化学品进(出)口环境管理放行通知单》(见附件)验放。"

因此,对于有毒化学品环境管理放行通知单的适用范围需要到《中国严格限制进出口的有毒化学品目录》中进行查询。2019年12月30日,环境保护部、商务部、海关总署联合发布《关于发布〈中国严格限制的有毒化学品名录〉(2020年)的公告》,在以往限制进出口的有毒化学品目录的既有基础上,进行了一定的增补与更新。根据该公告："凡进口或出口上述名录所列有毒化学品的,应按本公告及附件规定向生态环境部申请办理有毒化学品进(出)口环境管理放行通知单。进出口经营者应凭有毒化学品进(出)口环境管理放行通知单向海关办理进出口手续。"从中可以看出,有毒化学品环境管理放行通知单的决定单位在于生态环境部。且本公告自 2020 年 1 月 1 日起实施。《关于发布〈中国严格限制的有毒化学品名录〉(2018 年)的公告》(环境保护部、商务部和海关总署公告 2017 年第 74 号)同时废止。

表 14　《有毒化学品环境管理措施》

有毒化学品环境管理放行通知单
决策机构:环境保护部
限制物品共计 162 种:朱砂(辰砂);砷;汞;砷酸;偏砷酸;焦砷酸;三氧化二砷;五氧化二砷;三氟化砷;三溴化砷;三碘化砷;二硫化碳;一氧化铅;四氧化(三)铅;氟化铅;四氟化铅;氟化镉;氟硼酸铅;氟硼酸镉;氰化钠;氰化钾;氰化锌;氰化亚铜;氰化铜;氰化镍;氰化钙;氰化钡;氰化铅;氰化钴;氰化镍钾;氰化钠铜锌;氰化亚铜(三)钠;氰化亚铜(三)钾;硅酸钡;亚砷酸钠;亚砷酸钙;亚砷酸锶;亚砷酸钡;亚砷酸铁;亚砷酸铜;亚砷酸锌;亚砷酸锑;砷酸铵;砷酸氢二铵;砷酸钠;砷酸氢二钠;砷酸二氢钠;砷酸钾;砷酸二氢钾;砷酸镁;砷酸钙;砷酸钡;砷酸铁;砷酸亚铁;砷酸铜;砷酸锌;砷酸铅;砷酸锑;偏砷酸钠;硒化铅;硒化镉;碲化镉;氰化银;氰化银钾;亚砷酸银;砷酸银;氰化金;氰化亚金(I)钾;氰化亚金(III)钾;氰化金钾;氰化铈;氰化氢;汞的无机或有机化合物;其他汞的无机或有机化合物,汞齐除外;氰;氰化碘;氰化溴;铅齐;砷化锌;砷化镓;二氯甲烷;二氯乙烷;三氯甲烷;1,2-二氯乙烷(ISO);三氯乙烯;四氯乙烯;1,1-二氯乙烯;1,2,3,4,5,6-六氯环己烷;多氯三联苯(PCT);4-硝基联苯;全氟辛基磺酸、全氟辛基磺酸钾、全氟辛基磺酸锂、全氟辛基磺酸铵、全氟辛基磺酰氟,ft 基酚;对 ft 基酚;支链-4-ft 基酚 *;五氯苯酚;4-硝基苯酚;环氧乙烷;乙醛;丙烯醛;乙酸铅;对硫磷(ISO);甲基对硫磷(ISO);三乙基砷酸酯;苯胺;2-萘胺;4-氨基联苯;2,4-二氨基甲苯;4,4′-二氨基-3,3′-二氯二苯基甲烷;3,3′-二氯联苯胺;4,4′-二氨基二苯基甲烷;全氟辛基磺酸二乙醇胺;全氟辛基磺酸四乙胺、全氟辛基磺酸双癸基二甲基铵;久效磷(ISO);磷胺(ISO);丙烯酰胺;丙烯腈;甲胺磷(ISO);内吸磷;四甲基铅;四乙基铅;三丁基锡化合物;4-二甲氨基偶氮苯-4′-胂酸;二甲胂酸;二甲基胂酸钠;4-氨基苯胂酸钠;二氯化胂胂;蒽醌-1-胂酸;三环锡;月桂酸三丁基锡;醋酸三丁基锡;硫酸三乙基锡;二丁基氧化锡;乙酸三乙基锡;四乙基锡;乙酸三甲基锡;毒菌锡;乙酰亚砷酸铜;二苯(基)胺氯胂;3-硝基-4-羟基苯胂酸;乙基二氯胂;二苯(基)氯胂;甲(基)胂酸;丙(基)胂酸;二碘化苯胂;苯胂酸;2-硝基苯胂酸;3-硝基苯胂酸;4-硝基苯胂酸;2-氨基苯胂酸;3-氨基苯胂酸;4-氨基苯胂酸;1,4-二恶烷;N-乙基全氟辛基磺酰胺、N-甲基全氟辛基磺酰胺、N-乙基-N-(2-羟基乙基)全氟辛基磺酰胺、N-(2-羟基乙基)-N-甲基全氟辛基磺酰胺;含有 ft 基酚聚氧乙烯醚的有机表面活性剂(不论是否零售包装,肥皂除外);零售包装含多种第 38 章子目注释一所列物质的货品;非零售包装含多种第 38 章子目注释一所列物质的货品;以铅化合物为基本成分的抗震剂;含多氯联苯(PCBs)、多氯三联苯(PCTs)或多溴联苯(PBBs)的混合物;氰化物的混合物。

表 15　《中国严格限制的有毒化学品名录》(2020 年版)

序号	化学品名称		CAS 编码	海关编码	管控类别	允许用途
1	全氟辛基磺酸及其盐类和全氟辛基磺酰氟(PFOS/F)	全氟辛基磺酸	1763-23-1	2904310000	《斯德哥尔摩公约》《鹿特丹公约》及相关修正案管控物质	照片成像、半导体器件的光阻剂和防反射涂层、化合物半导体和陶瓷滤芯的刻蚀剂、航空液压油、只用于闭环系统的金属电镀(硬金属电镀)、某些医疗设备(比如乙烯四氟乙烯共聚物(ETFE)层和无线电屏蔽 ETFE 的生产、体外诊断医
		全氟辛基磺酸铵	29081-56-9	2904320000		
		全氟辛基磺酰氟	307-35-7	2904360000		
		全氟辛基磺酸钾	2795-39-3	2904340000		
		全氟辛基磺酸锂	29457-72-5	2904330000		
		全氟辛基磺酸二乙酸钠	70225-14-8	2922160000		
		全氟辛基磺酸二癸二甲基铵	251099-16-8	2923400000		

续表

序号	化学品名称		CAS编码	海关编码	管控类别	允许用途
1	全氟辛基磺酸及其盐类和全氟辛基磺酰氟（PFOS/F）	全氟辛基磺酸四乙基胺（铵）	56773-42-3	2923300000	《斯德哥尔摩公约》《鹿特丹公约》及相关修正案管控物质	医疗设备和CCDC滤色仪、灭火泡沫的生产和使用
		N-乙基全氟辛基磺酰胺	4151-50-2	2935200000		
		N-甲基全氟辛基磺酰胺	31506-32-8	2935100000		
		N-乙基-N-（2-羟乙基）全氟辛基磺酰胺	1691-99-2	2935300000		
		N-（2-羟乙基）-N-甲基全氟辛基磺酰胺	24448-09-7	2935400000		
		其他全氟辛基磺酸盐	——	2904350000		
2	六溴环十二烷		25637-99-4 3194-55-6 134237-50-6 134237-51-7 134237-52-8	2903890020	《斯德哥尔摩公约》《鹿特丹公约》及相关修正案管控物质	在特定豁免登记的有效期内（2021年12月25日前）用于建筑物中发泡聚苯乙烯和挤塑聚苯乙烯（主要作为阻燃剂）的生产和使用
3	汞（包括汞含量按重量计至少占95%的汞与其他物质的混合物，其中包括汞的合金）		7439-97-6	汞 2805400000 贵金属汞齐 2843900091 铅汞齐 2853909023 其他汞齐 2853909024 其他按具体产品的成分用途归类	《汞公约》管控物质	《〈关于汞的水俣公约〉生效公告》（环境保护部公告2017年第38号）限定时间内的允许用途
4	四甲基铅		75-74-1	2931100000	《鹿特丹公约》及相关修正案管控物质	工业用途（仅限于航空汽油等车用汽油之外的防爆剂用途）
5	四乙基铅		78-00-2	2931100000	《鹿特丹公约》及相关修正案管控物质	工业用途（仅限于航空汽油等车用汽油之外的防爆剂用途）

序号	化学品名称	CAS 编码	海关编码	管控类别	允许用途
6	多氯三联苯（PCT）	61788-33-8	2903999030	《鹿特丹公约》及相关修正案管控物质	工业用途（应办理新化学物质环境管理登记）
7	三丁基锡化合物（包括：三丁基锡氧化物、三丁基锡氟化物、三丁基锡甲基丙烯酸、三丁基锡苯甲酸、三丁基锡氯化物、三丁基锡亚油酸、三丁基锡环烷酸）	56-35-9 1983-10-4 2155-70-6 4342-36-3 1461-22-9 24124-25-2 85409-17-2	2931200000	《鹿特丹公约》及相关修正案管控物质	工业用途（涂料用途除外）
8	短链氯化石蜡（链长 C10 至 C13 的直链氯化碳氢化合物，包括在混合物中的浓度按重量计大于或等于 1%，且氯含量按重量计超过 48%）	85535-84-8	不具有人造蜡特性 3824999991 具有人造蜡特性 3404900010	《鹿特丹公约》及相关修正案管控物质	工业用途

注：

1. "严格限制的化学品"是指因损害健康和环境而被禁止使用，但经授权在一些特殊情况下仍可使用的化学品。

2. "有毒化学品"是指进入环境后通过环境蓄积、生物累积、生物转化或化学反应等方式损害健康和环境，或者通过接触对人体具有严重危害和具有潜在环境危害的化学品。

（四）进出口农药登记证明

我国对进出口农药实行目录管理，由农业部会同海关总署依据《中华人民共和国农药管理条例》和《在国际贸易中对某些危险化学品和农药实行事先知情同意程序国际公约》（PIC），制定《中华人民共和国进出口农药登记证明管理目录》（以下简称《农药名录》）。进出口列入《农药名录》的农药，应事先向农业部农药检定所申领进出口农药登记证明，凭此向海关办理进出口报关手续。

进出口农药登记证明是国家农业主管部门依据《中华人民共和国农药管理条例》，对进出口用于预防、消灭或者控制危害农业、林业的病、虫、草和其他有害生物以及有目的地调节植物、昆虫生长的化学合成或者来源于生物、其他天然物质的一种物质或者几种物质的混合物汲取制剂实施管理的进出口许可证件，其国家主管部门是农业部。

因此，凡是在《农药名录》中的农药均需要取得农药进出口登记管理放行通知单。由于该名录也一直处于变化之中，因而目前最新的目录需要参照农业部、海关总署联合公告 2014 年第 2203 号《关于公布进出口农药管理名录》，该公告宣布："为加强对进出口农药的监督管理，现对《中华人民共和国进出口农药管理名录》进行调整，自 2015 年 1 月 1 日起施行。2012 年 12 月 28 日发布的《中华人民共和国进出口农药管理名录》同时废止。自 2015 年 1 月 1 日起,农药进出口单位应按照新名录中的商品编码及其对应的商品名称向农业部申请办理农药进出口管理放行手续。2015 年 1 月 1 日前办理的《农药进出口登记管理放行通知单》在有效期内可继续使用。"

表 16　《农药登记证明管理办法》

进出口农药登记证明管理	
决策机构	农业部
适用范围	《农药名录》所列产品

（五）濒危物种进出口允许证

中华人民共和国濒危物种进出口管理办公室会同国家其他部门,依法制定或调整《进出口野生动植物种商品目录》并以签发"濒危野生动植物种国际贸易公约允许进出口证明书"(简称公约证明)、"中华人民共和国濒危物种进出口管理办公室野生动植物允许进出口证明书"(简称非公约证明)或"非《进出口野生动植物种商品目录》物种证明"(简称非物种证明)的形式,对该目录列明的依法受保护的珍贵、濒危野生动植物及其产品实施的进出口限制管理。

因为《进出口野生动植物种商品目录》是根据《野生动物保护法》《野生植物保护条例》《濒危野生动植物种国际贸易公约》《国家重点保护野生动物名录》《国家重点保护野生植物名录》附录所列物种,以及国务院野生动植物行政主管部门规定的有益的和有重要经济、学科研究价值的野生动植物种的管理范围制定的。因此,这些实行濒危物种进出口允许证的动植物与《国家重点保护野生动物名录》《国家重点保护野生植物名录》以及《濒危野生动植物种国际贸易公约》附录Ⅰ、附录Ⅱ所列物种之间存在交集,但并不完全重合。这一点从《野生动植物进出口证书管理办法》中可见一斑,该《办法》第 3 条第 1 款规定:"依法进出口野生动植物及其产品的,实行野生动植物进出口证书管理。"第 2 款对于出口证书的内容予以明确:"野生动植物进出口证书包括允许进出口证明书和物种证明。"第 3 款指出:"进出口列入《进出口野生动植物种商品目录》(以下简称商品目录)中公约限制进出口的濒危野生动植物及其产品、出口列入商品目录中国家重点保护的野生动植物及其产品的,实行允许进出口证明书管理。"第 4 款规定:"进出口列入前款商品目录中的其他野生动植物及其产品的,实行物种证明管理。"

属于《国家重点保护野生动物名录》《国家重点保护野生植物名录》以及《濒危野生动植物种国际贸易公约》附录Ⅰ、附录Ⅱ所列物种原则上属于禁止进出口的物品,但是其与《进出口野生动植物种商品目录》交叉部分的动植物属于例外规定,而成为限制进出口的动植物。

同时,由于《野生动植物进出口证书管理办法》第 4 条第 1 款规定:"允许进出口证明书和物种证明由国家濒管办核发;国家濒管办办事处代表国家濒管办核发允许进出口证明书和物种证明。"由此可见,国家林业局濒管办是野生动植物进出口的主管部门。

表 17　《濒危物种进出口管理措施》

濒危物种进出口允许证	
决策机构	濒危物种管理办公室
适用范围	一、列入《进出口野生动植物种商品目录》(以下简称商品目录)中公约限制进出口的濒危野生动植物及其产品; 二、出口列入商品目录中国家重点保护的野生动植物及其产品。

为履行《濒危野生动植物种国际贸易公约》,根据《中华人民共和国野生动物保护法》《中华人民共和国海关法》《中华人民共和国森林法》《中华人民共和国野生植物保护条例》《中华人民共和国濒危野生动植物进出口管理条例》等法律法规的规定,国家濒管办、海关总署公告于 2018 年 1 月 30 日发布《进出口野生动植物种商品目录》(2018 年第 1 号),自 2018 年 2 月 1 日起施行。

中华人民共和国濒危物种进出口管理办公室、海关总署 2017 年第 6 号公告发布的《进出口野生动植物种商品目录》同时废止。

表 18　《进出口野生动植物种商品目录》

商品编号	商品名称	监管条件	说明
0101210010	改良种用濒危野马	EF	
0101290010	非改良种用濒危野马	EF	
0101301010	改良种用的濒危野驴	EF	
0101309010	非改良种用濒危野驴	EF	
0102310010	改良种用濒危水牛	EF	
0102390010	非改良种用濒危水牛	EF	
0102901010	改良种用濒危野牛	EF	
0102909010	非改良种用濒危野牛	EF	
0103100010	改良种用的鹿豚、姬猪	EF	
0103911010	重躯在 10 千克以下的其他野猪	EF	改良种用的除外
0103912010	10≤重躯<50 千克的其他野猪	EF	改良种用的除外
0103920010	重躯在 50 千克及以上的其他野猪	EF	改良种用的除外
0106111000	改良种用灵长目哺乳动物	EF	包括人工驯养、繁殖的
0106119000	其他灵长目哺乳动物	EF	包括人工驯养、繁殖的

商品编号	商 品 名 称	监管条件	说　明
0106121100	改良种用鲸、海豚及鼠海豚（鲸目哺乳动物）；改良种用海牛及儒艮（海牛目哺乳动物）	EF	包括人工驯养、繁殖的
0106121900	非改良种用鲸、海豚及鼠海豚（鲸目哺乳动物）；非改良种用海牛及儒艮（海牛目哺乳动物）	EF	包括人工驯养、繁殖的
0106122100	改良种用海豹、海狮及海象（鳍足亚目哺乳动物）	EF	包括人工驯养、繁殖的
0106122900	非改良种用海豹、海狮及海象（鳍足亚目哺乳动物）	EF	包括人工驯养、繁殖的
0106131010	改良种用濒危骆驼及其他濒危骆驼科动物	EF	包括人工驯养、繁殖的
0106139010	其他濒危骆驼及其他濒危骆驼科动物	EF	包括人工驯养、繁殖的
0106141010	改良种用濒危野兔	EF	包括人工驯养、繁殖的
0106149010	其他濒危野兔	EF	包括人工驯养、繁殖的
0106191010	其他改良种用濒危哺乳动物	EF	包括人工驯养、繁殖的
0106199010	其他濒危哺乳动物	EF	包括人工驯养、繁殖的
0106201100	改良种用鳄鱼苗	EF	包括人工驯养、繁殖的
0106201900	其他改良种用爬行动物	EF	包括人工驯养、繁殖的
0106202010	食用蛇	EF	包括人工驯养、繁殖的
0106202021	食用濒危龟鳖	EF	包括人工驯养、繁殖的
0106202091	其他食用濒危爬行动物	EF	包括人工驯养、繁殖的
0106209010	其他濒危爬行动物	EF	包括人工驯养、繁殖的
0106311000	改良种用猛禽	EF	包括人工驯养、繁殖的
0106319000	其他猛禽	EF	包括人工驯养、繁殖的
0106321000	改良种用鹦形目的鸟	EF	包括人工驯养、繁殖的
0106329000	非改良种用鹦形目的鸟	EF	包括人工驯养、繁殖的
0106331010	改良种用濒危鸵鸟	EF	包括人工驯养、繁殖的
0106339010	其他濒危鸵鸟	EF	包括人工驯养、繁殖的
0106391010	其他改良种用濒危鸟	EF	包括人工驯养、繁殖的
0106392300	食用野鸭	EF	
0106392910	其他食用濒危鸟	EF	包括人工驯养、繁殖的
0106399010	其他濒危鸟	EF	包括人工驯养、繁殖的
0106491010	其他改良种用濒危昆虫	EF	包括人工驯养、繁殖的
0106499010	其他濒危昆虫	EF	包括人工驯养、繁殖的
0106901110	改良种用濒危蛙苗	EF	

商品编号	商 品 名 称	监管条件	说 明
0106901910	其他改良种用濒危动物	EF	包括人工驯养、繁殖的
0106909010	其他濒危动物	EF	包括人工驯养、繁殖的
0201100010	整头及半头鲜或冷橱的野牛肉	EF	
0201200010	鲜或冷橱的带骨野牛肉	EF	
0201300010	鲜或冷橱的去骨野牛肉	EF	
0202100010	冻橱的整头及半头野牛肉	EF	
0202200010	冻橱的带骨野牛肉	EF	
0202300010	冻橱的去骨野牛肉	EF	
0203111010	鲜或冷橱整头及半头野乳猪肉	EF	
0203119010	其他鲜或冷橱整头及半头野猪肉	EF	
0203120010	鲜或冷的带骨野猪前腿、后腿及肉块	EF	
0203190010	其他鲜或冷橱的野猪肉	EF	
0203211010	冻整头及半头野乳猪肉	EF	
0203219010	其他冻整头及半头野猪肉	EF	
0203220010	冻带骨野猪前腿、后腿及肉	EF	
0203290010	冻橱野猪其他肉	EF	
0205000010	鲜、冷或冻的濒危野马、野驴肉	EF	
0208109010	鲜、冷或冻的濒危野兔肉及其食用杂碎	EF	不包括兔头
0208300000	鲜、冷或冻的灵长目动物肉及食用杂碎	EF	
0208400000	鲜、冷或冻的鲸、海豚及鼠海豚（鲸目哺乳动物）的；鲜、冷或冻的海牛及儒艮（海牛目哺乳动物）的；鲜、冷或冻的海豹、海狮及海象（鳍足亚目哺乳动物）的肉及食用杂碎	EF	鲜、冷或冻的鲸、海豚及鼠海豚、海牛、儒艮、海豹、海狮及海象的肉及食用杂碎
0208500000	鲜、冷或冻的爬行动物肉及食用杂碎	EF	
0208600010	鲜、冷或冻的濒危野生骆驼及其他濒危野生骆驼科动物的肉及食用杂碎	EF	
0208909010	其他鲜、冷或冻的濒危野生动物肉	EF	
0210111010	干、熏、盐制的带骨鹿豚、姬猪腿	EF	
0210119010	干、熏、盐制的带骨鹿豚、姬猪腿肉块	EF	
0210120010	干、熏、盐制的鹿豚、姬猪腹肉	EF	指五花肉
0210190010	干、熏、盐制的鹿豚、姬猪其他肉	EF	
0210200010	干、熏、盐制的濒危野牛肉	EF	
0210910000	干、熏、盐制的灵长目动物肉及食用杂碎	EF	

商品编号	商 品 名 称	监管条件	说 明
0210920000	干、熏、盐制的鲸、海豚及鼠海豚（鲸目哺乳动物）的；干、熏、盐的制海牛及儒艮（海牛目哺乳动物）的；干、熏、盐制的海豹、海狮及海象（鳍足亚目哺乳动物）的肉及食用杂碎	EF	包括可供食用的肉或杂碎的细粉、粗粉
0210930000	干、熏、盐制的爬行动物肉及食用杂碎	EF	包括食用的肉及杂碎的细粉、粗粉
0210990010	干、熏、盐制的其他濒危动物肉及杂碎	EF	包括可供食用的肉或杂碎的细粉、粗粉
0301110010	观赏用濒危淡水鱼	EF	
0301190010	观赏用濒危非淡水鱼	EF	
0301921010	花鳗鲡鱼苗	E	
0301921020	欧洲鳗鲡鱼苗	EF	
0301929010	花鳗鲡	E	
0301929020	欧洲鳗鲡	EF	
0301991200	鲟鱼种苗	EF	
0301991910	其他濒危鱼苗	EF	
0301999310	活的濒危鲤科鱼	EF	
0301999910	其他濒危活鱼	EF	
0302740010	鲜或冷花鳗鲡	E	子目 0302.91 至 0302.99 的可食用鱼杂碎除外
0302740020	鲜或冷欧洲鳗鲡	EF	子目 0302.91 至 0302.99 的可食用鱼杂碎除外
0302810010	鲜或冷濒危鲨鱼	EF	子目 0302.91 至 0302.99 的可食用鱼杂碎除外
0302899010	其他未列名濒危鲜或冷鱼	EF	子目 0302.91 至 0302.99 的可食用鱼杂碎除外
0302910010	鲜或冷濒危鱼种的肝、鱼卵及鱼精	EF	
0302920010	鲜或冷濒危鲨鱼翅	EF	
0302990010	其他鲜或冷可食用濒危鱼杂碎	EF	
0303260010	冻花鳗鲡	E	子目 0302.91 至 0302.99 的可食用鱼杂碎除外
0303260020	冻欧洲鳗鲡	EF	子目 0303.91 至 0303.99 的可食用鱼杂碎除外
0303810010	冻濒危鲨鱼	EF	子目 0303.91 至 0303.99 的可食用鱼杂碎除外
0303899010	其他未列名濒危冻鱼	EF	子目 0303.91 至 0303.99 的可食用鱼杂碎除外

商品编号	商 品 名 称	监管条件	说 明
0303910010	冻濒危鱼种的肝、鱼卵及鱼精	EF	
0303920010	冻濒危鲨鱼翅	EF	
0303990010	其他冻可食用濒危鱼杂碎	EF	
0304390010	鲜或冷的花鳗鲡鱼片	E	
0304390020	鲜或冷的欧洲鳗鲡鱼片	EF	
0304470010	鲜或冷的濒危鲨鱼的鱼片	EF	
0304480010	鲜或冷的濒危魟鱼及鳐鱼的鱼片	EF	
0304490010	鲜或冷的其他濒危鱼的鱼片	EF	
0304510010	鲜或冷的花鳗鲡的鱼肉	E	不论是否绞碎
0304510020	鲜或冷的欧洲鳗鲡的鱼肉	EF	不论是否绞碎
0304560010	鲜或冷的濒危鲨鱼肉	EF	不论是否绞碎
0304570010	鲜或冷的濒危魟鱼及鳐鱼的鱼肉	EF	不论是否绞碎
0304590010	鲜或冷的其他濒危鱼的鱼肉	EF	不论是否绞碎
0304690010	冻的花鳗鲡鱼片	E	
0304690020	冻的欧洲鳗鲡鱼片	EF	
0304880010	冻的濒危鲨鱼、魟鱼及鳐鱼的鱼片	EF	
0304890010	冻的其他濒危鱼片	EF	
0304930010	冻的花鳗鲡鱼肉	E	不论是否绞碎
0304930020	冻的欧洲鳗鲡鱼肉	EF	不论是否绞碎
0304960010	冻的濒危鲨鱼肉	EF	不论是否绞碎
0304970010	冻的濒危魟鱼及鳐鱼的鱼肉	EF	不论是否绞碎
0304990010	冻的其他濒危鱼的鱼肉	EF	不论是否绞碎
0305200010	干、熏、盐制的濒危鱼种肝、卵及鱼精	EF	
0305310010	干、盐腌或盐渍的花鳗鲡鱼片	E	熏制的除外
0305310020	干、盐腌或盐渍的欧洲鳗鲡鱼片	EF	熏制的除外
0305390010	干、盐腌或盐渍的濒危鱼类的鱼片	EF	熏制的除外
0305440010	熏制花鳗鲡及鱼片	E	食用杂碎除外
0305440020	熏制欧洲鳗鲡及鱼片	EF	食用杂碎除外
0305490020	熏制其他濒危鱼及鱼片	EF	食用杂碎除外
0305591000	干海马、干海龙,食用杂碎除外	EF	不论是否盐腌,但熏制的除外
0305599010	其他濒危干鱼,食用杂碎除外	EF	不论是否盐腌,但熏制的除外
0305640010	盐腌及盐渍的花鳗鲡,食用杂碎除外	E	干或熏制的除外

商品编号	商　品　名　称	监管条件	说　明
0305640020	盐腌及盐渍的欧洲鳗鲡,食用杂碎除外	EF	干或熏制的除外
0305699010	盐腌及盐渍的其他濒危鱼,食用杂碎除外	EF	干或熏制的除外
0305710010	濒危鲨鱼鱼翅	EF	不论是否干制、盐腌、盐渍和熏制
0305720010	濒危鱼的鱼头、鱼尾、鱼鳔	EF	不论是否干制、盐腌、盐渍和熏制
0305790010	其他濒危可食用鱼杂碎	EF	不论是否干制、盐腌、盐渍和熏制
0307211010	大珠母贝种苗	E	
0307219010	其他活、鲜、冷大珠母贝	E	
0307220010	冻的大珠母贝	E	
0307290010	其他干、盐腌或盐渍的大珠母贝	E	包括熏制的带壳或去壳的,不论在熏制前或熏制过程中是否烹煮
0307601010	濒危蜗牛及螺种苗,海螺除外	EF	
0307609010	其他濒危蜗牛及螺,海螺除外	EF	
0307711010	砗磲的种苗	EF	
0307719910	活、鲜、冷砗磲	EF	
0307720010	冻的砗磲	EF	
0307790010	干、盐渍的砗磲	EF	
0307911010	濒危软体动物的种苗	EF	
0307919010	其他活、鲜、冷的濒危软体动物	EF	包括供人食用的软体动物粉、团粒,甲壳动物除外
0307920010	其他冻的濒危软体动物	EF	
0307990010	其他干、盐腌或盐渍的濒危软体动物	EF	包括供人食用的软体动物粉、团粒,甲壳动物除外;包括熏制的带壳或去壳的,不论在熏制前或熏制过程中是否烹煮
0308111010	暗色刺参的种苗	EF	
0308119010	活、鲜或冷的暗色刺参	EF	
0308120010	冻的暗色刺参	EF	
0308190010	干、盐腌或盐渍暗色刺参	EF	包括熏制的,不论在熏制前或熏制过程中是否烹煮;适合供人食用的细粉、粗粉及团粒
0308901110	活、鲜或冷的其他濒危水生无脊椎动物的种苗	EF	甲壳动物及软体动物除外

商品编号	商 品 名 称	监管条件	说 明
0308901910	活、鲜或冷的其他濒危水生无脊椎动物	EF	甲壳动物及软体动物除外
0308909010	其他冻、干、盐制濒危水生无脊椎动物,包括供人食用的水生无脊椎动物粉、团粒	EF	包括熏制的,不论在熏制前或熏制过程中是否烹煮
0407110010	孵化用受精的濒危鸡的蛋	EF	
0407190010	其他孵化用受精濒危禽蛋	EF	
0407290010	其他鲜的带壳濒危禽蛋	EF	
0407909010	其他腌制或煮过的带壳濒危野鸟蛋	EF	
0410009010	其他编号未列名濒危野生动物产品	EF	食用
0502901200	黄鼠狼尾毛	EF	
0502901910	濒危獾毛及其他制刷用濒危兽毛	EF	
0502902010	濒危獾毛及其他制刷用濒危兽毛废料	EF	
0505100010	填充用濒危野生禽类羽毛、羽绒	EF	仅剩洗涤、消毒等处理,未进一步加工
0505909010	其他濒危野生禽类羽毛、羽绒	EF	包括带有羽毛或羽绒的鸟皮及鸟体的其他部分
0506909011	已脱胶的虎骨	EF	指未剩加工或剩脱脂等加工的
0506909019	未脱胶的虎骨	EF	指未剩加工或剩脱脂等加工的
0506909021	已脱胶的豹骨	EF	指未剩加工或剩脱脂等加工的
0506909029	未脱胶的豹骨	EF	指未剩加工或剩脱脂等加工的
0506909031	已脱胶的濒危野生动物的骨及角柱	EF	不包括虎骨、豹骨,指未剩加工或剩脱脂等加工的
0506909039	未脱胶的濒危野生动物的骨及角柱	EF	不包括虎骨、豹骨,指未剩加工或剩脱脂等加工的
0507100010	犀牛角	EF	
0507100020	其他濒危野生兽牙、兽牙粉末及废料	EF	
0507901000	羚羊角及其粉末和废料	EF	
0507902000	鹿茸及其粉末	EF	
0507909010	龟壳、鲸须、鲸须毛及其他濒危动物角	EF	包括蹄,甲,爪及喙及其粉末和废料
0508001010	濒危珊瑚及濒危水产品的粉末、废料	EF	包括介、贝、棘皮动物的壳,不包括墨鱼骨的粉末、废料
0508009010	濒危珊瑚及濒危水产品的壳、骨	EF	包括介、贝、棘皮动物的壳,不包括墨鱼骨

商品编号	商　品　名　称	监管条件	说　明
0510001020	猴枣	EF	
0510001090	其他黄药	EF	不包括牛黄
0510002010	海狸香、灵猫香	EF	
0510003000	麝香	EF	
0510009010	其他濒危野生动物胆汁及其他产品	EF	不论是否干制；鲜、冷、冻或用其他方法暂时保橺的
0511100000	濒危野生牛的精液	EF	
0511911110	濒危鱼的受精卵	EF	
0511911910	濒危鱼的非食用产品	EF	包括鱼肚
0511919010	濒危水生无脊椎动物产品	EF	包括甲壳动物、软体动物，第三章死动物
0511991010	濒危野生动物精液(牛的精液除外)	EF	
0511992010	濒危野生动物胚胎	EF	
0511999010	其他编号未列名濒危野生动物产品	EF	包括不适合供人食用的第一章的死动物
0601109110	种用休眠的兰花块茎	EF	包括球茎、根颈及根茎
0601109191	种用休眠其他濒危植物鳞茎等	EF	包括球茎、根颈、根茎、鳞茎、块茎、块根
0601109910	其他休眠的兰花块茎	EF	包括球茎、根颈及根茎
0601109991	其他休眠濒危植物鳞茎等	EF	包括球茎、根颈、根茎、鳞茎、块茎、块根
0601200010	生长或开花的兰花块茎	EF	包括球茎、根颈及根茎
0601200020	生长或开花的仙客来鳞茎	EF	
0601200091	生长或开花的其他濒危植物鳞茎等	EF	包括球茎、根颈、根茎、鳞茎、块茎、块根、菊苣植物
0602100010	濒危植物的无根插枝及接穗	EF	
0602909110	种用兰花	EF	
0602909120	种用红豆杉苗木	EF	
0602909191	其他濒危植物种用苗木	EF	
0602909200	其他兰花	EF	种用除外
0602909410	芦荟	EF	种用除外
0602909910	杓铁(铁树)类	EF	
0602909920	仙人掌	EF	包括仙人球、仙人柱、仙人指
0602909930	红豆杉	EF	种用除外

商品编号	商品名称	监管条件	说明
0602909991	其他濒危活植物	EF	种用除外
0603130000	鲜的兰花	EF	制花束或装饰用的
0603190010	鲜的濒危植物插花及花蕾	EF	制花束或装饰用的
0603900010	干或染色等加工濒危植物插花及花蕾	EF	制花束或装饰用的,鲜的除外
0604209010	其他鲜濒危植物枝、叶或其他部分,草	EF	枝、叶或其他部分是指制花束或装饰用并且不带花及花蕾
0604909010	其他染色或剩加工濒危植物枝、叶或其他部分,草等	EF	枝、叶或其他部分是指制花束或装饰用并且不带花及花蕾
0709591000	鲜或冷藏的松茸	E	
0709991010	鲜或冷藏的酸竹笋	E	
0709999010	鲜或冷藏的莼菜	E	
0710801000	冷冻松茸	E	不论是否蒸煮
0710809030	冷冻莼菜	E	不论是否蒸煮
0711591100	盐水松茸	E	不适于直接食用的
0711903110	盐水酸竹笋	E	不适于直接食用的
0712399910	干制松茸	E	整个,切块,切片,破碎或制成粉状,但未剩进一步加工的
0712901010	酸竹笋干丝	E	
0712909910	干莼菜	E	整个,切块,切片,破碎或制成粉状,但未剩进一步加工的
0714909010	鲜、冷、冻、干的兰科植物块茎	EF	
0714909091	含高淀粉或菊粉其他濒危类似根茎	EF	包括西谷茎髓,不论是否切片或制成团粒,鲜冷冻或干的
0802902000	鲜或干的白果	E	不论是否去壳或去皮
0802903010	鲜或干的红松子仁	E	
0802903020	鲜或干的其他濒危松子仁	EF	
0802909010	鲜或干的榧子、红松子	E	不论是否去壳或去皮
0802909020	鲜或干的其他濒危松子	EF	不论是否去壳或去皮
0802909030	鲜或干的巨籽棕(海椰子)果仁	EF	
0810909010	鲜的翅果油树果	E	
0811909010	冷冻的白果	E	
0811909021	冷冻的红松子	E	不论是否去壳或去皮
0811909022	冷冻的其他濒危松子	EF	不论是否去壳或去皮
0811909030	冷冻的榧子	E	

商品编号	商品名称	监管条件	说明
0811909040	冷冻的翅果油树果	E	
0811909050	冷冻的巨籽棕(海椰子)果仁	EF	
0812900010	暂时保存的白果	E	用二氧化硫气体、盐水等物质处理,但不适于直接食用的
0812900021	暂时保存的红松子	E	用二氧化硫气体、盐水等物质处理,但不适于直接食用的
0812900022	暂时保存的其他濒危松子	EF	用二氧化硫气体、盐水等物质处理,但不适于直接食用的
0812900030	暂时保存的榧子	E	用二氧化硫气体、盐水等物质处理,但不适于直接食用的
0812900040	暂时保存的翅果油树果	E	用二氧化硫气体、盐水等物质处理,但不适于直接食用的
0812900050	暂时保存的巨籽棕(海椰子)果仁	EF	用二氧化硫气体、盐水等物质处理,但不适于直接食用的
0813409010	翅果油树干果	E	
0908110000	未磨的肉豆蔻	E	
0908120000	已磨的肉豆蔻	E	
0908210000	未磨的肉豆蔻衣	E	
0908220000	已磨的肉豆蔻衣	E	
0908310000	未磨的豆蔻	E	
0908320000	已磨的豆蔻	E	
1207101010	种用濒危棕榈果及棕榈仁	EF	
1207109010	其他濒危棕榈果及棕榈仁	EF	不论是否破碎
1209300010	濒危草本花卉植物种子	EF	
1209990010	其他种植用濒危种子、果实及孢子	EF	
1211201000	鲜、冷、冻或干的西洋参	EF	不论是否切割,压碎或研磨成粉
1211202000	鲜、冷、冻或干的野山参	EF	不论是否切割,压碎或研磨成粉
1211901600	鲜、冷、冻或干的冬虫夏草	E	不论是否切割,压碎或研磨成粉

商品编号	商品名称	监管条件	说明
1211902200	鲜、冷、冻或干的天麻	EF	不论是否切割，压碎或研磨成粉
1211903300	鲜、冷、冻或干的沉香	EF	不论是否切割，压碎或研磨成粉
1211903810	海南椴、紫椴（籽椴）花及叶	E	不论是否切割，压碎或研磨成粉
1211903950	鲜、冷、冻或干的木香	EF	不论是否切割，压碎或研磨成粉
1211903960	鲜、冷、冻或干的黄草及枫斗（石斛）	EF	不论是否切割，压碎或研磨成粉
1211903970	鲜、冷、冻或干的苁蓉	EF	不论是否切割，压碎或研磨成粉
1211903981	鲜或干的红豆杉皮、枝叶等	EF	不论是否切割，压碎或研磨成粉
1211903989	冷或冻的红豆杉皮、枝叶等	EF	不论是否切割，压碎或研磨成粉
1211903991	鲜、冷、冻或干的甘松	EF	包括其某部分，不论是否切割，压碎或研磨成粉
	其他主要用作药料鲜、冷、冻或干的濒危植物	EF	包括其某部分，不论是否切割，压碎或研磨成粉
1211905030	香料用沉香木及拟沉香木	EF	包括其某部分，不论是否切割，压碎或研磨成粉
1211905091	其他主要用作香料的濒危植物	EF	包括其某部分，不论是否切割，压碎或研磨成粉
1211909991	其他鲜、冷、冻或干的杀虫、杀菌用濒危植物	EF	不论是否切割，压碎或研磨成粉
1212212000	适合供人食用的鲜、冷、冻或干的发菜	E	不论是否碾磨
1212999910	其他供人食用濒危植物产品	EF	包括未焙制的菊苣根，包括果核、仁等
1301904010	濒危松科植物的松脂	E	
1301909010	龙血树脂、大戟脂、愈疮树脂	EF	
1301909091	其他濒危植物的天然树胶、树脂	EF	包括天然树胶脂及其他油树脂（例如香树脂）
1302194000	银杏的液汁及浸膏	E	
1302199013	供制农药用的濒危植物液汁及浸膏	EF	
1302199095	红豆杉液汁及浸膏	EF	
1302199096	黄草汁液及浸膏	EF	
1302199097	其他濒危植物液汁及浸膏	EF	

商品编号	商 品 名 称	监管条件	说 明
1302399010	未列名濒危植物胶液及增稠剂	EF	
1401100010	酸竹	E	
1401200010	濒危藤	EF	
1504100010	濒危鱼鱼肝油及其分离品	EF	
1504200011	濒危鱼油软胶囊	EF	鱼肝油除外
1504200019	濒危鱼其他鱼油、脂及其分离品	EF	鱼肝油除外
1504300010	濒危哺乳动物的油、脂及其分离品	EF	仅指海生
1506000010	其他濒危动物为原料制取的脂肪	EF	包括河马、熊、野兔、海龟为原料的及海龟蛋油
1515909010	红松籽油	E	不论是否精制,但未剥化学改性
1521100010	小烛树蜡	EF	
1521909010	鲸蜡	EF	不论是否精制或着色
1601001010	濒危野生动物肉、杂碎、血制天然肠衣香肠	EF	含品目 02.08 的野生动物,包括类似品
1601002010	濒危野生动物肉、杂碎、血制其他肠衣香肠	EF	含品目 02.08 的野生动物,包括类似品
1601003010	用含濒危野生动物成分的香肠制的食品	EF	含品目 02.08 的野生动物
1602100010	含濒危野生动物成分的均化食品	EF	指用肉、食用杂碎或动物血剩精细均化制成,零售包装
1602200010	制作或保檀的濒危动物肝	EF	第 2、3 章所列方法制作或保檀的除外
1602410010	制作或保檀的鹿豚、姬猪后腿及肉块	EF	
1602420010	制作或保檀的鹿豚、姬猪前腿及肉块	EF	
1602491010	其他含鹿豚、姬猪肉及杂碎的罐头	EF	
1602499010	制作或保檀的其他鹿豚、姬猪肉,杂碎	EF	包括血等
1602501010	含濒危野牛肉的罐头	EF	
1602509010	其他制作或保檀的濒危野牛肉、杂碎	EF	包括血等
1602901010	其他濒危野生动物肉及杂碎罐头	EF	
1602909010	制作或保檀的其他濒危野生动物肉	EF	包括杂碎、血
1603000010	含濒危野生动物及鱼类成分的肉	EF	指品目 02.08 及子目 0301.92 野生动物及鱼类
1604170010	制作或保檀的花鳗鲡	E	整条或切块,但未绞碎
1604170020	制作或保檀的欧洲鳗鲡	EF	整条或切块,但未绞碎
1604180010	制作或保檀的濒危鲨鱼鱼翅	EF	整条或切块,但未绞碎

商品编号	商　品　名　称	监管条件	说　明
1604199010	制作或保橱的濒危鱼类	EF	整条或切块,但未绞碎
1604201110	濒危鲨鱼鱼翅罐头	EF	
1604201910	非整条或切块的濒危鱼罐头	EF	鱼翅除外
1604209110	制作或保橱的濒危鲨鱼鱼翅	EF	非整条、非切块、非罐头
1604209910	其他制作或保橱的濒危鱼	EF	非整条、非切块、非罐头,鱼翅除外
1604310000	鲟鱼子酱	EF	
1605520010	制作或保橱的大珠母贝	E	
1605562010	制作或保橱的砗磲	EF	
1605580010	制作或保橱的濒危蜗牛及螺,海螺除外	EF	
1605590010	其他制作或保橱的濒危软体动物	EF	
1605610010	制作或保橱的暗色刺参	EF	
1605690010	其他制作或保橱的濒危水生无脊椎动物	EF	
2001909010	用醋或醋酸制作或保橱的松茸	E	
2001909020	用醋或醋酸制作或保橱的酸竹笋	E	
2001909030	用醋或醋酸制作或保橱的芦荟	EF	
2001909040	用醋或醋酸制作或保橱的仙人掌植物	EF	
2001909050	用醋或醋酸制作或保橱的莼菜	E	
2003901020	非用醋制作的松茸罐头	E	用醋或醋酸以外其他方法制作或保橱的
2003909020	非用醋制作的其他松茸	E	用醋或醋酸以外其他方法制作或保橱的
2004900010	非用醋制作的冷冻松茸	E	
2004900020	非用醋制作的冷冻酸竹笋	E	
2004900030	非用醋制作的冷冻芦荟	EF	
2004900040	非用醋制作的冷冻仙人掌植物	EF	
2005911010	非用醋制作的酸竹笋罐头	E	
2005919010	非用醋制作的酸竹笋	E	
2005999910	非用醋制作的仙人掌	EF	
2005999920	非用醋制作的芦荟	EF	
2006009010	糖渍制松茸	E	
2008199910	其他方法制作保橱的红松子仁	E	用醋或醋酸以外其他方法制作或保橱的
2106903010	含濒危植物成分的蜂王浆制剂	EF	

续表

商品编号	商 品 名 称	监管条件	说　明
2106905010	濒危海豹油胶囊	EF	
2106909011	含濒危鱼软骨素胶囊	EF	
2106909019	含濒危动植物成分的其他编号未列名食品	EF	
2202100010	含濒危动植物成分的加味、加糖或其他甜物质的水	EF	包括矿泉水及汽水
2202910011	含濒危动植物成分散装无醇啤酒	EF	
2202910091	含濒危动植物成分其他包装无醇啤酒	EF	
2202990011	其他含濒危动植物成分散装无酒精饮料	EF	不包括品目 20.09 的水果汁或蔬菜汁
2202990091	其他含濒危动植物成分其他包装无酒精饮料	EF	不包括品目 20.09 的水果汁或蔬菜汁
2208901010	濒危龙舌兰酒	EF	
2208909021	含濒危野生动植物成分的薯类蒸馏酒	EF	
2208909091	含濒危野生动植物成分的其他蒸馏酒及酒精饮料	EF	
2306600010	濒危棕榈果或濒危棕榈仁油渣饼及固体残渣	EF	品目 2304 或 2305 以外提炼植物油脂所得的
2932209020	鬼臼毒素	EF	
2932999021	紫杉醇	EF	
2932999022	三尖杉宁碱	EF	
2932999023	十去乙酰基巴卡丁三	EF	红豆杉提取物 10-DAB
2932999024	十去乙酰基紫杉醇	EF	红豆杉提取物 10-DAT
2932999025	巴卡丁三	EF	
2932999026	7-表紫杉醇	EF	
2932999027	10-去乙酰 7-表紫杉醇	EF	
2932999028	7，10-双（三氯乙酰基）-10-去乙酰基巴卡丁三类似物	EF	
2932999029	多烯紫杉醇	EF	
2932999031	7，10-双三氯乙氧羰基-多西他赛	EF	
2932999091	其他濒危植物提取的仅含氧杂原子的杂环化合物	EF	
3001200010	其他濒危野生动物腺体，器官	EF	包括分泌物
3001909010	蛇毒制品	EF	供治疗或预防疾病用
3001909091	其他濒危动物制品	EF	供治疗或预防疾病用
3002909011	濒危动物血制品	EF	

商品编号	商 品 名 称	监管条件	说 明
3003609020	含濒危动植物的混合药品	EF	未配定剂踱或非零售包装,混合指含两种或两种以上成分
3003900010	含紫杉醇的混合药品	EF	未配定剂踱或非零售包装,混合指含两种或两种以上成分
3003900020	其他含未列名濒危动植物混合药品	EF	未配定剂踱或非零售包装,混合指含两种或两种以上成分
3004609021	含濒危动植物成分的中式成药	EF	已配定剂踱或零售包装
3004609030	其他含濒危野生动植物成分的药品	EF	已配定剂踱或零售包装
3004905110	含濒危动植物成分的中药酒	EF	已配定剂踱或零售包装
3004905200	片仔癀	EF	已配定剂踱或零售包装
3004905310	含天然麝香的白药	EF	已配定剂踱或零售包装
3004905510	含天然麝香的安宫牛黄丸	EF	已配定剂踱或零售包装
3004905910	含濒危动植物成分的中式成药	EF	已配定剂踱或零售包装
3004909010	含濒危野生动植物成分的药品	EF	已配定剂踱或零售包装,不含紫杉醇
3004909020	含紫杉醇成分的药品	EF	已配定剂踱或制成零售包装
3201901010	其他濒危植物鞣料浸膏	EF	
3203001910	濒危植物质着色料及制品	EF	制品指以植物质着色料为基本成分的
3301291000	樟脑油	EF	包括浸膏及精油
3301299991	其他濒危植物精油(柑桔属果实除外)	EF	包括浸膏及精油
3301309010	其他濒危植物香膏	EF	
3301901010	濒危植物提取的油树脂	EF	
3304100011	包装标注含踱以重踱计的含濒危物种成分唇用化妆品	EF	
3304100012	包装标注含踱以体积计的含濒危物种成分唇用化妆品	EF	
3304100013	包装标注规格为"片"或"张"的含濒危物种成分唇用化妆品	EF	
3304200011	包装标注含踱以重踱计的含濒危物种成分眼用化妆品	EF	
3304200012	包装标注含踱以体积计的含濒危物种成分眼用化妆品	EF	
3304200013	包装标注规格为"片"或"张"的含濒危物种成分眼用化妆品	EF	
3304990021	包装标注含踱以重踱计含濒危物种成分的美容品或化妆品及护肤品	EF	

续表

商品编号	商　品　名　称	监管条件	说　明
3304990031	包装标注含躅以体积计的含濒危物种成分美容品或化妆品及护肤品	EF	
3304990041	包装标注规格为"片"或"张"的含濒危物种成分美容品或化妆品及护肤品	EF	
3304990091	其他包装标注规格的含濒危物种成分美容品或化妆品及护肤品	EF	
3305100010	含濒危植物成分的洗发剂	EF	
3306101010	含濒危植物成分牙膏	EF	
3406000010	含濒危动物成分的蜡烛及类似品	EF	
3802900010	濒危动物炭黑	EF	包括废动物炭黑
4101201110	规定重躅退鞣未剖层整张濒危生野牛皮	EF	指↔张,简单干燥≤8千克,干盐渍≤10千克,鲜或湿盐≤16千克
4101201910	规定重躅非退鞣未剖层整张濒危生野牛皮	EF	指↔张,简单干燥≤8千克,干盐渍≤10千克,鲜或湿盐≤16千克
4101202011	规定重躅未剖层整张濒危生野驴皮	EF	指↔张,简单干燥≤8千克,干盐渍≤10千克,鲜或湿盐≤16千克
4101202019	规定重躅未剖层整张其他濒危生野马科动物皮	EF	指↔张,简单干燥≤8千克,干盐渍≤10千克,鲜或湿盐≤16千克
4101501110	重>16千克退鞣整张濒危生野牛皮	EF	
4101501910	重>16千克非退鞣整张濒危生野牛皮	EF	
4101502010	重>16千克整张濒危生野马皮	EF	
4101901110	其他退鞣处理濒危生野牛皮	EF	包括整张或半张的背皮及腹皮
4101901910	其他濒危生野牛皮	EF	包括整张或半张的背皮及腹皮
4101902010	其他濒危生野马皮	EF	包括整张或半张的背皮及腹皮
4103200010	濒危爬行动物的生皮	EF	
4103300010	生鹿豚、姬猪皮	EF	
4103909010	其他濒危野生动物生皮	EF	本章注释一(二)或(三)所述不包括的生皮除外
4104111110	蓝湿濒危野牛皮	EF	全粒面未剖或粒面剖层,剩鞣制不带毛
4104111910	湿濒危野牛皮	EF	全粒面未剖或粒面剖层,剩鞣制不带毛

商品编号	商品名称	监管条件	说明
4104112010	湿濒危野马皮	EF	全粒面未剖或粒面剖层,剩鞣制不带毛
4104191110	其他蓝湿濒危野牛皮	EF	剩鞣制不带毛
4104191910	其他湿濒危野牛皮	EF	剩鞣制不带毛
4104192010	其他湿濒危野马皮	EF	剩鞣制不带毛
4104410010	濒危野牛马干革	EF	全粒面未剖或粒面剖层,剩鞣制不带毛
4104491010	其他机器带用濒危野牛马皮革	EF	剩鞣制不带毛
4104499010	其他濒危野牛马皮革	EF	剩鞣制不带毛
4106311010	蓝湿鹿豚、姬猪皮	EF	剩鞣制不带毛
4106319010	鹿豚、姬猪湿革	EF	剩鞣制不带毛
4106320010	鹿豚、姬猪干革	EF	剩鞣制不带毛,坯革
4106400010	濒危爬行动物皮革	EF	剩鞣制不带毛
4106910010	其他濒危野生动物湿革	EF	剩鞣制不带毛
4106920010	其他濒危野生动物干革	EF	剩鞣制不带毛
4107111010	全粒面未剖层整张濒危野牛皮	EF	剩鞣制或半硝后进一步加工,羊皮纸化处理
4107112010	全粒面未剖层整张濒危野马皮	EF	剩鞣制或半硝后进一步加工,羊皮纸化处理
4107121010	粒面剖层整张濒危野牛皮	EF	剩鞣制或半硝后进一步加工,羊皮纸化处理
4107122010	粒面剖层整张濒危野马皮	EF	剩鞣制或半硝后进一步加工,羊皮纸化处理
4107191010	其他机器带用整张濒危野牛马皮革	EF	剩鞣制或半硝后进一步加工,羊皮纸化处理
4107199010	其他整张濒危野牛马皮革	EF	剩鞣制或半硝后进一步加工,羊皮纸化处理
4107910010	全粒面未剖层非整张濒危野牛马皮	EF	剩鞣制或半硝后进一步加工,羊皮纸化处理
4107920010	粒面剖层非整张濒危野牛马皮革	EF	剩鞣制或半硝后进一步加工,羊皮纸化处理
4107991010	其他机器带用非整张濒危野牛马皮	EF	剩鞣制或半硝后进一步加工,羊皮纸化处理
4107999010	其他非整张濒危野牛马皮革	EF	剩鞣制或半硝后进一步加工,羊皮纸化处理
4113200010	加工的鹿豚、姬猪皮革	EF	剩鞣制或半硝后进一步加工,不带毛,羊皮纸化处理

商品编号	商品名称	监管条件	说明
4113300010	加工的濒危爬行动物皮革	EF	剥鞣制或半硝后进一步加工,不带毛,羊皮纸化处理
4113900010	加工的其他濒危野生动物皮革	EF	剥鞣制或半硝后进一步加工,不带毛,羊皮纸化处理
4114100010	油鞣其他濒危野生动物皮革	EF	包括结合鞣制的油鞣皮革
4201000010	濒危野生动物材料制的鞍具及挽具	EF	适合各种动物用
4202111010	以含濒危野生动物皮革或再生皮革作面的衣箱	EF	
4202119010	以含濒危野生动物皮革或再生皮革作面的箱包	EF	包括提箱、小手袋、公文包、书包及类似容器,但不包括衣箱
4202210010	以含濒危野生动物皮革或再生皮革作面的手提包	EF	不论是否有背带,包括无把手的
4202310010	以含濒危野生动物皮革或再生皮革作面的钱包等物品	EF	指通常置于口袋或手提包内的物品
4202910010	以含濒危野生动物皮革或再生皮革作面的其他容器	EF	
4203100010	含濒危野生动物皮革制的衣服	EF	包括再生野生动物皮革制作的
4203210010	含濒危野生动物皮革制的运动手套	EF	包括再生野生动物皮革制作的
4203291010	含濒危野生动物皮革制的劳保手套	EF	包括再生野生动物皮革制作的
4203299010	含濒危野生动物皮革制的其他手套	EF	包括再生野生动物皮革制作的
4203301010	含濒危野生动物皮革制的腰带	EF	包括再生野生动物皮革制作的
4203302010	含濒危野生动物皮革制的子弹带	EF	包括再生野生动物皮革制作的
4203400010	含濒危野生动物皮革制的衣着附件	EF	包括再生野生动物皮革制作的
4205001010	含濒危野生动物皮革制的坐具套	EF	包括再生野生动物皮革制作的
4205002010	含濒危野生动物皮革制工业用皮革或再生皮革制品	EF	工业用指机器、机械器具或其他专门技术用途的
4205009010	含濒危野生动物皮革的其他制品	EF	包括再生野生动物皮革制作的
4301600010	整张濒危生狐皮	EF	不论是否带头、尾或爪
4301801010	整张生濒危野兔皮	EF	不论是否带头、尾或爪

商品编号	商 品 名 称	监管条件	说 明
4301809010	整张的其他生濒危野生动物毛皮	EF	不论是否带头、尾或爪,包括整张濒危生海豹皮
4301901000	未鞣制的黄鼠狼尾	EF	
4301909010	其他濒危野生动物未鞣头尾	EF	加工皮货用,包括爪及其他块、片
4302191010	已鞣未缝制的濒危狐皮	EF	兰狐皮、银狐皮除外
4302191090	已鞣未缝制的其他贵重濒危动物毛皮	EF	指灰鼠皮、白鼬皮、其他貂皮、水獭皮、旱獭皮、猞猁皮
4302192010	已鞣未缝制的整张濒危野兔皮	EF	不沦是否带头、尾或爪
4302199010	已鞣未缝制其他濒危野生动物毛皮	EF	
4302200010	已鞣未缝濒危野生动物头、尾、爪等	EF	包括块、片
4302301010	已鞣已缝制貂皮、狐皮及其块、片	EF	蓝狐、银狐、水貂、艾虎的整张毛皮及块、片除外
4302301090	已鞣已缝制的贵重濒危动物毛皮及其块、片	EF	灰鼠皮、白鼬皮、其他貂皮、水獭皮、旱獭皮、猞猁皮及块、片
4302309010	已鞣缝的其他整张濒危野生毛皮	EF	包括块、片
4303101010	含濒危野生动物毛皮衣服	EF	
4303102010	含濒危野生动物毛皮衣着附件	EF	
4303900010	含濒危野生动物毛皮制其他物品	EF	
4401210010	濒危针叶木木片或木粒	EF	
4401220010	濒危非针叶木木片或木粒	EF	
4403110010	油漆,着色剂等处理的红豆杉原木	EF	包括用杂酚油或其他防腐剂处理
4403110020	油漆,着色剂等处理的其他濒危针叶木原木	EF	包括用杂酚油或其他防腐剂处理
4403120010	油漆,着色剂等处理的濒危非针叶木原木	EF	包括用杂酚油或其他防腐剂处理
4403211010	截面尺寸在15厘米及以上的红松原木	EF	用泊漆着色剂,杂酚油或其他防腐剂处理的除外
4403219010	截面尺寸在15厘米及以上的濒危松木原木	EF	用油漆着色剂,杂酚油或其他防腐剂处理的除外
4403221010	截面尺寸在15厘米以下的红松原木	EF	用油漆着色剂,杂酚油或其他防腐剂处理的除外
4403229010	截面尺寸在15厘米以下的濒危其他松木原木	EF	用油漆着色剂,杂酚油或其他防腐剂处理的除外
4403230010	截面尺寸在15厘米及以上的濒危云杉和冷杉原木	EF	用油漆着色剂,杂酚油或其他防腐剂处理的除外

商品编号	商　品　名　称	监管条件	说　明
4403240010	截面尺寸在15厘米以下的濒危云杉和冷杉原木	EF	用油漆着色剂,杂酚油或其他防腐剂处理的除外
4403250010	截面尺寸在15厘米及以上的红豆杉原木	EF	用油漆着色剂,杂酚油或其他防腐剂处理的除外
4403250020	截面尺寸在15厘米及以上的其他濒危针叶木原木	EF	用油漆着色剂,杂酚油或其他防腐剂处理的除外
4403260010	截面尺寸在15厘米以下的红豆杉原木	EF	用油漆着色剂,杂酚油或其他防腐剂处理的除外
4403260020	截面尺寸在15厘米以下的其他濒危针叶木原木	EF	用油漆着色剂,杂酚油或其他防腐剂处理的除外
4403493000	其他龙脑香木、克隆原木	E	龙脑香木 Dipterocarpus spp. 克隆 Keruing
4403498010	濒危热带红木原木	EF	用油漆着色剂,杂酚油或其他防腐剂处理的除外
4403499010	南美蒺藜木(玉檀木)原木	EF	用油漆着色剂,杂酚油或其他防腐剂处理的除外
4403499020	其他濒危热带原木	EF	用油漆着色剂,杂酚油或其他防腐剂处理的除外
4403910010	蒙古栎原木	EF	用油漆着色剂,杂酚油或其他防腐剂处理的除外
4403950010	濒危的桦木,截面尺寸在15厘米及以上	E	用油漆着色剂,杂酚油或其他防腐剂处理的除外
4403960010	濒危的桦木,截面尺寸在15厘米及以下	E	用油漆着色剂,杂酚油或其他防腐剂处理的除外
4403993010	濒危红木原木,但税号4403.4980所列热带红木除外	EF	用油漆着色剂,杂酚油或其他防腐剂处理的除外
4403995000	水曲柳原木	EF	用油漆着色剂,杂酚油或其他防腐剂处理的除外
4403998010	其他未列名温带濒危非针叶木原木	EF	用油漆着色剂,杂酚油或其他防腐剂处理的除外
4403999012	沉香木及拟沉香木原木	EF	用油漆着色剂,杂酚油或其他防腐剂处理的除外
4403999019	其他未列名濒危非针叶原木	EF	用油漆着色剂,杂酚油或其他防腐剂处理的除外
4404100010	濒危针叶木的箍木等及类似品	EF	包括木劈条,棒及类似品
4404200010	濒危非针叶木箍木等	EF	包括木劈条,棒及类似品
4406910010	濒危已浸渍针叶木铁道及电车道枕木	EF	
4406920010	濒危已浸渍非针叶木铁道及电车道枕木	EF	

商品编号	商 品 名 称	监管条件	说 明
4407111011	端部接合的红松厚板材	EF	剖纵锯、纵切、刨切或旋切的,厚度超过6毫米
4407111091	非端部接合的红松厚板材	EF	剖纵锯、纵切、刨切或旋切的,厚度超过6毫米
4407119011	端部接合其他濒危松木厚板材	EF	剖纵锯、纵切、刨切或旋切的,厚度超过6毫米
4407119091	非端部接合其他濒危松木厚板材	EF	剖纵锯、纵切、刨切或旋切的,厚度超过6毫米
4407120011	端部接合的濒危云杉及冷杉厚板材	EF	剖纵锯、纵切、刨切或旋切的,厚度超过6毫米
4407120091	非端部接合濒危云杉及冷杉厚板材	EF	剖纵锯、纵切、刨切或旋切的,厚度超过6毫米
4407190011	端部接合其他濒危针叶木厚板材	EF	剖纵锯、纵切、刨切或旋切的,厚度超过6毫米
4407190091	非端部接合其他濒危针叶木厚板材	EF	剖纵锯、纵切、刨切或旋切的,厚度超过6毫米
4407210010	端部接合美洲桃花心木	EF	剖纵锯、纵切、刨切或旋切的,厚度超过6毫米
4407210090	非端部接合美洲桃花心木	EF	剖纵锯、纵切、刨切或旋切的,厚度超过6毫米
4407294011	端部接合濒危热带红木厚板材	EF	剖纵锯、纵切、刨切或旋切的,厚度超过6毫米
4407294091	非端部接合濒危热带红木厚板材	EF	剖纵锯、纵切、刨切或旋切的,厚度超过6毫米
4407299011	端部接合拉敏木厚板材	EF	剖纵锯、纵切、刨切或旋切的,厚度超过6毫米
4407299012	端部接合的南美蒺藜木(玉檀木)厚板材	EF	剖纵锯、纵切、刨切或旋切的,厚度超过6毫米
4407299013	端部接合其他未列名濒危热带木厚板材	EF	剖纵锯、纵切、刨切或旋切的,厚度超过6毫米
4407299091	非端部接合的南美蒺藜木(玉檀木)厚板材	EF	剖纵锯、纵切、刨切或旋切的,厚度超过6毫米
4407299092	非端部接合其他未列名濒危热带木板材	EF	剖纵锯、纵切、刨切或旋切的,厚度超过6毫米
4407910011	端部接合的蒙古栎厚板材	EF	剖纵锯、纵切、刨切或旋切的,厚度超过6毫米
4407910091	非端部接合的蒙古栎厚板材	EF	剖纵锯、纵切、刨切或旋切的,厚度超过6毫米
4407920010	端部接合的水青冈木(山毛榉木)厚板材	E	剖纵锯、纵切、刨切或旋切的,厚度超过6毫米

商品编号	商　品　名　称	监管条件	说　明
4407920090	非端部接合的水青冈木(山毛榉木)厚板材	E	剡纵锯、纵切、刨切或旋切的,厚度超过6毫米
4407950011	端部接合的水曲柳厚板材	EF	剡纵锯、纵切、刨切或旋切的,厚度超过6毫米
4407950091	非端部接合的水曲柳厚板材	EF	剡纵锯、纵切、刨切或旋切的,厚度超过6毫米
4407960011	端部接合的濒危桦木板材	E	剡纵锯、纵切、刨切或旋切的,厚度超过6毫米
4407960091	非端部接合的濒危桦木厚板材	E	剡纵锯、纵切、刨切或旋切的,厚度超过6毫米
4407991011	端部接合濒危红木厚板材,但税号4407.2940所列热带红木除外	EF	剡纵锯、纵切、刨切或旋切的,厚度超过6毫米
4407991091	非端部接合濒危红木厚板材,但税号4407.2940所列热带红木除外	EF	剡纵锯、纵切、刨切或旋切的,厚度超过6毫米
4407998011	端部接合其他温带濒危非针叶板材	EF	剡纵锯、纵切、刨切或旋切的,厚度超过6毫米
4407998091	非端部接合其他温带濒危非针叶厚板材	EF	剡纵锯、纵切、刨切或旋切的,厚度超过6毫米
4407999012	端部接合的沉香木及拟沉香木厚板材	EF	剡纵锯、纵切、刨切或旋切的,厚度超过6毫米
4407999015	端部接合的其他濒危木厚板材	EF	剡纵锯、纵切、刨切或旋切的,厚度超过6毫米
4407999092	非端部接合的沉香木及拟沉香木厚板材	EF	剡纵锯、纵切、刨切或旋切的,厚度超过6毫米
4407999095	非端部接合的其他濒危木厚板材	EF	剡纵锯、纵切、刨切或旋切的,厚度超过6毫米
4408101110	胶合板等多层板制濒危针叶木单板	EF	厚度不超过6毫米,饰面用
4408101910	其他饰面濒危针叶木单板	EF	厚度不超过6毫米
4408102010	制胶合板用濒危针叶木单板	EF	厚度不超过6毫米
4408109010	其他濒危针叶木单板材	EF	剡纵锯、刨切或旋切的,厚度不超过6毫米
4408391110	胶合板多层板制饰面桃花心木单板	EF	厚度不超过6毫米
4408391130	厚度不超过6毫米胶合板多层板制饰面濒危热带木单板	EF	
4408391910	其他饰面用桃花心木单板	EF	厚度不超过6毫米
4408391930	厚度不超过6毫米其他濒危热带木制饰面用单板	EF	
4408392010	其他桃花心木制的胶合板用单板	EF	厚度不超过6毫米

商品编号	商品名称	监管条件	说明
4408392030	其他濒危热带木制的胶合板用单板	EF	厚度不超过 6 毫米
4408399010	其他桃花心木制的其他单板	EF	厚度不超过 6 毫米
4408399030	其他列名濒危热带木制的其他单板	EF	厚度不超过 6 毫米
4408901110	胶合板多层板制饰面濒危木单板	EF	厚度不超过 6 毫米
4408901210	温带濒危非针叶木制饰面用木单板	EF	厚度不超过 6 毫米,针叶木、热带木除外
4408901310	濒危竹制饰面用单板	E	厚度不超过 6 毫米
4408901911	家具饰面用濒危木单板	EF	厚度不超过 6 毫米
4408901991	其他饰面用濒危木单板	EF	厚度不超过 6 毫米
4408902110	温带濒危非针叶木制胶合板用单板	EF	厚度不超过 6 毫米
4408902911	其他濒危木制胶合板用旋切单板	EF	厚度不超过 6 毫米
4408902919	其他濒危木制胶合板用其他单板	EF	厚度不超过 6 毫米,旋切单板除外
4408909110	温带濒危非针叶木制其他单板材	EF	剖纵锯,刨切或旋切的,厚度不超过 6 毫米
4408909910	其他濒危木制的其他单板材	EF	剖纵锯,刨切或旋切的,厚度不超过 6 毫米
4409101010	一边或面制成连续形状的濒危针叶木制地板条、块	EF	包括未装的拼花地板用板条及缘板
4409109010	一边或面制成连续形状濒危针叶木材	EF	
4409211010	一边或面制成连续形状的濒危竹地板条(块)	E	包括未装拼的拼花竹地板用板条及缘板
4409219010	一边或面制成连续形状的其他濒危竹材	E	
4409221020	一边或面制成连续形状的桃花心木地板条、块	EF	包括未装拼的桃花心木拼花地板用板条及缘板
4409221030	一边或面制成连续形状的其他濒危热带木地板条、块	EF	包括未装拼的其他濒危热带木拼花地板用板条及缘板
4409229020	一边或面制成连续形状的桃花心木	EF	
4409229030	一边或面制成连续形状的其他濒危热带木	EF	
4409291030	一边或面制成连续形状的其他濒危木地板条、块	EF	包括未装拼的其他濒危木拼花地板用板条及缘板
4409299030	一边或面制成连续形状的其他濒危木	EF	
4412101111	至少有一表层为濒危热带木薄板制濒危竹胶合板	EF	↔层厚度不超过 6 毫米
4412101119	至少有一表层为濒危热带木薄板制其他竹胶合板	EF	↔层厚度不超过 6 毫米

商品编号	商 品 名 称	监管条件	说　明
4412101191	至少有一表层是其他热带木薄板制濒危竹胶合板	EF	↔层厚度不超过 6 毫米
4412101911	至少有一表层为濒危非针叶木薄板胶合板	EF	至少有一表层为温带非针叶木制,↔层厚度不超过 6 毫米
4412101921	濒危竹地板层叠胶合而成的多层板	E	↔层厚度不超过 6 毫米
4412101991	其他濒危竹胶合板	E	↔层厚度不超过 6 毫米
4412102011	至少有一表层是濒危非针叶木的濒危竹制多层板	EF	↔层厚度不超过 6 毫米
4412102019	至少有一表层是其他非针叶木的其他濒危竹制多层板	EF	↔层厚度不超过 6 毫米
4412102091	至少有一表层是濒危非针叶木的其他竹制多层板	EF	↔层厚度不超过 6 毫米
4412109110	至少有一层是热带木的濒危竹制多层板	EF	
4412109210	至少含有一层木碎料板的濒危竹制多层板	EF	
4412109910	其他濒危竹制多层板	E	
4412310010	至少有一表层为桃花心木薄板制胶合板	EF	↔层厚度不超过 6 毫米
4412310030	至少有一表层为濒危热带木薄板制胶合板	EF	↔层厚度不超过 6 毫米
4412330010	至少有一表层是濒危的下列非针叶木:白蜡木、水青冈木(山毛榉木)、桦木、樱桃木、榆木、椴木、槭木、鹅掌楸木薄板制胶合板	EF	↔层厚度不超过 6 毫米,竹制除外
4412341010	至少有一表层是濒危温带非针叶木薄板制胶合板	EF	↔层厚度不超过 6 毫米,竹制除外
4412349010	至少有一表层是濒危其他非针叶胶合板	EF	↔层厚度不超过 6 毫米,竹制除外
4412390010	其他濒危薄板制胶合板,上下表层均为针叶木	EF	↔层厚度不超过 6 毫米,竹制除外
4412941010	至少有一表层是桃花心木的木块芯胶合板等	EF	还包括侧板条芯胶合板及板条芯胶合板
4412941030	至少有一表层是濒危热带木的木块芯胶合板等	EF	还包括侧板条芯胶合板及板条芯胶合板
4412941040	至少有一表层是濒危非针叶木的木块芯胶合板等	EF	还包括侧板条芯胶合板及板条芯胶合板
4412949110	至少有一层是濒危热带木的针叶木面木块芯胶合板等	EF	还包括侧板条芯胶合板及板条芯胶合板
4412949210	至少含有一层木碎料板的濒危针叶木面木块芯胶合板等	EF	还包括侧板条芯胶合板及板条芯胶合板
4412949910	其他濒危针叶木面木块芯胶合板等	EF	还包括侧板条芯胶合板及板条芯胶合板

续表

商品编号	商品名称	监管条件	说明
4412991010	至少有一表层是桃花心木的多层板	EF	
4412991020	至少有一表层是拉敏木的多层板	EF	
4412991030	至少有一表层是濒危热带木的多层板	EF	
4412991040	其他至少有一表层是濒危非针叶木的多层板	EF	
4412999110	其他至少有一层是濒危热带木的针叶木面多层板	EF	热带木指本章子目注释二所列木材
4412999210	其他至少含有一层木碎料板的濒危针叶木面多层板	EF	
4412999910	其他濒危针叶木面多层板	EF	
4414009010	拉敏木制画框,相框,镜框及类似品	EF	
4414009020	濒危木制画框,相框,镜框及类似品	EF	
4415100010	拉敏木制木箱及类似包装容器	EF	电缆卷筒
4415100020	濒危木制木箱及类似包装容器	EF	电缆卷筒
4415209020	濒危木托板,箱形托盘及装载木板	EF	包括濒危木制托盘护框
4416009010	拉敏木制大桶、琵琶桶、盆和其他箍桶及其零件	EF	包括拉敏木制桶板
4416009020	濒危木制大桶、琵琶桶、盆和其他箍桶及其零件	EF	包括濒危木制桶板
4417009010	拉敏木制工具、工具支架、工具柄、扫帚及刷子的身及柄	EF	包括拉敏木制鞋靴楦及楦头
4417009020	濒危木制工具、工具支架、工具柄、扫帚及刷子的身及柄	EF	包括濒危木制鞋靴楦及楦头
4418109010	拉敏木制木窗,落地窗及其框架	EF	
4418109020	濒危木制木窗,落地窗及其框架	EF	
4418200010	拉敏木制的木门及其框架和门槛	EF	
4418200020	濒危木制的木门及其框架和门槛	EF	
4418600010	濒危木制柱和梁	EF	
4418740010	已装拼的拉敏木制马赛克地板	EF	
4418740020	已装拼的其他濒危木制马赛克地板	EF	
4418750010	已装拼的拉敏木制多层地板	EF	
4418750020	已装拼的其他濒危木制多层地板	EF	
4418790010	已装拼的拉敏木制其他地板	EF	
4418790020	已装拼的其他濒危木制地板	EF	
4418910010	濒危竹制其他建筑用木工制品	E	包括蜂窝结构的木镶板
4418990010	拉敏木制其他建筑用木工制品	EF	包括蜂窝结构的木镶板

商品编号	商品名称	监管条件	说明
4418990020	濒危木制其他建筑用木工制品	EF	包括蜂窝结构的木镶板
4419121010	酸竹制一次性筷子	E	
4419909010	拉敏木制的其他餐具及厨房用具	EF	
4419909020	濒危木制的其他餐具及厨房用具	EF	
4420101120	濒危木制的木刻	EF	
4420102020	濒危木制的木扇	EF	
4420109030	沉香木及拟沉香木制其他小雕及其他装饰品	EF	
4420109040	其他濒危木制其他小雕及其他装饰品	EF	
4420901010	拉敏木制的镶嵌木	EF	
4420901020	濒危木制的镶嵌木	EF	
4420909010	拉敏木盒及类似品,非落地木家具	EF	前者用于装珠宝或家具;后者不包括第九十四章的家具
4420909020	濒危木盒及类似品,非落地木家具	EF	前者用于装珠宝或家具;后者不包括第九十四章的家具
4421100020	濒危木制木衣架	EF	
4421911010	酸竹制圆签、圆棒、冰果棒、压舌片及类似一次性制品	E	包括类似的一次性制品
4421919010	其他未列名的濒危竹制品	E	
4421991010	拉敏木制圆签、圆棒、冰果棒、压舌片及类似一次性制品	EF	
4421991020	濒危木制圆签、圆棒、冰果棒、压舌片及类似一次性制品	EF	
4421999010	拉敏木制的未列名的木制品	EF	
4421999020	濒危木制的未列名的木制品	EF	
5102191010	未梳濒危兔毛	EF	
5102193010	未梳濒危野生骆驼科动物毛、绒	EF	
5102199010	未梳的其他濒危野生动物细毛	EF	
5102200010	未梳的濒危野生动物粗毛	EF	
5103109010	其他濒危野生动物细毛的落毛	EF	
5103209010	其他濒危野生动物细毛废料	EF	包括废纱线,不包括回收纤维
5103300010	濒危野生动物粗毛废料	EF	包括废纱线,不包括回收纤维
5104009010	其他濒危野生动物细毛	EF	包括粗毛回收纤维

商品编号	商 品 名 称	监管条件	说 明
5105391010	已梳濒危兔毛	EF	
5105399010	其他已梳濒危野生动物细毛	EF	
5105400010	其他已梳濒危野生动物粗毛	EF	
5108101910	非供零售用粗梳其他濒危动物细毛纱线	EF	按重踺计其他动物细毛含踺≥85%
5108109010	非供零售用粗梳其他濒危动物细毛纱线	EF	按重踺计其他粗梳动物细毛含踺<85%
5108201910	非供零售用精梳其他濒危动物细毛纱线	EF	按重踺计其他动物细毛含踺≥85%
5108209010	非供零售用精梳其他濒危动物细毛纱线	EF	按重踺计其他精梳动物细毛含踺<85%
5110000010	濒危动物粗毛的纱线	EF	包括马毛粗松螺旋花线,不论是否供零售用
6402120010	含濒危动物毛皮橡胶/塑料底及面滑雪靴	EF	包括越野滑雪鞋靴及滑雪板靴
6402190010	含濒危动物毛皮其他运动鞋靴	EF	橡胶、塑料制底及面
6403120010	含濒危野生动物皮革制鞋面的滑雪靴	EF	
6403190010	含濒危野生动物皮革制鞋面其他运动鞋靴	EF	
6403200010	含濒危野生动物皮革条带为鞋面的皮底鞋	EF	
6403400010	其他含濒危野生动物皮革面鞋靴	EF	装有金属护鞋头的
6403511110	含濒危野生动物皮革制外底、皮革面过脚踝但低于小腿的短筒靴	EF	内底长度小于24厘米,运动用靴除外
6403511910	其他含濒危野生动物皮革制外底、皮革面过脚踝但低于小腿短筒靴	EF	运动用靴除外
6403519110	含濒危野生动物皮革制外底、皮革面短筒靴	EF	内底长度小于24厘米,运动用靴除外
6403519910	含濒危野生动物皮革制外底、皮革面短筒靴	EF	运动用靴除外
6403590010	含濒危野生动物皮革制外底、皮革面其他鞋靴	EF	包括靴,运动用鞋靴除外
6403911110	其他含濒危野生动物皮革制面过脚踝但低于小腿的短筒靴	EF	内底小于24厘米,橡胶、塑料、再生皮革制外底,运动用靴除外
6403911910	其他含濒危野生动物皮革制面过脚踝但低于小腿的短筒靴	EF	橡胶、塑料、再生皮革制外底,运动用靴除外
6403919110	其他含濒危野生皮革制面的短筒靴(过踝)	EF	内底小于24厘米,橡胶、塑料、再生皮革制外底,运动用靴除外
6403919910	其他含濒危野生皮革制面的短筒靴(过踝)	EF	橡胶、塑料、再生皮革制外底,运动用靴除外

续表

商品编号	商品名称	监管条件	说明
6403990010	含濒危野生动物皮革制面的其他鞋靴	EF	橡胶、塑料、再生皮革制外底,运动用鞋靴除外
6405109010	含濒危野生动物皮革制面的其他鞋靴	EF	外底用橡胶、塑料、皮革及再生皮革以外材料制成
6406100010	含濒危野生动物皮的鞋面及其零件	EF	
6506991010	含濒危野生动物皮革制帽类	EF	
6506992010	含濒危野生动物毛皮制的帽类	EF	无论有无衬里或饰物
6507000010	含濒危野生动物成分的帽类附件	EF	指帽圈、衬、套、帮、骨架、舌及颏带
6602000011	含濒危野生动物成分的手杖、带座手杖	EF	包括马鞭、鞭子及类似品
6603900010	含濒危野生动物成分的伞、手杖的零件及装饰品	EF	包括鞭子的其他零件及饰品
6701000010	已加工野禽羽毛、羽绒及其制品	EF	
6702901010	野禽羽毛制花、叶、果实及其制品	EF	
7113119010	镶嵌濒危物种制品的银首饰及零件	EF	不论是否包、镀其他贵金属
7113191910	镶嵌濒危物种制品的金首饰及零件	EF	不论是否包、镀其他贵金属
7113192910	镶嵌濒危物种制品的铂金首饰及零件	EF	不论是否包、镀其他贵金属
7113199910	镶嵌濒危物种制品的其他贵金属首饰	EF	不论是否包、镀其他贵金属
7113209010	镶嵌濒危物种制品以贱金属为底的包贵金属制首饰	EF	包括零件
7114110010	镶嵌濒危物种制品的银器及零件	EF	不论是否包、镀贵金属
7114190010	镶嵌濒危物种制品的金银器及零件	EF	不论是否包、镀贵金属
7114200010	以贱金属为底的包贵金属制金银器	EF	镶嵌濒危物种制品,包括零件
9003192010	濒危动植物产品制眼镜架	EF	
9101210010	含濒危动物皮自动上弦贵金属机械手表	EF	表壳用贵金属或包贵金属制成的
9101290010	含濒危动物皮非自动上弦贵金属机械手表	EF	表壳用贵金属或包贵金属制成的
9102210010	含濒危动物皮其他自动上弦的机械手表	EF	用贵金属或包贵金属制壳的除外
9102290010	含濒危动物皮其他非自动上弦机械手表	EF	用贵金属或包贵金属制壳的除外
9113900010	濒危动物皮制的表带及其零件	EF	
9202100011	完税价格不小于1.5万美元的含濒危动物皮及濒危木的弓弦乐器	EF	
9202100019	其他含濒危动物皮及濒危木的弓弦乐器	EF	

续表

商品编号	商品名称	监管条件	说明
9202900010	含濒危物种成分的其他弦乐器	EF	
9205909091	其他含濒危物种成分的管乐器（但游艺场风琴及手摇风琴除外）	EF	
9206000010	含濒危动物皮及濒危木的打击乐器	EF	例如，鼓、木琴、钹、响板
9207900010	其他通过电产生或扩大声音的含濒危物种成分的乐器	EF	
9209910010	钢琴含濒危物种成分的零件、附件	EF	
9209920010	品目92.02所列乐器含濒危物种成分的零件、附件	EF	
9209940010	品目92.07所列乐器含濒危物种成分的零件、附件	EF	
9209999010	本章其他编号未列名的含濒危物种成分的乐器零件	EF	
9307001010	军用刀鞘、剑鞘，濒危动物制	EF	
9307009010	其他濒危动物制的刀鞘、剑鞘	EF	
9401690010	其他濒危木框架的坐具	EF	
9401809010	其他濒危木制坐具	EF	
9401909010	其他座具的濒危木制零件	EF	
9403300010	濒危木制办公室用木家具	EF	
9403400010	濒危木制厨房用木家具	EF	
9403501010	卧室用濒危红木制家具	EF	
9403509910	卧室用其他濒危木家具	EF	
9403601010	濒危红木制其他家具	EF	非卧室用
9403609910	濒危木制其他家具	EF	非卧室用
9403900091	其他品目9403所列物品的濒危木制零件	EF	
9404301010	濒危野禽羽毛或羽绒填充的睡袋	EF	
9404901010	濒危野禽羽绒或羽毛填充其他寝具	EF	含类似品
9404902010	濒危兽毛填充的寝具	EF	用野生兽毛填充的，含盖被及类似品
9405200010	含濒危物种成分的电气台灯、床头灯、落地灯	EF	
9504200010	濒危木制的台球用品及附件	EF	
9508100010	有濒危动物的流动马戏团	EF	包括流动动物园
9601100010	已加工的濒危兽牙及其制品	EF	
9601900010	其他已加工濒危动物质雕刻料	EF	包括其制品

商品编号	商　品　名　称	监管条件	说　明
9603290010	濒危野生动物毛制剃须刷、发刷	EF	包括睫毛刷等人体化妆刷
9603301010	濒危动物毛制的画笔	EF	
9603302010	濒危动物毛制的毛笔	EF	
9603309010	濒危动物毛制化妆用的类似笔	EF	
9603509110	濒危动物毛制作为机器零件的其他刷	EF	包括器具零件的其他刷
9603509910	濒危动物毛制作为车辆零件的其他刷	EF	
9603901010	濒危野禽羽毛掸	EF	
9603909010	濒危动物毛、鬃、尾制其他帚、刷	EF	包括拖把及其他毛掸
9606290010	含濒危动物成分的其他纽扣	EF	
9611000010	含濒危动物成分的手用日期戳	EF	包括封缄戳及类似印戳
9614001010	含濒危动物成分的烟斗及烟斗头	EF	仅指野生哺乳类牙齿制产品
9614009010	含濒危野生动物成分的烟嘴及其零件	EF	仅指野生哺乳类牙齿制产品
9615190010	含濒危动物成分的其他材料制梳子	EF	包括角质发夹等,金属、塑料及家畜来源的产品除外
9701900010	含濒危动物成分的拼贴画	EF	包括类似装饰板,指一切源自濒危动物的产品
9703000010	濒危动植物材料制的雕塑品原件	EF	指一切源自濒危植物的产品
9705000010	含濒危动植物的收槭品	EF	具有动植物学意义的
9706000010	超过一百年的濒危野生动植古物	EF	具有收槭或文史价值的

注:"监管条件"栏中"E"代表"监管出口","F"代表"监管进口"。另因部分商品已列入《禁止进出口商品目录》,其相应 HS 编码之后并未设定 E/F 监管条件,但为维持本商品目录的统一性,仍将相关物种管制范围附后,以备国家因科研、执法、外交等特殊需要特别核准相关商品进出口时参考管理之用。部分濒危野生动植物及其产品并未列入本商品目录,此类商品进出口时仍需按规定办理证书。濒危物种包括CITES附录所列物种、国家重点保护野生动物和国家重点保护野生植物。

（六）黄金及黄金制品进出口许可证

中国人民银行总行或其授权的中国人民银行分支机构依法对列入《黄金及其制品进出口管理商品目录》的进出口黄金及其制品实施监督管理,并签发准予进出口的许可证件。根据 2020 年新修订的《黄金及黄金制品进出口管理办法》第 3 条:"中国人民银行是黄金及黄金制品进出口主管部门,对黄金及黄金制品进出口实行准许证制度。中国人民银行根据国家宏观经济调控需求,可以对黄金及黄金制品进出口的数量进行限制性审批。列入《黄金及黄金制品进出口管理目录》的黄金及黄金制品进口或出口通关时,应当向海关提交中国人民银行及其分支机构签发的《中国人民银行黄金及黄金制品进出口准许证》。中国人民银行会同海关总署制定、调整并公布《黄金及黄金制品进出口管理商品目录》。"根据中国人民银行和海关总署联合公告 2015 年第 44 号对《黄金及黄金制品进出口管理商品目录》做了调整，调整后的目录对 12 种黄金及黄金制品实行许可证管理制度。

表 19　《黄金及黄金制品进出口管理商品目录》

序号	海关商品编码	商品名称及备注
1	2843300010	氯化金、氯化金钾等[包括氰化亚金（I）钾（含金 68.3%）、氰化亚金（III）钾（含金 57%）]
2	2843300090	其他金化合物（不论是否已有化学定义）
3	7108110000	非货币用金粉
4	7108120000	非货币用未锻造金（包括镀铂的金）
5	7108130000	非货币用半制成金（包括镀铂的金）
6	7108200000	货币用未锻造金（包括镀铂的金）
7	7113191100	镶嵌钻石的黄金制首饰及其零件（不论是否包、镀其他贵金属）
8	7113191990	其他黄金制首饰及零件（不论是否包、镀其他贵金属）
9	7114190020	其他贵金属制器及零件（工艺金章、摆件等，不论是否包、镀其他贵金属）
10	7118900010	金制铸币（金质贵金属纪念币）
11	9111100010	黄金表壳（按重量计含金量 80% 及以上）
12	9113100010	黄金表带（按重量计含金量 80% 以上）

除了上述所列明之情形外，在以下情形中无需办理《黄金及黄金制品进出口准许证》。《黄金及黄金制品进出口管理办法》第 20 条："除本办法第四条规定外，以下方式进出的黄金及黄金制品免予办理《中国人民银行黄金及黄金制品进出口准许证》，由海关实施监管：（一）通过加工贸易方式进出的；（二）海关特殊监管区域、保税监管场所与境外之间进出的；（三）海关特殊监管区域、保税监管场所之间进出的；（四）以维修、退运、暂时进出境方式进出境的。"

表 20　《黄金及黄金制品管理措施》

中国人民银行黄金及黄金制品进出口准许证	
决策机构	中国人民银行
适用范围	列入《黄金及黄金制品进出口管理商品目录》名单中的 12 种黄金制品

（七）调运外币现钞进出境证明文件

国家外汇管理局、海关总署于 2019 年 6 月 1 日实施《关于印发〈调运外币现钞进出境管理规定〉的通知》，规定为贯彻落实国务院《优化口岸营商环境促进跨境贸易便利化工作方案》（国发〔2018〕37 号印发），创新监管方式，提高通关效率,国家外汇管理局会同海关总署联合制定了《调运外币现钞进出境管理规定》,自本通知生效之日起,由国家外汇管理局印制并签章的《调运外币现钞进出境证明文件》失效。取得调运外币现钞进出境资格的境内商业银行、个人本外币兑换特许业务经营机构以及上述机构委托的报关企业,在海关部门办理调运外币现钞进出境相关手续时,无需再提供《调运外币现钞进出境证明文件》。填报进出口货物报关单时,应在"消费使用单位/生产销售单位"栏目内准确填写银行或兑换特许机构名称,在"商品编号"栏目内填写"9801309000"(流通中的外币现钞,包括纸币及硬币)。

根据《调运外币现钞进出境管理规定》第 2 条,国家外汇管理局及其分支局(以下简称外汇局)、海关总署及其直属海关为调运外币现钞进出境业务的管理机关。按照以往的规定,国家外汇管理局负责印制统一编号的《调运外币现钞进出境证明文件》,并将该证明文件样式送交海关总署备案,由此明确了《调运外币现钞进出境证明文件》的许可证性质。然而,《关于印发〈调运外币现钞进出境管理规定〉的通知》实际废除了《调运外币现钞进出境证明文件》,并且根据该通知第 4 条的规定:"境内商业银行办理调运外币现钞进出境业务实行备案制",可见调运外币现钞进出境不再需要该许可证。

这里所指的"外币现钞"仅包括纸币和硬币,不包括外币支付凭证、支付工具(包括票据、银行存款凭证、银行卡等)、外币有价证券(债券、股票)、特别提款权以及其他外汇资产。《银行调运外币现钞进出境管理规定》第 3 条第 1 款规定:"境内商业银行、兑换特许机构因存取、汇兑及现钞批发业务需要将外币现钞(包括纸币及硬币,下同)调往其他国家(地区)或从其他国家(地区)调入的,适用本规定。"该条第 2 款规定:"境内机构将外币现钞用作纪念币等非存取、汇兑及现钞批发业务之外用途的,不适用本规定。"

(八)音像制品发行许可证或样片提取单

国家广播电影电视、新闻出版主管部门依法对进口音像制品、广播电影电视节目、加工贸易项下只读类光盘实施监督管理,签发准予音像制品进口的许可证件。包括《国家新闻出版广电总局音像制品(成品)进口批准单》《音像制品(版权引进)批准单》《进口广播电影电视节目带(片)提取单》《加工贸易项下光盘进出口批准证》。

所谓音像制品是指载有内容的唱片、录音带、录像带、激光视盘、激光唱盘等。《音像制品进口管理办法》第 13 条规定:"国家对进口音像制品实行许可管理制度,应在进口前报新闻出版总署进行内容审查,审查批准取得许可文件后方可进口。"《办法》第 14 条规定:"新闻出版总署设立音像制品内容审查委员会,负责审查进口音像制品的内容。委员会下设办公室,负责进口音像制品内容审查的日常工作。"对于具体的管理措施,新闻出版总署、商务部、海关总署三部门在联合公告 2008 年第 1 号《关于音像制品进口及市场管理有关问题的公告》中作了明确规定,公告第 3 条规定:"申请进口音像制品成品以及进口用于出版的音像制品,进口单位初审后,填写《进口录音制品报审表》或《进口录像制品报审表》,按有关规定提交申请材料,报新闻出版总署审查。自 2009 年 1 月 1 日起,进口单位应持新闻出版总署签发的《新闻出版总署音像制品(成品)进口批准单》、《新闻出版总署音像制品(版权引进)批准单》,到海关办理音像制品成品或者母带(母盘)的进口手续。"但是,对于以下几种情形中得免除许可证明。

表 21　《免于办理音像制品进口〈批准单〉的特殊情形》

一、免领批准单	《中华人民共和国海关进出境印刷品及音像制品监管办法》第 14 条:"非经营音像制品性质的单位进口用于本单位宣传、培训及广告等目的的音像制品,应当按照海关的要求交验《批准单》、合同、有关报关单证及其他需要提供的文件;数量总计在 200 盘以下的,可以免领《批准单》。"
	《中华人民共和国海关进出境印刷品及音像制品监管办法》第 15 条:"随机器设备同时进口,以及进口后随机器设备复出口的记录操作系统、设备说明、专用软件等内容的印刷品及音像制品进口时,进口单位应当按照海关的要求交验合同、发票、有关报关单证及其他需要提供的文件,但是可以免领《批准单》等批准文件。"
	《文化部办公厅、海关总署办公厅关于执行〈音像制品进口管理办法〉有关问题的通知》:"三、随机器设备同时进口或单独进口后随机器设备复出口的记录操作系统、设备说明、专用软件等内容的音像制品(含专门供生产测试以及单位少量自用的音像制品),免领《文化部进口音像制品批准单》,海关凭进口单位提供的合同、发票等有效单证验放。"
二、个人携带	《中华人民共和国海关进出境印刷品及音像制品监管办法》第 7 条规定个人自用进境音像制品在下列规定数量以内的,海关予以免税验放,其中单碟(盘)发行的音像制品每人每次 20 盘以下、成套发行的音像制品,每人每次 3 套以下。
	《中华人民共和国海关进出境印刷品及音像制品监管办法》第 8 条规定超出本办法第 7 条规定的数量,但是仍在合理数量以内的个人自用进境印刷品及音像制品,不属于本办法第 9 条规定情形的,海关应当按照《中华人民共和国进出口关税条例》有关进境物品进口税的征收规定对超出规定数量的部分予以征税放行。
	当个人携带、邮寄单碟(盘)发行的音像制品进境,每人每次超过 100 盘的或者个人携带、邮寄成套发行的音像制品进境,每人每次超过 10 套的,则海关对全部进境音像制品按照进口货物依法办理相关手续。
三、宗教类	《中华人民共和国海关进出境印刷品及音像制品监管办法》第 10 条:"个人携带、邮寄进境的宗教类音像制品在自用、合理数量范围内的,准予进境。超出个人自用、合理数量进境或者以其他方式进口的宗教类音像制品,海关凭国家宗教事务局、其委托的省级政府宗教事务管理部门或者国务院其他行政主管部门出具的证明予以征税验放。无相关证明的,海关按照《中华人民共和国海关行政处罚实施条例》(以下简称《实施条例》)的有关规定予以处理。散发性宗教类音像制品,禁止进境。"

对广播电影电视进口的管理则需根据《广播电视管理条例》第 39 条规定:

"用于广播电台、电视台播放的境外电影、电视剧，必须经国务院广播电视行政部门审查批准。用于广播电台、电视台播放的境外其他广播电视节目，必须经国务院广播电视行政部门或者其授权的机构审查批准。"《国家广播电影电视总局、海关总署关于加强广播电视节目电影片进口管理的通知》第 4 条规定："不论何种贸易方式进口广播电影电视节目，海关均凭国家广播电影电视总局统一印制的《进口广播电影电视节目带（片）提取单》及其他有关单证办理报关验放手续。"

对于加工贸易项下进出口光盘的管理，国家新闻出版广电总局、商务部、海关总署三部门联合发布公告（2016 年第 2 号）《关于调整光盘复制管理政策的公告》第 1 条指出："加工贸易项下进出口只读类光盘的，须向所在地省级新闻出版广电行政主管部门提出申请并提供样品备案。经批准后，省级新闻出版广电行政主管部门开具'加工贸易项下光盘进出口批准证'。申请单位凭该批准证到商务部门办理加工贸易审批业务；凭该批准证到进出口口岸海关办理光盘的进出口验放手续。"

由于新闻出版总署与国家广电总局合并为国家新闻出版广电总局，因此上述许可证的决策机关均为国家新闻出版广电总局。根据《音像制品进口管理办法》第 4 条："新闻出版总署负责全国音像制品进口的监督管理和内容审查等工作。县级以上地方人民政府新闻出版行政部门依照本办法负责本行政区域内的进口音像制品的监督管理工作。"《国家广播电影电视总局、海关总署关于加强广播电视节目电影片进口管理的通知》第 1 条规定："境内广播电台、电视台、有线广播电视台、教育电视台、中国电影集团公司、中国电影资料馆及广播电视节目制作经营机构（以下简称'进口单位'）从国外及港、澳、台地区进口广播电视节目、电影片、资料带等，统一由国家广播电影电视总局归口管理。各省、自治区、直辖广播电影同厅局负责本辖区内广播电视节目进口管理工作。进口电影片由国家广播电影电视总局电影事业管理局统一归口管理。"

（九）精神药物进出口准许证

国家食品药品监督管理局依法对直接作用于中枢神经系统使之兴奋或抑制、连续使用能产生依赖性的精神药品实施进出口监督管理，签发准予精神药物进出口的许可证件。

根据 2019 年修订的《中华人民共和国药品管理法》第 66 条的规定："进口、出口麻醉药品和国家规定范围内的精神药品，应当持有国务院药品监督管理部门颁发的进口准许证、出口准许证。"《麻醉药品和精神药品管理条例》第 3 条："本条例所称麻醉药品和精神药品，是指列入麻醉药品目录、精神药品目录（以下称目录）的药品和其他物质。精神药品分为第一类精神药品和第二类精神药品。目录由国务院药品监督管理部门会同国务院公安部门、国务院卫生主管部门制定、调整并公布。"与上述部门所公布的目录相对应的是海关对上述精神药品所进行的商品编号。最新的《麻醉药品品种目录》及《精神药品品种目录》为2013年公布的,《国家食品药品监督管理总局、海关总署公告(2013年第54号)——关于麻醉药品和精神药品海关商品编号的公告》:"根据《中华人民共和国药品管理法》、《中华人民共和国海关法》等有关法律法规规定,现公布麻醉药品和精神药品的海关商品编号,自2014年1月1日起施行。麻醉药品和精神药品目录仍按照食品药品监管总局、公安部、卫生计生委2013年11月11日公布的《麻醉药品品种目录(2013年版)》和《精神药品品种目录(2013年版)》执行。"

根据《国家食品药品监督管理局、海关总署关于变更麻醉药品精神药品进出口审批机关的通知》:"麻醉药品、精神药品进、出口的主管部门由国家药品监督管理局变更为国家食品药品监督管理局。"而进出口精神药品的主体同样特殊,根据《卫生部、外交部、对外经济贸易部、国家经委、海关总署关于对精神药物实行进出口准许证规定的通知》规定:"一、对四十种精神药物(以下简称精神药物)的进、出口业务,一律由对外经济贸易部门所属的化工进出口公司负责办理,其他单位和个人不得办理。二、出口精神药物,由中国化工进出口公司向卫生部提出申请(省、市、自治区化工进出口公司如出口精神药物,应向该省、市、自治区卫生厅、局提出申请,由卫生厅、局审核转报卫生部),同时交验购买国政府卫生部同意输入供医疗或科研使用的进口准许证,经我卫生部审核发给《精神药物出口准许证》后,方得出口。三、因医疗及科研工作需要进口精神药物的,由需要单位向当地化工进出口公司提出要求,由省、市、自治区化工进出口公司向该省、市、自治区卫生厅、局提出申请,经卫生厅、局核报卫生部,由卫生部批准发给《精神药物进口准许证》后,方得进口。"

表22　《精神药品进出口管理措施》

精神药物进出口准许证	
决策机构	国家食品药品监督管理局
适用范围	《精神药品品种目录(2013年版)》第一类共计68种精神药品
	《精神药品品种目录(2013年版)》第二类共计81种精神药品
例外情形	《国家药品监督管理局、海关总署关于加强麻醉药品精神药品进(出)口管理有关问题的通知》第3条规定:"携带医疗机构自用的少量精神药品出境的,需到国家药品监督管理局办理《携带精神药品证明》。"
	《药品进口管理办法》第39条:"从境外进入保税仓库、保税区、出口加工区的药品,免予办理进口备案和口岸检验等进口手续,海关按有关规定实施监管。"

(十)麻醉药品进出口准许证

国家药品监督管理部门依法对连续使用后易使身体产生依赖性、能成瘾癖的麻醉药品实施进出口监督管理,签发准予麻醉药品进出口的许可证件。

《中华人民共和国药品管理法》第 66 条:"进口、出口麻醉药品和国家规定范围内的精神药品,应当持有国务院药品监督管理部门颁发的进口准许证、出口准许证。"《药品进口管理办法》第 5 条第 2 款:"进口麻醉药品,还必须取得国家食品药品监督管理局核发的麻醉药品《进口准许证》。"《麻醉药品和精神药品管理条例》第 3 条:"本条例所称麻醉药品和精神药品,是指列入麻醉药品目录、精神药品目录(以下称目录)的药品和其他物质。精神药品分为第一类精神药品和第二类精神药品。目录由国务院药品监督管理部门会同国务院公安部门、国务院卫生主管部门制定、调整并公布。"与上述部门所公布的目录相对应的是海关对上述麻醉药品所进行的商品编号。最新的《麻醉药品品种目录》及《麻醉药品品种目录》为 2013 年公布的。

根据《国家食品药品监督管理局、海关总署关于变更麻醉药品精神药品进出口审批机关的通知》:"麻醉药品、精神药品进、出口的主管部门由国家药品监督管理局变更为国家食品药品监督管理局。"由此可见麻醉药品与精神药品一样,主管机关均为国家食品药品监督管理局。

表 23　《麻醉药品进出口管理措施》

麻醉药品进出口准许证	
决策机构	国家食品药品监督管理局
适用范围	《麻醉药品品种目录(2013 年版)》共计 121 种麻醉药品
例外情形	《国家药品监督管理局、海关总署关于加强麻醉药品精神药品进(出)口管理有关问题的通知》第 3 条规定:"携带医疗机构自用的少量麻醉药品出境的,需到国家药品监督管理局办理《携带麻醉药品证明》。"
	《药品进口管理办法》第 39 条:"从境外进入保税仓库、保税区、出口加工区的药品,免予办理进口备案和口岸检验等进口手续,海关按有关规定实施监管。"

表 24　《麻醉药品和精神药品品种目录》(2013 年版)

表 24-1　《麻醉药品品种目录》(2013 年版)

序号	中文名	英文名	CAS 号	备　注
1	醋托啡	Acetorphine	25333-77-1	
2	乙酰阿法甲基芬太尼	Acetyl-alpha-methylfentanyl	101860-00-8	
3	醋美沙多	Acetylmethadol	509-74-0	
4	阿芬太尼	Alfentanil	71195-58-9	
5	烯丙罗定	Allylprodine	25384-17-2	
6	阿醋美沙多	Alphacetylmethadol	17199-58-5	
7	阿法美罗定	Alphameprodine	468-51-9	

序号	中文名	英文名	CAS 号	备 注
8	阿法美沙多	Alphamethadol	17199-54-1	
9	阿法甲基芬太尼	Alpha-methylfentanyl	79704-88-4	
10	阿法甲基硫代芬太尼	Alpha-methylthiofentanyl	103963-66-2	
11	阿法罗定	Alphaprodine	77-20-3	
12	阿尼利定	Anileridine	144-14-9	
13	苄替啶	Benzethidine	3691-78-9	
14	苄吗啡	Benzylmorphine	36418-34-5	
15	倍醋美沙多	Betacetylmethadol	17199-59-6	
16	倍他羟基芬太尼	Beta-hydroxyfentanyl	78995-10-5	
17	倍他羟基-3-甲基芬太尼	Beta-hydroxy-3-methylfentanyl	78995-14-9	
18	倍他美罗定	Betameprodine	468-50-8	
19	倍他美沙多	Betamethadol	17199-55-2	
20	倍他罗定	Betaprodine	468-59-7	
21	贝齐米特	Bezitramide	15301-48-1	
22	大麻和大麻树脂与大麻浸膏和酊	Cannabis and Cannabis Resin and Extracts and Tinctures of Cannabis	8063-14-7 6465-30-1	
23	氯尼他秦	Clonitazene	3861-76-5	
24	古柯叶	Coca Leaf		
25	可卡因 *	Cocaine	50-36-2	
26	可多克辛	Codoxime	7125-76-0	
27	罂粟浓缩物 *	Concentrate of Poppy Straw		包括罂粟果提取物 *，罂粟果提取物粉 *
28	地索吗啡	Desomorphine	427-00-9	
29	右吗拉胺	Dextromoramide	357-56-2	
30	地恩丙胺	Diampromide	552-25-0	
31	二乙噻丁	Diethylthiambutene	86-14-6	
32	地芬诺辛	Difenoxin	28782-42-5	
33	二氢埃托啡 *	Dihydroetorphine	14357-76-7	
34	双氢吗啡	Dihydromorphine	509-60-4	
35	地美沙多	Dimenoxadol	509-78-4	
36	地美庚醇	Dimepheptanol	545-90-4	
37	二甲噻丁	Dimethylthiambutene	524-84-5	

序号	中文名	英文名	CAS 号	备　注
38	吗苯丁酯	Dioxaphetyl Butyrate	467-86-7	
39	地芬诺酯*	Diphenoxylate	915-30-0	
40	地匹哌酮	Dipipanone	467-83-4	
41	羟蒂巴酚	Drotebanol	3176-03-2	
42	芽子碱	Ecgonine	481-37-8	
43	乙甲噻丁	Ethylmethylthiambutene	441-61-2	
44	依托尼秦	Etonitazene	911-65-9	
45	埃托啡	Etorphine	14521-96-1	
46	依托利定	Etoxeridine	469-82-9	
47	芬太尼*	Fentanyl	437-38-7	
48	呋替啶	Furethidine	2385-81-1	
49	海洛因	Heroin	561-27-3	
50	氢可酮*	Hydrocodone	125-29-1	
51	氢吗啡醇	Hydromorphinol	2183-56-4	
52	氢吗啡酮*	Hydromorphone	466-99-9	
53	羟哌替啶	Hydroxypethidine	468-56-4	
54	异美沙酮	Isomethadone	466-40-0	
55	凯托米酮	Ketobemidone	469-79-4	
56	左美沙芬	Levomethorphan	125-70-2	
57	左吗拉胺	Levomoramide	5666-11-5	
58	左芬啡烷	Levophenacylmorphan	10061-32-2	
59	左啡诺	Levorphanol	77-07-6	
60	美他佐辛	Metazocine	3734-52-9	
61	美沙酮*	Methadone	76-99-3	
62	美沙酮中间体	Methadone Intermediate	125-79-1	4-氰基-2-二甲氨基-4,4-二苯基丁烷
63	甲地索啡	Methyldesorphine	16008-36-9	
64	甲二氢吗啡	Methyldihydromorphine	509-56-8	
65	3-甲基芬太尼	3-Methylfentanyl	42045-86-3	
66	3-甲基硫代芬太尼	3-Methylthiofentanyl	86052-04-2	
67	美托酮	Metopon	143-52-2	
68	吗拉胺中间体	Moramide Intermediate	3626-55-9	2-甲基-3-吗啉基-1,1-二苯基丁酸

序号	中文名	英文名	CAS号	备注
69	吗哌利定	Morpheridine	469-81-8	
70	吗啡*	Morphine	57-27-2	包括吗啡阿托品注射液*
71	吗啡甲溴化物	Morphine Methobromide	125-23-5	包括其他五价氮吗啡衍生物,特别包括吗啡-N-氧化物,其中一种是可待因-N-氧化物
72	吗啡-N-氧化物	Morphine-N-oxide	639-46-3	
73	1-甲基-4-苯基-4-哌啶丙酸酯	1-Methyl-4-phenyl-4-piperidinol propionate(ester)	13147-09-6	MPPP
74	麦罗啡	Myrophine	467-18-5	
75	尼可吗啡	Nicomorphine	639-48-5	
76	诺美沙多	Noracymethadol	1477-39-0	
77	去甲左啡诺	Norlevorphanol	1531-12-0	
78	去甲美沙酮	Normethadone	467-85-6	
79	去甲吗啡	Normorphine	466-97-7	
80	诺匹哌酮	Norpipanone	561-48-8	
81	阿片*	Opium	8008-60-4	包括复方樟脑酊*、阿桔片*
82	奥列巴文	Oripavine	467-04-9	
83	羟考酮*	Oxycodone	76-42-5	
84	羟吗啡酮	Oxymorphone	76-41-5	
85	对氟芬太尼	Para-fluorofentanyl	90736-23-5	
86	哌替啶*	Pethidine	57-42-1	
87	哌替啶中间体A	Pethidine Intermediate A	3627-62-1	4-氰基-1-甲基-4-苯基哌啶
88	哌替啶中间体B	Pethidine Intermediate B	77-17-8	4-苯基哌啶-4-羧酸乙酯
89	哌替啶中间体C	Pethidine Intermediate C	3627-48-3	1-甲基-4-苯基哌啶-4-羧酸
90	苯吗庚酮	Phenadoxone	467-84-5	
91	非那丙胺	Phenampromide	129-83-9	
92	非那佐辛	Phenazocine	127-35-5	
93	1-苯乙基-4-苯基-4-哌啶乙酸酯	1-Phenethyl-4-phenyl-4-piperidinol acetate(ester)	64-52-8	PEPAP

续表

序号	中文名	英文名	CAS 号	备 注
94	非诺啡烷	Phenomorphan	468-07-5	
95	苯哌利定	Phenoperidine	562-26-5	
96	匹米诺定	Piminodine	13495-09-5	
97	哌腈米特	Piritramide	302-41-0	
98	普罗庚嗪	Proheptazine	77-14-5	
99	丙哌利定	Properidine	561-76-2	
100	消旋甲啡烷	Racemethorphan	510-53-2	
101	消旋吗拉胺	Racemoramide	545-59-5	
102	消旋啡烷	Racemorphan	297-90-5	
103	瑞芬太尼*	Remifentanil	132875-61-7	
104	舒芬太尼*	Sufentanil	56030-54-7	
105	醋氢可酮	Thebacon	466-90-0	
106	蒂巴因*	Thebaine	115-37-7	
107	硫代芬太尼	Thiofentanyl	1165-22-6	
108	替利定	Tilidine	20380-58-9	
109	三甲利定	Trimeperidine	64-39-1	
110	醋氢可待因	Acetyldihydrocodeine	3861-72-1	
111	可待因*	Codeine	76-57-3	
112	右丙氧芬*	Dextropropoxyphene	469-62-5	
113	双氢可待因*	Dihydrocodeine	125-28-0	
114	乙基吗啡*	Ethylmorphine	76-58-4	
115	尼可待因	Nicocodine	3688-66-2	
116	烟氢可待因	Nicodicodine	808-24-2	
117	去甲可待因	Norcodeine	467-15-2	
118	福尔可定*	Pholcodine	509-67-1	
119	丙吡兰	Propiram	15686-91-6	
120	布桂嗪*	Bucinnazine		
121	罂粟壳*	Poppy Shell		

注:1. 上述品种包括其可能存在的盐和单方制剂(除非另有规定)。

　　2. 上述品种包括其可能存在的异构体、酯及醚(除非另有规定)。

　　3. 品种目录有 * 的麻醉药品为我国生产及使用的品种。

表 24-2　《精神药品品种目录》(2013 年版)

第一类

序号	中文名	英文名	CAS 号	备注
1	布苯丙胺	Brolamfetamine	64638-07-9	DOB
2	卡西酮	Cathinone	71031-15-7	
3	二乙基色胺	3-[2-(Diethylamino)ethyl]indole	7558-72-7	DET
4	二甲氧基安非他明	(±)-2, 5-Dimethoxy-alpha-methylphenethylamine	2801-68-5	DMA
5	(1，2-二甲基庚基)羟基四氢甲基二苯吡喃	3-(1，2-dimethylheptyl)-7，8，9，10-tetrahydro-6，6，9-trimethyl-6Hdibenzo[b, d]pyran-1-ol	32904-22-6	DMHP
6	二甲基色胺	3-[2-(Dimethylamino)ethyl]indole	61-50-7	DMT
7	二甲氧基乙基安非他明	(±)-4-ethyl-2, 5-dimethoxy-α-methylphenethylamine	22139-65-7	DOET
8	乙环利定	Eticyclidine	2201-15-2	PCE
9	乙色胺	Etryptamine	2235-90-7	
10	羟芬胺	(±)-N-[alpha-methyl-3, 4-(methylenedioxy) phenethyl] hydroxylamine	74698-47-8	N-hydroxy MDA
11	麦角二乙胺	(＋)-Lysergide	50-37-3	LSD
12	乙芬胺	(±)-N-ethyl-alpha-methyl-3, 4-(methylenedioxy)phenethylamine	82801-81-8	N-ethyl MDA
13	二亚甲基双氧安非他明	(±)-N, alpha-dimethyl-3, 4-(methylene-dioxy)phenethylamine	42542-10-9	MDMA
14	麦司卡林	Mescaline	54-04-6	
15	甲卡西酮	Methcathinone	5650-44-2（右旋体），49656-78-2（右旋体盐酸盐），112117-24-5（左旋体），66514-93-0（左旋体盐酸盐）	
16	甲米雷司	4-Methylaminorex	3568-94-3	
17	甲羟芬胺	5-methoxy-α-methyl- 3, 4-(methylenedioxy) phenethylamine	13674-05-0	MMDA
18	4-甲基硫基安非他明	4-Methylthioamfetamine	14116-06-4	
19	六氢大麻酚	Parahexyl	117-51-1	
20	副甲氧基安非他明	P-methoxy-alpha-methylphenethylamine	64-13-1	PMA
21	赛洛新	Psilocine	520-53-6	

序号	中文名	英文名	CAS 号	备　注
22	赛洛西宾	Psilocybine	520-52-5	
23	咯环利定	Rolicyclidine	2201-39-0	PHP
24	二甲氧基甲苯异丙胺	2, 5-Dimethoxy-alpha, 4-dimethyl-phenethylamine	15588-95-1	STP
25	替苯丙胺	Tenamfetamine	4764-17-4	MDA
26	替诺环定	Tenocyclidine	21500-98-1	TCP
27	四氢大麻酚	Tetrahydrocannabinol		包括同分异构体及其立体化学变体
28	三甲氧基安非他明	(±)-3, 4, 5-Trimethoxy-alpha-methylphenethylamine	1082-88-8	TMA
29	苯丙胺	Amfetamine	300-62-9	
30	氨奈普汀	Amineptine	57574-09-1	
31	2, 5-二甲氧基-4-溴苯乙胺	4-Bromo-2, 5-dimethoxyphenethylamine	66142-81-2	2-CB
32	右苯丙胺	Dexamfetamine	51-64-9	
33	屈大麻酚	Dronabinol	1972-08-3	δ-9-四氢大麻酚及其立体化学异构体
34	芬乙茶碱	Fenetylline	3736-08-1	
35	左苯丙胺	Levamfetamine	156-34-3	
36	左甲苯丙胺	Levomethamfetamine	33817-09-3	
37	甲氯喹酮	Mecloqualone	340-57-8	
38	去氧麻黄碱	Metamfetamine	537-46-2	
39	去氧麻黄碱外消旋体	Metamfetamine Racemate	7632-10-2	
40	甲喹酮	Methaqualone	72-44-6	
41	哌醋甲酯 *	Methylphenidate	113-45-1	
42	苯环利定	Phencyclidine	77-10-1	PCP
43	芬美曲秦	Phenmetrazine	134-49-6	
44	司可巴比妥 *	Secobarbital	76-73-3	
45	齐培丙醇	Zipeprol	34758-83-3	
46	安非拉酮	Amfepramone	90-84-6	
47	苄基哌嗪	Benzylpiperazine	2759-28-6	BZP
48	丁丙诺啡 *	Buprenorphine	52485-79-7	

序号	中文名	英文名	CAS号	备 注
49	1-丁基-3-（1-萘甲酰基）吲哚	1-Butyl-3-(1-naphthoyl) indole	208987-48-8	JWH-073
50	恰特草	Catha edulis Forssk		Khat
51	2，5-二甲氧基-4-碘苯乙胺	2，5-Dimethoxy-4-iodophenethylamine	69587-11-7	2C-I
52	2，5-二甲氧基苯乙胺	2，5-Dimethoxyphenethylamine	3600-86-0	2C-H
53	二甲基安非他明	Dimethylamfetamine	4075-96-1	
54	依他喹酮	Etaqualone	7432-25-9	
55	［1-（5-氟戊基）-1H-吲哚-3-基］（2-碘苯基）甲酮	(1-(5-Fluoropentyl)-3-(2-iodobenzoyl) indole)	335161-03-0	AM-694
56	1-（5-氟戊基）-3-（1-萘甲酰基）-1H-吲哚	1-(5-Fluoropentyl)-3-(1-naphthoyl) indole	335161-24-5	AM-2201
57	γ-羟丁酸*	Gamma-hydroxybutyrate	591-81-1	GHB
58	氯胺酮*	Ketamine	6740-88-1	
59	马吲哚*	Mazindol	22232-71-9	
60	2-(2-甲氧基苯基)-1-（1-戊基-1H-吲哚-3-基）乙酮	2-(2-Methoxyphenyl)-1-(1-pentyl-1H-indol-3-yl)ethanone	864445-43-2	JWH-250
61	亚甲基二氧吡咯戊酮	Methylenedioxypyrovalerone	687603-66-3	MDPV
62	4-甲基乙卡西酮	4-Methylethcathinone	1225617-18-4	4-MEC
63	4-甲基甲卡西酮	4-Methylmethcathinone	5650-44-2	4-MMC
64	3，4-亚甲二氧基甲卡西酮	3，4-Methylenedioxy-N-methylcathinone	186028-79-5	Methylone
65	莫达非尼	Modafinil	68693-11-8	
66	1-戊基-3-（1-萘甲酰基）吲哚	1-Pentyl-3-(1-naphthoyl) indole	209414-07-3	JWH-018
67	他喷他多	Tapentadol	175591-23-8	
68	三唑仑*	Triazolam	28911-01-5	

第二类

序号	中文名	英文名	CAS号	备 注
1	异戊巴比妥*	Amobarbital	57-43-2	
2	布他比妥	Butalbital	77-26-9	

续表

序号	中文名	英文名	CAS 号	备　注
3	去甲伪麻黄碱	Cathine	492-39-7	
4	环己巴比妥	Cyclobarbital	52-31-3	
5	氟硝西泮	Flunitrazepam	1622-62-4	
6	格鲁米特 *	Glutethimide	77-21-4	
7	喷他佐辛 *	Pentazocine	55643-30-6	
8	戊巴比妥 *	Pentobarbital	76-74-4	
9	阿普唑仑 *	Alprazolam	28981-97-7	
10	阿米雷司	Aminorex	2207-50-3	
11	巴比妥 *	Barbital	57-44-3	
12	苄非他明	Benzfetamine	156-08-1	
13	溴西泮	Bromazepam	1812-30-2	
14	溴替唑仑	Brotizolam	57801-81-7	
15	丁巴比妥	Butobarbital	77-28-1	
16	卡马西泮	Camazepam	36104-80-0	
17	氯氮䓬	Chlordiazepoxide	58-25-3	
18	氯巴占	Clobazam	22316-47-8	
19	氯硝西泮 *	Clonazepam	1622-61-3	
20	氯拉䓬酸	Clorazepate	23887-31-2	
21	氯噻西泮	Clotiazepam	33671-46-4	
22	氯噁唑仑	Cloxazolam	24166-13-0	
23	地洛西泮	Delorazepam	2894-67-9	
24	地西泮 *	Diazepam	439-14-5	安定
25	艾司唑仑 *	Estazolam	29975-16-4	
26	乙氯维诺	Ethchlorvynol	113-18-8	
27	炔己蚁胺	Ethinamate	126-52-3	
28	氯氟䓬乙酯	Ethyl Loflazepate	29177-84-2	
29	乙非他明	Etilamfetamine	457-87-4	
30	芬坎法明	Fencamfamin	1209-98-9	
31	芬普雷司	Fenproporex	16397-28-7	
32	氟地西泮	Fludiazepam	3900-31-0	
33	氟西泮 *	Flurazepam	17617-23-1	
34	哈拉西泮	Halazepam	23092-17-3	

序号	中文名	英文名	CAS 号	备 注
35	卤沙唑仑	Haloxazolam	59128-97-1	
36	凯他唑仑	Ketazolam	27223-35-4	
37	利非他明	Lefetamine	7262-75-1	SPA
38	氯普唑仑	Loprazolam	61197-73-7	
39	劳拉西泮 *	Lorazepam	846-49-1	
40	氯甲西泮	Lormetazepam	848-75-9	
41	美达西泮	Medazepam	2898-12-6	
42	美芬雷司	Mefenorex	17243-57-1	
43	甲丙氨酯 *	Meprobamate	57-53-4	
44	美索卡	Mesocarb	34262-84-5	
45	甲苯巴比妥	Methylphenobarbital	115-38-8	
46	甲乙哌酮	Methyprylon	125-64-4	
47	咪达唑仑 *	Midazolam	59467-70-8	
48	尼美西泮	Nimetazepam	2011-67-8	
49	硝西泮 *	Nitrazepam	146-22-5	
50	去甲西泮	Nordazepam	1088-11-5	
51	奥沙西泮 *	Oxazepam	604-75-1	
52	奥沙唑仑	Oxazolam	24143-17-7	
53	匹莫林 *	Pemoline	2152-34-3	
54	苯甲曲秦	Phendimetrazine	634-03-7	
55	苯巴比妥 *	Phenobarbital	50-06-6	
56	芬特明	Phentermine	122-09-8	
57	匹那西泮	Pinazepam	52463-83-9	
58	哌苯甲醇	Pipradrol	467-60-7	
59	普拉西泮	Prazepam	2955-38-6	
60	吡咯戊酮	Pyrovalerone	3563-49-3	
61	仲丁比妥	Secbutabarbital	125-40-6	
62	替马西泮	Temazepam	846-50-4	
63	四氢西泮	Tetrazepam	10379-14-3	
64	乙烯比妥	Vinylbital	2430-49-1	
65	唑吡坦 *	Zolpidem	82626-48-0	
66	阿洛巴比妥	Allobarbital	58-15-1	

续表

序号	中文名	英文名	CAS号	备注
67	丁丙诺啡透皮贴剂 *	Buprenorphine Transdermal patch		
68	布托啡诺及其注射剂 *	Butorphanol and its injection	42408-82-2	
69	咖啡因 *	Caffeine	58-08-2	
70	安纳咖 *	Caffeine Sodium Benzoate		CNB
71	右旋芬氟拉明	Dexfenfluramine	3239-44-9	
72	地佐辛及其注射剂 *	Dezocine and Its Injection	53648-55-8	
73	麦角胺咖啡因片 *	Ergotamine and Caffeine Tablet	379-79-3	
74	芬氟拉明	Fenfluramine	458-24-2	
75	呋芬雷司	Furfennorex	3776-93-0	
76	纳布啡及其注射剂	Nalbuphine and its injection	20594-83-6	
77	氨酚氢可酮片 *	Paracetamol and Hydrocodone Bitartrate Tablet		
78	丙己君	Propylhexedrine	101-40-6	
79	曲马多 *	Tramadol	27203-92-5	
80	扎来普隆 *	Zaleplon	151319-34-5	
81	佐匹克隆	Zopiclone	43200-80-2	

注:1. 上述品种包括其可能存在的盐和单方制剂(除非另有规定)。
　　2. 上述品种包括其可能存在的异构体(除非另有规定)。
　　3. 品种目录有 * 的精神药品为我国生产及使用的品种。

第三类:含特殊药品复方制剂

此类药品包括含麻黄碱类复方制剂、含可待因复方口服溶液、复方地芬诺酯片和复方甘草片(国食药监安[2009]503号《关于切实加强部分含特殊药品复方制剂销售管理的通知》)。

表 24-3　《含特殊药品复方制剂品种参考目录》

序号	药 品 名 称	含特殊药品成分
1	氨酚伪麻片	盐酸伪麻黄碱
2	氨酚伪麻片(I)	盐酸伪麻黄碱
3	氨酚伪麻片(II)	盐酸伪麻黄碱
4	安嗽糖浆	盐酸麻黄碱
5	氨苯伪麻片	盐酸伪麻黄碱
6	氨酚氯雷伪麻缓释片	硫酸伪麻黄碱
7	氨酚氯汀伪麻片	硫酸伪麻黄碱
8	氨酚麻美干混悬剂	盐酸伪麻黄碱

序号	药 品 名 称	含特殊药品成分
9	氨酚麻美口服溶液	盐酸伪麻黄碱
10	氨酚麻美糖浆	盐酸伪麻黄碱
11	氨酚美芬伪麻分散片	盐酸伪麻黄碱
12	氨酚美伪麻片	盐酸伪麻黄碱
13	氨酚曲麻片	盐酸伪麻黄碱
14	氨酚伪麻滴剂	盐酸伪麻黄碱
15	氨酚伪麻分散片	盐酸伪麻黄碱
16	氨酚伪麻胶囊	盐酸伪麻黄碱
17	氨酚伪麻咀嚼片	盐酸伪麻黄碱
18	氨酚伪麻颗粒	盐酸伪麻黄碱
19	氨酚伪麻氯汀片	盐酸伪麻黄碱
20	氨酚伪麻美芬片	盐酸伪麻黄碱
21	氨酚伪麻美芬片（II）	盐酸伪麻黄碱
22	氨酚伪麻美芬片（III）	盐酸伪麻黄碱
23	氨酚伪麻那敏分散片	盐酸伪麻黄碱
24	氨酚伪麻那敏胶囊	盐酸伪麻黄碱
25	氨酚伪麻那敏咀嚼片	盐酸伪麻黄碱
26	氨酚伪麻那敏颗粒	盐酸伪麻黄碱
27	氨酚伪麻那敏泡腾颗粒	盐酸伪麻黄碱
28	氨酚伪麻那敏片	盐酸伪麻黄碱
29	氨酚伪麻那敏片（I）	盐酸伪麻黄碱
30	氨酚伪麻那敏片（II）	盐酸伪麻黄碱
31	氨酚伪麻那敏片（III）	盐酸伪麻黄碱
32	氨酚伪麻那敏溶液	盐酸伪麻黄碱
33	氨咖麻敏胶囊	盐酸伪麻黄碱
34	氨麻苯美片	盐酸伪麻黄碱
35	氨麻美敏口服溶液	盐酸伪麻黄碱
36	氨麻美敏片	盐酸伪麻黄碱
37	氨麻美敏片（II）	盐酸伪麻黄碱
38	氨麻美敏片（III）	盐酸伪麻黄碱
39	氨愈美麻分散片	盐酸伪麻黄碱

续表

序号	药 品 名 称	含特殊药品成分
40	氨愈美麻片	盐酸伪麻黄碱
41	白纸扇感冒颗粒	盐酸伪麻黄碱
42	贝桔止咳糖浆	盐酸麻黄碱
43	贝敏伪麻胶囊	盐酸伪麻黄碱
44	贝敏伪麻片	盐酸伪麻黄碱
45	苯酚伪麻片	盐酸伪麻黄碱
46	苯海拉明伪麻黄碱胶囊	盐酸伪麻黄碱
47	鼻炎滴剂	盐酸麻黄碱
48	布洛伪麻分散片	盐酸伪麻黄碱
49	布洛伪麻干混悬剂	盐酸伪麻黄碱
50	布洛伪麻缓释胶囊	盐酸伪麻黄碱
51	布洛伪麻缓释片	盐酸伪麻黄碱
52	布洛伪麻混悬液	盐酸伪麻黄碱
53	布洛伪麻胶囊	盐酸伪麻黄碱
54	布洛伪麻颗粒	盐酸伪麻黄碱
55	布洛伪麻片	盐酸伪麻黄碱
56	布洛伪麻软胶囊	盐酸伪麻黄碱
57	茶碱麻黄碱胶囊	盐酸麻黄碱
58	茶碱麻黄碱片	盐酸麻黄碱
59	酚咖麻敏胶囊	盐酸伪麻黄碱
60	酚麻美敏混悬液	盐酸伪麻黄碱
61	酚麻美敏胶囊	盐酸伪麻黄碱
62	酚麻美敏咀嚼片	盐酸伪麻黄碱
63	酚麻美敏颗粒	盐酸伪麻黄碱
64	酚麻美敏口服溶液	盐酸伪麻黄碱
65	酚麻美敏片	盐酸伪麻黄碱
66	酚麻美软胶囊	盐酸伪麻黄碱
67	酚美愈伪麻分散片	盐酸伪麻黄碱
68	酚美愈伪麻口服溶液	盐酸伪麻黄碱
69	呋麻滴鼻液	盐酸麻黄碱
70	复方阿托品麻黄碱栓	盐酸麻黄碱

序号	药 品 名 称	含特殊药品成分
71	复方氨茶碱暴马子胶囊	盐酸甲基麻黄碱
72	复方氨酚苯海拉明片	盐酸麻黄碱
73	复方氨酚甲麻口服液	盐酸甲基麻黄碱
74	复方氨酚美沙糖浆	盐酸甲基麻黄碱
75	复方氨酚愈敏口服溶液	盐酸甲基麻黄碱
76	复方氨基比林茶碱片	盐酸麻黄碱
77	复方苯海拉明麻黄碱糖浆	盐酸麻黄碱
78	复方鼻炎膏	盐酸麻黄碱
79	复方茶碱甲麻黄碱片	盐酸甲基麻黄碱
80	复方茶碱麻黄碱片	麻黄碱
81	复方茶碱麻黄碱糖浆	麻黄碱
82	复方茶碱片	盐酸麻黄碱
83	复方川贝精片	麻黄浸膏
84	复方胆氨片	盐酸麻黄碱
85	复方酚咖伪麻胶囊	盐酸伪麻黄碱
86	复方福尔可定口服溶液	盐酸伪麻黄碱
87	复方福尔可定糖浆	盐酸伪麻黄碱
88	复方甘草氯化铵糖浆	盐酸麻黄碱
89	复方甘草麻黄碱片	盐酸麻黄碱
90	复方枸橼酸喷托维林颗粒	盐酸麻黄碱
91	复方甲基麻黄碱口服液	盐酸甲基麻黄碱
92	复方桔梗枇杷糖浆	盐酸麻黄碱
93	复方桔梗麻黄碱糖浆	盐酸麻黄碱
94	复方桔梗麻黄碱糖浆（II）	盐酸麻黄碱
95	复方桔梗远志麻黄碱片（I）	盐酸麻黄碱
96	复方林非妥片	盐酸麻黄碱
97	复方氯雷他定缓释胶囊（II）	硫酸伪麻黄碱
98	复方氯雷他定缓释片	硫酸伪麻黄碱
99	复方麻黄碱色甘酸钠膜	盐酸麻黄碱
100	复方麻黄碱糖浆	盐酸麻黄碱
101	复方枇杷氯化铵糖浆	盐酸麻黄碱

续表

序号	药 品 名 称	含特殊药品成分
102	复方氢溴酸右美沙芬颗粒	盐酸伪麻黄碱
103	复方妥英麻黄茶碱片	盐酸麻黄碱
104	复方伪麻黄碱口服溶液	盐酸伪麻黄碱
105	复方盐酸甲麻黄碱糖浆	盐酸甲基麻黄碱
106	复方盐酸麻黄碱软膏	盐酸麻黄碱
107	复方盐酸伪麻黄碱缓释胶囊	盐酸伪麻黄碱
108	复方盐酸伪麻黄碱缓释颗粒	盐酸伪麻黄碱
109	复方愈酚麻黄糖浆	盐酸麻黄碱
110	甘草麻黄碱片	盐酸麻黄碱
111	蒿蓝感冒颗粒	盐酸伪麻黄碱
112	黄麻嗪胶丸	盐酸麻黄碱
113	甲麻芩苷那敏片	盐酸甲基麻黄碱
114	桔远止咳片	盐酸麻黄碱
115	咖酚伪麻片	盐酸伪麻黄碱
116	咳立停糖浆	盐酸麻黄碱
117	咳痰清糖浆	盐酸麻黄碱
118	良园枇杷叶膏	盐酸麻黄碱
119	芦根枇杷叶颗粒	盐酸麻黄碱
120	氯雷氨酚伪麻缓释片	硫酸伪麻黄碱
121	氯雷他定伪麻黄碱缓释片	硫酸伪麻黄碱
122	氯雷伪麻缓释胶囊(I)	硫酸伪麻黄碱
123	氯雷伪麻缓释胶囊(II)	硫酸伪麻黄碱
124	氯雷伪麻缓释片	硫酸伪麻黄碱
125	麻黄碱苯海拉明片	盐酸麻黄碱
126	美酚伪麻片	盐酸伪麻黄碱
127	美敏伪麻咀嚼片	盐酸伪麻黄碱
128	美敏伪麻口服溶液	盐酸伪麻黄碱
129	美敏伪麻溶液	盐酸伪麻黄碱
130	美扑伪麻分散片	盐酸伪麻黄碱
131	美扑伪麻干混悬剂	盐酸伪麻黄碱
132	美扑伪麻胶囊	盐酸伪麻黄碱

序号	药 品 名 称	含特殊药品成分
133	美扑伪麻颗粒	盐酸伪麻黄碱
134	美扑伪麻片	盐酸伪麻黄碱
135	美羧伪麻胶囊	盐酸伪麻黄碱
136	美羧伪麻颗粒	盐酸伪麻黄碱
137	美息伪麻拉明分散片	盐酸伪麻黄碱
138	美息伪麻软胶囊	盐酸伪麻黄碱
139	美愈伪麻胶囊	盐酸伪麻黄碱
140	美愈伪麻颗粒	盐酸伪麻黄碱
141	美愈伪麻口服溶液	盐酸伪麻黄碱
142	那敏伪麻胶囊	盐酸伪麻黄碱
143	那敏伪麻片	盐酸伪麻黄碱
144	萘普生钠伪麻黄碱缓释片	盐酸伪麻黄碱
145	扑尔伪麻片	盐酸伪麻黄碱
146	祛痰平喘片	盐酸麻黄碱
147	散痰宁糖浆	盐酸麻黄碱
148	沙芬伪麻咀嚼片	盐酸伪麻黄碱
149	舒肺糖浆	盐酸麻黄碱
150	双分伪麻胶囊	盐酸伪麻黄碱
151	双扑伪麻分散片	盐酸伪麻黄碱
152	双扑伪麻颗粒	盐酸伪麻黄碱
153	双扑伪麻口服溶液	盐酸伪麻黄碱
154	双扑伪麻片	盐酸伪麻黄碱
155	苏菲咳糖浆	盐酸麻黄碱
156	痰咳清片	盐酸麻黄碱
157	特酚伪麻片	盐酸伪麻黄碱
158	特洛伪麻胶囊	盐酸伪麻黄碱
159	天一止咳糖浆	盐酸麻黄碱
160	伪麻那敏胶囊	盐酸伪麻黄碱
161	西替利嗪伪麻黄碱缓释胶囊	盐酸伪麻黄碱
162	西替伪麻缓释片	盐酸伪麻黄碱
163	息喘丸	盐酸麻黄碱

续表

序号	药　品　名　称	含特殊药品成分
164	消咳宁片	盐酸麻黄碱
165	小儿氨酚伪麻分散片	盐酸伪麻黄碱
166	小儿复方麻黄碱桔梗糖浆	盐酸麻黄碱
167	小儿化痰止咳冲剂	盐酸麻黄碱
168	小儿化痰止咳颗粒	盐酸麻黄碱
169	小儿化痰止咳糖浆	盐酸麻黄碱
170	小儿美敏伪麻口服溶液	盐酸伪麻黄碱
171	小儿伪麻滴剂	盐酸伪麻黄碱
172	小儿伪麻美芬滴剂	盐酸伪麻黄碱
173	盐酸奥昔非君片	去甲麻黄碱衍生物
174	盐酸麻黄碱苯海拉明片	盐酸麻黄碱
175	愈酚甲麻那敏分散片	消旋盐酸甲麻黄碱
176	愈酚甲麻那敏颗粒	消旋盐酸甲麻黄碱
177	愈酚甲麻那敏糖浆	盐酸甲基麻黄碱
178	愈酚伪麻口服溶液	盐酸伪麻黄碱
179	愈酚伪麻片	盐酸伪麻黄碱
180	愈美甲麻敏糖浆	盐酸甲基麻黄碱
181	苑叶止咳糖浆	盐酸麻黄碱
182	镇咳宁滴丸	盐酸麻黄碱
183	镇咳宁含片	盐酸麻黄碱
184	镇咳宁胶囊	盐酸麻黄碱
185	镇咳宁颗粒	盐酸麻黄碱
186	镇咳宁口服液	盐酸麻黄碱
187	镇咳宁糖浆	盐酸麻黄碱
188	支气管炎片	盐酸麻黄碱
189	止咳祛痰颗粒	盐酸麻黄碱
190	止咳祛痰糖浆	盐酸麻黄碱
191	复方磷酸可待因口服溶液	磷酸可待因
192	复方磷酸可待因溶液	磷酸可待因
193	愈酚伪麻待因口服溶液	盐酸伪麻黄碱、磷酸可待因
194	可愈糖浆	磷酸可待因

序号	药　品　名　称	含特殊药品成分
195	复方磷酸可待因糖浆	磷酸可待因
196	复方可待因口服溶液	磷酸可待因
197	愈酚待因口服溶液	磷酸可待因
198	复方磷酸可待因溶液(II)(进口品种)	磷酸可待因
199	复方磷酸可待因口服溶液(III)(进口品种)	磷酸可待因
200	复方地芬诺酯片	地芬诺酯,又名苯乙哌啶,氰苯哌酯,止泻宁。本品为哌替啶的衍生物,可替代阿片使用。
201	复方甘草片	每片含阿片粉4毫克(阿片又叫鸦片、大烟,含10%—20%的特殊生物碱)。

备注:该目录为参考目录,具体品种以经国家食品药品监督管理局批准的处方为准。

复方甘草口服溶液(市医院棕色合剂):每10毫升含0.0009毫克无水吗啡(每10毫升含复方樟脑酊1.8毫升,每1毫升复方樟脑酊含阿片酊0.05毫升,阿片酊含无水吗啡1.0%±0.05%)。

(十一)非军事枪药进出口批件

理论上对于枪药的分类可以分为军用枪药和非军用枪药,其中警用枪药是包含在军用枪药中进行管理的。《中华人民共和国枪支管理法》第33条规定:"国家严格管理枪支的入境和出境。任何单位或者个人未经许可,不得私自携带枪支入境、出境。"其中第37条规定:"经批准携带枪支入境的,入境时,应当凭批准文件在入境地边防检查站办理枪支登记,申请领取枪支携运许可证件,向海关申报,海关凭枪支携运许可证件放行……"可见国家对于枪药实行严格的管理。

公安部《关于加强枪支进出口管理的通知》第1条规定就不同种类的枪药管理分别作出了不同规定。第1条第1款和第2款对于军用枪药的管理予以规定:"国防工业部门进口属于生产、科研需要的军用枪支、弹药(含经技术处理不能使用的样品),必须事先报经国务院国防工办批准,并将批准件抄送所在地省、自治区、直辖市公安厅、局备案。非国防工业部门因特殊需要进口军用枪支、弹药(含样品),必须事先报经主管部委批准和所在地省、自治区、直辖市公安厅、局同意。"第3款和第4款是就非军用枪药的管理作出的规定。其中第3款规定:"体育部门进口射击运动用枪支、弹药(含样品),必须事先报经国家体委批准和所在地省、自治区、直辖市公安厅、局同意。"第4款规定:"林业、狩猎部门进口狩猎用枪支、弹药(含样品),必须事先报经林业部批准和所在地省、自治区、协调公安厅、局同意。"从通知的具体规定可以看出,非军事枪药主要是体育运动所用枪药和狩猎所用枪药。

以射击运动用枪支、弹药为例,《射击竞技体育运动枪支管理办法》第33条规定:"经批准入境的运动枪支,由承办单位凭批准文件到入境地边防检查站办理枪支登记,申请领取《枪支弹药携运许可证》,凭《枪支弹药携运许可证》向入境地海关申报。到达目的地后,应当凭《枪支弹药携运许可证》向当地设区的市级以上公安机关备案。"可见,《枪支弹药携运许可证》是非军用枪药进出口的许可批件。

与此同时,对于非军用枪药的行邮管理亦需要经过许可。公安部《关于加强枪支进出口管理的通知》第4条规定:"经批准进口的枪支、弹药,通过货运入境的,须向海关申报,由海关凭批准进口的文件审核放行。经批准进口和入境的枪支、弹药,由入境人随身携带或按行李托运入境的,须向海关申报,由边防检查站凭批准进口和入境的文件审核发给携运证。枪支、弹药严禁伪装夹带或邮寄入境,违者,一律没收,并追究有关人的责任。"因此,即便是个人携带或者邮寄亦需要经过批准方可进出境。

表25 《非军用枪药管理措施》

枪支弹药携运许可证			
决策机构	国家体育总局、公安部门		国家林业局、公安部门
适用范围	射击运动用枪药		狩猎用枪药

（十二）无线电设备进关审查批件

无线电管理是无线电技术发展和应用的产物,是一项以高科技为基础的政府行政管理职能。《进口无线电发射设备的管理规定》第3条规定:"无线电发射设备定义为:无线电通信、导航、定位、测向、雷达、遥控、遥测、广播、电视等各种发射无线电波的设备,不包含可辐射电磁波的工业、科研、医疗设备、电气化运输系统、高压电力线及其他电器装置等。"

对于无线电设备进关既包括进口许可也包括行邮监管。《进口无线电发射设备的管理规定实施细则》中对于进口无线电发射设备程序进行了具体规定,其中第2条明确规定在设备进关前应当办理"无线电设备进关审查批件"。国家或当地无委办公室审核同意后,核发给进口单位"无线电设备进关审查批件"第一联。海关根据"无线电设备进关审查批件"及报关单据予以放行。与此同时,《进口无线电发射设备的管理规定》第14条对于行邮监管亦作出明确规定:"个人携运自用无线电发射设备入境,须由当地无委办公室核发《无线电设备进关审查批件》。"

无线电设备管理部门为工业和信息化部无线电管理局(国家无线电办公室)。《中华人民共和国无线电管理条例》第6条:"国家无线电管理机构在国务院、中央军事委员会的领导下负责全国无线电管理工作,其主要职责是:……(八)统一办理涉外无线电管理方面的事宜。"

表 26　《无线电设备管理措施》

无线电设备进关审查批件	
决策机构	工业和信息化部无线电管理局(国家无线电办公室)
适用范围	无线电通信、导航、定位、测向、雷达、遥控、遥测、广播、电视等各种发射无线电波的设备 不包含可辐射电磁波的工业、科研、医疗设备、电气化运输系统、高压电力线及其他电器装置等

（十三）保密机进口许可证

商务部、国家密码管理局、海关总署于 2020 年 11 月 26 日出台《关于发布商用密码进口许可清单、出口管制清单和相关管理措施的公告》(商务部、国家密码管理局、海关总署公告 2020 年第 63 号)，规定根据《中华人民共和国密码法》《中华人民共和国出口管制法》和《中华人民共和国海关法》的有关规定，为维护国家安全、社会公共利益，决定对有关商用密码实施进口许可和出口管制。进口《商用密码进口许可清单》所列物项和技术，应向商务部申请办理两用物项和技术进口许可证；出口《商用密码出口管制清单》所列物项和技术，应向商务部申请办理两用物项和技术出口许可证。商务部应当自收到申请文件之日起会同国家密码管理局等有关部门进行审查，并在法定期限内作出许可或者不予许可的决定。公告自 2021 年 1 月 1 日起正式实施，2010 年起实施的国家密码管理局、海关总署公告第 18 号，海关总署、国家密码管理局公告 2012 年第 64 号，2014 年起实施的国家密码管理局、海关总署公告第 27 号，2020 年起实施的国家密码管理局、商务部、海关总署公告第 38 号同时废止。

由此可见，许可决策机构为商务部会同国家密码管理局等有关部门，根据该规定，商用密码许可清单如下：

商用密码进口许可清单

1. 加密电话机

采用密码技术实现数据传输加密保护等功能，含有 64 位以上密钥长度的对称密码算法、768 位以上密钥长度的基于整数因子分解的非对称密码算法或 128 位以上密钥长度基于椭圆曲线的非对称密码算法的固定电话或移动电话。

2. 加密传真机

采用密码技术实现数据传输加密保护等功能，含有 64 位以上密钥长度的对称密码算法、768 位以上密钥长度的基于整数因子分解的非对称密码算法或 128 位以上密钥长度基于椭圆曲线的非对称密码算法的传真机。

3. 密码机(密码卡)

以实现密码运算为主要功能的设备(包括密码卡)，且具有以下两种特征：

（1）含有 64 位以上密钥长度的对称密码算法、768 位以上密钥长度的基于整数因子分解的非对称密码算法或 128 位以上密钥长度基于椭圆曲线的非对称密码算法；

（2）对称密码算法加解密速率 10 Gbps 以上。

4. 加密 VPN 设备

以 IPSec/SSL VPN 为主要功能的设备，且具有以下两种特征：

（1）含有 64 位以上密钥长度的对称密码算法、768 位以上密钥长度的基于整数因子分解的非对称密码算法或 128 位以上密钥长度基于椭圆曲线的非对称密码算法；

（2）加密通信速率 10G bps 以上。

商用密码出口管制清单

1. 系统、设备和部件

1.1　安全芯片

部分或全部实现了密码运算、密钥管理、随机数生成等功能的集成电路芯片，且具有以下特征之一：

（1）含有专门用于电力、税务、公安、金融等领域的 64 位以上密钥长度的对称密码算法、768 位以上密钥长度的基于整数因子分解的非对称密码算法或 128 位以上密钥长度基于椭圆曲线的非对称密码算法；

（2）含有 64 位以上密钥长度的对称密码算法、768 位以上密钥长度的基于整数因子分解的非对称密码算法或 128 位以上密钥长度基于椭圆曲线的非对称密码算法，且对称密码算法加解密速率 10 Gbps 以上或非对称密码算法签名速率 50000 次/秒以上。

1.2　密码机（密码卡）

以实现密码运算为主要功能的设备（包括密码卡），且具有以下两种特征：

（1）含有 64 位以上密钥长度的对称密码算法、768 位以上密钥长度的基于整数因子分解的非对称密码算法或 128 位以上密钥长度基于椭圆曲线的非对称密码算法；

（2）对称密码算法加解密速率 10 Gbps 以上或非对称密码算法签名速率 50000 次/秒以上。

1.3　加密 VPN 设备

以 IPSec/SSL VPN 为主要功能的设备，且具有以下两种特征：

（1）含有 64 位以上密钥长度的对称密码算法、768 位以上密钥长度的基于整数因子分解的非对称密码算法或 128 位以上密钥长度基于椭圆曲线的非对称密码算法；

（2）加密通信速率 10 Gbps 以上。

1.4　密钥管理产品

用于对称密钥或非对称密钥的生成、分发、存储等管理功能的服务端设备，且具有以下两种特征：

（1）含有 64 位以上密钥长度的对称密码算法、768 位以上密钥长度的基于整数因子分解的非对称密码算法或 128 位以上密钥长度基于椭圆曲线的非对称密码算法；

（2）支持管理对象数量 10000 以上。

1.5　专用密码设备

含有专门用于电力、税务、公安、金融等领域的 64 位以上密钥长度的对称密码算法、768 位以上密钥长度的基于整数因子分解的非对称密码算法或 128 位以上密钥长度基于椭圆曲线的非对称密码算法的设备。

1.6　量子密码设备

以量子力学和密码学为基础，利用量子技术实现密码功能的设备。

1.7　密码分析设备

用于破解、弱化或绕过密码技术、产品或系统的分析设备。

2. 测试、检查和生产设备

2.1　密码研制生产设备

专门设计用于研制或生产 1.1 项至 1.7 项的设备。

2.2　密码测试验证设备

专门设计用于测量、测试、评估、验证 1.1 项至 1.7 项的设备。

3. 软件

专门设计或改进用于研制、生产或使用 1.1 项至 2.2 项的软件。

4. 技术

专门设计或改进用于研制、生产或使用 1.1 项至 3 项的技术。

（十四）文物出口证书

国家文物行政主管机关根据《中华人民共和国文物保护法》，对一般文物出口、个人携带文物出境实行监督管理。

《中华人民共和国文物保护法》第 60 条："国有文物、非国有文物中的珍贵文物和国家规定禁止出境的其他文物，不得出境；但是依照本法规定出境展览或者因特殊需要经国务院批准出境的除外。"对于文物，我国采取分类原则，其中珍贵文物禁止出境、一般文物限制出境。《中华人民共和国文物保护法》第 2 条第 3 款："历史上各时代重要实物、艺术品、文献、手稿、图书资料、代表性实物等可移动文物，分为珍贵文物和一般文物；珍贵文物分为一级文物、二级文物、三级文物。"同时，《中华人民共和国文物保护法》第 2 条将古脊椎动物化石和古人类化石与文物同等视之，一起保护。从上述的规定可以看出，对于珍贵文物，原则上是禁止进出口的，对于需要进行展览交流的文物原则上经过批准可以出境，但是对于列入"负面清单"的文物则禁止出境展览。《中华人民共和国文物保护法实施条例》第49条:"一级文物中的孤品和易损品,禁止出境展览。禁止出境展览文物的目录,由国务院文物行政主管部门定期公布。未曾在国内正式展出的文物,不得出境展览。"我国先后发布了三份《禁止出境展览文物目录》,在目录规定范围内的文物均属于不得出境展览的文物。除此之外,文物等级由相关机构进行鉴定。

对于一般文物的进出口与文物的展览,履行的是不同的程序。根据《关于修订公布〈国家文物局行政许可项目说明〉的通知(文物政发〔2011〕2号)》的规定,国家文物局负责全国文物的保护工作,其中对于文物出境许可证的核发由国家文物局指定的16个文物出境审核机构具体审核并作出行政许可决定。而文物出境展览许可证原则上由各个博物馆自行决定,拟定准予或不予行政许可的决定。但其后需由博物馆与社会文物司负责人审核后报文物局领导批准后方可发放许可证明。同时,《中华人民共和国文物保护法》第62条:"文物出境展览,应当报国务院文物行政部门批准;一级文物超过国务院规定数量的,应当报国务院批准。"因此,文物展览在一定情况下还需经国务院的许可。

表27　《文物出口、出境管理措施》

许可证种类	文物出境许可证	文物出境展览许可证
决策机构	国家文物局指定的16个文物出境审核机构:北京、天津、上海、广东、江苏、云南、福建、浙江、陕西、河北、河南、四川、安徽、辽宁、山东、湖北	原则上由国家文物局批准;超过国务院规定数量的,由国务院批准
适用范围	一般文物	珍贵文物(一级文物中的孤品和易损品除外)

(十五)其他国家限制进出口的批准件、证明和凭照

除了上述已经列明的限制进出口的货、物品外,《海关实行许可证件管理目录》中亦规定了"其他国家限制进出口的批准件、证明和凭照",该兜底条款实际包含了四种许可证件,其分别是古生物化石出口、出境批件,人类遗传资源材料出口、出境证明,人体血液进出口批件,钟乳石出口批件。

1.古生物化石出口、出境批件

古生物化石,是指地质时期形成并赋存于地层中的动物、植物等遗体化石或者遗迹化石。根据《古生物化石保护条例实施办法》第7条:"古生物化石分为重点保护古生物化石和一般保护古生物化石。按照科学价值重要程度、保存完整程度和稀少程度,将重点保护古生物化石划分为一级、二级和三级。重点保护古生物化石分级标准和重点保护古生物化石名录由自然资源部另行制定。"

古生物化石等级的区分,也为管理权限的划分设定了标准。《古生物化石保

护条例》第 26 条第 1 款规定："未命名的古生物化石不得出境。重点保护古生物化石符合下列条件之一,经国务院自然资源主管部门批准,方可出境:(一)因科学研究需要与国外有关研究机构进行合作的;(二)因科学、文化交流需要在境外进行展览的。"第 26 条第 2 款规定:"一般保护古生物化石经所在地省、自治区、直辖市人民政府自然资源主管部门批准,方可出境。"由此可见,对于重点保护的古生物化石的出境由自然资源部批准,而一般古生物化石的出境则由省级自然资源厅批准。

重点保护的古生物化石分级标准和重点保护古生物化石名录由自然资源部另行制定。自然资源部(原国土资源部)关于印发《〈国家古生物化石分级标准(实行)〉和〈国家重点保护古生物化石目录(首批)〉的通知》(国土资发〔2012〕6号)中明确了重点保护古生物化石名单共计 400 余种。剩余古生物化石除了未命名的古生物化石以外,都属于一般保护古生物化石。

表 28　《古生物化石出口、出境管理措施》

许可证件	\	古生物化石出口、出境批件	
种　　类	未命名古生物化石	重点保护古生物化石	一般保护古生物化石
限制级别	禁止出口、出境	限制出口、出境	
决策机构	\	国土资源部	地方国土资源厅、局
适用范围	未命名古生物化石	列入《国家重点保护古生物化石名录(首批)》的 400 余种古生物化石	除未命名、重点保护古生物化石之外的化石

2. 人类遗传资源材料出口、出境证明

人类遗传资源材料出口、出境证明是指国务院科学技术行政主管部门和卫生行政主管部门依法对人类遗传资源材料及人类遗传资源信息资料实行出口管理,签发准许出口、出境的批准文件。所谓"人类遗传资源材料",根据《人类遗传资源管理暂行办法》第 2 条规定:"本办法所称人类遗传资源是指含有人体基因组、基因及其产物的器官、组织、细胞、血液、制备物、重组脱氧核糖核酸(DNA)构建体等遗传材料及相关的信息资料。"

《人类遗传资源管理暂行办法》第 4 条规定:"国家对重要遗传家系和特定地区遗传资源实行申报登记制度,发现和持有重要遗传家系和特定地区遗传资源的单位或个人,应及时向有关部门报告。未经许可,任何单位和个人不得擅自采集、收集、买卖、出口、出境或以其他形式对外提供。"同时,《办法》第 16 条规定:"携带、邮寄、运输人类遗传资源出口、出境时,应如实向海关申报,海关凭中国人类遗传资源管理办公室核发的出口、出境证明予以放行。"由此,亦明确了人类遗传资源材料出口、出境的决策机构为中国人类遗传资源管理办公室。

　　人类遗传资源材料不仅限于活体身上的遗传物质，对于尸体上所存在的遗传物质的出口、出境亦需要得到国家人类遗传资源管理办公室的批准。《尸体出入境和尸体处理的管理规定》第 7 条规定："……对涉及我国人类遗传资源的出境尸体，海关加验中国人类遗传资源管理办公室核发的《人类遗传资源材料出口、出境证明》……"

表 29　《人类遗传资源材料出口、出境管理措施》

人类遗传资源材料出口、出境证明	
决策机构	中国人类遗传资源管理办公室
适用范围	一、含有人体基因组、基因及其产物的器官、组织、细胞、血液、制备物、重组脱氧核糖核酸（DNA）构建体等遗传材料及相关的信息资料 二、涉及我国人类遗传资源的尸体

　　3. 人体血液进出口批件

　　人体血液进出口批件，是指卫生行政主管部门依法对人体血液实行进出口管理，签发准予进出口的批件或证书。《血液制品管理条例》第 3 条规定："国务院卫生行政部门对全国的原料血浆的采集、供应和血液制品的生产、经营活动实施监督管理。"《血液制品管理条例》将血液分为原料血浆和血液制品，其中对于原料血浆禁止出口，对于血液制品限制出口。

　　根据《血液制品管理条例》第 33 条的规定："国务院卫生行政部门负责全国进出口血液制品的审批及监督管理。"目前，全国卫计委是血液制品进出口的审批机关。①

表 30　《人体血液进出口管理措施》

人体血液进出口批件	
决策机构	全国卫计委
适用范围	血液制品（排除原料血浆）

　　4. 钟乳石出口批件

　　钟乳石，是指碳酸盐岩地区洞穴内在漫长地质历史中和特定地质条件下形成的石钟乳、石笋、石柱等不同形态碳酸钙沉淀物的总称。我国对钟乳石的出口采取限制出口的措施。由省级国土资源行政主管部门授权机构依法对具有特殊科学研究和观赏价值的钟乳石实施出口管理，签发准予出口的批准文件。

———————

　　①　《卫生计生委权力清单》中权力编号[20016]明确了人体血液、组织器官进出口审批是卫生计生委的权力范围。参见中央政府门户网站：http://www.gov.cn/fuwu/2016-07-26/content_5094886.htm，2016 年 8 月 26 日访问。

　　根据《地质矿产部关于岩溶洞穴钟乳石资源属性和适用法律有关问题的复函》："岩溶洞穴钟乳石就其成因和物质成分来看符合《中华人民共和国矿产资源法实施细则》第二条关于矿产资源的定义,开采钟乳石应当按照矿产资源法的有关开采石灰石的规定办理有关手续,缴纳矿产资源补偿费。"

　　根据《矿产资源法》第16条第1款的规定:"开采下列矿产资源的,由国务院地质矿产主管部门审批,并颁发采矿许可证;(一)国家规划矿区和对国民经济具有重要价值的矿区内的矿产资源;(二)前项规定区域以外可供开采的矿产储量规模在大型以上的矿产资源;(三)国家规定实行保护性开采的特定矿种;(四)领海及中国管辖的其他海域的矿产资源;(五)国务院规定的其他矿产资源。"该法第16条第2款和第3款继而规定:"开采石油、天然气、放射性矿产等特定矿种的,可以由国务院授权的有关主管部门审批,并颁发采矿许可证。开采第一款、第二款规定以外的矿产资源,其可供开采的矿产的储量规模为中型的,由省、自治区、直辖市人民政府地质矿产主管部门审批和颁发采矿许可证。"第16条第4款明确了钟乳石属于省级政府直接管理的矿产资源,"开采第一款、第二款和第三款规定以外的矿产资源的管理办法,由省、自治区、直辖市人民代表大会常务委员会依法制定"。由于钟乳石属于广西壮族自治区特有的矿产资源,广西壮族自治区人大为此专门进行立法以明确钟乳石的管理措施。《广西壮族自治区钟乳石资源保护条例》第20条:"出口钟乳石,必须经自治区地质矿产主管部门审查其来源合法后,方可依法办理有关出口手续。"

表31　《钟乳石出口管理措施》

钟乳石出口批件	
决策机构	广西壮族自治区国土资源厅

(十六)两用物项和技术进口许可证

　　两用物项和技术进口许可证,是指商务部及其授权发证机关签发的准予进口《两用物项和技术进口许可证管理目录》中商品的许可证件。以任何贸易方式进口以及过境、转运、通运《两用物项和技术进口许可证管理目录》列名的两用物项,海关验枝商务部授权发证机关签发的两用物项和技术进口许可证。

　　所谓"两用物项和技术",是指军民两用的敏感物项和易制毒化学品。两用物项和技术是指敏感物项和技术、易制毒化学品和其他的总称。其中敏感物项和技术包括核、核两用物项和技术、生物两用物项和技术、化学两用物项和技术、监控化学品和导弹相关物项和技术;易制毒化学品是指可用于制造毒品的化学品。《两用物项和技术进出口许可证管理办法》第2条第1款规定:"本办法所称有关行政法规系指《中华人民共和国核出口管制条例》、《中华人民共和国核两用品及相关技术出口管制条例》、《中华人民共和国导弹及相关物项和技术出口管制条例》、《中华人民共和国生物两用品及相关设备和技术出口管制条例》、《中华人民共和国监控化学品管理条例》、《中华人民共和国易制毒化学品管理条例》及《有关化学品及相关设备和技术出口管制办法》。"第2款规定："本办法所称两用物项和技术是指前款有关行政法规管制的物项和技术。"

《两用物项和技术进出口许可证管理办法》第6条第1款："以任何方式进口或出口，以及过境、转运、通运《管理目录》中的两用物项和技术，均应申领两用物项和技术进口或出口许可证。"《两用物项和技术进出口许可证管理办法》第4条："商务部会同海关总署制定和发布《两用物项和技术进出口许可证管理目录》。商务部和海关总署可以根据情况对《管理目录》进行调整，并以公告形式发布。"

纳入《两用物项和技术进口许可证管理目录》的两用物项，包括监控化学品、易制毒化学品和放射性同位素三大类。除此之外，需要适用两用物项和技术进口许可证还包括含有易制毒化学品的混合物：（1）含甲苯、丙酮、丁酮、硫酸4种易制毒化学品之一且比例高于40%（不含40%）的混合物、含盐酸比例高于10%（不含10%）的混合物；（2）含上述5种以外的《易制毒化学品进出口管理目录》所列其他易制毒化学品的混合物；（3）含易制毒化学品的复方药品制剂除外。

根据《两用物项和技术进出口许可证管理办法》第3条规定："商务部是全国两用物项和技术进出口许可证的归口管理部门，负责制定两用物项和技术进出口许可证管理办法及规章制度，监督、检查两用物项和技术进出口许可证管理办法的执行情况，处罚违规行为。"第5条第1款："商务部委托商务部配额许可证事务局（以下简称许可证局）统一管理、指导全国各发证机构的两用物项和技术进出口许可证发证工作，许可证局对商务部负责。"第2款："许可证局和商务部委托的省级商务主管部门为两用物项和技术进出口许可证发证机构（以下简称发证机构），省级商务主管部门在许可证局的统一管理下，负责委托范围内两用物项和技术进出口许可证的发证工作。"

表32　《两用物项和技术进口管理措施》

两用物项和技术进口许可证：配额许可	
决策机构	商务部及升级商务主管部门
适用范围	1. 纳入《两用物项和技术进口许可证管理目录》的两用物项，包括监控化学品65种；易制毒化学品43种；放射性同位素8种；
	2. 含甲苯、丙酮、丁酮、硫酸4种易制毒化学品之一且比例高于40%（不含40%）的混合物、含盐酸比例高于10%（不含10%）的混合物；
	3. 含上述5种以外的《易制毒化学品进出口管理目录》所列其他易制毒化学品的混合物；
	4. 含易制毒化学品的复方药品制剂除外。

（十七）两用物项和技术出口许可证

两用物项和技术出口许可证，是指商务部授权发证机关准予两用物项和技术出口签发的许可证件。以任何贸易方式出口以及过境、转运、通运《两用物项和技术出口许可证管理目录》管理的两用物项和技术，企业应持商务部授权发证机关签发的"两用物项和技术出口许可证"向海关办理通关验放手续。

《两用物项和技术进出口许可证管理办法》第 6 条第 1 款："以任何方式进口或出口，以及过境、转运、通运《管理目录》中的两用物项和技术，均应申领两用物项和技术进口或出口许可证。"《两用物项和技术进出口许可证管理办法》第 4 条："商务部会同海关总署制定和发布《两用物项和技术进出口许可证管理目录》。商务部和海关总署可以根据情况对《管理目录》进行调整，并以公告形式发布。"纳入"两用物项和技术出口许可证管理目录"的两用物项和技术包括核、核两用品及相关技术、生物两用品及相关设备和技术、监控化学品，有关化学品及相关设备和技术、导弹及相关物项和技术，易制毒化学品，以及巨型、大型、中型及小型计算机等两用物项和技术。

表 33　《两用物项和技术出口管理措施》

两用物项和技术进口许可证：配额许可	
决策机构	商务部及升级商务主管部门
适用范围：包括核、核两用品及相关技术、生物两用品及相关设备和技术、监控化学品，有关化学品及相关设备和技术、导弹及相关物项和技术，易制毒化学品，以及巨型、大型、中型及小型计算机等两用物项和技术。	1. 核材料、核反应堆及为其专门设计的设备和部件、核反应堆用非核材料、辐照元件后处理厂以及为其专门设计或制造的设备、用于制造核反应堆燃料元件的工厂和为其专门设计或制造的设备、铀同位素分离厂以及为其专门设计或制造的(除分析仪器外的)设备、生产或浓集重水、氘和氚化物的工厂和专门为其设计或制造的设备，以及用于燃料元件制造和铀同位素分离的铀和钚转换厂及专门为其设计或制造的设备等。
	2. 核两用品及相关技术包括：工业设备、材料、同位素分离设备和部件、重水生产厂的有关设备、内爆系统研制设备、炸药和有关设备等。
	3. 生物两用品及相关设备和技术包括：人及人兽共患病病原体、植物病原体、动物病原体、毒素及其亚单位、遗传物质和基因修饰生物体、生物双用途设备及相关技术等。
	4. 监控化学品包括：可作为化学武器的化学品、化学武器关键前体、化学武器原料等。
	5. 有关化学品及相关设备和技术包括：氟化氢等 10 种化学品、有关化学品生产设备、专用检测器和毒气监视系统及有关技术等。
	6. 导弹及相关物项和技术包括：完整的运载工具、动力系统、制导、材料、电子设备、控制系统、战斗部、地面设备、推进剂、软件、其他部件、组件、设计、试验、生产设施与设备及相关技术等。
	7. 易制毒化学品包括：麻黄碱、羟亚胺等 42 种易制毒化学品，及氯化铵等 16 种向特定国家(地区)出口时需办理两用物项和技术出口许可证的易制毒化学品。
	8. 计算机包括：巨型、大型、中型及小型数字式自动数据处理设备等共 6 项。
	9. 含有易制毒化学品的混合物：(1)含甲苯、丙酮、丁酮、硫酸 4 种易制毒化学品之一且比例高于 40%(不含)的混合物、含盐酸比例高于 10%(不含)的混合物；(2)含上述 5 种以外的《易制毒化学品进出口管理目录》所列其他易制毒化学品的混合物；(3)含易制毒化学品的复方药品制剂除外。

根据《两用物项和技术进出口许可证管理办法》第 3 条规定："商务部是全国两用物项和技术进出口许可证的归口管理部门,负责制定两用物项和技术进出口许可证管理办法及规章制度,监督、检查两用物项和技术进出口许可证管理办法的执行情况,处罚违规行为。"第 5 条第 1 款："商务部委托商务部配额许可证事务局(以下简称许可证局)统一管理、指导全国各发证机构的两用物项和技术进出口许可证发证工作,许可证局对商务部负责。"第 2 款："许可证局和商务部委托的省级商务主管部门为两用物项和技术进出口许可证发证机构(以下简称发证机构),省级商务主管部门在许可证局的统一管理下,负责委托范围内两用物项和技术进出口许可证的发证工作。"

商务部、海关总署于 2020 年 12 月 31 日发布《两用物项和技术进出口许可证管理目录》(2020 年第 75 号),规定根据《中华人民共和国出口管制法》《两用物项和技术进出口许可证管理办法》(商务部海关总署令 2005 年第 29 号)和2021 年《中华人民共和国进出口税则》,商务部和海关总署对《两用物项和技术进出口许可证管理目录》进行了调整,调整后的《两用物项和技术进出口许可证管理目录》自 2021 年 1 月 1 日起正式实施,商务部、海关总署 2019 年第 68 号公告公布的《两用物项和技术进出口许可证管理目录》同时废止。进口放射性同位素按《放射性同位素与射线装置安全和防护条例》和《两用物项和技术进出口许可证管理办法》有关规定,报生态环境部审批后,在商务部配额许可证事务局申领两用物项和技术进口许可证。进口经营者凭两用物项和技术进口许可证向海关办理进口手续。

(十八)药品进/出口准许证

国家食品药品监督管理局依法对列入兴奋剂目录的蛋白同化制剂、肽类激素等供医疗使用的兴奋剂实施进出口管理。2017 年修订的《蛋白同化制剂、肽类激素进出口管理办法》第 27 条规定："本办法所称进口供医疗使用的蛋白同化制剂、肽类激素,是指进口的蛋白同化制剂、肽类激素拟用于生产制剂或者拟在中国境内上市销售。"《蛋白同化制剂、肽类激素进出口管理办法》第 2 条:"国家对蛋白同化制剂、肽类激素实行进出口准许证管理。"

兴奋剂,是指兴奋剂目录所列的禁用物质等。兴奋剂进出口管理是指依据《反兴奋剂条例》对进出口兴奋剂实施的监督管理。因此,对于药品进出口准许证管理必须以《兴奋剂目录》为依据。这里需要明确两个问题,首先,由于《兴奋剂管理》主要是为了保障运动员能够公平、公正地进行体育竞技,因而《兴奋剂目录》的颁布机关为国家体育总局。对于这些药品进行管理也是在此基础上展开的,但是由于《兴奋剂目录》包含的又不仅限于蛋白同化制剂、肽类激素,还包括麻醉药品、精神药品等制剂,因此《反兴奋剂条例》第 16 条明确规定:"兴奋剂目录所列禁用物质属于麻醉药品、精神药品、医疗用毒性药品和易制毒化学品的，其生产、销售、进口、运输和使用，依照药品管理法和有关行政法规的规定实行特殊管理。"对于这些特殊药品的进出口实行专门的许可制度，而不作为药品进/出口准许证的管理范围。其次，兴奋剂是指兴奋剂目录所列的禁用物质，包括蛋白同化制剂品种、肽类激素品种、麻醉药品品种、刺激剂（含精神药品）品种、药品类易制毒化学品品种、医疗用毒性药品品种及其他品种兴奋剂。对兴奋剂目录中第七类"其他品种"，海关暂不按照兴奋剂实行管理。这样就划定了药品进出口准许证的适用范围仅仅包括蛋白同化制剂品种、肽类激素品种两种兴奋剂。

《蛋白同化制剂、肽类激素进出口管理办法》第 3 条规定："进口蛋白同化制剂、肽类激素，进口单位应当向所在地省、自治区、直辖市食品药品监督管理部门提出申请。"第 15 条第 1 款规定："出口蛋白同化制剂、肽类激素，出口单位应当向所在地省、自治区、直辖市食品药品监督管理部门提出申请。"

表 34　《2021 年兴奋剂目录》

一、蛋白同化制剂品种

序号	英　文　名	通用名（别名）	海关参考商品编号
1	1-androstenediol(5α-androst-1-ene-3β, 17β-diol)	1-雄烯二醇	2937290011 3004320011
2	1-androstenedione（5α-androst-1-ene-3, 17-di-one）	1-雄烯二酮	2937290011 3004320011
3	1-Androsterone（3α-hydroxy-5α-androst-1-ene-17-one）	1-雄酮（3α-羟基-5α-雄甾-1-烯-17-酮）	2914400030 3004909085
4	1-Epiandrosterone（3β-hydroxy-5α-androst-1-ene-17-one）	1-表雄酮（3β-羟基-5α-雄甾-1-烯-17-酮）	2914400030 3004909083
5	1-testosterone（17β-hydroxy-5α-androst-1-en-3-one）	1-睾酮	2937290024 3004320053
6	2-Androstenol(5α-androst-2-en-17-ol)	2-雄烯醇(5α-雄甾-2-烯-17-醇)	2906199014 3004909094
7	2-Androstenone(5α-androst-2-en-17-one)	2-雄酮(5α-雄烷-2-烯-17-酮)	2914299010 3004909092
8	3-Androstenol(5α-androst-3-en-17-ol)	3-雄烯醇(5α-雄甾-3-烯-17-醇)	2906199015 3004909095
9	3-Androstenone(5α-androst-3-en-17-one)	3-雄烯酮(5α-雄甾-3-烯-17-酮)	2914299011 3004909096
10	4-androstenediol(androst-4-ene-3β, 17β-diol)	4-雄烯二醇	2937290012 3004320015
11	4-hydroxytestosterone(4, 17β-dihydroxya ndrost-4-en-3-one)	4-羟基睾酮	2937290016 3004320033

序号	英　文　名	通用名（别名）	海关参考商品编号
12	5-androstenedione(androst-5-ene-3，17-dione)	5-雄烯二酮	2937290012 3004320016
13	5α-androstane-3α，17α-diol	5α-雄烷-3α，17α-二醇（阿法雄烷二醇）	2906199011 3004909074
14	5α-androstane-3α，17β-diol	5α-雄烷-3α，17β-二醇（雄烷二醇（3α，17β））	2937290012 3004320017
15	5α-androstane-3β，17α-diol	5α-雄烷-3β，17α-二醇（雄烷二醇（3β，17α））	2937290012 3004320018
16	5α-androstane-3β，17β-diol	5α-雄烷-3β，17β-二醇（倍他雄烷二醇）	2906199011 3004909075
17	5β-androstane-3α，17β-diol	5β-雄烷-3α，17β-二醇（5β-雄烷二醇（3α，17β））	2937290012 3004320017
18	7-keto-DHEA	7-羰基-普拉睾酮	2937290027 3004320076
19	7α-hydroxy-DHEA	7α-羟基-普拉睾酮	2937290025 3004320074
20	7β-hydroxy-DHEA	7β-羟基-普拉睾酮	2937290026 3004320075
21	19-norandrostenediol(estr-4-ene-3，17-diol)	19-去甲雄烯二醇	2937290036 3004390029
22	19-norandrostenedione(estr-4-ene-3，17-dione)	19-去甲雄烯二酮	2937290021 3004320044
23	19-norandrosterone	去甲雄酮	2937290018 3004320045
24	19-noretiocholanolone	19-去甲本胆烷醇酮	2937290022 3004320046
25	androst-4-ene-3α，17α-diol	雄甾-4-烯-3α，17α-二醇（4-雄烯二醇（3α，17α））	2906199012 3004909074
26	androst-4-ene-3α，17β-diol	雄甾-4-烯-3α，17β-二醇（4-雄烯二醇（3α，17β））	2906199012 3004909071
27	androst-4-ene-3β，17α-diol	雄甾-4-烯-3β，17α-二醇（4-雄烯二醇（3β，17α））	2937290011 3004320013
28	androst-5-ene-3α，17α-diol	雄甾-5-烯-3α，17α-二醇（5-雄烯二醇（3α，17α））	2906199013 3004909072
29	androst-5-ene-3α，17β-diol	雄甾-5-烯-3α，17β-二醇（5-雄烯二醇（3α，17β））	2906199013 3004909073
30	androst-5-ene-3β，17α-diol	雄甾-5-烯-3β，17α-二醇（5-雄烯二醇（3β，17α））	2937290011 3004320014

序号	英 文 名	通用名（别名）	海关参考商品编号
31	Androstanolone（5α-dihydrotestosterone，17β-hydroxy-5α-androstan-3-one）	雄诺龙（双氢睾酮）	2937290015 3004320029
32	Androstenediol（androst-5-ene-3β，17β-diol）	5-雄烯二醇（3β，17β）（雄甾-5-烯-3β，17β-二醇）	2937290031 3004320071
33	androstenedione（androst-4-ene-3，17-dione）	4-雄烯二酮（雄甾-4-烯-3，17-二酮）	2937290032 3004320072
34	androsterone	雄酮	2937290034 3004390028
35	bolasterone	勃拉睾酮	2937290012 3004320019
36	boldenone	勃地酮	2937290013 3004320021
37	Boldione（androsta-1，4-diene-3，17-dione）	1，4-雄烯二酮（雄甾-1，4-二烯-3，17-二酮）	2937290035 3004320078
38	calusterone	卡芦睾酮	2937290013 3004320023
39	clenbuterol	克仑特罗	2922199020 3004390011
40	clostebol	氯司替勃	2937290013 3004320024
41	danazol（[1，2]oxazolo[4′，5′:2，3]pregna-4-en-20-yn-17α-ol）	达那唑	2937290014 3004320023
42	Dehydrochlormethyltestosterone（4-chloro-17β-hydroxy-17α-methylandrosta-1，4-dien-3-one）	去氢氯甲睾酮（脱氢氯甲睾酮）	2937290014 3004320025
43	desoxymethyltestosterone（17α-methyl-5 α-androst-2-en-17β-ol and 17α-methyl-5α-androst-3-en-17β-ol）	去氧甲睾酮	2937290014 3004320029
44	drostanolone	屈他雄酮	2937290015 3004320028
45	Epiandrosterone（3β-hydroxy-5α-androstan-17-one）	表雄酮（3β-羟基-5α-雄烷-17-酮）	2914400020 3004909077
46	epi-dihydrotestosterone（17β-hydroxy-5β-androstan-3-one）	表双氢睾酮	2937290015 3004320031
47	epitestosterone	表睾酮	2914400020 3004909079
48	Ethylestrenol（19-norpregna-4-en-17α-ol）	乙雌烯醇	2937290015 3004320015
49	etiocholanolone	胆烷醇酮	2937290028 3004320077

序号	英　文　名	通用名（别名）	海关参考 商品编号
50	fluoxymesterone	氟甲睾酮	2937290015 3004320031
51	formebolone	甲酰勃龙	2937290015 3004320012
52	furazabol(17α-methyl[1，2，5]oxadiazolo[3′，4′:2，3]-5α-androstan-17β-ol)	夫拉扎勃	2937290016 3004320032
53	gestrinone	孕三烯酮	2937239010 3004320033
54	LGD-4033(ligandrol) **	2-(三氟甲基)-4-[(2R)-2-[(1R)-2，2，2-三氟-1-羟基乙基]-1-吡咯烷基]苯甲腈	2933990040 3004909085
55	mestanolone	美雄诺龙	2937290017 3004320041
56	mesterolone	美睾酮	2937290017 3004320035
57	Metandienone(17β-hydroxy-17α-methyl androsta-1，4-dien-3-one)	美雄酮	2937290017 3004320035
58	metenolone	美替诺龙	2937290019 3004320041
59	methandriol	美雄醇	2937290019 3004320042
60	methasterone(17β-hydroxy-2α，17α-dime thyl-5α-androstan-3-one)	甲基屈他雄酮	2937290017 3004320036
61	methyl-1-testosterone(17β-hydroxy-17α-methyl-5α-androst-1-en-3-one)	甲基-1-睾酮	2937290018 3004320038
62	methylclostebol	甲基氯司替勃	2937290013 3004320026
63	methyldienolone(17β-hydroxy-17α-methylestra-4，9-dien-3-one)	甲二烯诺龙	2937290018 3004320037
64	methylnortestosterone(17β-hydroxy-17α-methylestr-4-en-3-one)	甲诺睾酮	2937290018 3004320038
65	methyltestosterone	甲睾酮	2937290018 3004320042
66	metribolone（methyltrienolone，17β-hydroxy-17α-methylestra-4，9，11-trien-3-one)	美曲勃龙	2937290019 3004320039
67	mibolerone	米勃酮	2937290021 3004320042
68	Nandrolone(19-nortestosterone)	诺龙	2937290021 3004320043

序号	英 文 名	通用名(别名)	海关参考商品编号
69	norboletone	诺勃酮	2937290021 3004320043
70	Norclostebol(4-chloro-17β-ol-estr-4-en-3-one)	诺司替勃	2937290021 3004320043
71	norethandrolone	诺乙雄龙	2937290021 3004320045
72	oxabolone	羟勃龙	2937290022 3004320047
73	oxandrolone	氧雄龙	2937290022 3004320047
74	oxymesterone	羟甲睾酮	2937290023 3004320048
75	oxymetholone	羟甲烯龙	2937290023 3004320048
76	prasterone (dehydroepiandrosterone, DHEA, 3β-hydroxyandrost-5-en-17-one)	普拉睾酮	2937290014 3004320028
77	prostanozol(17β-[(tetrahydropyran-2-yl) oxy]-1′H-pyrazolo[3,4:2,3]-5α-androstane)	前列他唑*	2937290023 3004320049
78	quinbolone	奎勃龙	2937290024 3004320051
79	RAD140	3-甲基-4-[[(1R,2S)-1-[5-(4-氰基苯基)-1,3,4-噁二唑-2-基]-2-羟基丙基]氨基]-2-氯苯甲腈	2933990040 3004909085
80	stanozolol	司坦唑醇	2937290024 3004320052
81	stenbolone	司腾勃龙	2937290024 3004320052
82	testosterone	睾酮	2937290024 3004320053
83	tetrahydrogestrinone (17-hydroxy-18a-homo-19-nor-17α-pregna-4,9,11-trien-3-one)	四氢孕三烯酮	2937239010 3004320054
84	tibolone	替勃龙	2937239010 3004320051
85	trenbolone (17β-hydroxyestr-4,9,11-trien-3-one)	群勃龙	2937290024 3004320051
86	zeranol	泽仑诺	2937239010 3004320054
87	zilpaterol	齐帕特罗	2933990040 3004909078

二、肽类激素品种

序号	英 文 名	通用名（别名）	海关参考商品编号
88	alexamorelin	艾瑞莫瑞林	2937190015 3004390026
89	AOD-9604	AOD9604	2937110020 3004390029
90	asialo EPO	唾液酸促红素	3002120011
91	buserelin	布舍瑞林	2937190015 3004390026
92	carbamylated EPO(CEPO)	氨甲酰促红素	3002120011
93	Chorionic Gonadotrophin（CG）and Luteinizing Hormone（LH）	绒促性素及促黄体生成素	2937190013 3004390025
94	CJC-1293	CJC-1293	2937190017 3004390029
95	CJC-1295	CJC-1295	2937190013 3004390025
96	CNTO 530	EPO-Fc(IgG4)融合蛋白*	3002120022
97	Corticorelin	可的瑞林	2937190015 3004390026
98	Corticotrophins	促皮质素类	2937190015 3004390026
99	darbepoetins(dEPO)	达促红素	3002120011
100	deslorelin	地洛瑞林	2937190017 3004390029
101	EPO based constructs	基于促红素类分子结构的构建物	3002120024
102	EPO-Fc	EPO-Fc 融合蛋白*	3002120022
103	EPO-mimetic agents and their constructs	促红素模拟物及其构建物	3002120024
104	Erythropoietinreceptor agonists	促红素受体激动剂类	3002120024
105	Erythropoietins(EPO)	促红素（EPO）类	3002120011
106	examorelin(hexarelin)	艾莫瑞林（海沙瑞林）	2937190015 3004390026
107	Fibroblast Growth Factors(FGFs)	成纤维细胞生长因子类(FGFs)	3002120014
108	Follistatin	卵泡抑素	2937190093 3004390092
109	GATA inhibitors	GATA 抑制剂类	2937190017 3004390029
110	GH-Releasing Peptides(GHRPs)	生长激素释放肽类(GHRPs)	2937190013 3004390025

序号	英 文 名	通用名（别名）	海关参考商品编号
111	GHRP-1	生长激素释放肽-1	2937190017 3004390029
112	GHRP-2（pralmorelin）	GHRP-2（普拉莫瑞林（生长激素释放肽-2））	2937190013 3004390025
113	GHRP-3	生长激素释放肽-3	2937190017 3004390029
114	GHRP-4	生长激素释放肽-4	2937190017 3004390029
115	GHRP-5	生长激素释放肽-5	2937190017 3004390029
116	GHRP-6	生长激素释放肽-6	2937190017 3004390029
117	gonadorelin	戈那瑞林	2937190015 3004390026
118	goserelin	戈舍瑞林	2937190017 3004390029
119	Growth factor modulators	生长因子调节剂类	3002120024
120	Growth factors	生长因子类	3002120024
121	Growth Hormone(GH)	生长激素（GH）	2937110010 3004390029
122	Growth Hormone fragments	生长激素片段类	2937110020 3004390029
123	Growth Hormone releasing factors	生长激素释放因子类	2937110020 3004390029
124	Growth hormone-releasing hormone（GHRH）and its analogues	生长激素释放激素（GHRH）及其类似物	2937290036 3004390025
125	Growth Hormone Secretagogues(GHS)	生长激素促分泌剂类（GHS）	2937190017 3004390025
126	Hepatocyte Growth Factor(HGF)	肝细胞生长因子（HGF）	3002120015
127	hGH176-191	人生长激素176-191	2937110020 3004390029
128	hypoxia-inducible factor(HIF) activating agents	缺氧诱导因子（HIF）激活剂类	3002120021
129	Innate repair receptor agonists	先天修复受体激动剂类	2937190017 3004390029
130	Insulin-like Growth Factor-1（IGF-1）and its analogues	胰岛素样生长因子1（IGF-1）及其类似物	3002120012

序号	英　文　名	通用名（别名）	海关参考商品编号
131	Insulins	胰岛素类	2937121000 2937129000 3004311010 3004319010
132	ipamorelin	伊莫瑞林	2937190015 3004390026
133	K-11706	K-11706 *	2937190017 3004390029
134	lenomorelin(ghrelin)	来诺瑞林（葛瑞林（脑肠肽））	2937190015 3004390026
135	lenomorelin(ghrelin) mimetics	来诺瑞林（葛瑞林（脑肠肽））模拟物类	2937190015 3004390026
136	leuprorelin	亮丙瑞林	2937190016 3004390027
137	Luspatercept	罗特西普	3002120019
138	Macimorelin	马昔瑞林	2937900011 3004390093
139	Mechano Growth Factors(MGFs)	机械生长因子类	3002120013
140	methoxy polyethylene glycol-epoetin beta(CERA)	培促红素 β	3002120011
141	Myostatin propeptide	肌抑素前肽	2937190017 3004390029
142	nafarelin	那法瑞林	2937110020 3004390029
143	Peginesatide	培尼沙肽	3002120019
144	Peptide Hormones and their Releasing Factors	肽类激素及其释放因子类	2937190017 3004390029
145	Platelet-Derived Growth Factor(PDGF)	血小板衍生生长因子(PDGF)	3002120016
146	sermorelin	舍莫瑞林	2937190015 3004390026
147	Sotatercept	索特西普	3002120024
148	tesamorelin	替莫瑞林	2937190015 3004390026
149	Thymosin-β4 and its derivatives(TB-500)	胸腺肽-β4 及其衍生物（如 TB-500）	3002120024
150	Transforming Growth Factor-β(TGF-β) signalling inhibitors	转化生长因子-β(TGF-β)信号传导抑制剂类	3002120018

续表

序号	英　文　名	通用名（别名）	海关参考 商品编号
151	triptorelin	曲普瑞林	2937110020 3004390029
152	Vascular-Endothelial Growth Factor（VEGF）	血管内皮生长因子（VEGF）	3002120017

三、麻醉药品品种

序号	英　文　名	通　用　名
153	cannabis	大麻制品
154	cocaine	可卡因
155	dextromoramide	右吗拉胺
156	diamorphine（heroin）	二醋吗啡
157	fentanyl and its derivatives	芬太尼及其衍生物
158	hashish	大麻脂
159	hydromorphone	氢吗啡酮
160	marijuana	大麻
161	methadone	美沙酮
162	morphine	吗啡
163	nicomorphine	尼可吗啡
164	oxycodone	羟考酮
165	oxymorphone	羟吗啡酮
166	pethidine	哌替啶

四、刺激剂（含精神药品）品种

序号	英　文　名	通用名（别名）
167	3-methylhexan-2-amine（1，2-dimethylpentylamine）	3-甲基己烷-2-胺（1，2-二甲基戊胺）
168	4-methylhexan-2-amine（methylhexaneamine）	4-甲基己烷-2-胺（甲基己胺）
169	4-Methylpentan-2-amine（1，3-Dimethylbutylamine）	4-甲基戊烷-2-胺（1，3-二甲基正丁胺）
170	5-methylhexan-2-amine（1，4-dimethylpentylamine）	5-甲基己烷-2-胺（1，4-二甲基戊胺）
171	adrafinil	阿屈非尼
172	amfepramone	安非拉酮
173	amfetamine	苯丙胺
174	amfetaminil	安非他尼
175	amiphenazole	阿米苯唑
176	benfluorex	苯氟雷司

序号	英 文 名	通用名（别名）
177	benzfetamine	苄非他明
178	benzylpiperazine	苄基哌嗪
179	bromantan	布罗曼坦
180	buprenorphine	丁丙诺啡
181	cathine	去甲伪麻黄碱
182	cathinone	卡西酮
183	clobenzorex	氯苄雷司
184	cropropamide	克罗丙胺
185	crotetamide	克罗乙胺
186	delta-9-tetrahydrocannabinol（THC）	Δ9-四氢大麻酚
187	dimetamfetamine（dimethylamphetamine）	二甲基苯丙胺
188	epinephrine（adrenaline）	肾上腺素
189	etamivan	香草二乙胺
190	etilamfetamine	乙非他明
191	etilefrine	依替福林
192	famprofazone	泛普法宗
193	fenbutrazate	芬布酯
194	fencamfamin	芬坎法明
195	fencamine	芬咖明
196	fenetylline	芬乙茶碱
197	fenfluramine	芬氟拉明
198	fenproporex	芬普雷司
199	fonturacetam（4-phenylpiracetam（carphedon））	芳妥西坦（4-苯基吡拉西坦（卡非多））
200	furfenorex	呋芬雷司
201	heptaminol	辛胺醇
202	HU-210（（6aR,10aR)-9-（Hydroxymethyl)-6, 6-dimethyl-3-（2-methyloctan-2-yl)-6a, 7, 10, 10a-tetrahydrobenzo[c]chromen-1-ol)	1, 1-二甲基庚基-11-羟基-四氢大麻酚
203	hydroxyamfetamine（parahydroxyamphetamine）	羟苯丙胺（对-羟基苯丙胺）
204	isometheptene	异美汀
205	JWH-018（naphthalen-1-yl-（1-pentylindol-3-yl）methanone）	1-戊基-3-（1-萘甲酰基)吲哚
206	JWH-073（naphthalen-1-yl-（1-butylindol-3-yl）methanone）	1-丁基-3-（1-萘甲酰基)吲哚

序号	英 文 名	通用名（别名）
207	levmetamfetamine	左去氧麻黄碱
208	lisdexamfetamine	利右苯丙胺
209	meclofenoxate	甲氯芬酯
210	mefenorex	美芬雷司
211	mephedrone	4-甲基甲卡西酮
212	mephentermine	美芬丁胺
213	mesocarb	美索卡
214	metamfetamine(*d*-)	甲基苯丙胺（右旋）
215	methedrone	4-甲氧基甲卡西酮
216	methylenedioxymethamphetamine	N-甲基亚甲二氧基苯丙胺
217	methylphenidate	哌甲酯
218	modafinil	莫达非尼
219	nikethamide	尼可刹米
220	norfenefrine	去甲苯福林
221	norfenfluramine	去乙芬氟拉明
222	Octodrine(1，5-dimethylhexylamine)	奥托君(1，5-二甲基己胺)
223	octopamine	奥克巴胺
224	oxilofrine(methylsynephrine)	奥洛福林（甲昔奈福林）
225	pemoline	匹莫林
226	pentazocine	喷他佐辛
227	pentetrazol	戊四氮
228	phendimetrazine	苯甲曲秦
229	phenethylamine and its derivatives	苯乙胺及其衍生物
230	phenmetrazine	芬美曲秦
231	phenpromethamine	苯丙甲胺
232	phentermine	芬特明
233	*p*-methylamfetamine(*p*-methylamphetamine)	对-甲基苯丙胺
234	prenylamine	普尼拉明
235	prolintane	普罗林坦
236	propylhexedrine	丙己君
237	selegiline	司来吉兰
238	sibutramine	西布曲明

续表

序号	英　文　名	通用名（别名）
239	tenamfetamine(methylenedioxyamphetamine)	替苯丙胺（亚甲二氧基苯丙胺）
240	Tuaminoheptane	异庚胺
241	α-pyrrolidinovalerophenone	α-吡咯烷基苯戊酮

五、药品类易制毒化学品品种

序号	英　文　名	通　用　名
242	ephedrine	麻黄碱
243	methylephedrine	甲基麻黄碱
244	pseudoephedrine	伪麻黄碱

六、医疗用毒性药品品种

序号	英　文　名	通　用　名
245	strychnine	士的宁

七、其他品种

序号	英　文　名	通　用　名
246	4-androstene-3，6，17-trione(6-oxo)	4-雄烯-3，6，17-三酮(6-氧代)
247	ACE-031	ACE-031
248	acebutolol	醋丁洛尔
249	acetazolamide	乙酰唑胺
250	Activators of the AMP-activated protein kinase(AMPK)：AICAR	AMP-激活的蛋白激酶（AMPK）激动剂类：例如阿卡地新
251	Activin A-neutralizing antibodies	激活素 A 中和抗体类
252	Activin receptor IIB competitors	激活素受体 IIB 竞争剂类
253	Agents preventing Activin receptor IIB activation	激活素受体 IIB 活化抑制剂类
254	agents reducing or ablating myostatin expression	肌抑素表达消减剂类
255	alprenolol	阿普洛尔
256	amiloride	阿米洛利
257	aminoglutethimide	氨鲁米特
258	anamorelin	阿那瑞林
259	anastrozole	阿那罗唑
260	andarine（2S）-3-(4-acetamido-phenoxy)-2-hydroxy-2-methyl-N-(4-nitro-3-trifluoromethyl-phenyl)-propionamide	(2S)-3-(4-乙酰氨基苯氧基)-2-羟基-2-甲基-N-(4-硝基-3-三氟甲基苯基）丙酰胺

续表

序号	英 文 名	通 用 名
261	androsta-1，4，6-triene-3，17-dione（androstatrienedione）	雄甾-1，4，6-三烯-3，17-二酮（雄三烯二酮）
262	androsta-3，5-diene-7，17-dione（arimistane）	雄甾-3，5-二烯-7，17-二酮
263	Anti-activin receptor IIB antibodies	激活素受体 IIB 抗体类
264	arformoterol	阿福特罗
265	atenolol	阿替洛尔
266	bazedoxifene	巴多昔芬
267	beclometasone	倍氯米松
268	bendroflumethiazide	卞氟噻嗪
269	Betamethasone	倍他米松
270	betaxolol	倍他洛尔
271	Bimagrumab	比马鲁人单抗
272	bisoprolol	比索洛尔
273	Budesonide	布地奈德
274	bumetanide	布美他尼
275	bunolol	布诺洛尔
276	canrenone	坎利酮
277	carteolol	卡替洛尔
278	carvedilol	卡维地洛
279	celiprolol	塞利洛尔
280	chlorothiazide	氯噻嗪
281	chlortalidone	氯噻酮
282	ciclesonide	环索奈德
283	clomifene	氯米芬
284	Cortisone	可的松
285	cyclofenil	环芬尼
286	Daprodustat（GSK1278863）	达普司他
287	Decoy activin receptors	伪激活素受体类
288	Deflazacort	地夫可特
289	desmopressin	去氨加压素
290	Dexamethasone	地塞米松
291	Domagrozumab	多古组单抗
292	enobosarm（ostarine）	依诺波沙

序号	英　文　名	通　用　名
293	esmolol	艾司洛尔
294	etacrynic acid	依他尼酸
295	exemestane	依西美坦
296	fenoterol	非诺特罗
297	flucortolone	氟可龙
298	flunisolide	氟尼缩松
299	Fluticasone	氟替卡松
300	formestane	福美坦
301	formoterol	福莫特罗
302	fulvestrant	氟维司群
303	furosemide	呋塞米
304	higenamine	去甲乌药碱
305	hydrochlorothiazide	氢氯噻嗪
306	Hydrocortisone	氢化可的松
307	Indacaterol	茚达特罗
308	indapamide	吲达帕胺
309	labetalol	拉贝洛尔
310	IOX2	特异性的脯氨酰羟化酶-2（PHD2）抑制剂
311	Landogrozumab	兰度戈组单抗
312	letrozole	来罗唑
313	levosalbutamol	左沙丁胺醇
314	meldonium	美度铵
315	Methylprednisolone	甲泼尼龙
316	metipranolol	美替洛尔
317	metolazone	美托拉宗
318	metoprolol	美托洛尔
319	mometasone	莫米松
320	molidustat（BAY 85-3934）	莫立司他
321	myostatin inhibitors	肌抑素抑制剂类
322	myostatin-binding proteins	肌抑素结合蛋白类
323	myostatin-neutralizing antibodies	肌抑素中和抗体类
324	nadolol	纳多洛尔

序号	英　文　名	通　用　名
325	nebivolol	奈必洛尔
326	olodaterol	奥达特罗
327	Ospemifene	奥培米芬
328	oxprenolol	氧烯洛尔
329	Peroxisome Proliferator Activated Receptor δ(PPAR δ) agonists: 2-[2-Methyl-4-[[[4-methyl-2-[4-(trifluoromethyl)phenyl]-5-thiazolyl]methyl]thio]phenoxy] acetic acid(GW1516，GW501516)	过氧化物酶体增殖物激活受体δ氧化物酶体增殖激动剂类：例如 2-[2-甲基-4-[[[4-甲基-2-[4-(三氟甲基)苯基]-5-噻唑基]甲硫基]苯氧基]乙酸(GW1516，GW501516)
330	pindolol	吲哚洛尔
331	Prednisolone	泼尼松龙
332	Prednisone	泼尼松
333	probenecid	丙磺舒
334	procaterol	丙卡特罗
335	propranolol	普萘洛尔
336	raloxifene	雷洛昔芬
337	reproterol	瑞普特罗
338	Roxadustat(FG-4592)	罗沙司他(缺氧诱导因子-脯氨酸羟化酶抑制剂)
339	salbutamol	沙丁胺醇
340	salmeterol	沙美特罗
341	sotalol	索他洛尔
342	spironolactone	螺内酯
343	SR9009(Ethyl3-[[(4-chlorophenyl) methyl-[(5-nitrothiophen-2-yl) methyl]amino]methyl] pyrrolidine-1-carboxylate)	SR9009(3-[[(4-氯苄基)-[(5-硝基噻吩基-2-基]甲基]氨基]甲基]吡咯烷基-1-甲酸乙酯)
344	Stamulumab	司他芦单抗
345	tabimorelin	他莫瑞林
346	tamoxifen	他莫昔芬
347	terbutaline	特布他林
348	testolactone	睾内酯
349	timolol	噻吗洛尔
350	tolvaptan	托伐普坦
351	toremifene	托瑞米芬
352	Tretoquinol(trimetoquinol)	曲托喹酚

续表

序号	英 文 名	通 用 名
353	Triamcinolone acetonide	曲安奈德
354	triamterene	氨苯蝶啶
355	trimetazidine	曲美他嗪
356	Tulobuterol	妥洛特罗
357	vadadustat(AKB-6548)	伐达度司他
358	vilanterol	维兰特罗

注:

1. 括号内为参考译名,带*为暂译名;带**暂无中文译名。

2. 目录所列物质包括其可能存在的盐及光学异构体,所列蛋白同化制剂品种包括其可能存在的盐、酯、醚及光学异构体。

3. 目录所列物质中属于药品的,还包括其原料药及单方制剂。

4. 蛋白同化制剂和肽类激素项下具有商品编码的品种,进出口时需办理进出口准许证;而一品种"商品编码"项下有多个"商品编码"的系指原料药及相应制剂。

5. 对于目录中个别只有编号的肽类激素品种,提供互联网能查得的 8 个品种的 CAS 登录号,仅作参考,如下:

英文名	CAS 登录号
CNTO-530	1018869-89-0
Prostanozol	1186001-41-1
K-11706	848940-32-9
GW1516	317318-70-0
SR9009	1379686-30-2
LGD-4033	1165910-22-4
RAD140	1182367-47-0
AOD-9604	221231-10-3

ostarine 的 INN 名称是 enobosarm(依诺波沙)。

表 35 《药品进出口管理措施》

药品进出口准许证		
决策机构	进口:国家食品药品监督管理局	
	出口:省、自治区、直辖市(食品)药品监督管理部门	
适用范围	每年更新的《兴奋剂目录》中蛋白同化制剂品种、肽类激素品种两种兴奋剂。	
例外情形	《蛋白同化制剂、肽类激素进出口管理办法》第 24 条:海关特殊监管区域和保税监管场所与境外进出及海关特殊监管区域、保税监管场所之间进出的蛋白同化制剂、肽类激素,免予办理药品《进口准许证》《出口准许证》,由海关实施监管。	
	《蛋白同化制剂、肽类激素进出口管理办法》第 25 条:个人因医疗需要携带或者邮寄进出境自用合理数量范围内的蛋白同化制剂、肽类激素的,海关按照卫生计生部门有关处方的管理规定凭医疗机构处方予以验放。	

(十九)军品出口许可证

军品出口许可证是指国家军品出口主管部门依法对列入《军品出口管理清单》范围内的军品及纳入军品管理的货物出口实施监督管理而签发的准予出口的许可证件。

根据《中华人民共和国军品出口管理条例》第 2 条:"军品出口管理清单由国家军品出口主管部门制定、调整并公布。"同时,《中华人民共和国军品出口管理条例》第 13 条规定:"国家对军品出口实行许可制度。军品出口项目、合同,应当依照本条例的规定申请审查批准。军品出口,应当凭军品出口许可证。"

《中华人民共和国军品出口管理清单》的适用范围包括轻武器,火炮及其他发射装置,弹药、地雷、水雷、炸弹、反坦克导弹及其他爆炸装置,坦克、装甲车辆及其他军用车辆,军事工程装备与设备,军用舰船及其专用装备与设备,军用航空飞行器及其专用装备与设备,火箭、导弹、军用卫星及其辅助设备,军用电子产品及火控、测距、光学、制导与控制装置,火炸药、推进剂、燃烧剂及相关化合物,军事训练设备,核、生、化武器防护装备与设备,后勤装备、物资及其他辅助军事装备,其他产品共十四大类。这里有两个特殊情形,其一是根据《中华人民共和国军品出口管理条例》第 30 条的规定:"警用装备的出口适用《军品出口管理条例》。"其二是《中华人民共和国军品出口管理清单》中不包括核武器(含其关键的部件、原材料和技术)以及其他禁止出口的物项。另外,由于《军品出口管理清单》即是对具体物项进行了规定,又有原则性的规定,因此在适用军品出口许可证时只需按照 2002 年版的《军品出口管理清单》参照执行即可。

《中华人民共和国军品出口管理条例》第 3 条第 1 款规定:"中华人民共和国国家军品贸易管理委员会(以下简称国家军品贸易管理委员会)在国务院和中央军事委员会的领导下,主管全国的军品出口工作。"第 2 款规定:"中华人民共和国国家军品贸易局(以下简称国家军品贸易局)是国家军品贸易管理委员会的执行机构,对全国的军品出口实施监督管理。"同时,由于军用物品的特殊性,出口军用物品的主体亦有特殊限制,《中华人民共和国军品出口管理条例》第 7 条规定:"本条例所称军品贸易公司,是指依法取得军品出口经营权,并在核定的经营范围内从事军品出口经营活动的企业法人。"第 8 条规定:"军品出口经营权由国家军品贸易管理委员会审查批准。"第 20 条规定:"未取得军品出口经营权的任何单位或者组织,不得从事军品出口经营活动。"

表 36　《军品出口管理清单》(2002 年 11 月 1 日)

第一类:轻武器(单兵或班组携行使用的武器)
1.1.1　枪械:主要利用火药燃气等能量通过管件发射枪弹弹头,口径小于 20 毫米(0.78 英寸)的身管武器。包括手枪、冲锋枪、步枪、机枪及其他特种用途枪械。
1.1.2　榴弹武器:发射榴弹完成一定战斗任务的步兵近战武器。包括掷弹筒、迫炮式榴弹发射器、无坐力发射器、火箭发射器、榴弹发射器、榴弹弹射器、单兵制导武器、手榴弹及其他各种榴弹发射器。
1.1.3　特种装备:用于爆破、布雷、探雷、排雷、纵火、发烟、照明、信号、防暴乱及其他各种特殊任务的单兵或班组携行使用的武器。
1.1.4　轻便激光干扰装置。
1.1.5　冷兵器。包括刺刀、多用途刀具、伞兵刀、飞行员刀及其他军用刀具。

第一类：轻武器（单兵或班组携行使用的武器）

1.2　配用于本类 1.1 节所列全部产品的瞄准具、夜瞄具、消音器、抑制器和闪光抑制器。
1.3　本类 1.1 至 1.2 节所列全部产品的零件、部件、辅助件、附件、配件、备件、半成品和样品。
1.4　与本类 1.1 至 1.3 节所列全部产品直接相关的研制、生产、试验、测试、检验、使用、维修、升级改造等方面的技术、工艺、设备、技术资料（含软件）、服务以及生产本类 1.1 至 1.3 节所列全部产品的特种原材料和辅料。

第二类：火炮及其他发射装置

利用火药燃气压力等能源抛射弹丸，口径等于和大于 20 毫米（0.78 英寸）的身管射击武器。包括加农炮、榴弹炮、迫击炮、迫榴炮、火箭炮、无坐力炮、高射炮、坦克炮、反坦克炮、航炮、舰炮、岸炮及以上各种火炮的自行或自走形式。

2.1　火炮：利用火药燃气压力等能源抛射弹丸，口径等于和大于 20 毫米（0.78 英寸）的身管射击武器。包括加农炮、榴弹炮、迫击炮、迫榴炮、火箭炮、无坐力炮、高射炮、坦克炮、反坦克炮、航炮、舰炮、岸炮及以上各种火炮的自行或自走形式。
2.2　各种新能源火炮。
2.3　配用于本类 2.1 和 2.2 节所列全部产品的瞄准具、夜瞄具、测距仪、发射架和底座。
2.4　军用火焰喷射器及其相关部件和装置。包括储油装置、压源装置、输油管、点火装置和喷射装置。
2.5　本类 2.1 至 2.4 节所列全部产品的零件、部件、辅助件、附件、配件、备件、半成品和样品。
2.6　与本类 2.1 至 2.5 节所列全部产品直接相关的研制、生产、试验、测试、检验、使用、维修、升级改造等方面的技术、工艺、设备、技术资料（含软件）、服务以及生产本类 2.1 至 2.5 节所列全部产品的特种原材料和辅料。

第三类：弹药、地雷、水雷、炸弹、反坦克导弹及其他爆炸装置

3.1　弹药：使用枪械、单兵或班组战斗发射器及各种身管武器、发射架（筒）发射，利用火药燃气压力或其他能源抛射弹丸及辅件的装置和零部件的总称。包括：
3.1.1　本清单第一类和第二类所列全部武器配用的各种口径的枪弹、炮弹、火箭弹和榴弹及其他各种弹药。
3.1.2　与本类 3.1 节 3.1.1 项所列全部产品配套的弹丸（含引信、弹体、装填物）、发射装药（含发射药及其附件、药筒或药包、点火具）、弹芯、传爆药、起爆装置、底火、保险和解保装置及一次性操作高输出电源。
3.1.3　弹链和弹链供弹机。
3.2　弹药制造机械和弹药装填机械。
3.3　地雷：设置在地面下或地面上构成爆炸性障碍，等待目标作用（或操纵）而发火的武器。包括：
3.3.1　防坦克地雷、防步兵地雷和特种地雷。
3.3.2　地雷的雷体和引信。
3.4　水雷：布设在近岸浅海水域或江河、湖泊中，用于毁伤、迟滞舰船、水陆两用车辆、人员等的爆炸装置。包括：
3.4.1　江河水雷、滩涂水（地）雷和特种水雷。
3.4.2　水雷的壳体、引信、装药、起爆装置、辅助仪表、布雷附件、保持设定深度装置及其相关部件。
3.5　炸弹：用飞机或其他飞行器投放的弹药及药剂布撒器。包括装药弹体、稳定装置、引信、扩爆装置、挂装弹耳以及根据用途要求附加的减速装置、制导装置和动力系统。
3.6　反坦克导弹：用以攻击坦克或其他装甲、工事、掩体等目标的导弹（含反坦克导弹的遥控制导和寻的制导装置）。
3.7　配用于本类 3.1 至 3.6 节所列全部产品的发射装置、爆破装置、引爆装置、传火装置、雷管及瞄准、夜视装置和各种器材。
3.8　本类 3.1 至 3.7 节所列全部产品的搬运、控制、启动、监视、检测、拆除装置，软件、设备和器材。
3.9　军用爆炸物的销毁及清除设备。
3.10　为本类所列全部产品专门设计或改进的，由先进复合材料（例如：硅、石墨、碳/硼纤维丝）加工或半加工的耐烧蚀材料。
3.11　本类 3.1 至 3.9 节所列全部产品的零件、部件、辅助件、附件、配件、备件、半成品和样品。
3.12　与本类 3.1 至 3.11 节所列全部产品直接相关的研制、生产、试验、测试、检验、使用、维修、升级改造等方面的技术、工艺、设备、技术资料（含软件）、服务以及生产本类 3.1 至 3.11 节所列全部产品的特种原材料和辅料。

续表

第四类:坦克、装甲车辆及其他军用车辆

4.1	坦克:具有强大直射火力、高度越野机动性和坚强装甲防护力的履带式装甲战斗车辆。包括主战坦克、水陆两栖坦克、侦察坦克、空降坦克。
4.2	装甲车辆:具有装甲防护的各种履带或轮式军用车辆。包括水陆两栖装甲车、装甲步兵战车、装甲输送车、装甲侦察车、装甲指挥车、装甲通信车、装甲电子对抗车、装甲情报处理车、装甲救护车、装甲洗消车、装甲供弹车、装甲补给车、装甲防暴车。
4.3	其他军用车辆:所有用于军事用途的履带式或轮式车辆(本类中不含军用工程车辆和后勤支援车辆)。包括特种突击车、各种火箭和导弹发射车、自行火炮底盘车、作战保障车辆、高机动多用途轮式车辆(含侦察车、防暴车等)、其他军用专用车辆。
4.4	为本类4.1节至4.3节所列全部产品专门设计或改进的底盘、动力和传动装置。
4.5	为本类4.1至4.2节所列产品配置的主动装甲、反应装甲装置。
4.6	本类4.1至4.5节所列全部产品的零件、部件、辅助件、附件、配件、备件、半成品和样品。
4.7	与本类4.1至4.6节所列全部产品直接相关的研制、生产、试验、测试、检验、使用、维修、升级改造等方面的技术、工艺、设备、技术资料(含软件)、服务以及生产本类4.1至4.6节所列全部产品的特种原材料和辅料。

第五类:军事工程装备与设备

5.1	军事工程装备与设备:用于工程建设、架桥、浮渡、涉渡、布雷、探雷、扫雷、排雷、抢救、抢修、爆破和清障及伪装等军事行动的装备与设备。包括:
5.1.1	军事工程建设车辆与设备。包括推土机、装载机、挖掘机、平路机、压路机及军用工程机械、设备、器材、工具等。
5.1.2	工程、抢救、抢修车辆。包括坦克抢救车、装甲抢修车、装甲维修工程车、坦克架桥车、路面器材(含路面车辆)、水上浮渡、舟桥、军用桥梁(含机械化桥、栈桥)、浮码头、涉渡器材(含轻型渡河器材)。
5.1.3	布雷、探雷、扫雷、排雷装备、器材与车辆。包括扫雷坦克、道路扫雷车、装甲扫雷车、装甲布雷车、拖式布雷车、抛撒布雷车、火箭布雷车、火箭扫雷车、火箭扫雷弹、单兵布雷装置、电子探雷器材、金属探雷器、非金属探雷器、航空炸弹探测器、火箭爆破弹、柔性爆破装置、导爆索网、扫雷滚、扫雷犁链。
5.1.4	破障装备与设备。包括破障车、防步兵碍物破障系统、登陆破障系统。
5.1.5	工程爆破器材。包括火箭爆破器、掩体爆破器、爆破筒、制式炸药块、火工品、遥控起爆器。
5.1.6	测试与检测器材。
5.1.7	伪装和欺骗设备。包括伪装装备与欺骗装置(含假目标、模拟装置和烟火、伪装遮障装置)。
5.2	本类5.1节所列全部产品的零件、部件、辅助件、附件、配件、备件、半成品和样品。
5.3	与本类5.1至5.2节所列全部产品直接相关的研制、生产、试验、测试、检验、使用、维修、升级改造等方面的技术、工艺、设备、技术资料(含软件)、服务以及生产本类5.1至5.2节所列全部产品的特种原材料和辅料。

第六类:军用舰船及其专用装备与设备

6.1	军用舰船:为军用目的设计、建造、改进、改装和装备的,能在水面、地效翼区域或水下航行的舰船。包括:
6.1.1	作战舰船(含核动力型)。包括驱逐舰、护卫舰、护卫艇、导弹艇、鱼雷艇、猎潜舰艇、潜艇、两栖作战舰艇、登陆舰艇、巡逻艇(包括内河、湖泊巡逻艇)、冲锋舟、军用气垫船、布雷舰(艇)、反水雷舰艇、猎、扫雷舰艇及其他特种作战舰艇。
6.1.2	军用辅助舰船。包括援潜救生船(艇)、海上补给供应船、医疗救护船、供应/修理船、侦察船、战斗支援后勤船、非作战支援服务以及其他用于军事目的的特种工作舰船。
6.2	舰载武器系统:为形成舰艇作战能力专门设计、改进,以军用舰船或舰载飞行器为平台,从目标探测到发控的武器系统及其设备。包括作战指挥控制系统、舰用机枪、舰炮、火箭炮、鱼雷、水雷、导弹、深水炸弹、反潜作战装置、发控装置以及各种猎、扫、灭雷装置。
6.3	舰艇专用设备:为作战舰艇专门设计或改进的专用系统和设备。包括:

续表

第六类：军用舰船及其专用装备与设备

6.3.1　舰艇动力、推进和控制设备。包括核动力、柴油机、燃气轮机、蒸汽轮机、电力推进系统及动力电池、发电机、推进电机及各种螺旋桨、后传动装置。

6.3.2　舰艇导航系统和设备。包括综合导航显控台、惯性导航系统、平台罗经、卫星导航接收设备、电罗经、磁罗经、电子海图、无线电导航系统、计程仪、测深仪、测潜仪。

6.3.3　舰艇其他专用设备与装置。包括直升机着舰系统与设备、舰载无人机发射及回收设备、减摇装置、舰艇操纵系统与舵装置、潜浮控制台、空气压缩机、高压空气瓶、蓄压器、各种泵类、锚装置、舱室大气环境控制系统与设备、特种螺旋桨、各种防险救生设备和援潜救生设备。

6.4　舰载电子、光学装备。包括海上作战使用的 C4ISR（指挥、控制、通信、计算机、情报、监视、侦察。以下不再加注）系统，各种雷达、电子战、电子侦察、电子干扰、电磁环境模拟器，各种声呐和系统显控台、本艇噪声检测仪、声学目标模拟器、通信系统与设备，各种天线、光电跟踪仪、电子对抗系统与设备、潜用潜望镜及装置、水声对抗系统和发控设备、各种水声干扰器、气幕弹和诱饵、红外夜视仪、激光测距仪、水中目标探测和跟踪装置（含声、磁、水压探测、跟踪设备）。

6.5　本类 6.1 至 6.4 节所列全部产品的零件、部件、辅助件、附件、配件、备件、半成品和样品。

6.6　与本类 6.1 至 6.5 节所列全部产品直接相关的研制、生产、试验、测试、检验、使用、维修、升级改造等方面的技术、工艺、设备和相关生产线、技术资料（含软件）、服务以及生产本类所列全部产品的特种原材料和辅料。

第七类：军用航空飞行器及其专用装备与设备

7.1　军用航空飞行器：为军事目的专门设计、改进或装备的航空飞行器。包括歼击机（截击机）、轰炸机、歼击轰炸机、强击机、侦察机、预警机、电子战飞机、空中加油机、舰载机、水上飞机、运输机、通用飞机、超轻型飞机、教练机、研究/验证机、地效翼飞行器、气垫飞行器、特种载人飞行器、气球、飞艇、武装直升机、侦察直升机、通信指挥直升机、舰载直升机、运输直升机、多用途直升机、教练直升机、电子对抗直升机、无人驾驶直升机、侦察无人机、电子战无人机、攻击无人机、靶标、无人飞艇及其配套的控制、检测设备，空降兵专用伞具和头盔、军用航空飞行器驾驶员头盔及救生装置（含救生伞、弹射座椅及其他救生装置）。

7.2　军用飞机发动机：为本类 7.1 节所列军用飞机专门设计或改进的发动机。包括活塞发动机、涡轮螺旋桨发动机、涡轮轴发动机、涡轮喷气发动机、涡轮风扇发动机、冲压喷气发动机（含进气道）、固体火箭发动机、液体火箭发动机，以及与上述各种发动机相关的其他设备与装置。

7.3　机载设备：为本类 7.1 节所列军用飞机专门设计或改进的各种机载设备。包括雷达、通信系统与设备、导航设备、飞行控制设备与仪表、气动设备、液压设备、航空探潜装备（包括吊放声呐、声呐浮标和磁探仪）、航空探测、测绘和侦察设备，弹射救生设备、起飞着陆设备、环控设备、电源与配电设备、外挂物管理系统和设备、数据传输系统和设备、机载计算机、大气数据系统、敌我识别器、应答机、第二动力装置（APU 等）、航空电子综合系统、非航空电子综合系统、电子地图、飞行参数测量与记录系统、燃油系统、机轮刹车设备、机上供氧设备、个体防护救生设备、各种航行指示装置。

7.4　机载武器系统。包括导弹（含配套的检测设备）、航空炸弹、火箭、航炮、航空机枪、航空鱼雷（水雷）、各类机载武器吊舱、武器悬挂、发射装置，机载火控系统与设备（含机载雷达、机载电子对抗系统、光学、光电反潜探测装置）、照相吊舱、雷达或光电侦察吊舱、瞄准吊舱、导航吊舱、制导吊舱、电子对抗吊舱、任务计算机、多功能显示器、瞄准具、头盔瞄准具、照相枪、摄录像系统、头盔瞄准显示器、C4ISR 系统、平视显示器）。

7.5　飞行保障设备与设施：为保障本类 7.1 节所列军用飞机的使用和维护专门设计、改进的机场设施、场站设备、一级和二级保障设备、跑道快速修复设备和器材、野战机场铺设设备和器材、机场设备（含各种气源车、电源车、牵引车）。

7.6　本类 7.1 至 7.5 节所列全部产品的零件、部件、辅助件、附件、配件、备件、半成品和样品。

7.7　与本类 7.1 至 7.6 节所列全部产品直接相关的研制、生产、试验、测试、检验、使用、维修、计量与校准、升级改造等方面的技术、工艺、设备、技术资料（含软件）、服务以及生产本类所列全部产品的特种原材料和辅料。

第八类：火箭、导弹、军用卫星及其辅助设备

8.1　火箭：依靠火箭发动机喷射工质产生的反作用力推进的飞行器。包括：

8.1.1　运载火箭。包括具有各种载荷能力的运载火箭、运载火箭的任何一级或任何子级、火箭发动机、火箭壳体。

8.1.2　战术火箭。包括舰载火箭、航空火箭、炮兵火箭、布雷火箭、反坦克火箭、军用气象火箭以及各类战术火箭的有效载荷、火箭发动机和稳定装置。

8.2　导弹武器系统：由导弹系统及其配套的技术装备和设施组成的，能够独立执行作战任务的武器系统。包括导弹系统、作战勤务保障系统、目标侦察瞄准系统、指挥通信系统。

8.2.1　导弹系统：导弹及其配套的测试、发射等技术设备的总称。包括导弹及其运输、对接、装填、检测、瞄准、发射、供电等设备。

8.2.2　导弹：安装有动力装置，能控制飞行弹道，并带有有效载荷的无人驾驶飞行武器。包括面面、面空、空面、空空等类导弹。

8.2.3　直接作战装备。包括导弹及导弹发射系统、搜索跟踪系统和通信系统（含安装在导弹系统上的采用转发器的跟踪系统、导弹装卸、定位、发射设备，各级指挥通信车和设备、定位定向设备）。

8.2.4　技术保障装备。包括测试设备、维修设备、导弹装填设备和运输设备。

8.2.5　导弹主要系统设备。包括引信战斗部系统设备（含战斗部、引信、保险装置、解保装置、安全引爆装置和其他相关设备）、制导和控制系统设备（含目标探测装置、飞行控制装置和部件、组件及其他相关电子和电气设备）、弹上遥测设备、动力装置、弹上能源和弹体。

8.2.6　导弹武器系统各种部件、设备、程序和软件。包括：

8.2.6.1　导弹系统的各级和各子级、火箭的各级和各子级、运载火箭的级间机构、导弹再入飞行器、导弹再入飞行器的烧蚀材料防热套及其部件、导弹再入飞行器的热沉装置及其部件、导弹再入飞行器的电子设备。

8.2.6.2　液体火箭发动机、固体火箭发动机、涡轮喷气发动机、涡轮风扇发动机、冲压发动机、组合发动机、等离子发动机、液体推进剂、固体推进剂、火箭发动机壳体、内衬、绝热层和喷管，导弹发射弹射装置、导弹助推器。

8.2.6.3　战斗部、引信、保险装置、解保装置、安全引爆装置、多弹头分导装置、战斗部抗压、抗爆、抗电磁装置和其他相关设备。

8.2.6.4　制导和控制装置。包括目标探测和指示设备及装置、雷达制导装置、红外制导装置、电视制导装置、激光制导装置、图像制导装置、复合制导装置、无线电指令制导装置、自动驾驶仪、惯性导航装置、指令装置、弹上计算机、执行机构、推力矢量控制系统、舵系统，导弹的液压、机械、光电、机电控制系统，姿态控制系统及设备。

8.2.6.5　导弹指挥控制系统。包括发控和数据传输程序及装置、目标搜索、识别、跟踪、照射和指示系统及其相关设备、雷达探测设备、指挥控制系统及其相关设备、发射系统及其相关设备、供配电系统及其相关设备。

8.2.7　导弹生产试验设备。包括仿真试验设备及相关软件、力学环境试验设备、冲击过载试验设备、电磁干扰试验设备、电磁兼容试验设备、引爆试验设备、应力试验设备、目标特性测试设备、风洞试验设备、导弹部件组装线、产品总装线、生产线专用设备、加工测试设备、工装夹具及相关的通用设备。

8.2.8　上述产品和设备的相关专用软件（含作战指挥、控制、通信软件，制导雷达数据处理软件、导弹飞控软件、导弹发射控制软件、靶场测量、试验设备及相关软件、弹上和地面遥测设备及相关软件）。

8.3　军用卫星：用于军事目的的卫星。包括：

8.3.1　军用通信卫星、军用侦察卫星、军用导航定位卫星、军用气象卫星、军用遥感卫星、军用测绘卫星、军用试验卫星。

8.3.2　卫星组件。包括天线、推进剂、姿态控制装置、能源装置、热控装置、测控装置、全球定位系统及各种任务装置。

8.3.3　卫星地面设备。包括数据接收设备、数据处理设备等。

8.4　本类8.1至8.3节所列全部产品的专用零件、部件、辅助件、附件、配件、备件、半成品和样品。

8.5　与本类8.1至8.4节所列全部产品直接相关的研制、生产、试验、测试、检验、使用、维修、计量和校准、升级改造等方面的技术、工艺、设备、技术资料（含软件）、服务以及生产本类所列全部产品的特种原材料和辅料。

续表

第九类：军用电子产品及火控、测距、光学、制导与控制装备

9.1 用于军事目的或专门为军用而设计、改装或配置的电子设备。包括：

9.1.1 指挥自动化系统及设备。包括联合作战指挥自动化系统、空军 C4ISR 系统、海军 C4ISR 系统、陆军 C4ISR 系统、空中交通管制系统、军用计算机系统、应用支撑软件系统及配套设备。

9.1.2 雷达系统及其传感器。包括具有预警、监视、目标指示制导、火控、战场侦察、测量、交通管制、气象、敌我识别、搜索、捕获、跟踪、成像、校射等功能的雷达系统及传感器，各种雷达的配套系统和设备。

9.1.3 电子战设备。包括雷达对抗系统和设备、光电对抗系统和设备、通信对抗系统和设备、无线电近炸引信对抗系统和设备、水声对抗系统和传感器、雷达和光电诱饵设备、电子支援措施系统（ESM 系统）、导弹逼近告警系统和设备、雷达告警设备、弹载电子对抗系统和设备、光电防护设备、电子防御、防护设备和器材、电子战类产品检测、维修和维护设备、电子战专用器件、组件和部件、反辐射攻击电子战设备、微波武器设备、电子战有源和无源光电隐身系统与设备、导航干扰系统和设备、敌我识别器、航管应答机、侦察干扰系统和设备、激光干扰系统、干扰弹及发射装置。

9.1.4 情报侦察设备。包括战场情报侦察设备、技术侦察设备、情报侦察设备、情报综合处理系统。

9.1.5 通信和导航设备。包括通信网及通信网总承、军用通信系统及设备、短波通信设备、超短波通信设备、接力通信设备、散射通信设备、无线终端设备、野战程控交换机、野战人工交换机、野战电话机、野战传真机、野战载波机、野战光端机、野战综合通信网、通信车、野战通信线缆、卫星通信设备、野战通信电源设备、无线电导航、惯性导航和机载无线电导航设备、机载广播和报警设备。

9.1.6 识别与定位系统和设备。

9.1.7 安全保密系统。包括实体安全保密系统和设备、通信和计算机网络安全系统、信息安全保密系统和设备。

9.2 本清单所列各类武器的火控系统、测距仪和装置、光学系统（含军用望远镜、潜望镜）、光电系统、光机电系统。包括火炮与射弹跟踪与制导系统、测距与定位系统、测高仪、弹着观测仪和校准仪、各种瞄准具和设备、潜望镜、军事通信装置、目标指示器、目标探测系统以及为军用而专门设计、改进或组装的激光器、红外焦平面阵列探测器、图像增强器、夜瞄设备和系统。

9.3 制导与控制装置。包括本清单所列各类武器系统的制导与控制装置。

9.4 本类 9.1 至 9.3 节所列全部产品零件、部件、辅助件、附件、配件、备件、半成品和样品。

9.5 与本类 9.1 至 9.4 节所列全部产品及其改进产品直接相关的研制、生产、试验、测试、检验、使用、维修、计量和校准、升级改造等方面的技术、工艺、设备、技术资料（含软件）、服务以及生产本类所列全部产品的特种原材料和辅料。

第十类：火炸药、推进剂、燃烧剂及相关化合物

10.1 军用火药、军用炸药、本清单所列各种武器使用的推进剂、军用燃烧剂、军用燃料增稠剂、军用烟火剂。包括：

10.1.1 发射药及其组份：用于发射枪炮弹丸的火药。包括单基发射药、双基发射药、三基发射药、多基发射药、混合硝酸酯发射药、硝胺发射药、高能低烧蚀发射药、黑火药。

10.1.2 推进剂及其组份。包括双基推进剂、复合固体推进剂（含丁轻羟、丁轻羧、丁羟、丁羟羧）、各种液体推进剂、改性推进剂。

10.1.3 军用炸药及其组份：用于各种弹药及军事爆破工程的炸药。包括单质炸药（含梯恩梯、第恩梯（DNT）、黑索金、奥克托金、太安）、混合炸药（含熔铸炸药、含金属粉的混合炸药、钝化炸药、燃料空气炸药、低易损性炸药、分子间炸药）。

10.1.4 军用燃烧剂及其组份。包括液体燃烧剂和固体燃烧剂。

10.1.5 军用燃料增稠剂及其组份。

10.1.6 军用烟火剂及其组份。

10.2 为本类所列产品专门配置的化合物。

10.3 与本类 10.1 至 10.2 节所列全部产品直接相关的研制、生产、试验、测试、检验、使用、计量等方面的技术、工艺、设备、技术资料（含软件）、服务以及生产本类所列全部产品的特种原材料和辅料。

第十一类：军事训练设备
11.1　军事训练教学设备与装备。包括： 11.1.1　陆军武器装备训练、模拟、教学设备与装置。 11.1.2　海军舰艇及专用武器装备训练、模拟、教学设备与装置。 11.1.3　军用航空飞行器及专用武器装备训练、模拟、教学设备与装置。 11.1.4　特种武器装备训练、模拟、教学设备与装置。 11.2　本类 11.1 节所列全部产品零件、部件、辅助件、附件、配件、备件、半成品和样品。 11.3　与本类 11.1 至 11.2 节所列全部产品直接相关的研制、生产、试验、测试、检验、使用、维修、计量和校准、升级改造等方面的技术、工艺、设备、技术资料（含软件）、服务以及生产本类所列全部产品的特种原材料和辅料。

第十二类：核、生、化武器防护装备与设备
12.1　核、生、化防护装备与设备：对核武器、化学武器和生物武器袭击实施防护（简称三防）的装备与设备。包括所有利用三防技术制造的，可实施侦检、防护、洗消、急救的装备、设备和器材。 12.1.1　侦检装备与设备。包括辐射、生物、化学侦察、探测、检测及核、生、化武器袭击识别、报警装置、设备与器材（含核监视器材、化学侦察器材、生物侦察器材、侦毒包（纸）、化验箱、化验车、防化侦察车、毒气报警器、射线报警器、生物侦察仪）。 12.1.2　防护装备与设备。包括个人防护装备与设备（含过滤式防毒面具、隔绝式防毒面具等各种防毒面具、过滤式自救器、化学氧自救器、压缩氧自救器等各种自救器材）、集体防护装备与设备（含防毒帐篷、三防掩蔽体、可动式三防掩蔽部、滤毒通风装置、粒子过滤器、过滤吸收器、氧气再生装置）、防护装甲和防护涂料。 12.1.3　洗消装备与设备。包括洗消器材和车辆、个人消毒急救盒。 12.1.4　急救设备与器材。包括防护口罩、防化急救针具、专用药品和疫苗。 12.2　本类 12.1 节所列全部产品零件、部件、辅助件、附件、配件、备件、半成品和样品。 12.3　与本类 12.1 至 12.2 节所列全部产品直接相关的研制、生产、试验、测试、检验、使用、维修、计量和校准、升级改造等方面的技术、工艺、设备、技术资料（含软件）、服务以及生产本类所列全部产品的特种原材料和辅料。

第十三类：后勤装备、物资及其他辅助军事装备
13.1　后勤装备。包括军需装备、卫生装备、军交装备、油料装备、野营装备、仓库装备、后勤指挥管理自动化装备、海军专用后勤装备、空军专用后勤装备、导弹部队专用后勤装备。 13.1.1　军需装备和物资：供应军队的被服、装具、给养、炊事装备器材。包括： 13.1.1.1　军用被服。 　　A）军服：用各种迷彩、绿色等面料制成的，具有佩戴军衔、徽章标志等的固定装置（如肩章带、臂章带等）的制式服装。包括军常服、军礼服、作训服、水兵衫等； 　　B）军帽、军用领带、军用徽标、军用纽扣； 　　C）军用鞋靴，包括战斗靴、军官皮鞋、迷彩胶鞋、军用胶鞋、作训鞋、马靴及飞行、装甲、骑兵等各类特种鞋靴； 　　D）军用面料，包括各种迷彩布、军绿布、具有防红外线或防雷达侦察等功能的特种面料； 　　E）其他，军用防蚊服（帽）、军用衬衫、军用背心、军用针织内衣裤、军用绒衣裤、军用手套。 13.1.1.2　军用装具。 　　A）通用装具，包括单兵配备及携带的子弹袋、弹匣袋、手榴弹袋、枪背带、枪套、刀套、军用背囊、军用背架、军用挂包、武装带等； 　　B）防护装具，包括钢盔、防弹背心及武器装备的罩、衣、套； 　　C）其他，包括军用外腰带、军用雨衣、军用水壶、军用饭盒、军用行军床、军用生活携行具、军用毛毯、军用睡袋、军用蚊帐、军用马具装、军需盖布。 13.1.1.3　炊事装备器材。包括野战炊事加工装备（野战炊事车辆）、野战炊事储运装备、军用给养器材。 13.1.1.4　其他军需物资。包括野战食品、军用救生食品、军用水袋。 13.1.2　卫生装备和物资。包括：

第十三类：后勤装备、物资及其他辅助军事装备

13.1.2.1	机动载体的卫生装备。包括军用卫生技术车辆、军用医用方舱、军用医用舰船、军用医用飞机、军用卫生列车等载体的军用医疗设备、箱组。
13.1.2.2	伤员运送装备的附加装置。包括汽车、飞机、舰船等载体上运送伤员的军用附加装置、军用担架、军用担架式急救系统。
13.1.2.3	战场急救装备。包括军医和卫生员背囊(包)，军用止血、包扎和固定器材，野战伤员通气、复苏装备，军用救生衣。
13.1.2.4	野战医疗技术保障装备。包括野战 X 线机、野战制水配液装备、野战制氧装备。
13.1.2.5	野战血站装备。包括野战血液采集、储存和运输装备。
13.1.2.6	野战防疫防护装备。包括野战检水检毒装备、野战肉食品检验装备。
13.1.2.7	军队特需药品。
13.1.3	军交装备。包括：
13.1.3.1	专用运输装备。包括军用整体自装卸补给车、军用侧桩式整装整卸补给车、军用整装整卸挂车、军用集装箱、军用集装托盘、军用特种改装铁路运输车。
13.1.3.2	军用装卸和加固装备。包括野战站台车、军用轻型组合站台、军用制式装配式站台、军用水运重装备可调平台、军用制式装备运输捆绑加固器。
13.1.3.3	专用抢修防护设备。包括军用多用途浮箱、军用软地面铺路车、船艇伞型堵漏器。
13.1.3.4	军用车辆运输勤务装备。包括军用大型运载车驾驶模拟器。
13.1.4	油料装备。包括：
13.1.4.1	野战油料装备：野战条件下用于油料运输、储存、加注、质量检测的各种油料装备。包括野战输油管线、泵机组、野战油库、野战加油站、野战群车加油(挂)车、野战油料化验箱。
13.1.4.2	军用油品：为军事目的开发的液体燃料、润滑油脂、特种液、添加剂等。
13.1.5	野营装备。包括：
13.1.5.1	各类军用帐篷及野营取暖和制冷装备。
13.1.5.2	野战取水、净水、储水、分装水及海水淡化装备。
13.1.5.3	野外发电机组和供电网络。
13.1.6	仓库装备。包括：
13.1.6.1	野战物资装卸搬运机械。
13.1.6.2	野战仓库物资管理自动化设备。
13.1.7	后勤指挥管理自动化装备。包括：
13.1.7.1	野战后勤指挥作业装备。
13.1.7.2	军队后勤信息、图形、声像、数据传输、管(处)理装备、软件及技术。
13.1.8	海军专用后勤装备：用于海军码头、岸滩、岛礁和海上后勤保障的海军专用后勤保障装备和器材。包括：
13.1.8.1	海上舰艇补给装备与器材。包括舰艇海上航行纵向液货补给装置、舰艇海上航行横向液货补给装置、舰艇海上航行横行干货补给装置、舰艇并靠补给装置。
13.1.8.2	舰载直升机补给装备与器材。包括舰对直升机悬停加油装置、直升机垂直补给装置。
13.1.8.3	海上伤员搜救装备与器材。包括海上医疗集装箱组、海上伤员搜救装备、海军专用担架。
13.1.8.4	岸滩机动保障装备与器材。包括岸滩油料补给车组、岸滩油料补给方舱、岸滩储加油系统、轻型单点系泊系统、潜艇物资上下舱输送机。
13.1.8.5	海军专用油料检测设备。包括舰艇油料快速检测仪。
13.1.9	空军专用后勤装备：用于空军场站和临时机场后勤保障的空军专用后勤装备。包括：
13.1.9.1	航空油料储存、运输、加注、检测装备与器材，野战机场油料补给系统。
13.1.9.2	机场快速开设、排弹、抢修、维护装备与器材，机场道面清扫装置，机场阵地及后勤设施伪装防护装备、器材与材料。
13.1.9.3	空勤、地勤、伞兵专用作训服、工作服和食品。
13.1.9.4	跑道快速修复设备和器材、野战机场铺设设备和器材。
13.1.9.5	油料、物资空运、空投、捆绑装备。
13.1.9.6	军事航空医学专用装备与器材。
13.1.10	导弹部队专用后勤装备与设备：用于导弹坑道固定阵地和机动发射阵地后勤保障的专用后勤装备。包括：
13.1.10.1	导弹坑道固定阵地和机动发射阵地后勤保障装备。包括环境生活保障的装备。
13.1.10.2	其他导弹部队专用后勤装备。包括油料、污染监测处理、救护等装备。

续表

第十三类：后勤装备、物资及其他辅助军事装备
13.2　辅助军事装备。包括：
13.2.1　军用摄影、立体测绘和测量设备。
13.2.2　军用自备式潜水设备和水下呼吸设备。
13.2.3　军用能量转换装置。包括将核能、热能、太阳能、化学能、转换成电能的装置。
13.3　本类 13.1 至 13.2 节所列全部产品零件、部件、辅助件、附件、配件、备件、半成品和样品。
13.4　与本类 13.1 至 13.3 节所列全部产品直接相关的研制、生产、试验、测试、检验、使用、维修、计量和校准、升级改造等方面的技术、工艺、设备、技术资料（含软件）、服务以及生产本类所列全部产品的特种原材料和辅料。
第十四类：其他产品
14.1　所有未列入本清单的其他各类有实际军事应用价值，并且是专门为军事目的而设计或改进的产品。这些产品中的任何一种是否应列入本类，由国家军品出口贸易主管部门决定。
14.2　本类所列全部产品的零件、部件、辅助件、附件、配件、备件、半成品和样品。
14.3　与本类所列全部产品直接相关的研制、生产、试验、测试、检验、使用、维修、计量和校准、升级改造等方面的技术、工艺、设备、技术资料（含软件）、服务以及生产本类所列全部产品的特种原材料和辅料。

表 37　《军品出口管理措施》

军品出口许可证	
决策机构	军品贸易管理委员会
适用范围：《军品出口管理清单》	1. 轻武器，火炮及其他发射装置，弹药、地雷、水雷、炸弹、反坦克导弹及其他爆炸装置，坦克、装甲车辆及其他军用车辆，军事工程装备与设备，军用舰船及其专用装备与设备，军用航空飞行器及其专用装备与设备，火箭、导弹、军用卫星及其辅助设备，军用电子产品及火控、测距、光学、制导与控制装置，火炸药、推进剂、燃烧剂及相关化合物，军事训练设备，核、生、化武器防护装备与设备，后勤装备、物资及其他辅助军事装备，其他产品共十四大类。
	2. 警用装备的出口。
	3. 排除核武器（含其关键的部件、原材料和技术）以及其他禁止出口的物项。

（二十）民用爆炸物品进出口审批单

民用爆炸物品，是指用于非军事目的、列入民用爆炸物品品名表的各类火药、炸药及其制品和雷管、导火索等点火、起爆器材。民用爆炸物品进/出口审批单是指国家民用爆破器材行业行政主管部门依法对民用爆破器材产品以及生产所需的具有爆炸危险属性的原材料（含半成品）的进出口实行统一管理，签发准予进出口的批准文件。

而《民用爆炸物安全管理条例》第 2 条第 3 款规定："民用爆炸物品品名表，由国务院民用爆炸物品行业主管部门会同国务院公安部门制订、公布。"

《民用爆炸物品进出口管理办法》第 4 条第 1 款："进出口民用爆炸物品，应当依照本办法的规定逐单申请办理审批手续。"第 2 款："严禁进出口未经工业和信息化部核发《民用爆炸物品进/出口审批单》的民用爆炸物品。"由此可见，国家对于民用爆炸物进出口实行严格的限制管理。

《民用爆炸物品进出口管理办法》第 3 条第 1 款规定："工业和信息化部负责民用爆炸物品进出口的审批。"《民用爆炸物品进出口管理办法实施细则》第 3 条规定："进出口民用爆炸物品,应当向工业和信息化部提出申请。工业和信息化部自受理申请之日起二十个工作日内作出是否批准的决定。批准进出口民用爆炸物品的,应当向申请人核发《民用爆炸物品进/出口审批单》;不予批准的,应当书面告知申请人,并说明理由,同时告知申请人享有依法申请行政复议或者提起行政诉讼的权利。"可见,工业和信息化部是民用爆炸物品的决策机构。

表 38　《民用爆炸物品进出口管理措施》

民用爆炸物品进出口审批单	
决策机构	工业和信息化部
适用范围:《民用爆破器材目录》	1. 工业炸药:硝化甘油炸药;铵梯类炸药;铵油类炸药;水胶炸药;乳化炸药;其他工业炸药
	2. 工业雷管:工业火雷管;工业电雷管;磁电雷管;导爆管雷管;继爆管;其他雷管
	3. 工业索类火工品:工业导火索;工业导爆索;切割索;塑料导爆管;引火线
	4. 油气井用爆破器材:油气井用起爆器;聚能射孔弹;复合射孔器;聚能切割弹;高能气体压裂弹;油气井用修井爆破器材;点火药盒;其他油气井用爆破器材
	5. 地震勘探用爆破器材:震源药柱;震源弹
	6. 特种爆破器材:矿岩破碎器材;中继起爆具;平炉出钢口穿孔弹;爆炸加工器材
	7. 其他爆破器材:点火器材;船用救生烟火信号;其他爆破器材
	8. 原材料:猛炸药;黑火药;起爆药;延期装置;其他原材料

(二十一)银行调运人民币现钞进出境许可证

银行调运外币/人民币现钞进出境许可证,是指国家外汇管理局及其授权的地方外汇管理局、中国人民银行总行及其授权的分行依法对银行调运进出境在流通中使用的货币现钞实施监督管理,签发准予调运外币/人民币进出境的许可证件。

由于《国务院关于取消 13 项国务院部门行政许可事项的决定》中取消了由中国人民银行审批的商业银行跨境调运人民币现钞审核事项,但是规定了《银行调运人民币现钞进出境许可证》的《香港清算银行调运人民币现钞进出境通关业务管理办法》与《澳门清算银行调运人民币现钞进出境通关业务管理办法》仍现行有效。因此,银行调运人民币现钞进出境许可证的适用范围仅涉及香港和澳门调运人民币现钞出境管理。

根据《中华人民共和国人民币管理条例》第 2 条规定,调运出境的人民币现钞是指在流通中使用的人民币,包括各种面额的纸币和硬币。其中《中华人民共和国人民币管理条例》第 5 条："中国人民银行是国家管理人民币的主管机关。"
《香港清算银行调运人民币现钞进出境通关业务管理办法》第 4 条："中国人民银
行深圳市中心支行根据香港清算银行关于调运人民币现钞进出境的申请,按照
有关规定向其签发《银行调运人民币现钞进出境许可证》。"《澳门清算银行调运
人民币现钞进出境通关业务管理办法》第 4 条："中国人民银行珠海市中心支行
根据澳门清算银行关于调运人民币现钞进出境的申请,按照有关规定向其签发
《银行调运人民币现钞进出境许可证》。"

表 39 《调运人民币现钞出境管理措施》

银行调运人民币现钞进出境许可证		
决策机构	中国人民银行深圳市中心支行	中国人民银行珠海市中心支行
适用范围	香港调运人民币现钞出境	澳门调运人民币现钞出境

（二十二）限制进出口毛坯钻石《入/出境货物通关单》

随着我国加入世界贸易组织,对货物、物品进出口的管制也需要与国际相关
制度接轨。因此对于毛坯钻石,我国也实行限制进出口管制。国家质检总局、海
关总署等六部委 2002 年第 132 号公告《金伯利"钻石冲突"》中明确了毛坯钻石
属于限制进出口物品。该《公告》第 1 条规定："从 2003 年 1 月 1 日起,将金伯利
进程毛坯钻石国际证书制度规定的毛坯钻石列入《实施检验检疫的进出境商品
目录》。归类在协调编码制度 7102.10、7102.21、7102.31 项下的毛坯钻石,属于
《中华人民共和国货物进出口管理条例》中限制进出口货物,其进出口仅限于金
伯利进程成员国之间进行。"

《公告》同时分别对毛坯钻石进出境进行了规定。其第 3 条规定："进口商在
办理毛坯钻石进境手续时,应向进境口岸出入境检验检疫机构提供出口国政府
主管机构签发的《金伯利进程毛坯钻石证书》正本及其他单证,经进境口岸检验
检疫机构查验合格后签发《入境货物通关单》,并由进境口岸检验检疫机构按照
规定对进境毛坯钻石实施检验。"第 4 条规定："出口商在办理毛坯钻石出境手续
时,应向出境口岸检验检疫机构提供非冲突钻石声明以及证明其出口的毛坯钻
石合法性的有关资料,经出境口岸检验检疫机构查验合格后签发《中华人民共和
国金伯利进程毛坯钻石证书》和《出境货物通关单》,并由出境口岸检验检疫机构
按照规定对出境毛坯钻石实施检验。"原则上《出/入境货物通关单》不属于许可
证件,其只是海关进行监管的证件,但是对于毛坯钻石而言这属于一个特例,也
即法律一方面肯定了毛坯钻石的限制进出口性质,另一方面并未对许可证件进
行相关规定,因而对于毛坯钻石的进出口而言,《出/入境货物通关单》应当视为
进出口的许可证件。

其中,《公告》对于毛坯钻石进出口的决策机构亦进行了明确规定。《公告》第 6 条第 1 款规定:"根据我国毛坯钻石贸易的具体情况,一般贸易项下进出口毛坯钻石的受理申报、查验和签发《出/入境货物通关单》,由质检总局设在上海钻石交易所内的办事机构办理(质检总局下属上海出入境检验检疫局参加上海钻石交易联合管理办公室工作,并作为成员实行联合办公)。金伯利进程国际证书制度中有关价值核定的工作由质检总局许可上海钻石研究鉴定中心在上海钻交所内承担。"第 2 款规定:"加工贸易项下进出境毛坯钻石的受理申报、查验和签发《出/入境货物通关单》,由质检总局指定的检验检疫机构办理。"由此明确了不同贸易项目下不同的决策机关。

表 40　《限制进出口毛坯钻石管理措施》

限制进出口毛坯钻石《入/出境货物通关单》	
决策机构	一般贸易项下:质检总局设在上海钻石交易所内的办事机构办理
	加工贸易项下:质检总局指定的检验检疫机构(包括北京、天河、辽宁、从化、浦东、番禺、南京、汕头、浙江、沙头角、厦门、珠海、青岛、云南检验检疫局负责)
适用范围:金伯利进程成员国	包括安哥拉、澳大利亚、博茨瓦纳、巴西、布基纳法索、加拿大、科特迪瓦、中非共和国、中国、刚果民主共和国、欧洲共同体、加蓬、加纳、几内亚、印度、以色列、韩国、莱索托、毛里求斯、墨西哥、纳米比亚、挪威、菲律宾、俄罗斯联邦、塞拉里昂、南非、斯威士兰、瑞士、坦桑尼亚、泰国、乌克兰、阿拉伯联合酋长国、美国、津巴布韦、塞浦路斯、日本、马耳他、斯里兰卡、越南共计 39 个成员国

（二十三）合法捕捞产品通关证明

合法捕捞产品通关证明是指农业部对纳入《实施合法捕捞证明的水产品清单》范围的进口水产品实施合法捕捞证明制度并签发准予进口的批准文件。

根据农业部公告 1696 号《合法捕捞产品通关证明》,为有效履行我国政府相关义务,树立我国负责任渔业国际形象,遏制非法捕鱼活动和有效养护有关渔业资源,我国对部分水产品启用了《合法捕捞产品通关证明》,并规定:"自 2012 年 1 月 1 日起,进口附件 1 所列水产品(包括进境样品、暂时进口、加工贸易进口以及进入海关特殊监管区域和海关报税监管场所等),有关单位应向农业部申请《合法捕捞产品通关证明》(附件 2)。进境时,有关单位应主动、如实向海关申报,并持《合法捕捞产品通关证明》向海关办理相关手续。有关水产品原产地按照有关规定申报、确定。""申请《合法捕捞产品通关证明》时应提交由船旗国政府主管机构签发的合法捕捞证明原件。如在船旗国以外的国家或地区加工附件 1 所列产品进入我国,申请单位应提交由船旗国政府主管机构签发的合法捕捞产品副本和加工国或者地区授权机构签发的再出口证明原件。"

除此之外,农业部与海关总署公告第 2146 号《实施合法捕捞证明的水产品清单》指出:"根据《中华人民共和国政府和俄罗斯联邦政府关于预防、阻止和消除非法、不报告和不管制捕捞海洋生物资源的合作协定》,为有效履行我国政府相关义务,决定对从俄罗斯进口的部分水产品启用《合法捕捞产品通关证明》。"由此,形成了最新的《实施合法捕捞证明的水产品清单》。

表 41　《合法捕捞产品管理措施》

合法捕捞产品通关证明	
决策机构	农业部
适用范围:《实施合法捕捞证明的水产品清单》	1. 进口自俄罗斯的水产品: 红大麻哈鱼、细鳞大麻哈鱼、大麻哈鱼(种)、大鳞大麻哈鱼、银大麻哈鱼、马苏大麻哈鱼、玫瑰大麻哈鱼(太平洋鲑属); 细鳞大麻哈鱼、大麻哈鱼(种)、大鳞大麻哈鱼、银大麻哈鱼、马苏大麻哈鱼、玫瑰大麻哈鱼(太平洋鲑属); 狭鳕(明太鱼); 平鲉属; 亚洲箭齿鲽; 大西洋庸鲽(庸鲽); 马舌鲽; 太平洋鲱鱼; 鲬鲉属(叶鳍鲉属); 毛蟹、金霸王蟹(帝王蟹)、仿石蟹(仿岩蟹)、堪察加拟石蟹、短足拟石蟹、扁足拟石蟹、雪蟹、日本雪蟹; 粗饰蚶; 蚬属; 刺参,暗色刺参除外; 食用海胆纲。
	2. 其他进口水产品: 冻大眼金枪鱼; 剑鱼; 蓝鳍金枪鱼; 南极犬牙鱼。

参考文献

一、著作类

1. 陈晖：《走私犯罪论》，法律出版社 2012 年版。

2. 刘宪权：《金融犯罪刑法学原理》，上海人民出版社 2020 年版。

3. 刘仁文：《破坏社会主义市场经济秩序罪若干问题研究》，法律出版社 2008 年版。

4. 李文燕：《中国刑法学》，中国人民公安大学出版社 2014 年版。

5. 邹瑞汉：《海关法制论》，中国海关出版社 2015 年版。

6. 张明楷：《刑法分则的解释原理》，中国人民大学出版社 2014 年版。

7. 陈晖：《比较海关法》，中国海关出版社 2012 年版。

8. ［德］克劳斯·罗克辛：《德国刑法学总论》（第 1 卷），王世洲译，法律出版社 2005 年版。

9. 顾肖荣：《经济刑法比较研究》，上海社会科学院出版社 2008 年版。

10. 张明楷：《刑法学（上）》，法律出版社 2016 年版。

11. 张大春：《走私罪研究》，中国海关出版社 2004 年版。

二、论文类

1. 陈晖：《认定海外代购走私犯罪的几个争议问题》，载《上海海关学院学报》2013 年第 3 期。

2. 裴显鼎、苗有水等：《〈关于办理走私刑事案件适用法律若干问题的解释〉的理解与适用》，载《人民司法（应用）》2015 年第 3 期。

3. 韩耀光、王文利、吴峤滨：《〈关于办理走私刑事案件适用法律若干问题的解释〉理解与适用》，载《人民检察》2014 年第 20 期。

4. 谭兆强：《论行政刑法对前置性规范变动的依附性》，载《法学》2010 年第 11 期。

5. 闻志强：《论"两法衔接"中行政处罚与刑事处罚的实体衔接》，载《政法学刊》2016 年第 1 期。

6. 万曙春:《宪法实施视角下走私刑事立法的问题和完善》,载《海关与经贸研究》2015 年第 5 期。

7. 蔡道通:《经济犯罪"兜底条款"的限制解释》,载《国家检察官学院学报》2016 年第 3 期。

8. 龙敏:《涉逃证走私行为司法解释的方法论反思——以法释[2014]10 号第 21 条为切入》,载《法律方法》2020 年第 2 期。

9. 楼伯坤:《刑法修正案(七)对走私罪修改引发的冲突及其解决》,载《政治与法律》2009 年第 11 期。

10. 吴红艳:《我国走私罪立法的缺陷及其完善》,载《中国刑事法杂志》2005 年第 6 期。

11. 薛瑞麟:《关于犯罪对象的几个问题》,载《中国法学》2007 年第 5 期。

12. 赖早兴、董丽君:《行政法与刑法的界限:从模糊到清晰》,载《湘潭大学学报(哲学社会科学版)》2018 年第 5 期。

13. 汪俊伦:《浅议走私罪的行政从属性》,载《法学研究》2011 年第 9 期。

14. 田宇航、童伟华:《从罪刑法定的实质侧面对兜底条款的分析》,载《河北法学》2015 年第 8 期。

15. 陈洪兵:《刑法错误论的实质》,载《烟台大学学报》2018 年第 4 期。

16. 车浩:《法定犯时代的违法性认识错误》,载《清华法学》2015 年第 4 期。

17. 孙国祥:《违法性认识错误的不可避免性及其认定》,载《中外法学》2016 年第 3 期。

后　记

　　1992 年我从华东政法学院法律系毕业并留校任教于刑法教研室。虽然三十年来我一直从事刑法学的教学科研工作,但是对于 1997 年刑法及刑法修正案规定的 483 个犯罪中的很多罪名关注不多,也缺乏研究。我对走私犯罪的研究缘于 2014 年 3 月海关总署缉私局与华东政法大学、上海海关学院签署的三方科研合作协议,海关总署缉私局定期发布课题,由华东政法大学社会治理研究院负责落实相关事宜,我非常荣幸地连续三次主持课题研究。这些课题有关涉许可证管理的进出口货物、物品的法律定性以及走私国家禁限类货物、物品的法律适用等问题。

　　从 2016 年开始,我带领我的刑法学博士研究生李腾(目前为上海博和汉商律师事务所律师)、张金钢(目前任职于上海市公安局法制总队)以及刑法学硕士研究生李迎寒、刘继琨(目前两位都是我校在读刑法学博士研究生)进行了三个课题的资料收集、整理、研究以及成果的撰写工作。另外,刑法学博士研究生房慧颖(目前是华东政法大学刑法教研室老师)也一起参与到课题工作中。在研究过程中,作为课题负责人的我也深刻体会到了教学相长以及青出于蓝。本书是在三个课题成果的基础上整合而成。由于三个相关课题研究时间跨度长,前后共历时五六年,内容前后有交叉和重合,所以在整合形成统一书稿后很难明确区分每位参与者贡献的具体部分。我作为课题负责人,对于各位博士生、硕士生的辛勤劳动表示感谢。

　　在此,特别需要感谢海关总署胡伟副署长对课题组的鼓励和肯定。也要感谢海关总署缉私局法制处蔺剑处长在课题进展过程中所给予的指导和帮助。蔺剑处长不仅选择和发布了富有理论和实践价值的高质量课题,而且对于相关法律问题进行了实际的指导、沟通和交流。依然记得蔺剑处长对课题中有关税则、税率变更究竟属于事实变更还是法律变更这一问题,他在北京与我线上讨论,事后又特意引用著名学者的观点与我商榷,使我获益良多。

　　当然,课题的开展离不开华东政法大学社会治理研究院的平台搭建,以及对于各项工作的组织和支持。华东政法大学社会治理研究院院长、华东政法大学前党委书记杜志淳老师以及社会治理研究院办公室主任施贵康老师对于课题开题、中期检查以及答辩结项都予以精心组织以及周到的安排,为课题的顺利完成作出了巨大贡献。在课题的多次论证以及答辩中,我们也得到了海关总署缉私局周国良副处长、须璐三级调研员、南京海关缉私局周爱龙处长、黄埔海关缉私局张修博副科长、宁波市人民检察院陈鹿林副主任等多位实务专家的宝贵建议和中肯批评。在此表示衷心的感谢。

另外,本书得到华东政法大学司法鉴定中心资助出版,在此也特别感谢刑事司法学院孙万怀院长、王永全书记、李振林副院长、陈熙老师等给予的鼓励与支持。

最后也要向我的家人表达感谢,和睦美满的家庭是最温馨的港湾。先生周卫平任劳任怨,无论在岁月静好的日子还是在新冠病毒肆虐的特殊时期,他总是把我们的生活安排得妥妥当当。我年迈的父亲在我忙碌而无暇顾及时,他十分体谅,在与我们共同生活的日子里,他总是丰简随意,毫不挑剔。我的公公婆婆在奉贤老家安贫乐道,相敬如宾。我的儿子在异国他乡独立打拼他的事业,免除了我作为母亲的担心和操劳,也很让我为其骄傲。对于这一切我都怀着深深的感恩心理,是为记。

何　萍

2022 年 6 月 22 日于上海

图书在版编目(CIP)数据

走私禁限类货物、物品犯罪研究/何萍著.—上海：
上海人民出版社,2022
ISBN 978 - 7 - 208 - 17744 - 4

Ⅰ.①走…　Ⅱ.①何…　Ⅲ.①走私罪-研究-中国
Ⅳ.①D924.334

中国版本图书馆 CIP 数据核字(2022)第 113136 号

责任编辑　夏红梅　伍安洁
封面设计　一本好书

走私禁限类货物、物品犯罪研究
何　萍　著

出　　版　上海人 A 出版社
　　　　　(201101　上海市闵行区号景路 159 弄 C 座)
发　　行　上海人民出版社发行中心
印　　刷　上海商务联西印刷有限公司
开　　本　720×1000　1/16
印　　张　18
插　　页　2
字　　数　322,000
版　　次　2022 年 7 月第 1 版
印　　次　2022 年 7 月第 1 次印刷
ISBN 978 - 7 - 208 - 17744 - 4/D・3962
定　　价　72.00 元